积极应对人口老龄化战略研究报告◆2023

中国人口高质量发展

形势与对策

林　宝　主编

中国社会科学院应对人口老龄化研究中心
中国社会科学院大学黄埔高等研究院

中国社会科学出版社

图书在版编目（CIP）数据

中国人口高质量发展：形势与对策／林宝主编. —北京：中国社会科学出版社，2023.12
　ISBN 978－7－5227－2889－6

　Ⅰ.①中… Ⅱ.①林… Ⅲ.①人口—发展—研究—中国 Ⅳ.①C924.24

中国国家版本馆CIP数据核字（2023）第241365号

出　版　人	赵剑英	
责任编辑	王　衡	
责任校对	王　森	
责任印制	王　超	

出　　版	中国社会科学出版社	
社　　址	北京鼓楼西大街甲158号	
邮　　编	100720	
网　　址	http://www.csspw.cn	
发 行 部	010－84083685	
门 市 部	010－84029450	
经　　销	新华书店及其他书店	

印　　刷	北京明恒达印务有限公司	
装　　订	廊坊市广阳区广增装订厂	
版　　次	2023年12月第1版	
印　　次	2023年12月第1次印刷	

开　　本	710×1000　1/16	
印　　张	21.5	
插　　页	2	
字　　数	320千字	
定　　价	109.00元	

凡购买中国社会科学出版社图书，如有质量问题请与本社营销中心联系调换
电话：010－84083683
版权所有　侵权必究

序　言

二十届中央财经委员会第一次会议提出要求：必须全面认识、正确看待我国人口发展新形势；认识、适应、引领人口发展新常态；以人口高质量发展支撑中国式现代化。为了更好贯彻落实这一重大部署，使相关的政策更加具有针对性并取得实效，要求学界和政策研究界在多领域进行深入的研究，特别是在理论上，需要与时俱进地实现一个关于"人口—经济—社会关系"范式的转换。

从经济学的发展来看。在200多年前，托马斯·马尔萨斯构造了最早的人口与经济发展的关系范式。由于马尔萨斯的研究主要依据的是工业革命之前和早期的经验，在理论中未能包括技术进步这个重要前提，因此，在资源和生活资料以自然级数增长、人口却以几何级数增长的假设下，人口规模的扩大则会把人均产出摊薄，从而不可避免地降低生活水平。可见，在马尔萨斯看来，人口与经济发展进而与社会发展之间，非此即彼或此消彼长的关系占据主要的地位，由此也形成了人口与经济、社会发展之间的"替代取舍关系"范式。

工业革命以来的技术进步，打破了资源对经济增长的绝对制约，也破除了人口增长必然降低人均收入的迷思。在学术界和舆论界，传统的人口与经济、社会关系范式日益受到挑战。传统的理念和研究范式，通常需要经历一个旷日持久的过程，才会被新的理念和研究范式所替代。不过，在这个转变的过程中，产生了诸多的学术流派和浩如烟海的研究成果。下面，我仅以其中最具有代表性的理论为例，对人口—经济—社会关系范式转换过程做一个简单的梳理。

序　言

与此相关的讨论，可以说从理论假说到经验证据，都是针锋相对的[①]。一方面，以马尔萨斯观念为研究范式或理论基础，在20世纪中叶以及稍晚的时期，关于人口—经济—社会关系的新马尔萨斯主义，以各种学术流派的面貌或非学术运动的形式出现。例如，低水平均衡陷阱假说或贫困恶性循环假说，把人口的过度增长，作为不发达状态和低收入水平持续存在的基本原因；关于人口爆炸的预言和增长极限的警示，也极力渲染人口增长是经济社会发展不可持续的根源，因而在政策上倡导"零增长"；直至现今，在关于全球气候变化的讨论中，也不乏把问题的根源归结为不发达国家人口过度增长的经济学理念。

另一方面，在学术界和社会活动领域，也始终存在着对以上理念和范式持强烈批评态度的对立阵营。例如，朱利安·西蒙等学者认为，森林、物种、海洋生物、土地、气候、矿石、石油、煤炭、空气等地球资源禀赋，并不具有绝对短缺的性质，只要政治、制度、管理和市场等各种机制能够良好地发挥作用，就长期而言，人口的增长是有利于技术进步和经济社会发展的。与此同时，在这种以争论为主要动机的批判性思潮中，也逐渐孕育出更为规范的经济理论学派。

随着学术讨论的深化，研究者不再把人口增长对经济发展的影响，简单地看成是正面的或者是负面的，而是愈益深入新的层面，即观察随时间变化，在不同的经济发展水平、技术条件、资源存量和人口规模下，人口与发展之间更为复杂的内生关系。相应地，如今也不再适宜于简单地使用"悲观派"和"乐观派"这种二分法，来概括学术争论和政策决定中的对立。人们越来越注重观察理论分析方法和经验检验过程是否科学。在微观层面，加里·贝克尔等从家庭养育孩子的成本和收益视角着眼，构造了经济社会因素如何决定或影响生育率的理论模型。在宏观层面，人口红利理论则着眼于人口年龄结构和抚养比变化，对人口转变与经济增长之间更为紧密的关系进行经验检验。

对于进入以少子化、老龄化和区域人口增减分化为特征的人口发展

[①] 中国发展研究基金会：《中国发展报告2011/12：人口形势的变化和人口政策的调整》，中国发展出版社2012年版，第22—25页。

新常态，并且正在积极应对人口老龄化挑战的中国来说，长期发展起来并积累下来的这些理论存量，无疑都具有一定的借鉴意义。很多发达国家较早步入少子化和老龄化，在一国的地区之间以及国家之间也出现人口增减分化的现象。遭遇挑战的国家大都采取过形形色色的应对政策，由此积累的经验和教训也可为我所借鉴。然而，中国人口发展新常态具有诸多的特殊性，要求我们在实践中善于把应对人口转变的一般做法与中国特殊挑战相结合。为了达到这个要求，研究者需要突破既有的理论框架，着眼于以中国经验构造人口—经济—社会关系的认识范式。

中国的人口国情及其变化，赋予中国式现代化以明显的特色。一方面，在中国之前，人类历史上从未有过如此大规模人口同步实现现代化的先例，也未曾发生过同样规模人口的负增长和老龄化。从中国人口在世界的占比来看，预计2022—2035年，总人口将从18%降低到16%，65岁及以上人口则从25%提高到27%。这种规模效应，无论是表现为应对人口问题上的更大挑战还是更大机遇，都是其他国家未曾经历过的。另一方面，鉴于中国存在城乡之间、区域之间、产业之间显著的发展不平衡，存在人口群体之间较大的收入差距，要提高人口高质量发展水平及其支撑中国式现代化的能力，必然遭遇格外的难度和突出的堵点。

因此，加强对中国面临独特挑战的学术探讨和政策研究既重要又紧迫。着眼于提高对14亿人口现代化规律的认识，有助于我们把握适合于中国国情的特色现代化路径，推动建立和完善现代化的体制和机制，以及避免在这个过程中延误时机、错过机遇和陷入堵点。从履行智库研究者的职能出发，我们应该在多领域全方位加大研究力度，通过多种途径提高研究水平。只有在完成人口—经济—社会关系的认识范式从替代取舍到良性循环转换的基础上，才能确实提交出有益的学术答卷。

从加大研究力度和提高研究水平的要求来说，我认为应该特别在以下几个方面着眼和发力。首先，深入理解中国的人口国情及其变化，特别是把"未富先老"特征对经济社会发展的影响机理和表现研究透，非此便难以提出可行、有效的破解之策。其次，在博采既有

序 言

各种理论之长的基础上，加强理论的集成和创新，特别是需要实现人口学、经济学、社会学、社会保障理论等领域的有机融合，形成学科交叉的优势。最后，既要重视吸收各国形成的经验和教训，更要加强对中国各地实践经验的总结，以便在应对人口—经济—社会关系挑战中，能够把顶层设计同摸着石头过河实现良好的结合。

林宝研究员主编的这本报告，正是服从于上述目的、遵循有益的研究方法而形成的一项集体研究成果。该报告全面刻画了人口发展新常态的主要表现和特征，并以较大的篇幅分别进行了深入的分析。例如，该报告涉及的重要课题以生育水平下降及其后果为逻辑起点和演进线索，包括人口负增长、人口老龄化、人口流动以及区域人口增减分化。此外，报告也加强了对人口素质和人口安全等相关问题的探讨。更为有心的是，主编和作者们还对积极应对人口老龄化相关的政策文件，做出较为系统的梳理和概述，为读者提供一个了解政策从制定时机到实施进展全貌的机会。

为一部学术著作撰写序言，可以服务于多重目的。一是对报告涉及问题的理论价值和现实意义做一个提纲挈领的阐释；二是根据对作者的了解，为报告的学术水准和写作质量背书，向读者做出令人信服的推介；三是画龙点睛地概括报告的特点、特色和优势，以便引起读者的注意和兴趣。除了上述三个方面，我还希望做到的一点则是：以特定的方式表达自己对相关问题的认识，尝试从关注重点、理论解释、经验总结等方面，创造一种对于报告具有一定程度互补性的效果，或者也可以将其看作是一种提示，希望作者和读者都能够在一些相关话题方面做进一步的研究。以上述诸种要求为初衷，我写下这样一些文字。

是为序。

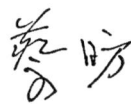

中国社会科学院国家高端智库首席专家、学部委员

2023 年 12 月

前　　言

二十届中央财经委员会第一次会议指出："当前我国人口发展呈现少子化、老龄化、区域人口增减分化的趋势性特征，必须全面认识、正确看待我国人口发展新形势。要着眼强国建设、民族复兴的战略安排，完善新时代人口发展战略，认识、适应、引领人口发展新常态，着力提高人口整体素质，努力保持适度生育水平和人口规模，加快塑造素质优良、总量充裕、结构优化、分布合理的现代化人力资源，以人口高质量发展支撑中国式现代化。"这次会议明确提出了以人口高质量发展支撑中国式现代化的战略要求和具体任务，对实施积极应对人口老龄化国家战略具有重大意义。因此，我们将2023年积极应对人口老龄化战略研究报告的主题确定为"中国人口高质量发展：形势与对策"。

2023年度报告分为三个部分。第一部分是总论，主要从总体上阐述中国人口发展的新形势、新常态以及以人口高质量发展支撑中国式现代化，由两章构成。第一章主要围绕全面认识中国人口发展新形势，适应、引领人口发展新常态进行了全面论述。第二章主要从呼唤新动能、树立新观念、推进新实践三个角度论述了以人口高质量发展支撑中国式现代化的深刻内涵。第二部分是分论，主要从人口负增长、生育水平、人口老龄化、人口流动、人口健康素质、人口文化素质、人口分布、人口安全八个方面分章进行了深入讨论。第三部分为政策文件概览。各章彼此独立又相互支撑，共同对中国人口高质量发展问题进行了全面而深入的探讨。各章撰稿人如下：林宝（第一章），杜鹏（第二章），原新、王丽晶、范文清（第三章），夏翠翠、

前　言

林宝（第四章），李志宏、李芳云（第五章），杨舸（第六章），冯文猛（第七章），张航空（第八章），邓仲良（第九章），陆杰华、夏晓琪（第十章），张妍（政策文件概览）。非常感谢各位专家的大力支持和真知灼见！

中国社会科学院国家高端智库首席专家蔡昉研究员对报告选题提出了宝贵建议并作序；中国人民大学老年学研究所所长杜鹏教授对总体框架提出了宝贵建议；中国社会科学院应对人口老龄化研究中心和中国社会科学院大学黄埔高等研究院的各位领导积极推动了项目实施；中国社会科学出版社高效完成了报告的编辑、出版工作。特致以诚挚的谢意！

林　宝
2023年10月20日

目 录

第一部分 总论

第一章 全面认识人口发展新形势，引领人口发展新常态 ……… (3)
  一 全面认识中国人口发展新形势 ……………………… (4)
  二 适应、引领中国人口发展新常态 ……………………… (18)

第二章 以人口高质量发展支撑中国式现代化 ……………… (31)
  一 中国人口与现代化发展新常态呼唤现代化建设
    新动能 ………………………………………………… (32)
  二 树立人口高质量发展支撑中国式现代化新观念 …… (47)
  三 以人口高质量发展推进中国式现代化新实践 ……… (52)

第二部分 分论

第三章 中国人口负增长：认识、影响及应对 ……………… (61)
  一 人口负增长的认识 …………………………………… (61)
  二 中国人口负增长的基本事实 ………………………… (67)
  三 人口负增长时代的挑战 ……………………………… (76)
  四 人口负增长时代的机遇 ……………………………… (85)
  五 积极应对人口负增长 ………………………………… (92)

目 录

第四章 中国低生育水平：形势、成因及应对 …………… (103)
 一 中国低生育率水平现状 ………………………… (103)
 二 中国低生育水平的成因 …………………………… (109)
 三 应对低生育水平的国际经验及启示 …………… (116)
 四 应对低生育水平的对策建议 …………………… (124)

第五章 中国人口老龄化：形势、影响及应对 …………… (129)
 一 中国人口老龄化发展态势呈现阶段性新特征 ……… (129)
 二 人口老龄化带来的影响多维复杂 ……………… (133)
 三 在高质量发展中保障和改善老年民生福祉 ……… (143)

第六章 中国人口流动：形势、影响及应对 …………… (156)
 一 中国人口流动的现状及趋势 …………………… (157)
 二 人口流动对社会经济发展的效应及风险 ……… (170)
 三 中国人口流动的政策应对 ……………………… (179)

第七章 中国人口健康素质：形势、问题及对策 ………… (187)
 一 中国人口健康素质呈现的特征 ………………… (187)
 二 中国人口健康素质面临的突出问题 …………… (194)
 三 提升中国人口健康素质的应对策略 …………… (207)

第八章 中国人口文化素质：形势、问题及对策 ………… (215)
 一 中国人口文化素质的现状与变化 ……………… (216)
 二 中国人口文化素质存在的问题 ………………… (232)
 三 提高中国人口文化素质的建议 ………………… (238)

第九章 中国人口分布：形势、问题及对策 …………… (243)
 一 中国人口分布变化总体趋势、典型特征 ……… (243)
 二 人口分布影响中国经济社会发展的关键问题 …… (255)
 三 促进人口均衡分布积极应对人口转变 ………… (268)

第十章 中国人口安全：形势、问题及对策 …………… (273)
 一 新时代中国人口安全形势总览 ………………… (274)
 二 中国式现代化与国家人口安全 ………………… (288)
 三 中国人口安全的困境与机遇 …………………… (293)
 四 中国人口安全的对策与建议 …………………… (297)

第三部分 政策文件概览

积极应对人口老龄化相关政策文件概览（2022年9月至 2023年8月） ………………………………………… (307)
 一 综合政策与规划 ………………………………… (308)
 二 养老服务与养老环境 …………………………… (311)
 三 老年健康和医养结合 …………………………… (317)
 四 社会保障 ………………………………………… (321)
 五 经济转型和促进就业 …………………………… (324)
 六 教育与职业培训 ………………………………… (329)

第一部分　·总论·

第一章　全面认识人口发展新形势，引领人口发展新常态[*]

党的二十大报告指出："从现在起，中国共产党的中心任务就是团结带领全国各族人民全面建成社会主义现代化强国、实现第二个百年奋斗目标，以中国式现代化全面推进中华民族伟大复兴。"[①]二十届中央财经委员会第一次会议指出："当前我国人口发展呈现少子化、老龄化、区域人口增减分化的趋势性特征，必须全面认识、正确看待我国人口发展新形势。要着眼强国建设、民族复兴的战略安排，完善新时代人口发展战略，认识、适应、引领人口发展新常态，着力提高人口整体素质，努力保持适度生育水平和人口规模，加快塑造素质优良、总量充裕、结构优化、分布合理的现代化人力资源，以人口高质量发展支撑中国式现代化。"[②] 这是关于人口发展与中国式现代化关系的最新论述，不仅突出了人口发展对实现中华民族伟大复兴的重要作用，而且明确提出了以人口高质量发展支撑中国式现代化的具体方向，对指导中国人口发展具有重大意

---

[*] 本章作者为林宝。作者简介：林宝，中国社会科学院人口与劳动经济研究所研究员、养老与社会保障研究室主任，兼任中国社会科学院应对人口老龄化研究中心副主任、首席专家。

[①] 习近平：《高举中国特色社会主义伟大旗帜　为全面建设社会主义现代化国家而团结奋斗——在中国共产党第二十次全国代表大会上的报告》，人民出版社2022年版，第21页。

[②] 《习近平主持召开二十届中央财经委员会第一次会议》，中国政府网，2023年5月5日，https：// www. gov. cn/yaowen/2023-05/05/content _ 5754275. htm？eqid = d670583700058a6c000000026458b701。

义。会议特别强调了要全面认识、正确看待我国人口发展新形势，认识、适应、引领人口发展新常态。

一　全面认识中国人口发展新形势

中国人口发展正面临深刻变化，出现了很多新特征、新趋势。全面认识中国人口发展新形势，是以人口高质量发展支撑中国式现代化的前提和条件。全面认识中国人口发展新形势，必须坚持马克思主义的立场观点方法，实事求是，辩证和历史地看待中国人口发展新变化。中国当前重要的人口新变化，除了二十届中央财经委员会第一次会议指出的少子化、老龄化、区域人口增减分化，还应该包括人口负增长。当前，要对这些人口新变化全面认识、正确看待。总体来看，中国人口虽然已经进入负增长阶段，但是中国仍然是一个有着14亿人口的大国，而且人口负增长是一个渐进的过程，其影响不宜过分夸大。中国人口老龄化虽然已经进入中度老龄化阶段且呈快速发展趋势，但与本世纪剩余时间相比，仍然是老龄化水平相对较低的时期，且已基本走出"未富先老"状态，仍然处于应对人口老龄化的战略机遇期。中国生育水平已经处于极低水平并呈下滑趋势，但提升生育水平仍然有可为之处。中国区域人口增减分化加剧，但这主要是因为当前处于从人口增长向人口负增长转变的关键节点，各地区负增长有先有后，随着人口负增长进一步发展，大多数地区将进入人口负增长，增减分化趋势将可能逐步减弱。全面认识中国人口发展新形势，将有利于科学地制定人口发展战略和各项政策，促进人口高质量发展，更好地支撑中国式现代化和实现中华民族伟大复兴。

（一）中国正式进入人口负增长阶段，但仍将长期保持较大人口规模

2022年，中国正式进入人口负增长阶段，人口增长方向发生了根本性的逆转，中国人口发展迎来了重要转折。2022年年末全国人口141175万人，比上年年末减少85万人，其中城镇常住人口92071

万人。全年出生人口956万人，出生率为6.77‰；死亡人口1041万人，死亡率为7.37‰；自然增长率为-0.60‰。

出生率下降是中国人口负增长的主要原因。在相对封闭的人口中，出生和死亡是人口规模变化的两个影响因素。从中国人口变动趋势看，人口自然增长率的基本趋势主要是由出生率所决定的（见图1-1）。长期以来，中国的死亡率保持了基本的稳定，虽然近年来有所回升，2022年死亡率较2000年上升了约1个千分点，但与出生率的下降幅度相比仍然较小。中国人口出生率在20世纪80年代中期曾达到23‰，到2000年时已经下降至14‰左右，2020年则已经低于9‰，到2022年则进一步下降至6.77‰。

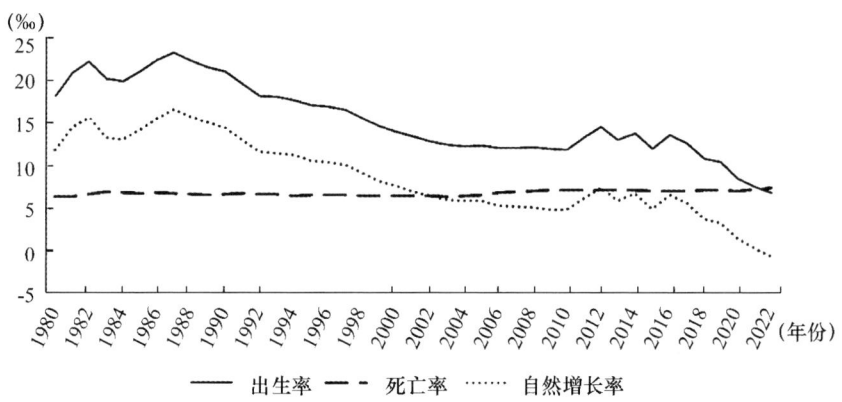

图1-1　1980—2022年中国人口自然变动

资料来源：《中国统计年鉴2022》《中华人民共和国2022年国民经济和社会发展统计公报》。

人口负增长是中国人口发展的长期趋势。此次人口负增长主要是由于出生率下降决定的，因而与中国历史上的人口负增长绝然不同，此次人口负增长带有长期性、趋势性特征。根据《世界人口展望2022》的中方案预测，中国2050年总人口将下降至13.13亿人，2100年将下降至7.67亿人。中方案的总和生育率假设是从1.18开始在整个预测期保持缓慢上升，到2033年达到1.3，到本世纪末接近

| 第一部分　总论 |

1.5，已经是比中国当前总和生育率略高的一种情形。如果中国生育率不能尽快实现提升，人口负增长的进程将会进一步加快。

尽管人口负增长的大趋势难以扭转，但中国人口仍将在较长时期内保持超大规模，根据《世界人口展望2022》的中方案预测，中国人口在2050年仍将保持在13亿人以上；即便是根据低方案预测，2050年中国人口也将保持在12亿人以上。巨大的人口规模将为中国应对人口负增长的影响提供巨大的回旋空间。以劳动力供给为例，根据中方案预测，中国15—64岁人口在2047年以前仍将保持在8亿人以上，如果考虑到健康状况改善、劳动条件改善等因素，在届时接近4亿的65岁及以上老年人口中还有大量有能力、有意愿工作的老年人存在，人们最担心的人口负增长影响劳动力供给问题实际上有很大的回旋空间。

不可否认，人口负增长是中国人口发展的重大转折，是重要的增长方向性改变，将对中国社会经济发展产生深远影响。人口负增长将通过影响劳动力供给和社会总需求等进而影响经济增长，人口负增长也会对地区人口增减形成约束，加剧各地区之间的人口（人才）竞争，对地区发展和要素价格产生直接影响。有学者认为，人口负增长可能产生负面影响的方式可以简化为三个重要的传播机制[1]：第一种机制是指地方和国家各级公共财政与人口规模之间的联系；第二种机制是人口规模或密度影响商品或服务或要素供给（资本、劳动力、土地）的相对价格；第三种机制是规模经济，即人口规模或密度与技术进步之间的联系。尽管人口负增长对中国社会经济发展会产生深远的影响，但仍然必须指出，人口不是社会经济发展的决定性力量，不能陷入人口决定论的窠臼，对人口负增长的影响不宜过分夸大。一个国家的发展状况更多地取决于其经济政策的智慧，而不是其潜在的人口趋势[2]。对中国人口负增长，我们可以从以下几个方面进一步认识。

第一，人口负增长不是凭空发生的，而是早有预兆。人口过程

---

[1] van Dalen, H. P., and Henkens, K., "Who Fears and Who Welcomes Population Decline?", *Demographic Research*, Vol. 25, 2011, pp. 437-464.

[2] Espenshade, T. J., "Zero Population Growth and the Economies of Developed Nations", *Population and Development Review*, Vol. 4, No. 4, 1978, pp. 645-680.

具有其内在规律性,中国人口负增长实际上早已有一些先兆性的指标。例如,中国从20世纪80年代中期开始,人口自然增长率已经处于下滑趋势(见图1-1),总和生育率在20世纪90年代初就下降至更替水平以下,按照这一趋势发展下去,其必然结果一定是人口负增长。再例如,中国0—14岁少儿人口在20世纪90年代就已经开始明显下降,15—64岁劳动年龄人口也在2013年以后出现了下降趋势,由于人口负增长在年龄组之间的传导性,最终演变结果必然是总人口的负增长。此外,之前中国人口政策中的"控制人口数量""稳定低生育水平""提倡一对夫妇生育一个子女"等从内在逻辑上看也蕴含了追求人口负增长的目标。因此,人口负增长不是凭空出现的,而是中国人口发展的必然结果,社会公众和决策者对此也应该有一定的心理预期和准备,没有必要大惊小怪。

第二,人口负增长并非中国特例,而是世界人口发展中较为常见的现象。根据笔者此前的研究[①],自1950年以来,在235个国家和地区中,有107个国家和地区曾发生过人口负增长;到2020年仍然处于人口负增长的国家和地区有38个;人口负增长延续至2020年达10年及以上且2020年总人口在100万人及以上的国家和地区共有17个。大多数国家(地区)的人口负增长年份是连续的,但波多黎各、匈牙利、波兰、阿尔巴尼亚和波黑在此期间出现了2次人口负增长,葡萄牙在此期间出现了3次人口负增长,两两之间的间隔均在15年以上。在亚洲,日本自2010年开始已经进入人口负增长。因此,人口负增长并非中国的独特现象,是人口发展到一定阶段的常见现象。

第三,中国人口负增长具有一定的独特性。尽管人口负增长并非中国的独特现象,但中国人口负增长仍然具有一定的独特性。正如中国式现代化是人口规模巨大的现代化一样,中国人口负增长也是人口规模巨大的负增长。按照《世界人口展望2022》的中方案预测,中国总人口年度负增长量最高时将超过1200万人;根据低方案预测,年度负增长量最高时将超过1600万人(见图1-2)。与其他人口负增长国家相比,这一

---

① 林宝:《人口负增长与劳动就业的关系》,《人口研究》2020年第3期。

规模绝对是空前的。中国人口负增长的另一个独特之处是速度快，根据《世界人口展望2022》的中方案预测，中国未来人口负增长速度最高年份可接近12‰；根据低方案预测，中国人口负增长速度最高年份可接近25‰。此外，从此前的各种预测结果看，中国人口负增长的到来明显早于预期。来得早、规模大、速度快等特征给中国人口负增长打上了独特的印记，也必然使中国人口负增长的影响和应对具有鲜明的中国特色。

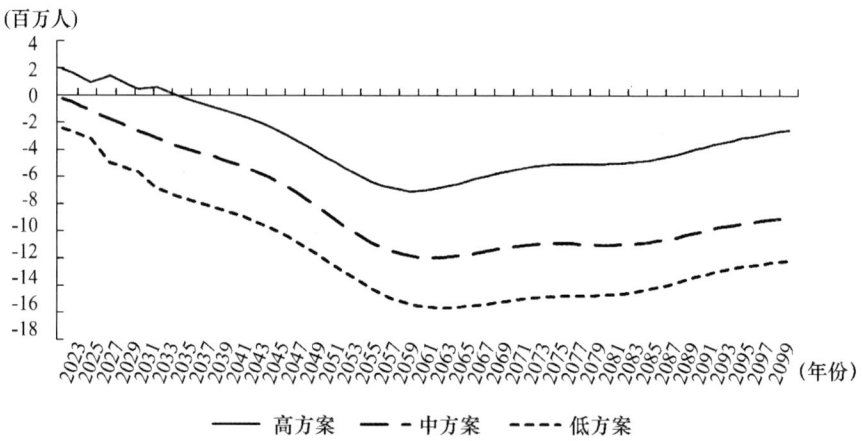

图1-2 《世界人口展望2022》预测的中国人口年度变化情况

资料来源：根据《世界人口展望2022》相关预测结果整理。

第四，人口负增长的影响具有渐进性特征，为妥善应对提供了时间。人口负增长的影响具有渐进性特征有两方面的含义。一方面是指人口负增长过程具有渐进性，因而其对社会经济发展的影响是逐渐产生的。人口负增长不是突发事件，而是一个漫长过程，其对社会经济的影响有一些并不是从其开始才发生，而是在其来临之前就已经开始，如劳动力供给下降；还有一些影响也不一定在人口负增长发生时就会产生，如对社会总需求的影响。另一方面是指人口负增长的影响本身也具有渐进性特征，一些影响可能是逐渐显现或是逐渐增大的，为妥善应对留有充分的时间。有研究发现，短期内人口负增长对经济增长的影响是温和的，经济仍能实现增长；长期来看，人口负增长对经济增长的不利影响将逐渐显现①。这说明，人口负增长对经济增长的影响是渐进的，要实现持续的经济增长，可以采取针对性的制度安排来化解人口负增长的影响。

第五，人口负增长的影响具有非确定性特征，为妥善应对提供了空间。人口作为基础性变量，可影响社会经济发展的很多方面，但其并非直接起作用，而是需要通过一些中间变量和环节。因此，人口负增长与社会经济发展之间的关系往往并非是"出现 A 必出现 B"的确定性关系，而是存在多种可能性。而这种非确定性的存在，为妥善应对人口负增长留下了很大的政策空间。有研究显示，各典型国家的人口负增长无论持续时间长短、速度快慢，其经济在最长负增长时域内均尚未出现明显的衰退；人口负增长对劳动参与率的影响并不明显，各国劳动参与率整体上在稳定范围内波动；人口负增长对固定资本形成占 GDP 比重和技术进步的影响方向各异，尚未显示出统一规律②。这似乎正好说明了人口负增长影响的非确定性特征。当前，社会上有一种夸大人口负增长消极影响的倾向，并以此来悲观看待中国经济的发展前景。这里应该指出，目前国内外对人口负增长影响社会经济发展的研究尚不充分，加强人口负增长影响相关研究是理所当然的，但显然不能一味强调人口负增长的消极影响，更不能混淆视听、过分夸大人口负增长的消极影响。人口负增长影响的非确定性特征所留下的巨大政策空间，正是应对人口负增长的着力之处，充分利用好这一点，将有助于中国成功应对人口负增长的影响。

第六，人口负增长是中国人口问题的重心从规模转向结构的重要标志。长期以来，"控制人口数量"成为中国人口政策的重要目标，其重要依据就是中国存在人口资源环境紧张关系。《国家人口发展规划（2016—2030 年）》强调"人口与资源环境承载能力始终处于紧平衡状态"。人口负增长的到来使我们长期关注的人口规模问题相对缓解，中国长期存在的人口资源环境紧张关系得到改善。与此同时，人口老龄化问题日益突

---

① 刘厚莲、原新：《人口负增长时代还能实现经济持续增长吗?》，《人口研究》2020 年第 4 期。

② 陶涛、郭亚隆、金光照：《内生性人口负增长经济影响的国际比较》，《人口学刊》2022 年第 1 期。

出，这表明中国人口问题的重心正式从规模转向结构。实际上，当前关于人口负增长相关问题与人口老龄化问题高度重合，人口负增长问题完全可以在积极应对人口老龄化国家战略的框架内得到统筹考虑。

（二）人口进入中度老龄化阶段，但"老""富"关系持续改善

中国人口老龄化正在深入发展，截至2022年年底，中国60岁及以上人口28004万人，占全国人口的19.8%，其中65岁及以上人口20978万人，占全国人口的14.9%，按照65岁及以上人口比例超过14%的标准已经进入中度老龄化阶段，按照60岁及以上人口比例超过20%的标准也即将进入中度老龄化社会。

进入中度老龄化社会表明中国人口老龄化进入了一个新的阶段。中度老龄化阶段是中国人口老龄化快速发展时期。中国从2000年前后进入老龄化社会开始，到进入中度老龄化阶段大体经历了约20年。随着20世纪60年代出生高峰人口将逐步进入老年阶段，今后10年是中国人口老龄化速度较快的时期。根据《世界人口展望2022》的中方案预测，2034年中国65岁及以上人口比例将超过21%，进入重度老龄化阶段。因此，从2021年65岁及以上老年人口超过14%算起，中国中度老龄化阶段持续时间将仅为13年。与人口老龄化水平不断提升一致的是，老年人口规模也不断增长。到中度老龄化阶段结束时，中国60岁及以上老年人口将可能超过4亿人，65岁及以上老年人口将接近3亿人。快速的人口老龄化和巨大的老年人口规模将要求中国更加重视积极应对人口老龄化，构建更为适应人口老龄化形势的经济发展方式和社会治理模式。

中度老龄化阶段仍然是中国积极应对人口老龄化的战略机遇期。尽管这一阶段老龄化程度又上了一个新台阶，老龄化速度也较快，但仍然是本世纪剩余时间内中国人口老龄化程度最低的时期。根据《世界人口展望2022》的中方案预测，中国将在2034年进入重度老龄化阶段，2046年进入极度老龄化阶段，2070年将进入极度高龄化阶段[1]。比较而言，中度老龄化阶段将是本世纪内老龄化程度

---

[1] 林宝主编：《建设共富共享的老龄社会》，中国社会科学出版社2022年版。

最低的时期，人口老龄化带来的各项冲击尚不严重，是做好战略准备应对更高老龄化阶段到来的关键时期。同时，中度老龄化阶段也是老年人口结构相对年轻的时期，也是老年人力资源开发潜力巨大的时期。中度老龄化阶段老龄化速度加快的一个重要原因是"'60后'退休潮"的出现，即20世纪60年代出生高峰人群陆续退休，但也正因为如此会在进入老年阶段后形成大量的低龄老年人口。这批人规模大、大多居住在城镇、比上一代有更高教育水平和收入水平[1]，人力资源潜力巨大，为延迟退休年龄改革、开发老年人力资源提供了良好的条件。更为重要的是，中度老龄化阶段也是中国真正走出"未富先老"的时期，从而使中国有足够的财富和能力应对人口老龄化。

中国人口老龄化是在经济不发达的情况下发生和发展的，长期面临"未富先老"的局面，这对中国应对人口老龄化提出了巨大的挑战。然而可喜的是，得益于改革开放以来40多年的高速发展，经济发展速度远远快于老龄化速度，中国的"老""富"关系持续改善。通过构建人口老龄化与发展水平一致性系数可判断中国的"老""富"关系状态。从人口老龄化水平与经济发展水平关系的角度来看，中国已经走出了"未富先老"状态。研究显示，无论是采用《世界人口展望2022》还是中国国家统计局公布的中国人口老龄化数据，无论是采用65岁及以上老年人口比重还是老年抚养比来代表人口老龄化水平，无论是采用均值口径还是中位数口径，当以人均国民收入代表"富"时，分析结果都显示，中国已经在2017年前后走出"未富先老"的状态。从人口老龄化水平与综合发展水平关系的角度来看，中国正在或即将走出"未富先老"状态。研究显示，中国正处于从"未富先老"状态向"老富基本协同"状态过渡的临界点，即便采用最保守的计算结果，一致性指数也已经接近1，这意味着中国将很快走出"未富先老"状态[2]。

中国进入中度老龄化阶段完成"老""富"关系转变具有重要的

---

[1] 林宝：《"60后"退休潮：特征、影响及应对》，《人民论坛》2022年第23期。
[2] 林宝：《对中国"未富先老"判断的新考察》，《人口研究》2023年第3期。

意义。一方面，在人口老龄化快速发展的背景下，走出"未富先老"状态表明中国在经济建设和社会发展方面取得了巨大的成就，在世界各国（地区）的排序中，中国发展水平的相对位置实现了比人口老龄化水平相对位置更快的提升。更重要的是，这也表明，在快速人口老龄化条件下，可以实现经济社会的快速发展。而在此过程中所积累的具有中国特色的应对人口老龄化的经验和方法将为今后应对人口老龄化提供很好的借鉴。另一方面，"老""富"关系的转变也为应对人口老龄化创造了有利的条件。走出"未富先老"状态表明中国有更强的能力和更好的条件开发利用人口老龄化过程中的积极因素，应对人口老龄化的各种冲击，为积极应对人口老龄化国家战略的实施奠定良好基础。与此同时，进入中度老龄化和"老""富"关系改善也为中国银发经济发展提供了良好的机遇，需求增长和购买力增强将大大促进供给侧产品和服务的丰富和品质提升。

因此，尽管中国已经进入中度老龄化阶段，但中国人口老龄化水平与发展水平之间协调性也明显改善，应对人口老龄化的能力也大为增强。毫无疑问，进入中度老龄化阶段后，人口与经济社会、资源环境等要素的关系发生深刻变化，应对人口老龄化的任务更为艰巨，但只要坚持贯彻新发展理念，真正实现创新、协调、绿色、开放、共享发展，持续推进积极应对人口老龄化国家战略，我们有条件也有能力走出一条中国特色的积极应对人口老龄化道路。

（三）少子化趋势明显，但扭转生育水平下滑势头仍可有所作为

近年来，中国出生人口呈现快速的下降趋势，国家统计局公布的相关数据显示，2022 年中国出生人口为 956 万人[①]，总和生育率估计为 1.05 左右。预计 2023 年出生人口还将进一步下降，总和生育率将下降至 1 左右。

---

① 《中华人民共和国 2022 年国民经济和社会发展统计公报》，国家统计局官网，2023 年 2 月 28 日，http:// www. stats. gov. cn/sj/zxfb/202302/t20230228 _ 1919011. html？eqid = f5c232 a10002041400000005642ebc66。

第一章　全面认识人口发展新形势，引领人口发展新常态

中国生育水平下降表现出明显的趋势性特征。1997年以前，中国年出生人口仍然保持在2000万人以上的规模，此后2002—2010年基本上在1600万人左右徘徊，2011年以后受政策调整等因素的影响出现了几次波动，但从2018年开始再次下降至1600万人以下，随后呈快速下降态势，直至2022年首次下降至1000万人以下（见图1-3）。根据出生人口估计，在21世纪第一个10年，中国总和生育率大约在1.5的水平，进入21世纪10年代以后总和生育率有所提升，最高可探至1.8以上，2018年重新回落至1.5左右，然后快速下降，2020年降至1.3，到2022年已经是接近1的水平。当前，生育水平下降趋势尚未看到停止的迹象，应尽快阻止这种下降趋势。

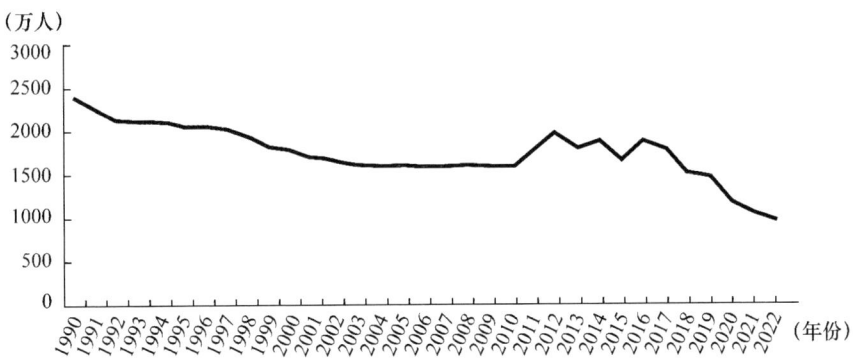

图1-3　1990—2022年中国出生人口变动

资料来源：《中国统计年鉴2023》。

生育率下降已经导致中国0—14岁少儿人口重新开始下降，表现出少子化趋势。1999年以前，中国0—14岁少儿人口在3亿人以上，占比超过1/4，此后一路下滑到2013年2.24亿人的低点。虽然由于生育政策调整导致少儿人口在其后几年出现了增长，在2020年达到2.53亿人的阶段性高点，但自2021年后又开始下滑，到2022年年底为2.39亿人，少儿人口占比也下降至16.94%。由于出生人口下降趋势较为明显，0—14岁少儿人口规模和占比未来还将进一步下降。少儿人口下降将导致中国人口年龄金字塔底部进一步收缩，对未来人口

第一部分　总论

年龄结构和规模都将产生深远的影响。

从国际比较来看，中国生育水平已经处于极低状态。按照联合国相关报告的标准，总和生育率低于1.3就可以称为极低生育水平。中国当前总和生育率已经接近1，毫无疑问属于极低生育水平。根据联合国《世界人口展望2022》的最新估计，中国2021年总和生育率不仅低于发达国家的整体水平（总和生育率为1.52），还低于日本（1.30）、意大利（1.28）、西班牙（1.28）、葡萄牙（1.36）等传统上生育率较低的国家，显著低于美国（1.66）、英国（1.56）、法国（1.79）、德国（1.53）、俄罗斯（1.49）等主要大国，与印度（2.03）、印度尼西亚（2.17）等周边人口大国更是相差甚远。比中国大陆地区生育率更低的只有韩国（0.88）、中国香港（0.75）等少数国家和地区。

生育观念转变是生育率下降的直接原因，生育养育教育成本制约则是重要因素。近年来，群众生育观念和生育意愿已经发生明显转变，长期以来的"晚婚晚育""少生优生"等宣传导向对群众产生了深远影响，有的甚至已经内化为人们的内在观念，对群众生育意愿产生了明显制约。多来源的生育意愿调查数据表明，育龄妇女的平均理想子女数已经下降至2以下，反映出群众生育观念和意愿的深刻变化，在理想子女数已经降低到较低水平的情况下，生育潜力空间已经大为压缩，现行生育政策效果必然大打折扣。在此基础上，生育养育教育成本过高则进一步降低了群众的生育意愿。当前，从婚恋到生育养育教育等生命过程的各个环节都存在成本过高的问题，严重影响了生育决策，共同抑制了生育意愿和生育行为。

扭转生育水平下滑趋势是当务之急。二十届中央财经委员会第一次会议强调，"努力保持适度生育水平和人口规模"[①]。要实现这一目标，必须尽快扭转生育水平下滑趋势，推动生育率向适度水平回归。当前要充分认识到推动生育水平回升的重要意义。首先，推动生育水平回

---

① 《习近平主持召开二十届中央财经委员会第一次会议》，中国政府网，2023年5月5日，https:// www. gov. cn/yaowen/2023-05/05/content _ 5754275. htm? eqid = d670583700058a6c000000026458b701。

升是保持适度人口规模和延缓人口负增长的必然要求。由于死亡水平相对稳定，生育水平高低将对中国未来的人口规模和演变进程产生决定性的影响。其次，推动生育水平回升是积极应对人口老龄化、延缓人口老龄化进程的客观要求。正是由于中国人口老龄化具有速度快的特征，且未来有可能进入极度高龄化社会，所以必须从延缓人口老龄化进程上着力，推动生育水平回升是延缓人口老龄化进程的基本前提。最后，推动生育水平回升也是维护人口安全的必然要求。推动生育水平回升一方面可使人口自身发展更为均衡，另一方面可使中国人口变化进程相对平缓，从而避免人口剧烈变化给社会经济等其他要素带来过强冲击而造成社会经济体系的适应困难。

扭转生育水平下滑趋势仍然可以有所作为。首先，尽管群众生育观念普遍倾向于少生优生，但传统多子多福、儿女双全的生育观念仍然有一定影响力。同时，生育观念也不是一成不变，通过一些引导措施也可以使群众改变其生育观念，提高生育意愿。其次，当前降低生育养育教育成本还存在很大的空间，只要切实减轻了群众生育养育教育负担，群众生育意愿就有一定的提升空间。最后，从国际经验来看，生育率实现回升也是可能的。有研究显示，法国、瑞典、俄罗斯在实施鼓励生育政策后都在一定程度上实现了生育水平的提升[①]。如果后续能够出台一些针对性的鼓励生育措施，提升生育水平仍然存在较大可能。

(四) 区域人口增减分化加剧，但只是阶段性现象

中国人口呈现明显的区域人口增减分化现象。从省级层面来看，2022年与2021年相比，各地区人口有增有减（见图1-4）。辽宁、河北、广东、吉林、黑龙江、湖南、上海、河南、天津、山东、北京、新疆、西藏13个省（自治区、直辖市）出现了人口负增长，其余省份仍然处于人口增长之中。其中，辽宁的人口负增长量超过30万人，河北、广东、吉林、黑龙江的人口负增长量超过25万人。在

---

① 阚唯、梁颖、李成福：《国际鼓励生育政策实践对中国的启示》，《西北人口》2018年第5期。

第一部分 总论

人口仍然处于增长的省份中，有贵州、云南等11个省份的增长量已经低于5万人，即将进入人口负增长进程；增长量超过15万人的仅有浙江省，为37万人。从人口自然增长的角度看，人口增减分化趋势同样明显。2022年，已经有20个省份的人口自然增长率为负值，其中，黑龙江的人口自然增长率已经低于-5‰。所有省份中，只有西藏的人口自然增长率在5‰以上（见图1-5）。

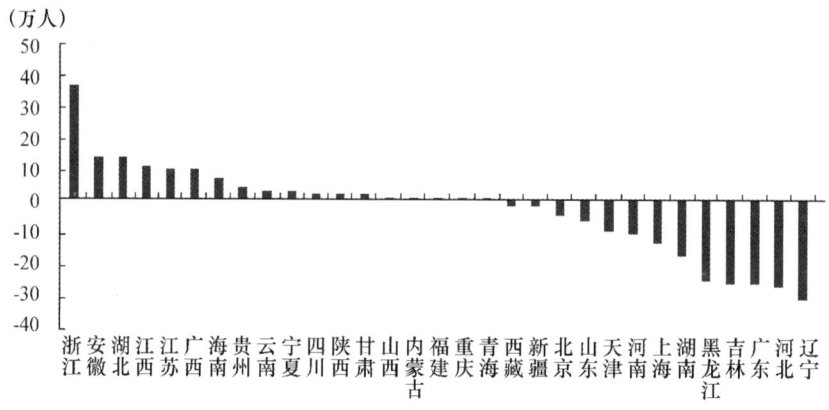

图1-4 2022年各地区人口总量增减情况

资料来源：根据《中国统计年鉴2023》相关数据计算。

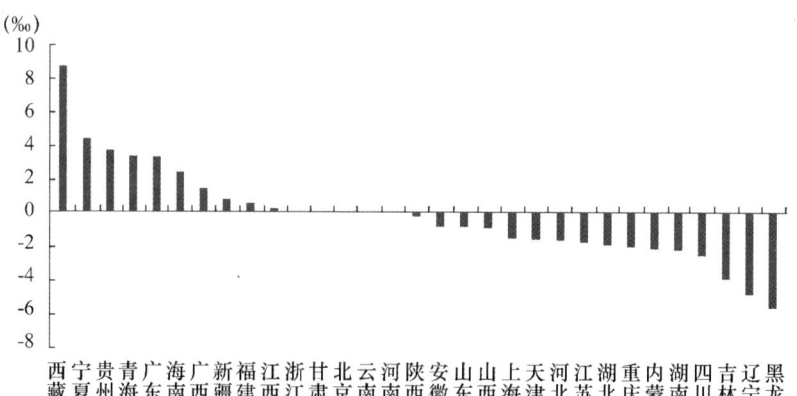

图1-5 2022年各地区人口自然增长率

资料来源：《中国统计年鉴2023》。

人口增减分化与人口流动密切相关。从图 1-4 和图 1-5 可以看出，各地区人口总量增减情况与人口自然增长率的变化并不一致，其背后的重要原因在于中国存在大规模的人口流动。第七次全国人口普查结果显示，中国流动人口为 3.76 亿人，其中，跨省流动人口为 1.25 亿人，这对各地区人口增减产生了重要影响。东部经济发达地区对人口的吸引力强，人口呈净流入状态，延缓了其人口负增长进程，而东北、中西部一些地区则成为人口净流出较为明显的地区，人口负增长进程受人口流动推动而加快。研究显示，2010—2020 年，上海、北京的人口净流入率超过了 35%；天津、浙江、广东等地区的人口净流入率均在 20% 左右。净流出率较高的地区有贵州、安徽、广西、河南、江西等，均超过了 10%；湖南、四川、黑龙江的净流出率为 9%—10%[①]。

人口增减分化加剧是从人口增长向负增长转变阶段的必然结果，但只是阶段性现象。人口增减分化在当前阶段明显加剧的主要原因是中国人口总体上出现了从增长向负增长的转折，各地区之间由于自然增长率和人口流入流出情况的不同，必然会出现人口减速有快有慢、进入人口负增长的时间有先有后的情况，人口增减分化也就随之而来。随着中国人口负增长进程的进一步加深，各地区人口增长潜力将越来越小，将有越来越多的地区进入人口负增长。从近几年各地区人口增减情况来看，尽管有所波动，但我们可以明显看到人口增长省份逐渐减少、人口负增长省份逐渐增多的现象。2020 年，人口负增长的省份为 8 个，到 2022 年已经增加到 13 个。随着中国总人口负增长进一步发展，未来各地区人口的分化将主要是人口负增长速度快慢的分化，而不是人口增减的分化，从这个意义上说，人口增减分化只是一个阶段性现象。

人口增减分化意味着各地区人口布局的深刻变化。尽管未来人口增减分化趋势会减弱，但各地区人口分布的变化将继续加速演变，这将给地区发展带来明显的影响。最直接的影响是，人口增减分化将加剧各地区之间的人口（人才）竞争。在人口负增长时代，

---

① 马胜春：《中国省际人口流动的特征及影响因素的空间分析》，《人口研究》2022 年第 6 期。

第一部分 总论

各地区已经深刻认识到人口和人才对地区经济社会发展的重要性，这几年随着各地区人口增减分化加剧，各地的人才争夺战也愈演愈烈，其背后本质就是人口争夺战。可以预见，随着人口负增长和各地区人口增减分化的进一步发展，人口（人才）争夺将从增量时代进入存量时代，各地区之间的竞争将进入白热化阶段。人口（人才）竞争加剧的积极效应在于一方面可以更好激励各地区改善用人环境，提高人力资源利用效率；另一方面则有利于进一步推动户籍制度改革和流动人口市民化进程，推进新型城镇化。但是，人口（人才）竞争也可能使地区发展不平衡进一步加剧。发达地区特别是一些大城市具有更优越的资源，同时天然对人口具有更强的吸引力，在人口负增长和人口增减分化的大背景下，这些地区将有更大的动力和更强的手段吸引人才和人口，最终将进一步加剧人口聚集和地区发展不平衡。此外，人口增减分化对基础设施建设和公共资源配置带来新的挑战。前期一些地区尤其是一些城市地区规划对人口增长的估计都比较乐观，在基础设施建设和公共资源配置上有超前甚至超标的情况，如何发挥这些基础设施和公共资源的效率正成为一些地区面临的新课题。

二 适应、引领中国人口发展新常态

新形势意味着中国人口发展正在发生深刻变化，预示着中国人口进入一种新常态：人口规模负增长、结构更加老龄化、人口分布持续调整、生育水平相对较低的新常态。面对人口发展新常态，首先必须清醒认识人口形势发生深刻变化的基本事实，使各项社会经济政策适应人口形势的变化，即所谓的适应新常态；其次必须努力挖掘现有人口条件的优势和潜力，推动中国人口高质量发展，为实现中国式现代化提供更好支撑，即所谓的引领新常态。为此，二十届中央财经委第一次会议强调，"要深化教育卫生事业改革创新，把教育强国建设作为人口高质量发展的战略工程，全面提高人口科学文化素质、健康素质、思想道德素质。要建立健全生育支持政策体系，大力发展普惠托育服务体系，显著减轻家庭生育养育教育负担，推动建设生育友好型社会，促进人口长期均衡发展。要加强人力资源开发利用，稳定劳动参与率，提高人力资源利用效率。要实施积极应对人口老龄化国家战略，推进基本养老服务体系建设，大力发展银发经济，加快发展多层次、多支柱养老保险体系，努力实现老有所养、老有所为、老有所乐。要更好统筹人口与经济社会、资源环境的关系，优化区域经济布局和国土空间体系，优化人口结构，维护人口安全，促进人口高质量发展"[1]。这些要求为适应、引领人口发展新常态提供了明确的指引。

（一）全面提高人口整体素质，夯实人口高质量发展基础

人口素质是人口高质量发展的核心维度，反映了人口作为一个独立系统的自身发展水平。人口素质是社会进步的结果和表现，随人类社会发展进程而动态变化。人口高质量发展必须使人口素质处于良性轨道之中，不断迈向更高水平和更高阶段。二十届中央财经委员会第一次会议强调，"全面提高人口科学文化素质、健康素质、思想道德素质。全面提升人口素质既是现代化的重要内容，又是现代化建设最基本、最重要的支撑"[2]。提高人口素质是人口大国迈向人力资源强国的关键一环。人口大国只是反映了人力资源的数量，而人口素质则决定了人力资源的质量，数量和质量一起决定一国（地区）人力资源的总体水平。提高人口素质是人力资本积累的重要途径。舒尔茨认为人力资本是体现在人身上的知识、能力与健康，是比物质资本更为重要的促进经济增长的因素[3]。经济合作与发展组织将人力资本定义为个人所具备的有助于创造个人、社会和经济福利的知识、技能、能

---

[1] 《习近平主持召开二十届中央财经委员会第一次会议》，中国政府网，2023 年 5 月 5 日，https:// www. gov. cn/yaowen/2023-05/05/content _ 5754275. htm？eqid = d670583700058a6c000000026458b701。

[2] 仲音：《全面认识、正确看待我国人口发展新形势》，《人民日报》2023 年 5 月 15 日第 1 版。

[3] 丁小浩、黄依梵：《人力资本对经济增长的贡献：理论与方法》，《北京大学教育评论》2020 年第 1 期。

第一部分 总论

力和特质①。世界银行认为，人力资本是人们在一生中积累的知识、技能和健康，是可持续增长和减贫的核心驱动力②。从人力资本的基本含义中可以看出，个人的知识、技能、健康等素质是人力资本的核心要素，个人素质提高的过程就是人力资本积累的过程，一国（或地区）人口素质提升的过程就是人力资本存量不断增长的过程。由于人口素质既是人口自身发展水平的测度，也是推动经济增长和福利提升的重要因素——人力资本的核心要素，因而不断提升人口素质就成为人口高质量发展的核心的、首要的任务。

一是必须深入实施健康中国战略，提高人口健康素质。首先，要加强健康教育，普及健康知识，提高健康意识，培养健康生活方式，使健康生活成为全民的时尚追求。其次，要优化群众体育资源配置，普及社区体育锻炼设施，推动学校、大型体育设施向群众开放，积极开展群众性体育活动，持续推动全民健身运动蓬勃发展，使运动健身成为人民群众的自觉行动，提升国民体质。再次，要继续深化医疗卫生体制改革创新，切实提高疾病预防和医疗服务水平。要均衡医疗服务资源配置，推进三级诊疗制度，推动形成有序医疗格局；要加强公共卫生服务建设，逐步实现医疗卫生体系从以治病为中心向以预防为中心转变；要进一步理顺医疗服务价格和药品价格，解决好医疗服务人员激励问题，控制医疗费用过快增长；要提高医疗卫生领域信息化水平，推动检查结果互认，鼓励互联网医疗服务发展，推动优质医疗资源惠及更多人群。最后，要进一步深化医疗保障制度改革，加强医疗保障。要逐步推动城镇职工基本医疗制度保险和城乡居民基本医疗保险制度相互融合；继续深化支付方式和医药价格形成机制改革，提高医保基金使用效能；完善大病保险制度，加强大病保障能力；鼓励产品创新和服务，大力推动商业健康险发展。

二是必须加强教育强国建设，提高人口科学文化素质。一方面，要

---

① OECD, "Human Capital: How What You Know Shapes Your Life", https://www-oecd-ilibrary-org-s.ra.cass.cn: 8118/education/human-capital_9789264029095-en, 2007.
② World Bank, "The Human Capital Index 2020 Update: Human Capital in the Time of COVID-19", World Bank, Washington, D. C., 2021.

切实改善教育公平。教育公平是社会公平的重要基础,要把教育公平作为教育强国建设的基石。要从均衡教育资源入手,推动基础教育均衡发展,特别是要加强义务教育阶段学区范围内的教师流动,逐步缩小各校之间在教学条件和师资力量等方面的差距;要推动高等教育资源分布更为均衡,积极支持高等教育发展滞后地区引进或创办高水平大学;采取切实措施鼓励优秀大学毕业生和教师向教育薄弱地区流动,缩小地区间教育水平差距;鼓励优质强校通过远程教育等方式将优质教学资源惠及更多地区;建立国家公共教育信息平台和基础课程网络资源库,免费向公众开放,增加优质教育资源的可及性。另一方面要持续提高教育质量。要使教育更加符合社会现实需要,具体表现在教育内容和方式要反映社会发展变化,教育结果要符合社会期待,培养中国式现代化所需要的合格人才。为此,要建设高水平的师资队伍和教材体系,为教师队伍提供合理的薪酬激励;延迟普职分流时间,避免过早确定学生的职业方向;全面提高高等教育质量,推动世界一流大学和一流学科建设;加强启发性和创新性教育,着力培养学生创新能力。

三是必须加强社会主义精神文明建设,提高人口思想道德素质。首先,要加强价值观引领,树立思想道德标杆。重点要加强社会主义核心价值观教育,深入阐释社会主义核心价值观的基本内涵和践行社会主义核心价值观的基本要求,将核心价值观教育融入社会生活的方方面面,为社会成员树立明确的价值标杆,引导社会成员的思想、行动。其次,要加强全民法治观念教育,筑牢思想道德底线。要坚持依法治国,在全社会加强法治观念教育,形成有法必依、违法必究、执法必严的社会氛围,增强社会成员的底线意识,把遵法守法作为基本行为准则。最后,要大力弘扬中华优秀传统文化,增强思想道德素质的文化根基。要"深入挖掘中华优秀传统文化蕴含的思想观念、人文精神、道德规范,结合时代要求继承创新"[1],为提高人口思想道德素质提供持久养分和内驱力。

---

[1] 习近平:《决胜全面建成小康社会 夺取新时代中国特色社会主义伟大胜利——在中国共产党第十九次全国代表大会上的报告》,人民出版社2017年版,第42页。

（二）推动建设生育友好型社会，促进人口长期均衡发展

人口长期均衡发展是人口高质量发展的内在要求。人口均衡发展是指要素间相互协调，使人口总体保持在均衡状态或从非均衡状态转为均衡状态①。从总体上去反映人口均衡状态最为典型的是稳定人口。在稳定人口中，出生率和死亡率保持不变，人口自然增长率不变，各年龄组占总人口的比例也不变。但在人类历史发展过程中，稳定人口很难真正达到，只是一种理论上的状态。人口内部均衡发展一般可以从人口要素自身的合理性以及彼此之间协调性两个维度来考量。从人口要素的合理性而言，一些指标具有合理的范围，如从代际更替的角度来看，总和生育率维持在 2.1 左右为宜。从人口要素彼此之间的协调性而言，则存在出生与死亡、迁入与迁出、规模与结构等不同要素之间的平衡协调问题。人口高质量发展必须推动不合理的人口要素指标向合理值回归，进一步增强各人口要素之间的协调性，使人口系统向更高均衡状态发展。当前，影响中国人口长期均衡发展的主要问题是生育水平过低，需要尽快采取切实措施加快建设生育友好型社会，推动生育水平回升。

一是明确政策导向，加强婚育观念宣传引导。重点解决育龄群众"不想生"的问题。一方面要尽快扭转生育政策导向，转向全面鼓励生育。当期实施的三孩政策，力图鼓励人们在三孩范围内下多生育，同时存在"限制"和"鼓励"两种政策导向，有政策内在的矛盾性。因此，全面放开生育限制，给民众明确的促进生育政策导向，是当前应对生育率持续下滑的必要选择。另一方面加强婚育观念宣传引导。制定适合当前生育形势的宣传理念和策略，从家庭生命周期、家庭代际平衡和传递等方面进行积极引导，充分利用真实案例和文艺作品的感染力和传播性促进生育观念转变。

二是完善生育支持政策，切实降低生育成本。重点解决育龄群众

---

① 宋健、姜春云、杨旭宇：《以促进人口均衡发展推进中国式现代化》，《社会发展研究》2023 年第 1 期。

"不敢生"的问题。抓住关键环节关键问题，尽快出台配套政策。应该从全生命周期的视角，抓住婚恋、生育、幼儿抚育、儿童教育等重点环节，从税收、社会保障、劳动权益保护、公共服务支持、社会服务发展等多方面着手，消除影响家庭成长和生育的痛点，切实降低生育养育成本。在婚恋环节，应抓住两头：在大城市重点关注大龄白领女性，主要通过加强婚介、联谊解决信息不对称问题；在农村重点关注大龄男性，可以通过涉外婚姻缓解适龄女青年不足的问题。在住房上，应主要通过大力发展公租房解决新就业青年、新成长家庭的城市住房问题。在生育环节，应通过加强妇女劳动权益保护促进家庭工作平衡。在养育环节，应通过倾斜性的政策支持大力发展育儿服务增加儿童照料服务供给。在教育环节，应通过均衡配置义务教育资源减轻家庭教育负担。在社会保障上，可通过夫妻共享社会保障账户方式加强家庭妇女的医疗、养老保障，缓解后顾之忧。

三是要加强技术支撑，增加合法辅助生殖技术的可获得性。重点解决育龄群众"不能生"的问题。近几年一孩生育率的下降一方面反映了生育意愿的变化，另一方面也说明部分育龄人群存在孕育障碍，需要辅助生殖技术的支持。要充分发挥生育潜力，必须加强技术支撑。一方面要加强辅助生育技术研究，加强技术宣传，提高群众知晓率；进一步增加生殖门诊数量，增强辅助生育技术的可获得性；加强育龄夫妇隐私保护，消除技术使用顾虑。另一方面，要把辅助生育技术使用相关费用纳入医保报销范围，切实降低辅助生育技术使用的经济门槛。此外，要加强生殖能力保护，减少非计划怀孕和非医学原因流产行为。要加强青少年生殖健康教育，在中学和大学阶段开设相关课程或讲座，开展相关公益项目，使广大青少年正确掌握生殖健康相关知识，避免过早性行为和意外怀孕，减少非医学原因的人工流产对生育能力的影响，保护育龄人群生育能力。

（三）加强人力资源开发利用，提高人力资源利用效率

加强人力资源开发利用是适应、引领人口发展新常态的必然选择。首先，加强人力资源开发利用是应对劳动力供给下降的必然要

第一部分　总论

求。人口负增长和人口老龄化背景下的中国劳动年龄人口表现出数量下降、结构老化的明显特征。按照当前的劳动参与模式，必然导致劳动力供给的快速下降。要缓解劳动力供给下降趋势，必须改变劳动参与率的年龄模式，提高大龄劳动者和老年劳动力的劳动参与率。因此，加强人力资源开发利用，提高劳动参与率是应对劳动力供给下降的客观需要。其次，加强人力资源开发利用也是挖掘人口红利的必然要求。中国已经进入人口红利衰退期，但是仍然具有规模巨大的劳动年龄人口和低龄老年人口，具有进一步挖掘人口红利的潜力。提高劳动参与率和实现充分就业是实现人口红利的重要条件。通过加强人力资源开发利用，充分发挥人力资源作用，努力挖掘人口红利，是实现人口高质量发展的内在需要。最后，加强人力资源开发利用也是从人力资源大国走向人力资源强国的必然要求。只有加强人力资源开发利用，不断提高人力资源利用效率，创造人尽其才、才尽其用的环境和条件，才能真正从人力资源大国走向人力资源强国，为实现中国式现代化提供强力支撑。

一是要促进高质量充分就业，充分挖掘人力资源，推动其参与社会建设和发展。高质量充分就业是人力资源开发利用的主要途径。深入实施就业优先战略，要把充分就业作为宏观政策的重要目标。要处理好经济增长和劳动力供给之间的关系，妥善处理经济结构调整问题，确保在经济持续增长的同时保障就业稳定。要重点加强大学生就业情况监测和城镇失业情况监测，随时掌握年轻人就业状况，同时多渠道、多途径推动大学生就业。要高度重视平台经济的就业蓄水池作用，处理好监管与发展之间的关系。要进一步优化营商环境和降低税费促进中小微企业发育和发展，使其成为新增就业的重要来源。

二是要加强职业培训，增强人力资源与社会需要的契合度。实现中国式现代化必须建设一支知识型、技能型、创新型劳动者队伍，满足社会主义现代化建设需要。为此，必须加强职业培训，实现劳动者的知识更新和技能提升。一方面，可考虑出台全国性的职业技能培训支持计划，对一些针对大龄低技能劳动力的职业技能培训进行财政补贴，或是开展专项人员服务培养计划，针对缺口较大的服务人员开展培训，如可开展全国养老服务人员培训计划，对大龄劳动力参与培训给予财政补贴。另一方面，可鼓励企业根据自身需要开展员工培训计划，对相关培训费用予以税前列支或是给予一定免税优待。

三是要优化人力资源配置和用人环境，提高人力资源利用效率。优化人力资源配置的关键是要畅通人口流动、人才流动渠道。要进一步推动劳动力要素全国统一大市场的形成，使人才向利用效率更高的地方流动。要进一步推动户籍制度改革，优化特大和超大城市落户条件，降低落户门槛，促进人口合理流动，优化人口布局。优化用人环境关键是要加强体制机制建设：通过机关事业单位人事制度改革、职称制度改革、工资制度改革等，改善机关事业单位用人环境，建立有利于发挥人才知识和潜能的体制机制；通过构建亲清政商关系，改善公共服务，优化创新创业环境，建立有利于科技成果转化应用和安心创业的体制机制；通过加强劳动监察和改进就业服务，改善企业用工环境，建立有利于促进劳资关系和谐、劳动力供需均衡的体制机制。

四是要积极开发老年人力资源，充分挖掘老年人口红利。一方面，要尽快出台渐进式延迟退休年龄和弹性退休政策。中国当前退休年龄过低且采用强制性退休年龄规定，不利于促进老年就业。应尽快出台渐进式延迟退休年龄政策，使劳动者可以在法定退休年龄上下一定范围内自主选择退休年龄，从而使部分有意愿继续工作的低龄老年人继续留在工作岗位或是寻找新工作，达到最大限度利用老年人力资源的目的。弹性退休机制对促进老年就业尤其重要，它可以提供一种自动筛选机制，让有能力有意愿的劳动者尽量更长时间留在劳动力市场，优化人力资源配置，大大提高劳动力利用效率。另一方面，建立促进老年就业的激励机制。在供给侧，重点是要鼓励大龄劳动力和低龄老年人继续留在劳动力市场。可考虑提高退休年龄以上就业人员的养老金缴费权益；也可考虑老年就业人员的劳动收入在税收上给予一定的优惠。在需求侧，重点是要鼓励用人单位招聘老年劳动力。可考虑强化对用人单位雇用老年人的经济激励或是针对性地放松一些劳动力市场的规制。

（四）加快养老保障和服务体系建设，积极应对人口老龄化

积极应对人口老龄化是实现中国式现代化的必然要求。积极应对人口老龄化对中国式现代化的几个主要特征都有重要影响。第一，积极应对人口老龄化是实现人口规模巨大的现代化的基本前提。只有积极应对人口老龄化，优化制度安排，充分利用积极因素，及时、科学、综合应对人口老龄化的各种不利影响，将人口规模巨大转变为中国社会经济发展的源泉和动力，确保中国式现代化进程平稳可持续，才能真正实现人口规模巨大的现代化。第二，积极应对人口老龄化是实现全体人民共同富裕的现代化的基本要求。人口老龄化对共同富裕的重要影响体现在两方面。一方面，人口老龄化通过生产和消费等途径从供给侧和需求侧对经济增长产生重要影响；另一方面，人口老龄化改变了不同人群的结构关系，对财富的分配过程和结果产生了一定影响。因此，要实现全体人民共同富裕，必须积极应对人口老龄化。第三，积极应对人口老龄化是实现物质文明和精神文明相协调的现代化的必然选择。人口老龄化是物质文明和精神文明的重要影响因素。由于人口老龄化对物质文明建设和精神文明建设的供需双侧的影响并不总是均衡的，因而其将影响精神文明和物质文明的协调性。因此，必须积极应对人口老龄化，通过建立合理的体制机制，确保物质文明建设不断取得新的进展，精神文明建设与物质文明建设相适应，推动物质文明和精神文明协调发展。第四，积极应对人口老龄化是实现人与自然和谐共生的现代化的内在要求。人口老龄化将改变人类生产生活方式，从而影响人与生态环境的关系，进而对中国式现代化进程中的人与自然的共生关系产生影响。因此，必须积极应对人口老龄化，通过改革推动发展方式转型和社会生活方式转变，建立起与人口老龄化形势相适应的资源节约型、环境友好型的发展模式和生活方式，最终实现人与自然和谐共生的现代化。第五，积极应对人口老龄化是实现走和平发展道路的现代化的重要保障。人口老龄化作为中国当前人口发展的主要趋势，可通过影响经济、社会、科技、军事等方面对综合国力产生直接影响，进而影响中国走和平发展道路的能力和条件，

也可通过民生问题影响社会稳定。因此，只有积极应对人口老龄化，积极利用各种积极因素，努力克服人口老龄化的不利影响，在保持长治久安的基础上不断增强综合国力，才能保障中国的和平发展道路行稳致远[1]。

加强养老保障和服务体系建设是积极应对人口老龄化的基本任务。一方面，要完善多层次多支柱养老保险制度，加强老年经济保障。一是进一步整合基本养老保险制度，并引入与缴费无关的零支柱养老金，完善多层次、多支柱养老金体系。建议进一步在当前多层次、多支柱养老金体系的第一支柱下再增加一个与缴费无关的零支柱。二是进一步完善基本养老保险缴费、待遇确定和调整机制，增加制度公平性和财务可持续性。在缴费方面，可适当提高城镇职工基本养老保险缴费基数上限，增加高收入者对制度的贡献；适当增加城乡居民基本养老保险个人缴费档次。在待遇确定和调整方面，可确定最高养老金和最低养老金待遇水平，适当缩小养老金收入差距；可在待遇确定和调整机制中引入人口老龄化因素，确保待遇计算参数如计发月数等反映当期人口老龄化状况；可将城镇职工基本养老保险待遇与全国社会平均工资和参保者终身缴费贡献挂钩；可将城乡居民基本养老金待遇水平与农村居民消费水平、可支配收入或是城镇职工养老金待遇水平挂钩，实行动态调整。三是进一步完善企业年金制度和个人养老金制度，使多层次、多支柱养老金体系更为平衡。应降低企业年金加入门槛并为企业提供正向激励，包括允许企业部分职工参与年金计划等灵活措施，以及加大税收优惠支持力度，提高企业年金免税的缴费比例，并在年金待遇领取时给予适当的税收优惠。应将个人养老金制度上限大幅提高，通过税收优惠措施和未来较高的预期替代率，增加对高收入人群的吸引力[2]。

另一方面，要加强社会养老服务体系建设，优化养老服务供给。

---

[1] 林宝：《完善养老保障与服务体系　积极应对人口老龄化》，《中国人口科学》2023年第4期。

[2] 林宝：《完善养老保障与服务体系　积极应对人口老龄化》，《中国人口科学》2023年第4期。

一是积极推进基本养老服务体系建设。要加大对基本养老服务的保障力度，加大资金投入，尽快弥补在基本养老服务供给上仍然存在的服务设施不足、人员不足和经费不足的短板，尤其是要加强农村地区基本养老服务能力建设；应加快长期护理保险制度建设，为基本养老服务体系建设提供保障；要加强基本养老服务建设评估。二是推动居家社区机构养老服务协调发展。要支持家庭发展，继续发挥家庭养老的基础性作用；要大力推动社区养老服务能力建设；推动养老机构多层次发展。三是加快推动医养康养相结合。要加强医康养资源建设，推动医养康养资源衔接、整合。要根据各地区实际情况，补足设施和条件不足，改善医康养的基本条件；应进一步推进医疗卫生体系改革，加强基层卫生机构健康管理职能。四是大力发展银发经济。养老服务是银发经济的核心内容。要出台银发经济发展总体规划或是指导意见，对银发经济发展进行系统部署；积极推进适老化改造和银发用品制造强国建设，突破供给侧制约；要加大市场监管力度，优化银发消费市场环境[①]。

（五）更好统筹人口与经济社会、资源环境的关系，实现可持续发展

人口与其他要素协调发展是人口高质量发展的具体体现，反映了人口作为基础变量与其他变量之间的外部协调性。从更为宏观的视角来看，人口也只是组成人类社会生活复杂系统的其中一环，必然与经济社会、资源环境等要素相互发生联系。因此，人口与其他要素之间也存在动态调整、相互适应的问题，具体有三种表现：一是人口作为一个动态发展过程，可以根据经济社会、资源环境等条件主动适应；二是人口作为一个慢变量，很多情况下处于相对被动状态，也需要其他要素根据人口状况进行调整，适应人口变化趋势；三是人口和其他要素同时调整，相向而行，共同寻找平衡点。在一些研究和政策文件

---

① 林宝：《完善养老保障与服务体系 积极应对人口老龄化》，《中国人口科学》2023年第4期。

中提到的规模适度、布局合理等人口发展目标，本质上是从人口与其他要素的关系而提出的。比如，人口（区域）分布本身是在和一定地域相联系时才产生的概念，判断人口分布的合理性从人口本身并不能很好地解决，只有和各地区的资源禀赋、经济社会发展状况等条件相联系才能做出明确的判断。同时，优化人口分布的过程可以作为一个典型，可以从中看到反映人口与其他要素关系的三种形式：当直接调控区域人口时，是人口对其他要素的主动适应；当基于人口分布而开展经济布局、提供公共服务时，则是其他要素对人口的适应；当采取综合措施时，则是二者的双向奔赴，相互适应。人口与其他要素协调发展的最终目标是实现可持续发展。人口高质量发展是否实现最终是通过人口与其他要素之间的协调性表现出来的，应该把是否有利于实现可持续发展作为判断人口高质量发展的标尺。

一要加快经济发展方式转变，实现经济高质量发展。要适应人口形势变化带来的劳动力数量、结构和素质变化，必须转变经济发展方式，走高质量发展道路。所谓"高质量发展，就是能够很好满足人民日益增长的美好生活需要的发展，是体现新发展理念的发展，是创新成为第一动力、协调成为内生特点、绿色成为普遍形态、开放成为必由之路、共享成为根本目的的发展"[①]。面对劳动力供给下降，要从依靠低成本劳动力投入、片面追求总量增长和增长速度、不计资源环境代价的粗放式增长方式向更多依靠资本技术、更多强调劳动力素质、更加强调资源节约和环境友好、更加强调质量和效益的集约式增长方式转变；要积极推动发展方式从要素驱动型向创新驱动型转变，不断提高劳动生产率和全要素生产率，以更少的投入创造更多社会财富，使每个劳动者创造的社会财富能满足更多社会成员需要。为此，必须坚持新发展理念，进一步深化改革，以改革推动发展方式转变。

二要推动社会治理模式变革，实现治理能力和治理体系现代化。要适应人口形势新变化的各种社会影响，必须提高社会治理水平和治理效能。要加快建设法治社会，完善社会治理相关法律法规，积极推

[①] 习近平：《习近平著作选读》（第二卷），人民出版社2023年版，第67页。

第一部分 总论

进社会治理各领域依法治理,提升社会治理法治化水平;完善群众参与基层社会治理的制度化渠道和参与机制,完善城乡基层治理体系,推动共建、共治、共享,推动社会治理重心下沉、效能提升;要积极推动基本公共服务均等化,提高公共服务水平,增强均衡性和可及性;完善全体社会成员共享发展成果机制,扎实推进共同富裕。要鼓励社会治理模式创新,鼓励各地区因地制宜,积极探索,不断丰富中国特色的社会治理实践,为创造适应人口发展新常态的社会环境提供持久动力。

三要积极推动生产方式和生活方式绿色化、低碳化,实现人与自然和谐共生。这是处理好人口与资源环境之间关系的关键。党的二十大报告明确指出,"必须牢固树立和践行绿水青山就是金山银山的理念,站在人与自然和谐共生的高度谋划发展"[1]。要加快发展方式绿色转型,推动产业结构、能源结构、交通运输结构等调整优化,健全资源环境要素市场化配置体系。要积极稳妥推进碳达峰碳中和,完善能源消耗总量和强度调控,推动能源清洁低碳高效利用,深入推进能源革命,积极参与应对气候变化全球治理等。贯彻落实党的二十大精神,妥善处理人口与环境资源之间的关系,促进人与自然和谐共生,是实现中国式现代化的内在要求。

---

[1] 习近平:《高举中国特色社会主义伟大旗帜 为全面建设社会主义现代化国家而团结奋斗——在中国共产党第二十次全国代表大会上的报告》,人民出版社2022年版,第50页。

第二章　以人口高质量发展支撑中国式现代化*

党的二十大报告中指出："中国式现代化是人口规模巨大的现代化。"① 在中国式现代化所具有的五大特征中，人口规模巨大是首要特征。中国式现代化的人口基础是史无前例的，人口规模逾10亿人的巨量级现代化，在各国现代化历史上绝无仅有，这必是人类发展史上前所未有的、最为波澜壮阔的现代化，也必将会创造世界现代化的新历史，开创人类现代化的新纪元。与此同时，人口问题始终是中国面临的全局性、长期性、战略性问题，是影响经济社会发展的关键变量，也是影响综合国力和国家安全的重要因素。2022年，中国人口出现近61年来的首次负增长，这是中国人口发展的一个方向性、历史性的变化，也是史无前例的人口变动分水岭。同时，中国人口发展还存在少子化、老龄化、区域人口增减分化的趋势性特征。在中国式现代化迈入新发展阶段和中国人口发展进入新常态的背景下，必须全面认识、正确看待中国人口发展新形势，以系统观念统筹谋划人口问题，明确认识、适应、引领人口发展新常态下的人口发展战略，以为中国式现代化建设提供人口要素的支撑。

习近平总书记在主持召开二十届中央财经委员会第一次会议时强调，"人口发展是关系中华民族伟大复兴的大事，必须着力提高人口

---

* 本章作者为杜鹏。作者简介：杜鹏，中国人民大学老年学研究所所长，中国人民大学社会与人口学院教授。

① 习近平：《高举中国特色社会主义伟大旗帜　为全面建设社会主义现代化国家而团结奋斗——在中国共产党第二十次全国代表大会上的报告》，人民出版社2022年版，第22页。

整体素质，以人口高质量发展支撑中国式现代化"①。在中国人口规模巨大的现代化进程中，人口高质量发展意味着人口总量充裕、人口总体素质不断提高、人口结构优化、现代化人力资源分布合理、人口长期均衡发展，是与经济社会高质量发展相适应的人口发展。以人口高质量发展支撑中国式现代化这一战略方向，为新时代的人口发展战略与中国式现代化提供了根本遵循，明确了人口高质量发展在中国式现代化中的支撑作用，人口素质、规模、结构变动在高质量发展中的基础作用，人口高质量发展在以实体经济为支撑的现代化产业体系中的重要作用，明确了将人口高质量发展同人民高品质生活紧密结合，以人口高质量发展促进人的全面发展和全体人民共同富裕的实践路径。

在迈向中国式现代化的发展目标引领之下，当前，我们亟须回应的是，中国式现代化因何呼唤人口高质量发展作为战略支撑；在发挥高质量人口要素推进中国式现代化发展的进程中，中国人口长期均衡发展与发挥人口高质量发展关键作用面临着怎样的机遇与挑战；在中国人口发展步入以人口老龄化与人口负增长为主要特征的新常态的背景下，应当以怎样的高质量发展人口思想与人口战略回应中国式现代化的需要。厘清上述问题，有助于我们把握人口要素在中国式现代化进程中所扮演的关键角色，充分发挥中国人口优势特征，夯实中国式现代化建设的人口基础。

一 中国人口与现代化发展新常态呼唤现代化建设新动能

人口发展与国家现代化建设之间存在着辩证的相互影响、相互嵌入的关系，一方面，人口转变的进程伴随国家的工业化与现代化进程而发生演进；另一方面，作为影响经济社会可持续发展的关键变量，人

---

① 《习近平主持召开二十届中央财经委员会第一次会议》，中国政府网，2023年5月5日，https:// www. gov. cn/yaowen/2023-05/05/content _ 5754275. htm? eqid = d670583700058a6c000000026458b701。

口是实现中国式现代化发展目标的动力与主体①。改革开放充分发挥了中国人口数量和结构的优势，庞大的劳动力潜能在经济快速发展的机遇中充分释放，使得人口红利成为中国经济快速发展的重要依靠②。但随着人口老龄化与人口负增长而来的劳动力老化与劳动年龄人口数量的减少，给中国经济社会发展带来了新的挑战。同时，中国式现代化进程正向着更高质量的发展目标迈进，党的二十大报告指出，"高质量发展是全面建设社会主义现代化国家的首要任务"③。在中国人口新常态下，要理解人口发展与现代化进程的阶段性辩证关系，合理充分发挥人口要素驱动中国式现代化长期稳定发展，必须首先把握中国人口的新国情与中国式现代化发展的新特征。

（一）内生性人口负增长与少子老龄化并存

党的十八大以来，中国的人口形式发生了巨大变化，人口负增长与人口老龄化共同构成了当前中国人口新国情的两大最主要特征。从经济社会发展的角度来看，人口负增长与人口老龄化都是与经济社会发展相伴而生的，是中国发展进步的重要体现，反映了中国推进城乡基本公共服务均等化，大力提升全民受教育水平，促进人民生活方式变化、生活品质提升的积极成果④。从人口要素的角度来看，二者现象的产生均直接源自长期低于更替水平的生育率⑤。

1. 内生性人口负增长成为人口发展新动向

内生性人口负增长是指进入现代社会后，在经济社会正常运行或没

---

① 原新、范文清：《新人口机会与推进中国式现代化》，《中国特色社会主义研究》2023年第2期。
② 陈友华：《人口红利与中国的经济增长》，《江苏行政学院学报》2008年第4期。
③ 习近平：《高举中国特色社会主义伟大旗帜　为全面建设社会主义现代化国家而团结奋斗——在中国共产党第二十次全国代表大会上的报告》，人民出版社2022年版，第28页。
④ 贺丹：《完善人口发展战略和生育支持政策　以人口高质量发展支撑中国式现代化》，《人口与健康》2023年第6期。
⑤ 陈卫、郭亚隆：《中国的人口负增长与人口老龄化》，《北京社会科学》2023年第8期。

第一部分　总论

有明显外生因素干扰的情况下，人口因循自身演变规律而发展，由长期低生育率和不断延长的预期寿命导致的人口负增长[1]。与之相对的，外生性人口负增长则是指由于战争、瘟疫、自然灾害等外生因素所造成的对人口自然发展规律的暂时性扭曲所产生的人口总量的减少。"内生性"的概念着重强调了这一类型的人口负增长是由人口内部的生育、死亡等要素变动所累积的人口发展惯性导致的结果。具体而言，内生性人口负增长是人口再生产类型呈现"低出生率、低死亡率和负自然增长率"的状态，而其中低生育率是最为主要的驱动因素。从结构主义的分析视角来看，生育意愿的降低与国家与社会的工业化、城市化、现代化以及后现代社会中的文化与价值观转变密切相关[2]，这无不反映出经济社会要素在生育率转变中的重要作用。从世界范围内来看，发达国家在生育率降至更替水平之后，或迟或早都会发生人口负增长，这是人口发展的必然规律和经济社会发展的必然结果，以德国为代表的欧洲国家和以日本为代表的东亚国家所经历的人口负增长均属此列。

当前中国所面临的人口负增长同样属于内生性的人口负增长，是中国长期维持低于更替水平的低生育率的必然结果，也是中国人口惯性增长效应消退后人口发展所必然经历的阶段，具有长期性、难逆性的特点，并且在很大程度上这一现象的产生需要归因于中国经济社会的快速发展。

从生育的角度来看，中国人口的出生率自1988年以来保持整体波动下降的趋势。其间，在2011年实行"双独二孩"政策，2013年实施"单独二孩"政策，2016年实施"全面二孩"政策的一系列生育政策的调整后，在短期内为中国人口生育水平的提高起到了明显的促进作用。但从中长期来看，生育政策调整的效果非常有限，难以适应中国人口长期发展的需要[3]，自2016年后，中国人口的出生率保持持续降

---

[1] 陶涛、金光照、郭亚隆：《两种人口负增长的比较：内涵界定、人口学意义和经济影响》，《人口研究》2021年第6期。

[2] 吴帆：《生育意愿研究：理论与实证》，《社会学研究》2020年第4期。

[3] 石人炳、陈宁、郑淇予：《中国生育政策调整效果评估》，《中国人口科学》2018年第4期。

低的态势。与更替水平进行比较，1992年中国的综合生育率开始低于更替水平，此后一直保持低于更替水平的波动下降趋势[①]，2020年第七次全国人口普查结果显示，中国总和生育率水平仅为1.3。联合国发布的《世界人口展望2022》（生育率的中方案）预测数据显示，中国人口的出生率将缓慢地持续波动降低，预计到本世纪中叶，出生率将达到6.9‰的水平，并此后保持6‰的水平上下波动（见图2-1）。

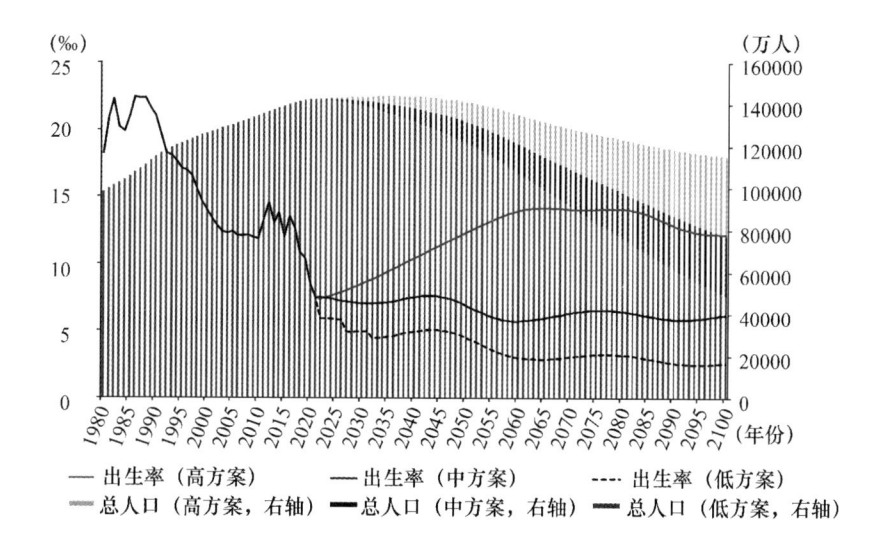

图2-1　1980—2100年中国人口出生率与总人口数

资料来源：1980—2021年出生率数据来自《中国统计年鉴2022》，中国统计出版社2022年版；其余数据来自United Nations, Department of Economic and Social Affairs, Population Division, *World Population Prospects 2022*, Online Edition, 2022。

中国低生育率的背后是社会经济发展和人口要素变动等多重因素共同作用的结果。第一，居民生育动机和需求转变，育龄夫妇不愿多生孩子。新时代以来，中国逐步建立起了覆盖全民、走向城乡统筹的社会保障体系，在家庭规模小型化和家庭功能弱化趋势下，养老不再仅

---

① 翟振武、金光照：《中国人口负增长：特征、挑战与应对》，《人口研究》2023年第2期。

第一部分 总论

依靠子女，生儿育女更多地被视为一种情感体验，受到生育经济成本和家庭成员期待的影响，一孩生育普遍但二孩生育动力不足[1]。第二，育龄妇女规模下降、结构老化等人口过程的周期性特征使得15—49岁育龄妇女规模自2012年起逐年下降，尤其是20—34岁生育旺盛期妇女规模在2015—2022年平均每年下降超过500万人[2]，即使各年龄段妇女的生育水平保持稳定，每年的出生人数也会下降。第三，初婚和初育年龄加速推迟，进度效应拉低了同一时期的总和生育率。中国男性和女性人口的平均初婚年龄在2020年分别为29.4岁和28.0岁，相比2010年分别推迟了3.63岁和3.95岁，随着现代化进程的推进和未来高等教育的发展，初婚和初育年龄仍然有推迟空间[3]。第四，二孩总和生育率的上升无法抵消一孩总和生育率的下降。一孩总和生育率自2012年起呈下降趋势，全面二孩政策实施后，二孩总和生育率在2017年反超一孩总和生育率[4]，随着初婚年龄进一步推迟、生育政策效应消失，未来生育率仍有下降的可能。第五，家庭领域的性别不平等加重了就业女性的家庭—工作冲突。中国社会深受传统儒家文化和父权制影响，"男主外、女主内"的性别角色分工长期存在。根据世界银行数据，中国女性劳动参与率虽然从1990年的73.09%下降至2021年的61.3%，但依然处于高水平。就业女性面临着工作和家庭的双重负担，生育的机会成本上升，处在事业上升期的女性不愿生、不敢生。第六，减量保质观念和育儿焦虑情绪降低了居民的生育意愿。一方面，随着经济社会的发展、人们受教育程度的提高，以及近几十年来的政策引导，民众的生育观念和生育文化已经发生了明显的变化，少生优生的生育观已深入人心；另一方面，生育、养育和教育成本高昂，尤其在城市地区，育儿的更高期待和现实生活的落差难以弥合。综合来看，

---

[1] 宋健、胡波：《中国育龄人群的生育动机与生育意愿》，《人口与经济》2022年第6期。
[2] 孟德才、刘诗麟：《要考虑到人口负增长在农村的衍生问题》，《农民日报》2023年2月9日第8版。
[3] 陈卫、张凤飞：《中国人口的初婚推迟趋势与特征》，《人口研究》2022年第4期。
[4] 陈卫：《中国的低生育率与三孩政策——基于第七次全国人口普查数据的分析》，《人口与经济》2021年第5期。

生育动机降低、育龄妇女规模下降和结构老化、初婚初育年龄推迟、孩次生育率变动等人口学因素，叠加家庭性别不平等、生育成本攀升、生育观念转变等社会经济因素，共同推动中国近年来生育率走低，并使得2022年的出生人口数创下了新低。

与持续低迷的生育率所相对应的是中国人口总量变动的转折。尽管20世纪90年代初期中国总和生育率便已降至更替水平之下，但受人口惯性增长效应的驱动，自1992年以来，中国人口总量依旧保持了30年的持续增长态势。2022年中国人口总量进入负增长，国际国内经验表明，从短期来看，人口初次进入负增长后不一定延续负增长趋势，而是很可能在零增长区间起伏波动[①]。但是从对人口发展的长期预测结果来看，中国人口总量在未来近80年甚至更长的时间范围内维持总体负增长的态势将成为现实。《世界人口展望2022》（生育率的中方案）预测数据显示，2021年后，中国人口总量将保持持续且稳定的降低趋势。

但值得注意的是，人口负增长后，并不意味着中国式现代化的人口规模巨大的特征会消失。依据预测结果，2022年中国开始人口负增长后，人口负增长趋势将会一直持续，但在相当长时间内中国人口总量仍非常巨大。到2035年基本实现社会主义现代化的时候，中国人口规模维持在14亿人；到2050年建成社会主义现代化强国的时候，中国人口规模仍将保持在13亿人以上。因此，从现在起到建成社会主义现代化强国，人口规模巨大都将贯穿于中国式现代化的整个过程，成为中国式现代化的一大鲜明特征。

2. 中国人口老龄化进一步向深度发展

在人口老龄化不断加剧的背景下，人口规模巨大的现代化的背后更暗含了老年人口规模巨大的现代化这一现代化特征。对于中国的人口发展而言，人口老龄化并非全新的议题，但人口老龄化进程的迅速发展却依旧不断为中国经济社会发展和打造与老龄社会相适应的现代化与社会治理体系带来挑战。受限于经济社会发展水平和历史条件，

[①] 宋健：《不忧不惧：理性面对中国人口发展新形势》，《人民论坛》2023年第15期。

第一部分 总论

中国老龄事业起步较晚，1982年首届老龄问题世界大会在维也纳召开之后，中国迅速成立了老龄工作委员会、老年学学会等一系列老龄工作与学术研究机构，一系列老龄工作与老龄事业发展相关的政策文件也陆续出台，开启了中国老龄工作与应对人口老龄化的先声。2000年中国60岁及以上老年人口占总人口的比例超过10%，标志着中国正式进入老龄化社会，随后中国人口老龄化逐渐步入快车道，截至2022年年底，中国65岁及以上老年人口占总人口比例达到14.9%，标志着中国进入老龄社会这一人口老龄化的新阶段①（见图2-2）。

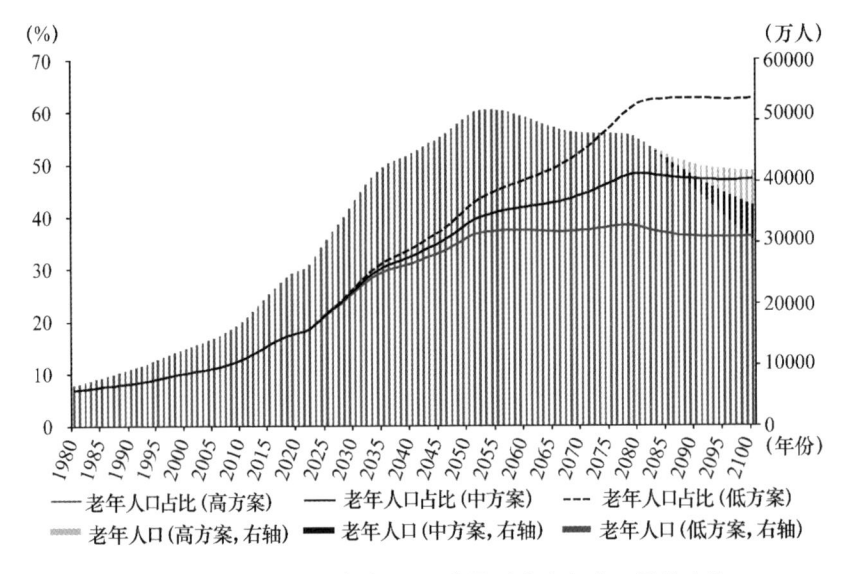

图2-2 1980—2100年中国60岁及以上老年人口及其占比

资料来源：United Nations, Department of Economic and Social Affairs, Population Division, *World Population Prospects 2022*, Online Edition, 2022。

短期内人口老龄化进程的发展具有确定性的特点，中国的老龄化进程呈现老龄化速度快以及老年人口数量庞大两项最鲜明的特征。在

---

① 国际上划分"老龄化社会"和"老龄社会"的通行做法有两类标准，一类以60岁及以上老年人口比例为标准，以60岁及以上人口比例超过10%称为进入"老龄化社会"，超过20%称为进入"老龄社会"；另一类以65岁及以上人口比例为标准，以65岁及以上人口比例超过7%称为进入"老龄化社会"，超过14%称为进入"老龄社会"。

整体相对稳定的人口发展环境中,老年人口的总量的变化主要由即将进入老年期的队列人口数量所决定,而老年人口在总人口中的占比则还受到生育水平的影响,但在中国持续保持低于更替水平的人口生育率并仍将不断下降的背景下,老年人口占总人口的比重只会进一步升高。并且,随着1962—1973年出生的"婴儿潮"一代开始步入老年期,在未来10年间中国人口老龄化将呈现更为迅速增长的态势,受1963年出生高峰的影响,2023年也将成为中国老年人口净增长最多的一年。联合国发布的《世界人口展望2022》(生育率的中方案)预测数据显示,到2035年基本实现社会主义现代化时,中国60岁及以上老年人口的比例将首次超过30%,老年人口总数也将突破4亿人。老年人口总量将在2054年达到峰值,届时中国60岁及以上的老年人口总量将达到5.18亿人,而中国老龄化率的增长将一直持续至2080年前后,届时中国近一半(48.3%)的人口将是60岁及以上的老年人。

快速的人口老龄化进程在为中国经济社会发展、社会保障、养老服务体系建设等多方面带来挑战的同时,也从多方面带来了发展的机遇窗口,人口高质量发展恰恰是把握发展机遇的重要抓手。

一是人口老龄化为科技创新与发展带来新的驱动力,并创造新的需求点。人口老龄化所带来的用工难、用工贵的现实挑战会倒逼企业增加对于研发和接受新技术的意愿,以更多的资本和技术要素的投入替代人力要素的投入;老龄化的重要驱动因素——预期寿命延长会提高人力资本投资的期望收益,增加全社会的人力资本投资[1];人口老龄化也对养老产业的智能化、信息化提出了新的要求,老龄社会新形态呼唤科技创新作为应对人口老龄化的战略支撑[2]。

二是人口老龄化对中国产业结构升级调整提出了新的要求。产业结构的升级调整不仅是中国经济高质量发展的要求,更是人口老龄化

---

[1] 沈可、李雅凝:《中国的人口老龄化如何影响科技创新?——基于系统GMM方法与动态面板门槛模型的经验证据》,《人口研究》2021年第4期。

[2] 纪竞垚:《强化应对人口老龄化的科技创新支撑》,《老龄科学研究》2022年第2期。

第一部分 总论

背景下经济发展所需的人口要素变动的应然结果。如上文所述，人口老龄化意味着人口红利的衰退与劳动力成本的上升，改革开放初期在人口红利基础上所发展起来的劳动密集型产业在人口新常态下面临可持续性的挑战，对年轻廉价劳动力的依赖与劳动力老化的人口现实之间存在着难以调和的冲突[1]。有研究发现，2000年以来人口老龄化通过劳动力规模、劳动力质量、居民消费水平及政府支出结构等路径正不断推动着中国产业结构的服务化和技术化[2]。随着中国人口老龄化进程的进一步深入，以产业结构转型升级催生经济发展新动能将成为中国经济社会发展更为现实的需要。

三是老年人口素质的不断提升和低龄老年人占主要比重的老年人口年龄结构特点为充分发挥老年人力资源提供了客观条件。首先，中国老年人口的教育人力资本持续增加，受教育程度不断提升，中国老年人口的平均受教育年限从2000年的3.6年提升至2020年的7.1年，大学专科及以上受教育程度的老年人口规模在2020年"七普"中突破千万，达到1051万人[3]。据预测，到本世纪中叶，老年人口的平均受教育程度可达10年，基本具备高中教育水平[4]。其次，中国老年人口健康水平的提升有助于老年人更好地实现社会参与，在晚年期继续创造社会价值，实现自我。近10年间，中国老年人的余寿和健康预期寿命占余寿的比重整体呈现增长态势，表现出疾病压缩的变化特征[5]。最后，"七普"数据显示，2020年60—69岁的老年人占60岁及以上老年人口的55.83%，超过半数的老年人口是60—69岁的低

---

[1] 李姝婧、翟振武：《人口老龄化对中国产业结构演进的影响》，《人口学刊》2022年第6期。

[2] 曾瑶：《人口老龄化对产业结构升级的作用机理及区域差异研究》，《上海大学学报》（社会科学版）2022年第3期。

[3] 杜鹏、韩文婷：《发挥人力资源优势，推进中国式现代化》，《人口与经济》2023年第1期。

[4] 杜鹏、李龙：《中国老年人口受教育程度发展趋势前瞻》，《人口与发展》2022年第1期。

[5] 李强、郭雯羽：《中国老年人健康预期寿命的城乡演变：2010—2020年》，《人口与经济》2023年第5期。

龄老年人，更好的健康水平与更高的受教育程度使得低龄老年人往往有着更为强烈的社会参与意愿与参与能力。

综上，以内生性人口负增长和少子老龄化为代表的中国人口新形态使得中国经济社会发展所依赖的人口要素发生了转变，人口总量与人口年龄结构的变化都使得传统发展模式面临挑战。由此，在人口新常态下，找准当前中国人口要素的优势特征，引导人口要素的作用的发挥由数量效应向质量效应转变，在中国式现代化进程中发挥高质量人口要素的支撑作用成为迫切的现实需求。

（二）中国人口数量红利与结构红利转向质量红利

在中国人口总量与人口年龄结构转变的同时，中国的人口质量随时间的推移正持续提升，人口总体的受教育程度与健康水平不断提高，这也反映了中国的人口红利正从数量红利和结构红利向质量红利发生转变。有学者将这一以人力资本为依托的人口红利称为"第二次人口红利"，而将过往以劳动力总量和低抚养比为优势的人口红利称为"第一次人口红利"[①]，当前中国正处于由第一次人口红利期向第二次人口红利期过渡的转型期，人口数量红利与结构红利尚未完全退去，而人口质量的红利已经初现端倪。因此，在把握好两次人口红利转型的动态规律的基础上实现两次人口红利机遇释放的顺利平稳过渡，将高质量的人口要素转化为中国式现代化发展的驱动核心，同样是当前中国总体人口质量新特征下的新要求。

1. 中国人口数量红利与结构红利缓慢消退，转变回旋期尚存

中国劳动年龄人口变动呈现短期回升、长期降低的趋势。从《世界人口展望2022》（生育率的中方案）的预测数据来看，自2016年以来中国连续8年出现15—64岁劳动年龄人口总量的降低后，2024—2027年，中国劳动年龄人口总量将出现小幅度的回升，达到约9.91亿人的阶段性峰值，而后开始持续性的降低（见图2-3）。

---

① 原新、周平梅：《中国第二次人口红利之窗正在开启》，《江苏行政学院学报》2018年第5期。

第一部分　总论

预计到本世纪中叶，劳动年龄人口总量将保持在 7.67 亿人的水平，而到本世纪末，这一数值将降至 3.78 亿人。从劳动年龄人口的总量的降幅上看，到 2038 年以前，中国都将维持 9 亿人以上的劳动年龄人口，表明在近 10—20 年的短期内中国人口的数量红利将依旧存在。

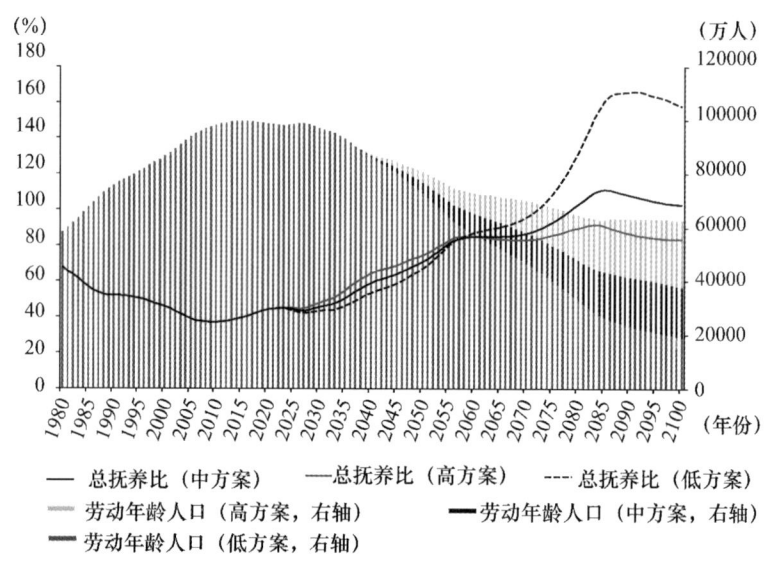

图 2-3　1980—2100 年中国 15—64 岁劳动年龄人口及总抚养比

资料来源：United Nations, Department of Economic and Social Affairs, Population Division, *World Population Prospects 2022*, Online Edition, 2022。

第一次人口红利的另一个重要特点是人口年龄结构层面的低抚养比，从这一角度来看，中国第一次人口红利的持续期还将维持更长的时间。如图 2-3 所示，中国人口的总抚养比自 1980 年以来持续缓慢降低，这主要是由生育率降低、少儿人口抚养比下降所导致。2011年，中国人口总抚养比开始回升，这一阶段的总抚养比变动则主要受人口老龄化所导致的老年抚养比的上升所驱动。但从总抚养比上升的幅度来看，在中短期内，中国人口的总抚养比将保持较为平缓的增长幅度，若以《世界人口展望 2022》（生育率的中方案）的预测数据来看，到 2047 年中国人口的总抚养比才会超过 1980 年时的水平，即便是以预测增长幅度最快的生育率的高方案来看,中国人口的总抚养比也要到2042年才能达到1980年时的水平。因此,在本世纪中叶前,中国人口的年龄结构红利将缓慢消退,但机会窗口期依旧将会保持较长的时间。

更为值得注意的是总人口抚养比在长时间范围内的变化。《世界人口展望2022》(生育率的中方案)的预测数据表明,中国人口的总抚养比将在2079年超过100%,并在2085年达到111.3%的峰值水平。若以生育率的低方案预测,中国人口的总抚养比将在本世纪后半叶迅速增加,并在2091年达到166.2%的峰值水平。而基于高生育率方案的预测结果表明,尽管短期内生育水平的上升将导致少儿抚养比的上升而加速人口年龄结构红利的消退,但在本世纪后半叶中国人口的总抚养比将呈现稳定且平缓的变动趋势。并且,从上文的分析来看,适度的生育水平提升并不会导致人口年龄结构红利的过快消退,依旧有着较长的转型回旋期。因此,维持中国人口的长期均衡稳定发展同样是以人口高质量发展支撑中国式现代化过程中的关键要素。

尽管短期内中国的劳动年龄人口总量和总抚养比将维持缓慢的降低与上升趋势,但其中所包含的劳动力老化与老年人口抚养比在总抚养比结构中占比的增加预示着中国所面临的是老龄社会这样一个全新的社会形态。与之相对的,在人口要素变动的背景下,构建一个与老龄社会相适应的产业结构、经济发展新动能以及国家与社会的治理体系,这都是中国人口发展新常态下亟须回应的时代新命题。

2. 中国人口受教育程度与健康水平持续提升,人口质量红利凸显

人口的受教育程度和健康水平是衡量人口质量的两项重要的指标,从上述两个角度来看,中国的人口质量在改革开放以来得到大幅提升。当前,中国正经历从人口大国向人才强国、从人力资本大国向人力资本强国迈进的转型期,规模巨大的高质量人才将成为下一步中国式现代化建设进程中的重要优势之一。而更多更优质的人力资源也恰恰呼唤着,在发展的新阶段更应关注人才要素在支撑经济社会发展中的关键作用,合理配置人才资源,让人口质量红利得以充分释放。

从人口的受教育程度来看,改革开放以来,中国人口受教育程度大

第一部分 总论

幅提升，高学历人才比例不断提升。1982—2020 年，中国 6 岁及以上人口的平均受教育年限增长了 4.3 年，达到 9.5 年[①]，整体处于初中受教育程度的水平。伴随中国高等教育的迅速发展，逐步建成世界上最大规模的高等教育体系，大学专科及以上受教育程度的高学历人才在全国 6 岁及以上人口中的占比从 2000 年的 3.8% 增长至 2020 年的 16.5%（见图 2-4）。其中，大学本科及以上受教育程度人口在 6 岁及以上总人口的占比在 20 年间增长超过 5 倍。2022 年中国接受高等教育人口达 2.4 亿人，高等教育在学总规模达到 4655 万人，毛入学率接近 60%（59.6%），新增劳动力平均受教育年限达到 14 年[②]。

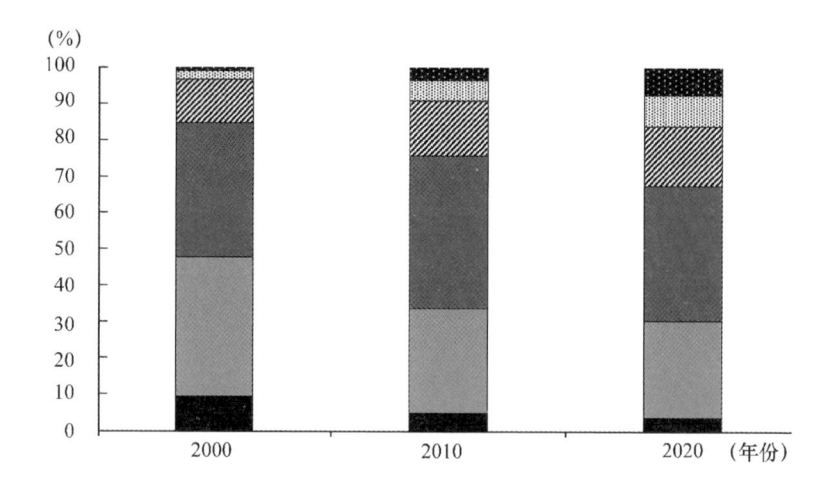

■小学以下　■小学　■初中　■高中　■大学专科　■大学本科及以上

图 2-4　2000—2020 年中国 6 岁及以上人口受教育程度结构

资料来源：2000 年数据来自《中国 2000 年人口普查资料》，中国统计出版社 2002 年版；2010 年数据来自《中国 2010 年人口普查资料》，中国统计出版社 2012 年版；2020 年数据来自《中国人口普查年鉴 2020》，中国统计出版社 2022 年版。

---

① 段成荣、梅自颖：《各民族人口共同走向教育现代化的成就与挑战——基于历次全国人口普查数据的分析》，《云南民族大学学报》（哲学社会科学版）2023 年第 4 期。
② 李丹：《高等教育助力劳动力素质升级》，《经济日报》2023 年 7 月 7 日第 2 版；丁雅诵：《教育强国建设迈出铿锵步伐》，《人民日报》2023 年 7 月 14 日第 7 版。

从人口的健康水平来看，中国公共卫生治理与健康促进策略取得显著成效，人口健康状况不断改善，预期寿命不断延长。平均预期寿命是衡量一国或一个社会人口整体健康状况的重要指标。回看中国人口平均预期寿命的变化，呈现随时间推移持续增长的态势，联合国《世界人口展望2022》数据显示，1980年改革开放初期，中国人口的平均预期寿命为64.4岁，到2021年中国人口平均预期寿命达到78.2岁，40余年间中国人口的平均预期寿命增加接近14岁，预计到本世纪末，中国人口的平均预期寿命将超过90岁（见图2-5）。此外，有研究表明，中国人口在老年期的健康状况也在持续改善，老年人口的生活自理能力稳步提升，生活自理预期寿命呈现增长趋势，失能时间在预期寿命中的占比下降[①]，这也表明中国人口在活得更长的同时也活得更加健康。

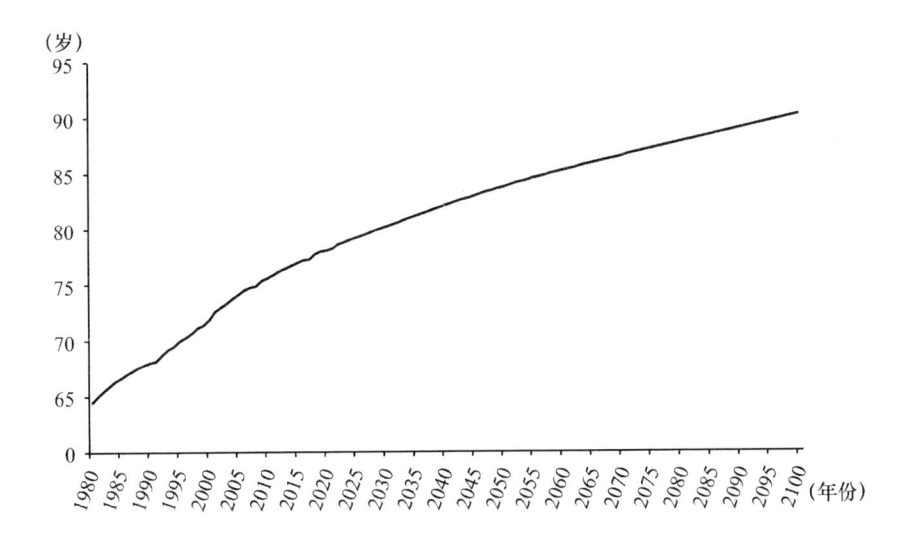

图2-5　1980—2100年中国人口平均预期寿命

资料来源：United Nations, Department of Economic and Social Affairs, Population Division, *World Population Prospects 2022*, Online Edition, 2022。

① 张文娟、付敏：《2010—2020年中国老年人口的健康状况及其变化趋势——基于人口普查和抽样调查数据的分析》，《中国人口科学》2022年第5期。

上述分析表明,中国人口的受教育程度与健康水平在过去40余年间得到了大幅的提升。但应当认识到的是,与发达国家相比,中国的人口质量还有较大的发展空间。过往经济发展的成就和教育卫生事业的全面发展为中国人口质量的提升奠定了坚实的基础,可以预期,中国的人口质量在未来较长的时间内将依旧保持快速提升的状态[①]。总体来看,中国人口质量红利的机遇期尚处于起步阶段,但人口数量红利与结构红利向人口质量红利的转变对中国式现代化新阶段充分发挥好中国的人才优势在推动经济社会发展中的重要作用提出了新的要求。

(三) 中国式现代化发展迈入高质量发展阶段

党的十九大报告指出,"我国经济已由高速增长阶段转向高质量发展阶段,正处在转变发展方式、优化经济结构、转换增长动力的攻关期"。党的二十大报告再次强调,"高质量发展是建设社会主义现代化国家的首要任务"。这也意味着中国式现代化进程进入了高质量发展的新阶段。习近平总书记指出:"高质量发展,就是能够很好满足人民日益增长的美好生活需要的发展,是体现新发展理念的发展,是创新成为第一动力、协调成为内生特点、绿色成为普遍形态、开放成为必由之路、共享成为根本目的的发展。"[②] 更进一步地解释,高质量发展就是中国发展的着力点从解决"有没有""有多少"向着关注"好不好""优不优"进行转变,是经济社会发展方式由注重速度向注重质量与注重效益的重新聚焦[③]。

中国迈向发达国家的核心机制在于要素质量的升级和创新,中国式现代化进程对于经济高质量发展的要求也代表了对经济社会发展提供支撑的全要素向着更高质量转型与转变的要求[④]。人口的高质量发

---

① 黄乾:《中国步入人口质量红利时代》,《人民论坛》2019年第14期。
② 习近平:《习近平著作选读》(第二卷),人民出版社2023年版,第67页。
③ 高培勇:《理解、把握和推动经济高质量发展》,《经济学动态》2019年第8期。
④ 高培勇、袁富华、胡怀国等:《高质量发展的动力、机制与治理》,《经济研究》2020年第4期。

展正是以人口的高质量再生产推动经济社会的高质量再生产，回应了这一发展理念的题中应有之义。首先，从供给侧的角度来看，高质量的人口发展带动了人力资本的积累，进而提升了劳动人口的就业能力、劳动生产率与科技创新能力，这是中国摆脱过往以学习模仿为主的生产方式，走向自主创新，适应信息化与知识化的现代经济发展方式的必由之路。其次，从需求侧的角度来看，人口高质量发展也意味着人民对美好生活的需要的日渐增长，人民消费能力的不断提升，消费结构向着更加多元、更高层次转型升级。在实现人民幸福安康这一高质量发展的最终目标的指引下，人口高质量发展在供给侧，有助于倒逼中国产业结构的转型，建立起高质量的国内大循环发展格局。

此外，从人口发展与国家现代化进程的辩证关系来看，中国人口的高质量发展与现代化的高质量建设之间存在着相辅相成的联系，高质量人口要素作为中国式现代化在高质量发展阶段发展的关键支撑的同时也是中国式现代化发展的必然要求。中国式现代化归根到底是人的现代化[1]，人口的高质量发展是中国式现代化进程的重要组成部分，党的二十大报告强调，"中国式现代化是物质文明和精神文明相协调的现代化"[2]。要在促进物的全面丰富的同时实现人的全面发展，这也充分体现了以人民为中心的发展思想[3]。因此，在中国式现代化步入高质量发展阶段的当下，中国既依赖于人口的高质量发展作为经济社会高质量发展的新动能，同时也应当以人民为中心，实现以人的全面发展为根本指向的人的现代化。

二　树立人口高质量发展支撑中国式现代化新观念

在经济社会高质量发展的新阶段，对人口负增长和人口老龄化等

---

[1] 张三元：《中国式现代化视域下人的现代化》，《思想理论教育》2023年第8期。
[2] 习近平：《高举中国特色社会主义伟大旗帜　为全面建设社会主义现代化国家而团结奋斗——在中国共产党第二十次全国代表大会上的报告》，人民出版社2022年版，第22页。
[3] 薛天航、刘培林：《在中国式现代化进程中促进人的全面发展》，《科学社会主义》2023年第4期。

| 第一部分　总论

人口新常态的认识也应当从人口高质量发展的视域与要求下进行重新审视和判断，建立新常态下的人口发展与经济社会要素的互动的新观念。要转变人口应当一直增长的惯性思维，客观看待人口负增长和人口老龄化与经济社会要素的互动机制；要从战略上关注人口长期均衡发展，大力促进生育率的提升，以大人口观完善人口发展政策。要在劳动力数量逐步减少、劳动力整体素质迅速提高、人才队伍不断扩大的背景下重视社会经济发展中人才作用的发挥，促进劳动力供给和就业需求实现更好的匹配。要以积极的态度看待老年人与老年生活，发掘老年人口中蕴含的丰富人力资源，完善终身教育体系与劳动力市场准入机制，为老年人的就业与劳动参与创造友好的环境，走出一条积极应对人口老龄化和人口负增长的中国道路。

（一）理性认识中国的低生育水平与人口负增长

在中国人口发展进入新常态和现代化建设进入高质量发展新阶段的发展背景下，树立人口高质量发展支撑中国式现代化发展新理念，首要在于理性认识中国人口的低生育水平与人口负增长，以及人口变动与经济社会发展之间的辩证关系。一是要理解人口负增长与人口老龄化是伴随经济社会发展出现的必然结果，是人口转变与发展的内在规律。二是要认识到在人口负增长的背景下，人口规模巨大的现代化特征将依旧存在。三是应当着重关注与人口总量同步变化的人口质量变化特征。

人口负增长与人口老龄化是经济社会发展的必然趋势。从全球来看，低生育率与人口负增长以及人口老龄化并非中国的特有现象，发达国家在生育率降至更替水平后，或迟或早都会发生人口负增长，这是人口发展的必然规律和经济社会发展的必然结果，也是全球在21世纪所要面临的共同挑战①。当前，许多人看待人口变化的思维仍旧限于人口正增长的趋势环境下，误以为只有人口增长才是经济社会繁荣的表现。因此，需要加快转变观念，让更多的人认识到随着经济社会持

---

① 郑真真：《从全球人口变化看中国人口负增长》，《人口研究》2023年第2期。

续发展、现代化进程不断推进，人口不会无限制增长下去，人口达峰是必然的，但人口变动方向与经济社会发展并不存在简单的线性决定性关系，人口本身的规模和结构变动并不直接意味着经济的后果。

从中国人口规模变动的预测分析来看，中国人口发展进入负增长阶段后，并不意味着中国式现代化的人口规模巨大的特征会消失，在较长的时间内中国将长期维持10亿级别以上的人口总量，依旧是位居全球前列的世界级的人口大国。

从与印度的对比来看，联合国的人口预测数据显示，印度将在2023年内超过中国，成为世界第一人口大国。事实上，由于近年来中国人口年出生数下降到1000万人以下，而印度人口年出生数保持在2300万人左右，2022年印度实际人口数量可能已经超过了中国人口数量。而在关注人口总量变化趋势的同时，我们更应关注的是，中国人口变化对经济社会发展是否有利；人口负增长中的经济社会发展是否更可持续；人口规模结构变化会带来哪些优势与挑战。从优势方面看，无论是人口受教育程度、健康水平、女性就业比例还是人口城镇化进程，中国都比印度更高。从挑战方面看，中国的生育率较低，人口老龄化较快，也意味着需要以更大投入去提振生育水平，扎实解决托育、养老、教育公平、地区间和城乡间差距等问题。因此，我们应当从高质量发展的视域来审视人口变化，利用自身优势和发展势能，立足中国人口结构与质量去推进中国式现代化，而不能固守传统思维，更不必拘泥于人口规模的排名。

人口素质提升、产业结构升级、技术进步、机制变革等诸多因素才是经济社会发展过程中更加本质的影响因素。人口红利这一经济学概念能否得到实现的关键也在于能不能充分利用人口机会窗口。改革开放前中国丰富的劳动力并不是后来中国经济快速发展的决定性原因，1978年改革开放以前中国在人口迅速增长时期也并没有表现出人口红利，真正的决定性因素是改革开放充分发挥了中国人口数量和结构的优势，使庞大的劳动力潜能在经济快速发展的机遇中充分释放，这才收获了人口红利。未来中国式现代化进程中的人口变化并非只有人口负增长，很多同期的其他变化同样值得重视，促进人口长期

第一部分　总论

均衡发展的国家政策也会对未来人口变化产生重要影响。

（二）重视人才要素在现代化建设中的支撑作用

习近平总书记在2021年中央人才工作会议上指出，"人才是衡量一个国家综合国力的重要指标，国家发展靠人才，民族振兴靠人才。我们必须增强忧患意识，更加重视人才自主培养，加快建立人才资源竞争优势"①。党的二十大报告同样明确提出，"人才是全面建设社会主义现代化国家的基础性、战略性支撑"②。重视人才要素在现代化建设中的作用，这一观念的树立回应了在中国式现代化新阶段如何发展、依靠什么发展的新问题。

首先，从中国人口发展的阶段性特征来看，充分发挥人才要素的作用是中国人口素质不断提升的客观要求。当前，中国正从人力资源大国转向人力资本大国，具备实现人才红利的坚实基础。中国目前的8.77亿劳动年龄人口中，绝大多数受过良好的教育，15岁以上人口的平均受教育年限已增加到近11年。2023年中国高校毕业生人数达到1158万人，而中国一年城镇新增就业人口在1200万人左右，如果实现充分就业，绝大多数新增就业人口都将是高校毕业生。未来劳动力数量虽然会逐渐减少，但劳动力整体素质在迅速提高，人才队伍在扩大，庞大的接受过良好教育和职业技术训练的劳动人口是中国实现人才红利的重要基础。

其次，从高质量发展新阶段的发展要求来看，人才是强化现代化建设的第一资源，更进一步强调人才要素在经济社会发展中的重要作用，是中国式现代化发展迈向高质量发展的阶段性新特征。只有高质量的人才才能够支撑高质量的现代化建设，综观当前世界范围内的国际竞争，归根到底就是人才的竞争，中国的经济社会发展已经实现了从无到有、从少到多的历史性跨越，但要使中国的科技创新、社会治

---

① 《习近平出席中央人才工作会议并发表重要讲话》，中国政府网，2021年9月28日，https://www.gov.cn/xinwen/2021-09/28/content_5639868.htm。

② 习近平：《高举中国特色社会主义伟大旗帜　为全面建设社会主义现代化国家而团结奋斗——在中国共产党第二十次全国代表大会上的报告》，人民出版社2022年版，第33页。

理、文化影响迈向世界前列，占据引领地位，打造科技强国、质量强国、文化强国，就必须尊重人才、重视人才、支持人才，让人才成为促进经济社会发展的"源头活水"。

最后，发挥人才要素在中国式现代化建设中的支撑作用，要求我们不仅要加强高素质人才培养，加快建设世界重要的人才中心，同时还要做好人才资源配置，完善人才的管理和服务制度，为高素质人才发挥充分作用提供合适友好的环境，在发挥中国人才红利的同时，更好地激发人力资源的配置红利。高素质人才在支撑现代化建设中的作用能不能发挥好，关键在于人才要素用得好不好，在于高素质人才有没有将自身的高质量人力资本转化为经济社会高质量发展所需的高质量创新与高效率生产。除了人才自身的个体特征，环境要素是人才作用发挥的另一关键因素。这要求我们完善劳动就业制度与政策，建设供需相协调相匹配的劳动力市场，为高素质人才作用的发挥搭建就业平台，合理配置人才资源，让人才真正做到学有所用。此外，还要推进人才发展体制机制建设，不断完善高素质人才的职业发展制度、工作评价机制与激励机制，让人才发展有盼头，工作有劲头，在吸引高素质人才的同时也更好地留住人才。

（三）关注老龄人力资源的开发与运用

人口高质量发展预示着全生命周期的人的全面发展。同时，随着人口老龄化而来的规模庞大的老年人口也启示我们，在积极应对人口老龄化与人口负增长的过程中，需要着重关注老年群体中所蕴藏的丰富人力资本。

从中国人口发展的客观现实来看，中国老年人力资本水平正不断提升，但老年人力资源的优势尚未得到充分的发挥，具有广阔的开发空间。作为老年社会参与主体力量的低龄老年人口数量庞大、受教育程度相对较高、健康状况较好。如上文所述，当前，中国老年人口以60—69岁的低龄老年人为主，在"七普"中，低龄老年人数量超过1.47亿人，占老年总人口比例超过50%。2020年，中国大学专科及以上受教育程度的老年人口规模突破千万，达1051万人，其中超过

第一部分　总论

60%为60—69岁的低龄老年人。"七普"中，老年人自评"健康"和"基本健康"的比例超过八成，与过往人口普查数据相比，老年人口的健康水平、预期寿命和健康预期寿命进一步增加，健康红利和长寿红利进一步凸显。上述老年人口的新特征，既为中国开发老年人力资源提供了新的现实支撑，也对老年人力资源的开发过程、开发机制提出了更高层次的要求。

践行积极老龄观、健康老龄化理念与实施积极应对人口老龄化国家战略也积极倡导老龄人力资源的开发与运用。社会参与是实现积极老龄化的三大支柱之一，其强调老年人通过参与社会的政治、经济、文化活动，以丰富晚年生活，实现社会价值，提高生活质量。社会参与对老年人的生理与心理健康、社会适应有着积极的影响[1]，有助于维持老年人的社会网络，有利于老年人获得更多的社会支持。同时，经济性的劳动参与也有利于老年人获取经济收入，实现更为自主的经济保障和经济独立。

三　以人口高质量发展推进中国式现代化新实践

如何以人口高质量发展推进中国式现代化建设，关键在于实现中国人口的高质量发展和以高质量的人口要素推动中国经济社会发展迈向更高层次、更高质量、更高效率。前者对中国人口的长期均衡发展、人口素质的不断提升、人口结构的不断优化以及实现现代化人力资源的合理分布提出了更高要求。后者则要求在现有的规模庞大的人力资本优势和未来中国人口质量走向更高水平的背景下发挥好高质量人口特征，使之成为中国经济发展、科技创新、社会建设等多方位的核心驱动力，及在国际竞争中凸显中国优势的核心竞争力优势。要充分实现以人口高质量发展支撑中国式现代化的发展路径，还需从以下

---

[1] 谢立黎、王飞、胡康：《中国老年人社会参与模式及其对社会适应的影响》，《人口研究》2021年第5期；曹红梅、何新羊：《积极老龄化视域下社会活动参与对老年人健康的影响》，《江苏社会科学》2022年第2期；徐金燕、张倩倩：《老年人社会参与对心理健康的影响——基于CHARLS追踪调查的发现》，《中国人口科学》2023年第4期。

几个方面着手完善治理体系，提供与人口高质量发展和中国式现代化建设进程相协调的政策支持。

第一，实现人口高质量发展，就要推进教育公平，降低人民的教育焦虑。人口城镇化的快速发展和流动人口聚集在相对发达地区在很大程度上也与教育资源分布的不平衡有关，促进教育资源的合理分布是人口高质量发展的重要前提。从中国人口发展历程看，1963年中国出生人口接近3000万人，2012年之前年出生人数都还在1500万人以上，2022年降到了956万人，未来少儿人口的大幅增加也不太可能。而2023年中国有1158万高校毕业生，继2022年之后，可能会再次超过当年出生人数；少儿人口如果长期没有明显增长，将加剧基础教育资源结构性过剩的风险，并对基础教育资源的配置效率、供给质量和精细化发展等提出更多挑战。未来人口负增长过程必然会伴随教育竞争压力的降低、人均教育资源的增多。中国应当借此机会采取措施尽快改变教育内卷化趋势，实现职业高中和普通高中的并轨和自由选择，推进高等教育机会公平化，提高教育质量，降低教育焦虑和教育内卷，推进教育公平。从注重劳动力数量转变到重视发挥科技作用、人才作用，更好地落实教育强国、科技强国、人才强国战略。在乡村振兴过程中更要注重发挥人力资本和人才红利的作用，推进人力资源在城乡之间配置的平衡。中国人力资本丰厚，这是家庭和国家在教育上最大的投资，在高质量发展中要充分利用。同时，年轻劳动力的充分就业对提高生育意愿、提升生育率也有积极的作用[①]。

第二，全面贯彻积极老龄观，实施积极应对人口老龄化国家战略。人口老龄化是随着经济社会发展而出现的客观的人口现象，不能单纯用人口变动来评价经济社会发展。将人口老龄化视为危机和负担，会忽略人口老龄化背后经济社会持续发展、人类寿命不断延长的成就，不利于引导公众科学、客观地认识人口老龄化趋势。21世纪初，联合国和一些国际组织提出"积极老龄化"，就是旨在扭转公众

[①] 杜鹏：《以人口高质量发展支撑中国式现代化》，《北京行政学院学报》2023年第3期。

对人口老龄化的消极认识。在此基础上，中国提出"积极应对人口老龄化"并在党的二十大报告中明确提出"实施积极应对人口老龄化国家战略"。这体现了满怀信心、积极主动、全力以赴、切实可行和锐意改革的理念与精神。中国要尽快适应人口老龄化逐步加深的趋势，并通过国家战略的实施和社会政策的完善支持就业体系，推动有意愿、有条件的老年人和女性人口参加劳动生产、灵活就业，合理利用人口负增长时代的各类潜在劳动力资源。尤其是在中国老年人受教育水平、健康状况不断向好的背景下，要为老年人的劳动参与和其他社会参与方式进一步拓展途径，扫清障碍，为有能力和有愿望继续参与社会活动的老年人创造相应的机会和通畅的就业渠道，充分挖掘老年人口所蕴含的巨大人才资源[①]。

第三，完善生育支持政策，打造生育友好型社会，让生育意愿得到充分释放。"少子"是人口负增长和人口老龄化的最主要动因，低生育率也已经成为影响中国人口长期均衡发展的最主要风险挑战，提升生育率也就成为应对人口负增长的最主要发力环节。因此，未来几十年生育率能否得到有效提升是有效应对人口负增长和人口老龄化的关键。这个"提升"并不是使生育率恢复到更替水平甚至更高的状态，而是至少不再进一步下降，同时使得有生育意愿的人能够充分实现其意愿。长期来看，人口负增长会成为常态化的人口国情，力争生育率不出现急剧下降，不出现新出生人口数量的长期低迷，才能助力人口长期均衡发展和经济社会持续发展。人口政策应着眼整个家庭发展实施提高生育水平的措施，在大力提升婴幼儿托育服务能力的同时，坚持长期的政策支持，从韩国、日本和法国等国家的经验看，长期和不断优化的家庭生育政策支持都发挥着重要作用，要以系统观念和人口高质量发展的长远眼光统筹谋划人口政策。

第四，促进人口高质量发展要统筹解决各年龄段的人口问题。包括促进大学生充分就业实现人才红利、鼓励老年人社会参与发挥年长人力

---

① 杜鹏：《以人口高质量发展支撑中国式现代化》，《北京行政学院学报》2023年第3期。

资源优势、建设终身学习的体系更新劳动者知识和技能、创新科技进步提高全要素生产率、实现城乡和地区之间教育的机会平等减少子女教育焦虑、完善流动人口市民化待遇释放教育红利，统筹规划，为各个年龄阶段的人口构建适合国情和年龄特点的政策体系与社会环境①。

第五，进一步完善移民政策和外国人永久居留证制度，加快建设世界重要人才中心和创新高地。法国、德国、韩国和日本等国在应对人口老龄化和人口负增长的探索实践中，都将吸引移民和外籍劳动力作为重要手段，大力吸引人才在很大程度上抵消了这些国家人口负增长的影响。中国人口虽然进入了负增长阶段，但在中国境内的外籍劳动者也在增多。发达国家普遍采取的移民和吸引外籍劳动力措施，中国现在也有必要在考察了解的基础上进行政策研究和实践探索②。

第六，人口高质量发展要坚持人才强国战略，充分发挥中国人才红利优势。实现经济增长方式转型、合理利用劳动力资源，是实现人口负增长时代人口与经济社会系统协调发展的重要举措。首先，应加快人力资本积累，促进科技创新和产业升级，推动经济发展从劳动力驱动和资源驱动转向人才驱动和创新驱动，使得经济发展摆脱对大规模劳动力的依赖。其次，中国式现代化是人口规模巨大的现代化，这为产业细化发展和区域人口调配提供了充足的回旋空间。一方面，应紧抓人口负增长早期阶段仍然存在的战略机遇，利用超大人口规模形成的巨大市场效应，促进社会分工细化和产业结构调整，化解人口负增长对劳动供给、科技创新的负面作用；另一方面，应结合中国巨大的人口回旋优势和广袤的空间回旋优势，在区域差异化发展背景下实现产业优化升级和梯次转移，保持产业体系完整和协调发展，优化资源配置③。

---

① 杜鹏：《以人口高质量发展支撑中国式现代化》，《北京行政学院学报》2023年第3期。
② 杜鹏：《以人口高质量发展支撑中国式现代化》，《北京行政学院学报》2023年第3期。
③ 杜鹏：《以人口高质量发展支撑中国式现代化》，《北京行政学院学报》2023年第3期。

第一部分　总论

第七，打造与高质量人才队伍建设相匹配的高质量就业体系和人才管理服务体系。伴随各领域高素质人才不断涌现，中国产业结构的调整升级应与人才队伍发展的实际相契合，为人才发挥自身价值提供多样空间。同时应改善就业服务，实现劳动力市场的供需匹配，合理利用和配置人才资源。持续完善社会保障制度，进一步增强对劳动者权益的保障，依靠优质的就业环境吸引人才、激励人才。引导社会观念变迁，加强针对高龄劳动者的制度保障，消除就业市场的年龄歧视。长期以来"教育—就业—退休"三段式生命周期发展理念使得中国就业制度缺乏弹性[1]，使得就业市场对于中高龄劳动者以及老年人缺乏友好。应当将年龄友好的理念融入就业制度体系建设，引导和鼓励企业雇用年长劳动者与老年员工，通过开展全面的人口老龄化国情教育和积极老龄观宣传教育，在社会层面创造年龄友好的社会氛围，完善针对高龄员工和老年劳动者的劳动关系保障，激发他们参与劳动力市场的主观能动性和自我效能感。建立终身职业技能培训与终身教育体系，关注全生命周期内的人力资本提升。

以人口高质量发展支撑中国式现代化是中国人口规模巨大的现代化在以人口负增长与人口老龄化为代表的人口新常态背景下提出的新发展要求。当前，中国人口长期均衡发展面临内生性人口负增长与少子老龄化并存的挑战，这既反映了中国在经济社会发展和社会保障完善方面的巨大成就，也表明了中国长期以来高速发展所赖以支撑的人口数量红利与结构红利正在缓慢消退，中国式现代化发展呼唤新的人口要素动能。随着中国经济社会发展取得巨大成就而来的是中国教育体系和公共医疗卫生体系建设所取得的快速发展，中国人口的受教育程度与健康水平持续提升，在人口负增长的背景下，中国正从人口资源大国向人力资源大国迈进，这为中国将现代化建设的动力支撑转向高质量的人口要素提供了客观的人口基础。而中国在高质量发展阶段的发展特征与发展需求也决定了只有高质量的人口和高素质的人才才

---

[1] 杜鹏、韩文婷：《发挥人力资源优势，推进中国式现代化》，《人口与经济》2023年第1期。

能够在以科技创新为关键需求的新发展阶段发挥支撑作用。

新发展动力与新发展阶段相协调依赖于梳理新的发展理念。在发挥人口高质量要素支撑中国式现代化建设的过程中，首先应当理性认识中国人口发展的新常态，从历史视角和全球视角认识到低生育水平、人口负增长与人口老龄化并非中国的独特现象，而是与经济社会发展相伴相生的人口发展内在规律。从人口规模总量变动的角度来看，即便中国人口进入负增长阶段，人口规模巨大这一中国式现代化的首要特征也将长期存在，而相对于传统思维对于人口数量变动的关注，更应当立足自身优势。重视中国人口结构与质量在推进中国式现代化过程中的作用发挥。其次，人才红利的凸显也意味着要更加重视人才要素在现代化建设中的支撑作用，回应人口素质提升的客观要求，发挥人才作为强化现代化建设第一资源的关键作用，做好人才资源配置，让人才的作用得以充分实现。最后，老年人同样是社会参与的重要主体。在中国人口的新常态下，低龄老年人占据老年人口主体、老年人受教育程度提升、健康状况不断改善等特征都彰显中国蕴含着丰富的老年人力资源。而不论是积极老龄观、健康老龄化还是中国积极应对人口老龄化国家战略，都对充分发挥老龄人力资源，扩大老年人全方位的社会参与提出了更高的要求。

在以人口高质量发展支撑中国式现代化的实践路径上，要统筹促进人口高质量发展和利用好高质量人口要素之间的联系。促进人口高质量发展，其一，要推进教育公平，降低教育焦虑与教育内卷；其二，要完善生育支持政策，构建生育友好型社会，让生育意愿得到充分释放；其三，要从全生命周期的视角出发，统筹应对各年龄段人口的问题；其四，要进一步完善移民政策和外国人永久居留证制度，吸纳全球高质量人才，建设世界人才高地。利用好高质量人口要素，首先要全面贯彻积极老龄观，实施积极应对人口老龄化国家战略；其次，坚持人才强国战略，将人才红利优势充分转化为科技创新、高质量产出优势；最后，应打造与高质量人才队伍建设相匹配的高质量就业体系和人才管理服务体系，合理配置人才资源，真正做到才有所用，在发挥人才红利的同时激发配置红利。

第二部分　·分论·

第三章 中国人口负增长：认识、影响及应对[*]

2022年是中国人口增长正负交替的分水岭，总人口开始负增长，开启人口负增长与人口老龄化交汇新阶段。人口要素与经济社会变革交织联动，贯穿在中国式现代化建设、第二个百年奋斗目标以及中华民族伟大复兴的全过程。人口未来发展并非一成不变，现在采取的措施和行动在一定程度上将影响未来的生育率、死亡率以及人口流动迁徙的变动轨迹。剖析人口规模、结构、素质、迁移、分布等变动规律，有利于客观认识人口负增长现象，辩证看待其消极影响与积极作用，主动适应和积极应对人口负增长时代的挑战与风险，科学预判人口机会转型方向，充分挖掘经济社会发展新机遇。

一 人口负增长的认识

对于开放型人口，人口负增长是指一国（或地区）的年度出生人口与迁入人口之和少于死亡人口与迁出人口之和的人口变动状态；对于封闭型人口，人口负增长是指一国（或地区）的年度出生人口少于死亡人口的人口变动状态。通常而言，对于封闭型人口，当人口生育率水平降至更替水平之下，人口内在增长率由正转负，人口发展开始积累负增长

---

[*] 本章作者为原新、王丽晶、范文清。作者简介：原新，南开大学经济学院人口与发展研究所教授、博士生导师，南开大学老龄发展战略研究中心主任；王丽晶，南开大学经济学院博士研究生；范文清，南开大学经济学院博士研究生。

的能量，但是受前期人口正增长影响，人口总量还会惯性增加一段时间，当人口正增长惯性消耗殆尽时，人口总量便进入人口规模减量变动状态。当然，对于开放型人口而言，人口迁移会直接影响总人口增长。

（一）人口负增长的基本认识

在工业化、城镇化、现代化等相关经济社会因素影响下，人口动态变化从"高出生、高死亡、低自然增长"的前人口转变时期转向"高出生、低死亡、高自然增长"的人口转变时期，最终走入"低出生、低死亡、低自然增长"的后人口转变时期，这是人口发展的基本规律。

考察全球人口规模变动，自人类产生历经旧石器时代、新石器时代、青铜器时代、铁器时代、中世纪，到1804年地球人口总量增加到10亿人；工业革命以来，人口数量进入爆发增长阶段，2022年达到80亿人。也就是说，人类自产生之日起，到19世纪初期人口数量才增至10亿人，但刚刚过去的短短的218年，人口数量净增加70亿人。2022年，联合国最新发布的《世界人口展望2022》[①] 报告指出，按照现在全球生育率下降走向预测未来人口变动趋势，预计全球人口还将继续增长到21世纪80年代，达到峰值104亿人，然后步入全球人口负增长阶段。

总人口增长速度和规模的变化也会带来人口年龄结构的系统性变化。观察人口年龄结构转型，人口结构转变大致经历三个阶段：一是增长型阶段，生育率较高，死亡率率先下降，年龄结构呈现年轻型"下大上小的金字塔状"，是劳动力供给的积蓄期，少年儿童抚养负担重，老年人口抚养负担轻，处于前人口转变时期和人口转变阶段的前期；二是稳定型阶段，死亡率相对稳定在低水平，生育率滞后下降，年龄结构转向成年型"中大上下小的洋葱头状"，少年儿童和老年人口抚养负担较轻，是收获人口红利的人口机会窗口期[②]，处在人

[①] United Nations, "World Population Prospects: The 2022 Revision", https://population.un.org/wpp/.

[②] 原新、高瑗、李竞博：《人口红利概念及对中国人口红利的再认识——聚焦于人口机会的分析》，《中国人口科学》2017年第6期。

口转变阶段的后期和后人口转变时期的初期阶段；三是缩减型阶段，生育率长期低迷，死亡率维持低水平，年龄结构演变为老年型"上大下小的倒金字塔状"，处于后人口转变时期。虽然上述三种类型在全球不同区域有不同呈现，但就全球平均状况而言，人口年龄结构目前正处于成年型向老年型的演进过程中。

经典的人口转变指的是人口从高出生率、高死亡率向低出生率、低死亡率变化的过程①。经典人口转变理论对于解释低生育率问题存在一定的局限性，由此出现第二次人口转变理论，旨在分析和研究生育率降到更替水平以下且持续低迷的人口现象。第二次人口转变是第一次人口转变的延续②。欧洲国家长期实施的福利制度导致"去家庭化"严重③，这是第二次人口转变解释低生育率④和新兴家庭行为出现⑤的原因。近年来，第二次人口转变是用于解释全球范围内家庭领域发生新变化的主要理论框架，解释了现代化进程给经济社会系统带来的复杂影响促使婚姻和生育观念朝向个体化、多元化发展的机理，探讨了婚育年龄普遍推迟、晚婚、晚育、少育等现象，在一定程度上解释了人口负增长的成因。第三次人口转变理论⑥进一步将人口迁移纳入人口转变的分析框架，强调人口迁移显著影响一些国家的人口结构和人口变动，是对第二次人口转变理论在移民问题上的再补充，拓展了人口增长区域差异和空间再分布的分析视野。低死亡率（长寿化）是人类社会文明进步的标志，也是人类追求的目标，低生育率（少子化）则是目前和可预见未来的人们生育行为的选择。少子化和长寿化是推动人

---

① 於嘉、谢宇：《中国的第二次人口转变》，《人口研究》2019年第5期。
② Cliquet, R., "The Second Demographic Transition: Fact or Fiction?", Strasbourg France Council of Europe, Vol. 2, 1991, pp. 85–88.
③ 宋健、阿里米热·阿里木：《生育支持政策的评估：欧洲实践与中国思考》，《西北人口》2023年第3期。
④ 许琪：《探索从妻居——现代化、人口转化和现实需求的影响》，《人口与经济》2013年第6期。
⑤ 杨菊华：《中国少数民族人口的生育转变》，《人口与经济》2023年第3期。
⑥ Coleman, D., "Immigration and Ethnic Change in Low-fertility Countries: A Third Demographic Transition", Population and Development, Vol. 32, No. 3, 2006, pp. 401–446.

口负增长和人口老龄化的共同源头，二者对全球人口、经济社会与资源环境带来的影响始终是现代人口转变理论的重要研究议题。

（二）人口负增长的发生机制

人口研究的三个基本变量，即生育，增加人口数量；死亡，减少人口数量；迁移流动，人口空间分布的变动，迁入和流入增加人口数量，迁出和流出减少人口数量。生育率是弹性变量，是人们生育意愿和生育行为的主动选择结果；死亡率是刚性变量，随着科技与医疗卫生条件改善、人们生活品质不断提升而降低，当前阶段的长寿化趋势是人口发展至今的趋势性现象，也是现代化进程不断推进的结果，难以改变；迁移流动是调节变量，由经济社会发展阶段和水平所决定，可以改变城乡之间、区域之间的人口布局，而国际移民影响国家总人口规模。在长期低生育率背景下，国际移民是发达国家在后人口转变时期依然保持总人口不断增加的惯用手段，国内人口迁移流动不会改变国家层面的任何人口属性。

根据主导原因的差别，人口负增长分为趋势性人口负增长和偶发性人口负增长。由长期维持低生育率导致人口自然增长率由正转负，这种现象称为趋势性人口负增长。由饥荒、瘟疫、战争等偶发灾难导致死亡率短期异常上升以及生育率陡然下降，这种现象称为偶发性人口负增长。偶发性人口负增长往往是一过性事件，一旦灾难性因素消失，人口负增长即会停止，人口自然增长率便回调至灾难前的变动轨迹。但是，趋势性人口负增长一旦形成，短期内将难以逆转，一般会形成长周期的影响。以中国为例，1960年的人口自然变动负增长以及1960年和1961年总人口负增长主要由连续自然灾害引发的饥荒导致死亡率异常升高和出生率大幅下降所引发，属于偶发性人口负增长，1962年之后随即出现补偿性的人口快速增加。现阶段，中国在死亡率长期维持低水平、国际移民几乎可以忽略不计的条件下，生育水平和生育模式成为左右未来人口走向的决定性因素，属于由低生育率主导的趋势性人口负增长。基于此，中国人口负增长的成因可以总结为以下几点。

第一，死亡率长期稳定在低位水平。自新中国成立以来，除了

1959—1961年"三年困难"时期，死亡率一直呈现稳定下降趋势是客观现实，改革开放以来一直维持在7.15‰以下；其中，1978—2007年长期维持在6‰—7‰，2008年以来，死亡率伴随人口老龄化深化升至7‰以上，但一直在7.4‰以下徘徊。与之相应，平均预期寿命不断升高。据历年人口普查数据统计，2020年平均预期寿命为77.93岁，较2000年提高6.53岁，较1990年提高9.83岁。《世界人口展望2022》的中方案估算，2022年中国平均预期寿命为78.59岁，高于全球平均值6.88岁，高于发达国家平均水平（78.56岁）。

第二，总人口几乎不受国际移民影响。国家统计局的数据显示，中国年度总人口净增加数量与年度人口自然增加数量完全一致，也就是说中国的总人口统计对于国际移民忽略不计，人口数量的变化完全受自然变动左右。以2022年人口统计为例，2021年年末总人口为141260万人，2022年年末总人口为141175万人，二者相减，2022年净增加人口−85万人；2022年出生人口956万人，死亡人口1041万人，自然增加人口−85万人。

第三，出生率和生育率持续下降且近期速降。新中国成立初期，出生率除了"三年困难"时期，几乎都维持在30‰水平，1963年创造43.37‰的最高纪录，1972年降至30‰以下，之后一直波动下降，1991年低于20‰，2020年进一步降至10‰以下，2022年只有6.77‰。与此同时，总和生育率呈现相同的变动趋势。20世纪五六十年代总和生育率高位稳定在6以上，70年代总和生育率快速下降，从5.81降至2.75，80年代波动在2.5上下，1991年降至更替水平2.09，步入低生育率阶段，此后一直在更替水平之下波动下降，2020年降至1.3，达到超低生育率（Lowest-low Fertility）阈值。2022年，中国总和生育率为1.08，已降至极低水平，是全球最低生育率国家之一，也是全球人口过亿的国家中生育率水平最低的。

（三）人口负增长趋势及世界各国对比

依照经典人口转变理论，如今全球人口正在向"低出生、低死亡、低增长"的后人口转变阶段迈进，人口数量增长速度下降和人口

| 第二部分　分论

老龄化加速是普遍现象，大多数国家处于第二次和第三次人口转变之中。全球人口转变的基本态势是发达国家引领、发展中国家跟随但决定大方向、欠发达国家逐步启动，终极目标向着人口减速增长和人口结构老龄化的趋势转变。

纵向观察，人口增长率下降且最终实现人口负增长成为全球人口转变的大趋势。根据《世界人口展望2022》估算和中方案预测（见图3-1），全球人口从1950年24.8亿人快速增至1970年36.6亿人，2000年扩大到61.1亿人，2021年达到78.8亿人；其间，人口年均增长率在20世纪50—70年代虽有波动，但基本保持2.0%左右的高速度，进入80年代之后，人口年均增长速度进入稳定的下降通道，1995年降到1.5%以下，2021年进一步降至1.0%以下。展望未来，全球人口总量将在2050年增至96.9亿人，2086年达到峰值104.3亿人，然后开始减少，2100年缩减至103.6亿人；相应地，人口年均增长率在2050年降至0.5%以下，2087年转为负增长。

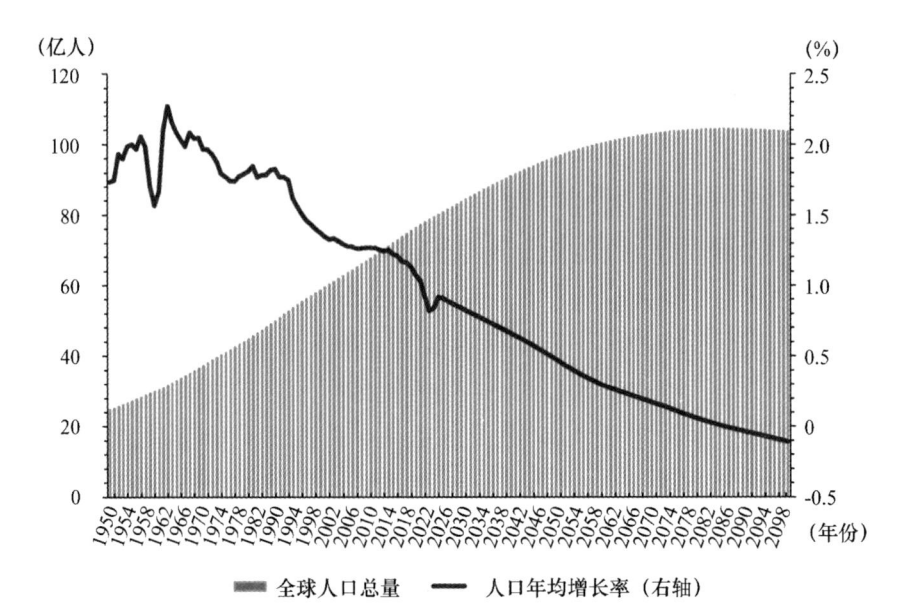

图3-1　1950—2098年全球人口总量变动情况

资料来源：United Nations, Department of Economic and Social Affairs, Population Division, *World Population Prospects 2022*, Online Edition, 2022。

横向观察，2021年年末，处于人口负增长状态的国家和地区共41个，遍布各大洲，其中，欧洲21个，以东欧和南欧国家为主；亚洲和拉丁美洲各7个；大洋洲、北美洲和非洲等共有6个。此外，不同地区的人口负增长步伐差异巨大。自20世纪中期以来，美属波多黎各和葡萄牙分别在1950年和1963年率先出现偶发性人口负增长；部分欧洲国家从20世纪八九十年代陆续进入持续性人口负增长，如意大利、匈牙利、波兰、波黑、保加利亚、罗马尼亚、克罗地亚、乌克兰、立陶宛、塞尔维亚、摩尔多瓦、阿尔巴尼亚和格鲁吉亚等国；进入新世纪以来，日本、俄罗斯、希腊、委内瑞拉等国相继步入人口负增长。根据《世界人口展望2022》的中方案预测，2022—2050年，还将有中国、斯洛伐克、乌拉圭、芬兰、朝鲜等约40个国家和地区相继加入持续性人口负增长行列；东亚和东南亚地区在2034年步入人口负增长，西欧地区从2035年开始人口负增长。

二　中国人口负增长的基本事实

（一）中国人口负增长大势已成

中国人口死亡率长期保持稳定，出生率成为人口发展的关键因素。根据国家统计局数据，1949—2023年新中国成立74年间，有37年的年度出生人口规模在2000万人以上，最近一次出生人口超过2000万人的年份是1997年，此后年度出生人口整体呈下行趋势。2010年，出生人口降至1592万人。2011—2017年，在取消生育间隔、实行单独二孩和全面二孩的宽松型生育政策之下，中国迎来一个出生人口短暂小高峰，年平均出生人口小幅升至1819万人。但是，自2018年以来，该数据出现持续性快速下滑，2018年降至1523万人，2019年减至1465万人，2020年跌至1202万人，2021年只有1062万人，2022年跌破千万，仅为956万人，2023年为902万人。遵循人口转变规律，中国人口负增长大势已成。

在数量上，人口负增长的步伐已经启动。总人口负增长是长期低生育率的必然结果。2022年，中国全年出生人口956万人，死亡人口1041万人，总人口自然减少85万人①，标志着中国进入人口负增长时代。根据联合国人口预测，中国开始人口负增长之时，2023年印度人口总量将超过中国，成为全球第一人口大国。中国将是继日本、俄罗斯之后，第三个实现人口负增长的1亿数量级以上人口大国。

在空间上，人口负增长正在由点及面不断扩张。考察户籍人口，1993年上海户籍人口自然增长由正转负②，成为户籍人口负增长的第一个"点"，尽管如此，每年大规模的迁移人口和流动人口抵消了上海户籍人口持续几十年自然负增长的影响，维持了上海常住人口数量的持续扩大，不断巩固上海全球超大城市的地位；其后，北京户籍人口自然增长率开始下降，2003年降至－0.09‰，之后7年一直在－1‰和1‰之间徘徊，基本保持人口零增长态势；2021年，全国各省份中，黑龙江、辽宁、吉林、四川、重庆、内蒙古、湖南、江苏、天津、上海、湖北、河北、山西13个省份的人口自然增长转为负值，人口合计5.95亿人，占全国总人口的42.2%。考察常住人口，1997年重庆是常住人口进入负增长的第一个"点"；2010—2020年10年间，辽宁、黑龙江、吉林、内蒙古、甘肃、山西6个省份相继进入了常住人口负增长；2021年，河南、黑龙江、云南、辽宁、吉林、湖南、河北、天津、甘肃、山西、贵州、内蒙古、江西、新疆、陕西、北京16个省份的常住人口步入负增长，占省级行政单位的一半以上，人口合计6.52亿人，覆盖全国人口的46.2%。

在结构上，人口负增长具有递次性特征。人口负增长递次性主要体现在不同年龄段人口上，一般遵循出生人口、少儿人口、劳动年龄人口、总人口、老年人口递次负增长的顺序。根据统计资料和人口预测资料，常态化的年度出生人口负增长发生于20世纪80年代后期，尽管个别年份（尤其是2013年调整生育政策以来）出生人口有所回

---

① 《中华人民共和国2022年国民经济和社会发展统计公报》，中国政府网，2023年2月28日，https://www.gov.cn/xinwen/2023-02/28/content_5743623.htm。
② 王桂新、沈建法：《上海外来劳动力与本地劳动力补缺替代关系研究》，《人口研究》2001年第1期。

增，但是减少的大趋势未变；0—14岁少儿人口和15—59岁劳动年龄人口分别从1994年和2012年开始负增长（见图3-2）；总人口从2022年启动负增长；预计60岁及以上老年人口将在2055年开始负增长。出生人口和少儿人口负增长的主因是育龄妇女数量的减少和生育率的下降与长期低迷，而劳动年龄人口负增长拐点恰好是少儿人口负增长拐点后延18年，劳动年龄人口负增长的决定性原因是该队列人口出生时人口规模的减少。老年人口负增长拐点是少儿人口负增长拐点后延61年，老年人口负增长的决定因素也是该队列人口出生时人口规模的减少。现阶段，少儿人口和劳动年龄人口负增长的力量强于老年人口增力，导致总人口向负增长逼近。

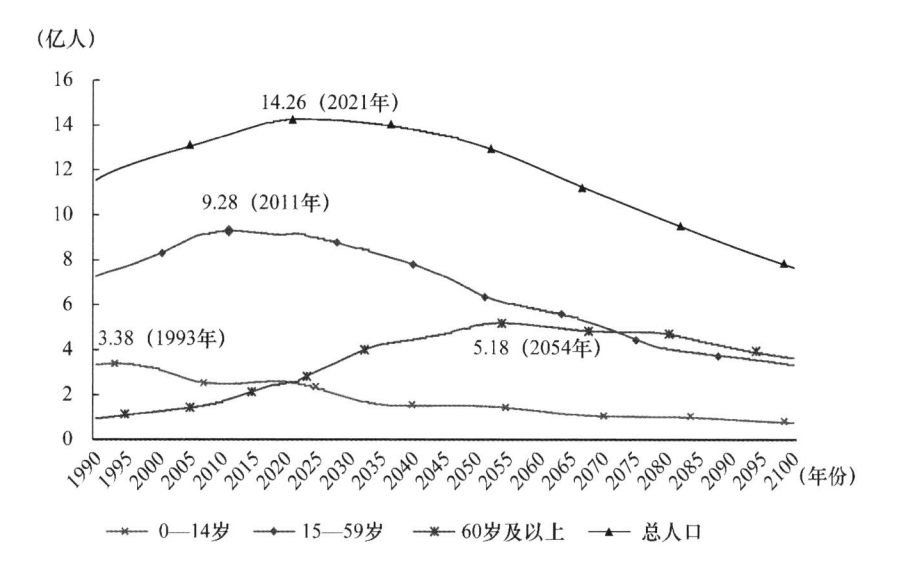

图3-2 1950—2098年中国不同年龄段人口负增长变动情况

资料来源：United Nations, Department of Economic and Social Affairs, Population Division, *World Population Prospects 2022*, Online Edition, 2022。

在时间上，人口负增长阶段性特征显著。在负增长早期阶段，处在人口规模依然庞大的惯性之中，人口规模巨大的基本特点不会根本改变。中国人口在2021—2022年正负转换，意味着人口总量已经达到

第二部分　分论

峰值，14.1 亿—14.2 亿人就是中国人口的最大值，未来的生育率假设如果保持在 1.4—1.5，2035 年之前的人口总量依然在 14 亿人左右，2050 年的人口总量在 13 亿人左右；劳动年龄人口将从目前的 8.9 亿人降至 2050 年的 6.5 亿人，比届时发达国家总和还多。但是，远期阶段，必须高度重视低生育率的人口后果，尤其是超低生育率。如果生育率继续下跌至 0.8—0.9，且一直维持下去，中国总人口在本世纪中期将降至 12.3 亿人，本世纪末减至 4.9 亿人。所以，如果低生育率尤其是超低生育率维持的时间足够长，将引发人口规模的灾难性减少，形成低生育率陷阱，引发人口总量危机。

　　在观念上，人口负增长时代的传统社会婚恋观受到挑战。婚育观念和婚育行为变化的直接后果，第二次人口转变之前，婚姻、家庭和生育之间存在坚固连接，普婚普育是基本特征，如今三者之间的关联逐渐弱化甚至分离。从婚姻状况来看，中国适婚年龄人口未婚率较 20 世纪 90 年代有显著提高。首先，因长达 40 多年的出生人口性别比偏高，适婚年龄段男女性别失衡严重，2020 年 20—40 岁适龄婚姻人口中男性比女性多 1752 万人，男性因为适龄女性缺失而"失婚"问题严峻，失婚是性别失衡的无奈结果。其次，受个人主义、自由主义盛行和女性自我意识觉醒等影响，婚姻逐渐成为个人选择而非人生必需品，加之生物医学技术发展和人口政策调整为非婚生育提供新的可能，"不婚"女性增加[①]，不婚则是人们主动选择的结果。如表 3-1 所示，2020 年与 1990 年比较，20—44 岁适婚男性和女性的未婚现象更加普遍；其中，20—24 岁女性和 25—29 岁男性未婚率变化最大，分别增加 39.50 个和 37.14 个百分点，这主要是晚婚的表现。2020 年，全国平均初婚年龄为 28.7 岁，较 1990 年的 22.9 岁推迟 5.8 岁，而且女性晚婚晚育现象更加明显。最后，30—44 岁大龄女性的未婚人口比例虽然不高但增长幅度较大，主动选择单身生活的女性占比越来越大，当然，也不排除主动选择单身的男性。

---

　　① 高晓君、魏伟：《女人当家？——单身生育和性别角色的重新协商》，《妇女研究论丛》2022 年第 3 期。

表 3-1　中国分性别和年龄的适婚年龄人口未婚率变化

年龄组	2020 年（%）男	2020 年（%）女	1990 年（%）男	1990 年（%）女	变化（百分点）男	变化（百分点）女
15—19 岁	99.71	98.88	97.14	93.91	2.57	4.97
20—24 岁	91.14	80.38	59.86	40.88	31.28	39.50
25—29 岁	52.93	33.19	15.79	4.30	37.14	28.89
30—34 岁	20.55	9.33	6.68	0.59	13.87	8.74
35—39 岁	9.36	4.12	5.34	0.26	4.02	3.86
40—44 岁	5.74	2.13	4.77	0.19	0.97	1.94
45—49 岁	4.44	1.26	4.71	0.14	-0.27	1.12
50—54 岁	3.42	0.69	4.24	0.15	-0.82	0.54
55—59 岁	2.77	0.46	3.46	0.17	-0.69	0.29
60—64 岁	2.98	0.35	2.78	0.26	0.20	0.09
65 岁及以上	3.14	0.30	2.36	0.68	0.78	-0.38

资料来源：第四次全国人口普查、第七次全国人口普查。

在微观上，人口负增长时代家庭结构小型化。家庭是构成社会的最小单元，家庭结构直接影响社会结构。当前家庭规模呈现缩减趋势，这是家庭变化的典型特征。从历次人口普查资料发现，平均家庭规模从 20 世纪 80 年代之前的 4—5 人/户降至 1990—2010 年的 3—4 人/户，2020 年进一步减为 2.62 人/户，跌破"三口之家"的家庭规模。究其原因，一是家庭生育孩子数量减少，生育率低迷，2020 年"七普"资料显示，1—3 人规模的家庭占家庭总数的 76.1%；二是多代共居家庭大幅度减少，一代户和二代户家庭分别占家庭户总数的 49.5% 和 36.7%，二者合计为 86.2%。单身家庭、分居家庭、留守家庭、人户分离家庭、丁克和被丁克家庭、隔代家庭、空巢家庭等非传统居住模式日渐普及，家庭呈现多元化、多样化大趋势，其长期结果就是家庭功能和家庭发展能力的弱化，催生风险家庭和脆弱家庭等，不利于家庭稳定和社会和谐。

无论是按照户籍人口自然增长计算，还是常住人口年度增长，人口负增长的大势已成，未来还将进一步扩展。人口负增长初期释

第二部分 分论

放利好政策可以一定程度上缓解生育率下降的速度、平衡区域间的人口规模，如若大部分地区的生育率和人口数量都呈现下降时，政策引导效果难以全面释放，各地出现人口全面负增长的景象将只是时间问题。

（二）生育环境变化加速人口负增长

展望未来，假定死亡率和迁移率相对稳定，人口发展趋势由生育率决定，按照目前数据观测，未来人口生育前景并不乐观。

第一，生育基数缩减。育龄女性人数和生育率水平是决定出生人口规模的直接要素。历次人口普查资料显示，15—49岁育龄女性人口规模早在2010年就达到峰值3.7亿人，2020年减至3.3亿人，本世纪中叶前以年均363万人的速度持续减少，2035年为3.0亿人，2050年仅2.2亿人；其中对出生人口作出最大贡献的20—34岁生育旺盛期育龄女性，在1996年就达峰值1.8亿人，2020年为1.4亿人，2050年降至0.9亿人，年均递减191万人。即便是保持生育率水平不变，随着育龄女性人数减少，每年的出生人口也将随之减少。

第二，生育意愿疲软。时期观察，育龄人群的生育意愿随时间推移而降低。育龄女性的平均意愿生育率，20世纪70年代为2.81—3.68，80年代平均为2.13，90年代平均为1.90，21世纪第一个10年平均为1.67，2017年为1.76，2021年降至1.67[①]。队列观察，越年轻出生队列的生育意愿越低，被调查的"80后"（1980—1989年出生队列）平均意愿生育率为1.96，低于"60后"（1960—1969年出生队列）和"70后"（1970—1979年出生队列），作为当下生育主体的"90后"（1990—1999年出生队列）和"00后"（2000—2009年出生队列）的平均意愿生育率仅为1.54和1.48[②]，生育意愿持续走低。

第三，生育行为低迷。当今社会中住房、教育、就业等生活成本高

[①] 郑真真：《生育转变的多重推动力：从亚洲看中国》，《中国社会科学》2021年第3期。
[②] 中共国家卫生健康委党组：《谱写新时代人口工作新篇章》，《求是》2022年第15期。

涨以及生育观念和文化的转变，虽然年轻人尚存一定的生育意愿，但限于高昂的房价、沉重的生育养育教育成本、普惠制的公共托幼缺位、家庭望子成龙的重教模式、内卷的就业压力、长周期甚至跨代的抚养间接成本和影子成本的影响，形成家庭生育养育孩子的巨大压力，对家庭生育决策产生负向作用，不少人选择推迟甚至放弃生育。2021年国家卫生健康委调查数据显示，已婚育龄妇女不打算继续生育孩子的前三位原因依次为"负担重""养育孩子太费心""没人帮忙带孩子"，分别占已婚育龄妇女的62.2%、43.3%和34.4%[1]，推动超低生育率的消极局面，致生育行为低于生育意愿成为普遍现象，尽管育龄人群2021年的意愿生育率为1.67，当前生育主体队列人群的意愿生育率在1.5上下，但2020年实际生育率只有1.3，2022年更是低至1.08。超低生育率已经成为中国人口发展面临的最大挑战之一。

第四，女性结婚年龄推迟。结婚年龄越大，生育空间越小。一是女性平均初婚年龄推迟，2010—2020年，女性平均初婚年龄从24.0岁升至28.0岁。二是低龄适婚年龄的女性未婚比例大幅升高，2020年20—24岁和25—29岁女性未婚比例分别为80.4%和33.2%，比2010年升高12.8个和11.6个百分点。三是全国登记结婚人数连续9年下降，从2013年的1347万对降至2022年的683万对，减少49.3%。四是女性终身不育，最新研究数据表明，2020年中国49岁女性的终身不育率为5.16%，终身不育水平逐渐呈上升趋势[2]。女性结婚年龄推迟甚至选择不婚直接导致结婚女性数量下降，进一步减少了出生人数。

（三）中国人口负增长的特殊性

放眼全球的人口转变过程，除了符合人口负增长一般规律，中国人口转变具有自身的典型特点，在国际人口负增长的局势中独具特色。

---

[1] 张许颖、张翠玲、刘厚莲等：《人口负增长的内在逻辑、趋势特征及对策》，《社会发展研究》2023年第1期。

[2] 张翠玲、姜玉、庄亚儿等：《中国女性终身不育水平估计——基于第七次全国人口普查数据的分析》，《人口研究》2023年第3期。

第二部分 分论

1. 中国人口负增长的典型特征

相比全球的人口转变，中国人口转变的典型特点就是"进入早、发展快、程度深、回弹慢"①。首先，死亡率在极短时间内降至低水平，新中国成立之前，死亡率在20‰以上，婴儿死亡率高达200‰以上。经过了新中国的和平发展（虽然经历了1959—1961年"三年困难"时期非正常反弹），死亡率迅速下降至1965年10‰以下，20世纪70年代至今一直稳定在6‰—7‰的低水平。相应地，婴儿死亡率在1965年前后降至85‰左右，20世纪70年代中期降至50‰以下，并持续稳定地下降，目前只有5.0‰，低于全球中高收入国家平均水平。人口平均预期寿命从新中国成立之前的35岁增至2020年的77.9岁，2021年为78.2岁。完成死亡率从高到低的转变，中国所花费的时间比欧盟国家平均少用50—60年。其次，人口出生率从35‰到12‰的转变，中国仅用时40年（1966—2006年），相比欧盟国家少用80—90年。同时，中国的生育率水平从6以上降至更替水平，仅用时23年（1968—1991年），只相当于多数发达国家用时的1/6—1/4，与第二人口大国印度花费50—60年相比，少用时一半以上，人口转变的急与快可窥见一斑。遵循人口发展规律，长达40—50年的低死亡率和30年的更替水平以下低生育率历程，形成了长寿化和少子化的基本形态，直接导致人口老龄化和人口负增长交汇的人口发展结果，成为未来中国发展的人口基本面。

2. 中国人口负增长推动世界人口负增长提前到来

中国人口规模巨大，改变全球人口发展大势。美国人口咨询局数据显示，2021年，全球人口自然负增长和人口自然零增长国家（或地区）合计32个，总人口为7.48亿人，占当年全球总人口的9.54%；2022年，人口负增长和人口零增长国家（或地区）增加至44个，总人口合计增加为22.87亿人，占全球总人口比重上升至28.72%，其中，中国人口占全球负增长或零增长国家（或地区）总

---

① 朱荟、陆杰华：《人口负增长的世界性现象与中国式应对》，《山东女子学院学报》2023年第4期。

人口的62.82%。中国以14.1亿人口、占全球人口17.8%的总量整体加入人口负增长阵营，即大幅度提升了全球负增长人口的比重，也将促使全球人口负增长的时间提前。

3. 中国人口负增长回调难度大

中国人口负增长与超低生育率相遇，回弹难度大。中国人的理想子女数在21世纪第一个10年就已经降至更替水平以下[①]，这也意味着中国生育率在短期内很难上升到更替水平。2022年，中国迈入人口负增长门槛时的总和生育率水平只有1.08，低于超低生育率阈值（1.30）。中国总和生育率低于许多负增长国家进入人口负增长时点的平均水平（1.5左右），只有韩国2020年进入人口负增长时的总和生育率为0.89，略低于中国（见表3-2）。中国是以极低生育率水平迈入人口负增长门槛，深陷"低生育率陷阱"的泥潭，这就决定了未来生育率回弹的难度更大，预示中国人口负增长的周期更长，人口缩减的数量更大。

表3-2　　部分国家人口负增长时点的经济社会状况

国家	人口负增长元年	总和生育率	平均预期寿命（岁）	人均GDP[②]（美元）	城镇化（%）	老龄化水平[③]（%）
中国	2022	1.08	78.2	1.12	65.22	19.8
德国	1973	1.57	71.4	1.89	72.45	20.3
日本	2010	1.39	82.9	2.54	81.41	31.5
韩国	2020	0.89	83.6	2.45	72.45	23.2
意大利	2014	1.37	82.9	2.43	69.30	27.7
俄罗斯	2020	1.49	71.3	0.75	74.80	22.2
西班牙	2012	1.33	82.2	2.04	79.00	22.8
比利时	2020	1.58	81.9	3.28	98.10	25.5

资料来源：United Nations, Department of Economic and Social Affairs, Population Division, *World Population Prospects 2022*, Online Edition, 2022。

---

① 侯佳伟等：《中国人口生育意愿变迁：1980—2011》，《中国社会科学》2014年第4期。
② 人均GDP以2015年不变价美元计算。
③ 测度人口老龄化水平的年龄标准为60岁及以上老年人口占总人口数量比重。

第二部分　分论

多数发达国家的低生育率是伴随工业化、城镇化、农业现代化、信息化等"串联式"现代化发展过程而实现的，是一个漫长的过程，是在实现基本现代化基础上进入人口负增长的。2020年中国全面建成小康社会，2022年迎来人口负增长，未来建设中国式现代化的人口基础就是人口负增长社会与老龄社会交叠，增加了发展的复杂性和艰巨性。以人均GDP（以2015年不变价美元计算）和城镇化水平为例，中国进入人口负增长时人均GDP为1.12万美元，城镇化水平为65.22%，富裕程度远不及先发的负增长国家，如日本为2.54万美元/人，城镇化水平为81.41%；韩国为2.45万美元/人，城镇化水平为72.45%；德国是1.89万美元/人，城镇化水平为72.45%。中国的人口负增长具有典型的未富先负、未富先老特征，相较于其他大多数人口负增长国家，中国是在经济发展尚未跻身发达行列的情况下进入常态化人口负增长的，应对人口负增长和人口老龄化社会问题的基础相对薄弱、挑战十分严峻。

（四）中国人口负增长未来变化趋势

展望未来，中国人口负增长呈现明显的阶段性特征，早期阶段温和、远期阶段剧烈。2022—2050年的人口减少属于人口负增长早期温和阶段，人口总量从14.1亿人减少至13.1亿人，人口减少幅度较小，年均减少人数357万人，人口减量变动有限。但21世纪后半期随着人口负增长惯性加强，总人口下降的斜率明显更为陡峭，人口负增长进入远期剧烈阶段，年均减少人数约1080万人，总人口降至21世纪末期的7.7亿人，人口总量安全问题将不容忽视。

三　人口负增长时代的挑战

人口负增长与人口老龄化共同成为中国社会的新常态。该社会形态在人口数量减量的基础上，人口年龄结构发生深刻变化，但是与之相适应的经济社会条件尚未完备。明晰经济和社会双重维度，从宏观经济视角以及微观家庭功能出发，探讨人口负增长带来的前所未有之变局，亟待完善社会治理体系和提高治理能力。

（一）宏观视角：经济发展内生动力不足

人口负增长和人口老龄化不断深化，老年人口比重升高、劳动力市场供给规模缩减以及青壮年消费市场萎缩，致使宏观经济面临前所未有的挑战。2023年，老年人口比重为21.1%，劳动年龄人口规模缩减至8.6亿人，预计到本世纪中叶老年人口比重将再翻一番，劳动年龄人口缩减超过1/4。

1. 经济增长的影响

人口总量和年龄结构的变化表现为老年人口比重增加、劳动力市场供给缩减，对宏观经济的冲击巨大。

第一，潜在增长率面临下降趋势。改革开放以来，中国经济高速发展得益于劳动年龄人口比重较高、抚养比相对较低的人口年龄结构。当人口年龄结构发生变化形成不可逆转的人口负增长趋势，GDP潜在增长率和实际增长率相应受到趋势性影响；不考虑周期性需求侧扰动因素，剔除经济增长波动过大年份的数据，要素（资本和劳动力）供给和配置（生产率）能力决定GDP潜在增长率，消耗型人口占比增加不利于财政收入和国民储蓄率的提高，财政为老龄社会买单的支出增加，经济运行成本上升，影响经济潜在增长率；劳动年龄人口作为经济增长的供给侧，劳动年龄人口负增长必然导致人口生产性降低，影响经济潜在增长率。

第二，经济系统性风险增加。人口负增长通过家庭储蓄、养老保险、商业保险等渠道深刻影响资本市场，老年人口占比增加且老年人平均余寿延长，经济产出中用于老年人口消费的份额增加，但国民储蓄率下降、老年人口消费率上升，长期累积易引发经济系统性风险，由于个人养老诉求，个人储蓄率中养老资产比例增加，规模不断扩大的金融型养老资产存在保值压力和贬值风险；经济总量既定的前提下，资本金市场比重升高，实体经济的资金相对减少，资本市场和实体经济市场可能演化成此消彼长的势头，更多形式涉老资产进入金融系统；此外，由于金融结构复杂，监管难度倍增，导致市场运营、保

第二部分　分论

值增值、安全稳健等方面的系统性金融风险增加。

第三，生产率提升空间缩小。生产率的提升是经济增长的主要动力，通常以全要素生产率和劳动生产率为衡量生产率的重要指标。全要素生产率是要素投入的产出贡献，体现要素的配置效率，当人口转变不利于生产要素的流动以及各要素之间匹配，资源配置效率降低，全要素生产率提升受阻。劳动生产率建立在全要素生产率基础上，比较人力资本水平和资本投入水平，测度单位劳动投入创造的产出。如果劳动力投入增幅小于资本投入增幅，资本不断深化加快资本替代劳动力速度，不利于劳动生产率提升。劳动力"蓄水池"充盈时期，资本和劳动要素投入比例合理，可以保持投资回报率；劳动力短缺时期，劳动年龄人口相对和绝对的减少增加劳动力的稀缺性，劳动力价格高于资本价格，资本加大投入对劳动力形成超前替代，导致资本边际报酬递减现象发生，资本难以长期保持预期增长速度，深化资源再配置阻碍，拖延生产率增长的速度。

2. 社会总需求的影响

人口负增长对社会总需求产生抑制效应，这种效应既表现在投资需求上，也表示在消费需求上，并且投资需求减弱还会持续加重消费需求减弱。

第一，投资需求转化受阻。随着经济增长受需求因素的常态化约束，居民消费逐渐成为需求因素中的重要拉动力。人口增长的停滞对总需求产生不利的影响，导致生产性资源长期处于非充分利用状态，无法实现储蓄与投资需求之间的转化，形成长期停滞现象。受人口总量效应、经济增长速度减慢带来的收入效应和财富效应影响，老龄化和人口负增长推动趋势性过度储蓄。过度的储蓄超过资本形成规模（储蓄超过投资），因资本需求疲软，难以顺利转化投资。在投资和消费需求低迷共同作用下，抑制通货膨胀率和长期真实利率，负债率升高和过度储蓄风险显现，进一步加深社会总需求缩减幅度。

第二，消费增加动力不足。居民消费增长率与人口自然增长率亦步亦趋同向变化，人口因素对消费的影响主要通过人口增速放缓、消费主力人口总量减少和年龄结构老化产生。在中国消费率明显低于世界平均水平的情况下,劳动年龄人口作为消费主体持续减少,必然影响青壮年消费市场,劳动年龄人口达到峰值前的10年自然增长率为6.5%,其间居民消费率为8.3%,是消费的主力军;达到峰值后的10年自然增长率和居民消费率分别降至6.0%和8.0%[1],如果老年人购买能力不能有效提升,老年人消费量的增加将难以补缺,全社会总消费需求水平降低,中国居民消费扩大受到抑制。探寻人口负增长抑制居民消费率增长路径,一是人口总量减少消费主体规模缩减;二是经济增量相对降低直接限制可转化的居民收入份额,生产率增速受阻制约劳动者工资上涨幅度,进而阻碍居民收入增长速度影响消费水平;三是低消费能力和低消费倾向的老年人口增多。综上,人口负增长对居民消费影响力可见一斑。

3. 保障性支出的影响

人口负增长是年龄结构的动态变化,结构特点是不同队列人口的高峰阶段相继出现,也称为"回声效应",即每个时点至少会有一个群体呈现较大规模。例如,1962—1975年以及1981—1997年,中国出生人口规模高峰期相继出现;2011年,15—59岁劳动年龄人口规模达到峰值。

第一,公共预算支出应与人口年龄结构相匹配。制订的计划按照每个群体需求各有不同,从生育、养育、教育到就业、医疗和住房,再到养老和济困,公共预算支出方案需要以相机决策的方式在某个时间段内作出相应的调整。当前,老龄社会中老年人口比重增加,医疗、养老、救助、照料、福利等方面需求大幅提升,公共预算支出需要提前考虑未来人口结构和规模的变化趋势,规划出尽量贴近现实需求的公共预算支出方案。此外,劳动年龄人口规模逐渐减少,并且平均年龄上升至39岁[2],呈现出老化趋势,在逐渐进入更加深度老龄社会的条件下,大龄劳动者需要就业、技能培训以及高龄老年人需要照

---

[1] 蔡昉:《人口负增长时代:中国经济增长的挑战和机遇》,中信出版集团2023年版,第69页。

[2] 中央财经大学:《2022年中国人力资本指数报告发布》,2022年,http://news.cufe.edu.cn/info/1002/53670.htm。

料等一系列需求，无疑亟待进一步完善和加强。

第二，养老保险支撑体系亟待加速扩容。中国的养老保险是现收现付制的，用就业区间的这部分人口缴纳的费用支付给当期退休的人。由于劳动年龄人口比重下降，老年人口比重持续升高，致使"现收现付悖论"出现在大众视野，认为当下存钱的少了领钱的多了，未来能否领到犹未可知。因此，老年人口对于医疗保障金、养老保障金、长期照护保障以及商业保险等的重视程度倍增，资本金总量在市场的占比较高。目前中国以社会统筹的基本养老保险为基础，增加企业年金和职业年金作为补充保险，倡议个人增加储蓄型的养老保险和补充保险的三支柱养老体系尚在建立初期，其效果犹未可知，加速扩容增加多维度的保险形式是当前的必行之策。

4. 城乡协调发展的影响

自改革开放以来，中国流动人口规模逐渐扩大。"七普"数据显示，2020年全国流动人口总量达3.76亿人，较2010年增长了69.7%，占全国人口的26.6%，即1/4人口正在流动迁徙，2023年常住人口的城镇化水平达到66.2%。人口流动的经济社会参与度不断深化，中国已经从植根于二元户籍制度之上的定居型社会转向要素自由流动的迁居型社会，从依靠血缘和地缘维系的熟人社会转向以业缘为纽带的陌生人社会，从低流动、被动流动的乡土中国转向高流动、全方位、多元化、主动流动的迁徙中国[①]。常态化的人口迁移流动不仅改变人口空间布局，推动传统的乡村中国正在向城镇中国转型，更深刻地影响着人们的生产、生活、社会交往方式，内在文化乃至社会治理理念和模式。

第一，城乡观察，中国流动人口的八成以上来自农村，八成以上进入城镇，八成以上是青壮年劳动力，由此减少流出地的劳动力资源，加速老龄化进程，提升老龄化程度，相反，增加流入地的劳动力供给，降低老龄化速度，减轻老龄化程度，造成了人口老龄化"城乡

---

① 段成荣：《由"乡土中国"向"迁徙中国"形态转变业已形成》，《北京日报》2021年11月19日第14版。

倒置"现象，2020年城镇和乡村的人口老龄化程度分别为15.82%和23.81%，二者相差7.99个百分点（见表3-3），预计这一现象还将长期存在并加剧。与2010年相比，农村人口从6.74亿人减至5.10亿人，净减少1.64亿人，缩减24.38%，农村率先迎接人口负增长冲击。人口老龄化的"城乡倒置"和人口负增长起因于长期存在且规模巨大的乡城流动人口和迁移人口，老龄社会的"城乡倒置"源自根深蒂固的城乡二元经济和社会形态。人口负增长问题和老龄问题在农村地区提前集中爆发，造成农村人口负增长区域继续扩散和"城乡倒置"的老龄形态继续扩大，造成农村建设、农业生产、农民生活的严峻挑战，农村养老保障和养老服务的供给与需求矛盾日益尖锐，可能会成为影响中国农村社会不稳定的重要因素。

表3-3　　　　　　　中国城乡人口老龄化水平变化比较　　　　单位：%

年份	城镇人口老龄化	乡村人口老龄化
1964	8.22	6.55
1982	7.11	7.77
1990	8.55	8.61
2000	9.68	10.92
2010	11.69	14.98
2020	15.82	23.81

资料来源：历年全国人口普查数据。

第二，区域观察，"七普"数据呈现了各地区老龄化进度和程度的显著差异，老龄化发展速度存在明显空间异质性，部分地区超前老化。辽宁、上海、黑龙江、吉林、重庆、江苏、四川、天津、山东和湖北等省份的老龄化水平最高，均已超过20%，进入中度老龄化社会，集中分布于东北地区、中部地区和东部地区；西部地区老龄化程度相对较低。西藏老龄化水平只有8.25%，是全国唯一尚未进入老龄化社会的省份。比较"六普"数据，老龄化加速是全国的普遍现

第二部分 分论

象,但是黑龙江、吉林、辽宁、天津、上海、内蒙古等省份的老龄化速度最快,10年提升了8个百分点以上。与此相对应,上述省份除了上海、天津,再加上山西、甘肃,是过去10年出现常住人口负增长的6个省份,印证了人口负增长与人口老龄化的伴生关系。

人口老龄化城乡倒置格局已成定势并持续发展。人口负增长时代,农村劳动年龄人口持续减少,城镇老年人口持续增加,城乡人口差异扩大。人口是社会发展的基本要素,既是参与者也是分享者,城乡人口差异给农村建设、农业生产、农民养老和农民工生产生活等方面带来严峻挑战。随着全国人口负增长区域日渐扩大,人口迁移流动的腾挪空间不断缩小,部分农村地区人力资源和人力资本流失严重,强者越强、劣者越弱的"马太效应"更加明显,城乡协调发展的难度激增[1]。中国财税制度、社会保障和土地财政等体系建设亟待调整,以适时疏解城乡差距扩大带来的经济社会压力,避免因不协调、不平衡、不公平和不可持续发展引发更多民生问题。

(二)微观视角:家庭功能和社会关系发生微妙变化

在长寿化背景下,人口负增长和人口老龄化对社会生活的影响是全方位的,特别是家庭规模小型化、简单化的趋势,是当前家庭结构的重要变化[2]。此外,现阶段少儿抚养成本居高不下,老年抚养压力持续上升,社会资源配置形成潜在社会风险,人口形势大变局给社会关系和代际关系带来多维冲击。

第一,家庭养老功能弱化。传统的以家庭血缘和亲缘关系为纽带的家庭代际养老支持模式遭遇挑战,家庭规模和结构小型化难以为继。随着经济条件改善,家庭经济供养功能普遍提高。家庭代际结构由传统的三角形转变为倒三角形,老年人家庭生活照料功能持续弱化。一是人口流动迁徙成为常态,越来越多的家庭子女缺失对老年人

---

[1] 原新、范文清:《人口负增长与老龄化交汇时代的形势与应对》,《南开学报》(哲学社会科学版)2022年第6期。

[2] 原新、范文清:《我国人口负增长和老龄社会的大趋势与新形势——基于"七普"数据再认识》,《晋阳学刊》2022年第1期。

的长期照料的角色；二是少子化趋势使参与养老的人力减少，子女对自身后代的生育、养育分散了其赡养老人的精力，进一步减弱家庭养老人力；三是特殊情况的家庭老年人照料更是雪上加霜，如老人生病或需要康复护理，以往大家庭轮换、分摊照料的情形一去不返，面对家庭小型化，老人"生不起病""看不起病""养不起病"的现象愈发普遍，家庭照护功能的外化及社会化服务是必然；四是经济条件相对较差的农村存在大量"空巢老人"和留守老人，自身物质条件较差，子女可以供养的生活资料和经济支持有限，很多老人的生活状况堪忧；五是在物质条件越来越好的现在和未来，老年人的精神生活越来越重要，但是小型家庭在满足老人的精神关爱需求方面越来越力不从心，有研究指出，家庭中的子女数量每减少1人，老年人精神慰藉弱化的概率增加17.1%[1]；六是缺少子女陪伴的老年群体更易因认知能力下降或情感需求成为诈骗犯罪的目标，2018年《中老年人上网状况及风险网络报告》显示，52.7%的老年人经历过网络虚假广告，37.4%的老年人遭遇过网络诈骗，其中保健品诈骗、彩票中奖诈骗、理财和非法集资诈骗分别为30.4%、24.2%、16.4%[2]。

第二，家庭生养功能弱化。除了丁克家庭及其他非传统类型家庭，孩子是家庭的重要组成部分。家庭规模小型化，生育养育同样数量的孩子，规模较大的家庭平均分摊到每个家庭成员身上的照看孩子的直接成本和间接成本相对较低。以现在户均不足3人的平均家庭户规模来看，假设每个家庭养育一个孩子，那么日常可用于养育和照料孩子的家庭人力平均不足2人，无论是对男性还是女性，都有较大的困难。家庭规模缩小化和整个社会生育率低下之间存在着必然的关联。家庭规模小型化造成家庭生养功能弱化，反向影响家庭生育意愿，进而影响理想家庭规模，生育偏好将产生代际滞后，下一代的生育意愿和理想家庭规模相比上一代呈现螺旋式递减。长期来看，这种

---

[1] 于长永、代志明、马瑞丽：《现实与预期：农村家庭养老弱化的实证分析》，《中国农村观察》2017年第2期。
[2] 腾讯研究院：《中老年人上网状况及风险网络调查报告》，2018年，https://cloud.tencent.com/developer/news/371872。

| 第二部分　分论

演变将会推动低生育率的自我强化,陷入"低生育率陷阱"的泥潭难以自拔。

第三,家族文化延续弱化。"生育""养育"和"教育"均是家庭的重要责任和义务,家庭教化功能事关孩子的顺利成长、素质水平和心理健康,影响整体人口的综合素质。"家风"就是家庭教化水平的重要体现,是一个家庭长期培育形成的文化和道德氛围,是家庭伦理和家庭美德的集中展现,具有很强的社会感染力。家庭规模小型化,促使家庭隔代教育更为普遍,四老对一小的隔辈照料现象容易造成孩子过度溺爱现象,影响孩子健康人格的塑造。

第四,家庭结构空心化。一是形成大量的"空巢青年",他们年龄介于18岁和35岁之间,远离家乡外出打拼,远离亲人、独自居住,生活环境从"熟悉社会"走入"陌生社会",往往产生孤岛效应,形成巨大的生活、生产和心理压力,难有空闲谈婚论嫁,成为晚婚、不婚的主要群体。因为过早独自外出谋生,丧失家庭支持和家庭温暖,不堪生活重压,精神状况长期不佳容易引发抑郁、焦虑、双相等心理疾病,甚至有人走上违法犯罪道路,对家庭是沉重的打击,对社会是惨痛的损失。二是形成"留守儿童"现象,他们在最需要关爱的成长阶段,恰恰遭遇父母亲角色缺失,极易造成人格的不健全,影响未来的发展。

第五,家庭资源配置失衡。在社会发展主体和管理主体从年轻型向老年型转变的过程中,老年群体与其他年龄人群之间的比重发生变化,家庭资源配置难以平衡。如今"N-4-2-1"结构模式的家庭越来越多,家庭中老年人的比重不断增加,时间、精力、金钱等家庭资源既定的前提下,资源分配成为每个家庭不可忽视的问题。个体和家庭作为承担养老责任的主体,家庭养老是最基本、最富有生命力的养老模式,即便在养老保障和医疗保障都较为健全的欧美国家,子女对老人的赡养作用依然是非常重要的[1]。随着人均预期寿命和老年人

---

[1] Tolkacheva, N., van Groenou, M. B., and van Tilburg, T., "Sibling Influence on Care Given by Children to Older Parents", *Research on Aging*, Vol. 32, No. 6, 2010, pp. 739-759.

余寿的不断提高，高龄老人以及老年人带病和残障存活期延长，家庭养老负担日益加重，而家庭规模缩小，家庭成员赡养老人的人力资源不足现象日益普遍，代际间资源分配的紧张关系十分微妙。

社会稳定和谐是建设社会主义现代化强国的重要基础，家庭小型化还会造成其他家庭功能弱化问题，例如，挫伤家庭应对内部风险和外来社会风险的能力，不利于微观家庭稳定；疏远邻里关系，"以邻为壑"现象是现代城市邻里关系疏远的重要表现；带来更多游离于家庭之外的独立个体，成为社会的不稳定因素。家庭规模小型化必然带来家庭功能和发展能力弱化的问题，催生风险家庭、空巢家庭、独居家庭和脆弱家庭，增加家庭经济活动人口的经济压力和精神压力。为防经济和社会的各种问题凸显激化，经济社会结构亟待主动适应人口结构进行调整，建立新型均衡关系，促进社会和谐和可持续发展。

四 人口负增长时代的机遇

人口负增长和老龄化只是人口发展的阶段性产物，总体属于水到渠成，无涉"好、坏"判断。历史上每个时期都存在相应的人口现象，接受挑战、发现机遇才是应有之举。

（一）人口规模短期内变化幅度有限

人口负增长的阶段性明显，聚焦21世纪中叶之前中国式现代化建设时期，人口数量和人口年龄结构变化速度平缓，应合理开发人口负增长早期阶段的人力资源，把握当下短暂而弥足珍贵的人口机会。

第一，总人口下降速度平缓。从总人口规模变化上看，2022年中国步入人口零增长阶段，人口发展呈现负增长趋势，但人口规模巨大的事实不曾改变。2022—2050年的人口减少属于人口负增长早期温和阶段，年净减少人口数量逐年递增，2050年人口总量仍超过13亿人。无论是未来生育率水平升至高方案（1.8—2.0），抑或小幅升至中方案（1.4—1.5），还是继续降至低方案（0.8—1.0），预计到2050年总人口依然维持在12亿人以上，总人口规模下降幅度有限，

| 第二部分　分论

人口规模巨大是中国式现代化建设时期的基本国情。

第二，劳动供给充足。15—59岁劳动年龄人口规模缩减，但总量供给依然丰盈。2022—2035年，劳动年龄人口保持在8亿人以上；2050年仍超过6亿人，总量超过届时发达国家总和。劳动年龄人口进入负增长时代，并不意味着人口红利完全消失。虽然劳动力资源稀缺性增强，但劳动力供给丰盈的数量型人口机会犹存，经济发展方式转型，劳动生产率提升，经济产出能力增强，劳动力数量需求弱化和质量需求强化同在。此外，人口负增长早期阶段低龄老龄化特征显著，"七普"显示，2020年60—69岁低龄老年人口规模为1.5亿人，占全体老年人的55.83%；2050年，低龄老年人口规模增至2.1亿人，是亟待挖掘的潜在劳动参与者。

第三，人口迁移流动提升劳动力资源的利用效率。中国是世界上国内迁移流动人口规模最大的国家，人口迁移流动性持续增强，"七普"数据显示，2020年全国流动人口总量达3.76亿人，占全国人口的26.6%，意味着中国超过1/4的人口在流动迁徙且向城镇、向东、向南等经济发展高地集聚，流动人口规模数据远超基于相关政策的估计量①。2023年常住人口的城镇化水平达到66.2%，促进乡村中国向城镇中国转型，既提高了人力资源的配置效率，也促进了人力资本的空间再布局。迁移人口机会不可忽视，人口迁移流动活跃和城镇化水平攀升盘活了配置型人口机会。因此，巨大的人力资源规模能够实现长期的人口迁移流动，既激活了人口国内大循环，促进了人口空间的优化布局，也提升了城镇化水平，提高了劳动力自身的劳动参与率和劳动生产率，促进人口大国的空间腾挪优势发挥。

（二）老年人社会参与增加

中国是世界老年人口规模第一大国，拥有超大规模老年人口，人口负增长早期阶段的老年人力资源充裕，社会参与基础和意愿提升。

---

① 王谦：《七普"意料之外"的数据对做好流动人口调查的启示》，《人口研究》2021年第5期。

第一，老年人参与基础良好。首先，寿命大幅延长，2019年中国人口平均预期寿命快步提升到77.3岁，超过世界平均水平，按照《健康中国行动（2019—2030年）》的目标任务，预计到2030年，人口平均预期寿命将达到79岁以上；2019年中国60岁人口平均余寿提高到21.1岁，较2000年增加2.7岁；其中，60岁老年人口健康余寿从14.0岁增长到15.9岁，超过世界平均水平（15.8岁）。其次，健康状态持续改善，主要表现为失能老年人口在60岁及以上老年人口中的比重下降，老年人自评健康状况改善以及老年人生活自理比重上升。根据第一次和第四次中国城乡老年人生活状况抽样调查数据，2000—2015年，失能老年人比重和轻度失能老年人比重分别从6.7%和5.8%下降到4.2%和2.3%，自评健康为"好"的老年人从27.3%提升到32.8%。同时，根据全国人口普查数据和1%人口抽样调查资料，2010—2020年，生活能自理的老年人占老年总人口的比重从97.05%提高到97.66%；其中，60—69岁低龄老年人生活能自理的占老年总人口比重从98.86%提高到99.02%。低龄老年人口寿命延长且健康状况相对改善，为老年人经济社会参与创造了机会，如延迟法定退休年龄，老年人灵活、弹性就业，终身学习等，同时也为家庭内部代际支持、志愿者、互助、社工等非正式参与提供条件。

第二，老年人参与规模增加。根据全国人口普查数据显示，1990—2020年，60岁及以上老年人口在业人数从2768.5万人增加到5777.9万人，年均增长100.3万人，其间老年人口在业规模翻了一番，但是其在业比重呈下降趋势。1990年，老年人口的在业比重为28.55%，2000年达到峰值为33.01%，随后逐年下降，2020年降至21.88%，30年间，老年人口平均在业比重为28.10%，意味着接近30%的老年人口处于"退休不退业"状态。中国正处于人口老龄化的前期阶段，即低龄老龄化特征明显。2020年，60—69岁低龄老年人口规模为1.47亿人，占全体老年人口的55.83%；该年龄人口在业规模达到4478.6万人，较2010年增加111.9万人；其在业率为30.39%，超过老年人口在业率，低龄老年人口参与正式经济社会活动的积极性较高；其中，60—64岁人口在业率（33.84%）高于65—69岁人口在业率（26.96%），是社会正式参与的重点关注和支持人群。

第三，老年人参与范围扩大。首先，老年人的经济参与，按照消费支出测算，2015年中国老年医疗服务、药品、食品、家政和保险品消费市场的总规模达到3.92万亿元[1]；到2050年，中国老年人消费潜力将增加到106万亿元，届时占GDP比重超过3/10，经济参与市场规模巨大[2]；老年人经济参与朝着高级化方向转变，开始注重消费品质和服务体验，关注功能性服装服饰、智能化辅助产品等老年用品，预测2025年老年用品产业总规模将超过5万亿元[3]。其次，老年人社会参与形式多样化，从传统化和单一化，向着文化、休闲、娱乐等多元化转变；不以获取经济报酬为目的，自愿自主参与民间社团、老年协会、文化团体、志愿者活动、社会工作、学校辅导员等各非正式社会参与活动；2015年中国14.31%的老年人有过旅游消费，老年参与推动新经济增长点显现，有利于构建文化、健康、宜居、服务、制造、金融等老龄产业新业态。

（三）人口综合竞争力不断增强

改革开放以来，居民健康和教育素质显著提升，人力资本水平得到极大改善。人口素质提升是释放人才红利的基础，是塑造经济高质量发展的新动力源。健康与教育发展为人力资源强国和人力资本积累奠定基础，厚植人口综合竞争力。

第一，教育是人口综合竞争力的关键要素。中国实施教育强国战略，教育人力资本积累明显，日渐雄厚的人力资本是经济高质量发展的新动力，从人力资源大国迈向人力资本大国，厚积质量型人口机会势能，成为新时代经济发展更加强劲和更加持久的新动力源。首先，

---

[1] 曾红颖、范宪伟：《进一步激发银发消费市场》，《宏观经济管理》2019年第10期。

[2] 吴玉韶、党俊武：《老龄蓝皮书：中国老龄产业发展报告（2014）》，社会科学文献出版社2014年版。

[3] 《五部门印发〈关于促进老年用品产业发展的指导意见〉的通知》，中国政府网，2020年1月18日，https://www.gov.cn/zhengce/zhengceku/2020-01/18/content_5470395.htm。

第三章　中国人口负增长：认识、影响及应对

教育水平提升明显。根据"七普"数据，2020年中国15岁及以上人口文盲率下降到2.67%；6岁及以上人口的平均受教育年限提高到9.9年，接受高中教育人口比重提升到16.13%，接受大专及以上高等教育比重快速提升到16.51%。其次，教育普及水平实现历史性跨越。中国建成了全球规模最大的教育体系，2022年全国共有各级各类学校51.85万所，学前教育毛入园率89.7%，九年义务教育巩固率达95.5%，高中阶段教育毛入学率91.6%、高等教育毛入学率59.6%①，进入普通高等教育普及阶段，各级教育普及程度达到或超过中高收入国家平均水平。

第二，健康是人口综合竞争力的重要载体。中国自2019年推进健康中国行动，成绩斐然。2021年出生平均预期寿命已达78.2岁，趋近发达国家平均水平；出生平均健康预期寿命68.5岁，超过欧洲平均水平；婴儿、新生儿、5岁以下儿童和孕产妇的死亡率分别降至5.0‰、3.1‰、7.1‰和16.1/10万，低于中高收入国家平均水平。为进一步提升国民素质，国家卫生事业加大投入力度，2022年年末全国共有医疗卫生机构103.3万个，基层医疗卫生机构98.0万个，乡镇、社区以及村级卫生所全覆盖，设立专业公共卫生机构1.3万个；卫生技术人员1155万人，医疗卫生机构床位975万张②，着力提升国民健康状况，为人力资本积累提供良好的载体。

第三，人口综合竞争力提升覆盖全龄人口。一方面，职业教育与技能培训，促进职业教育产教融合，推动高等教育内涵发展，建立覆盖全生命周期、涉及多领域的人力资本投资和公共服务保障机制，对提高劳动力供给质量，实现教育结构和经济产业结构的双向高质量发展起到关键作用。另一方面，拓宽老年教育渠道，低龄老年人可成为创新的又一主力军，在质量型和配置型人口红利机会窗口开启期间，助推数量型人口红利向质量型人口红利转变，以人力

---

① 《2022年全国教育事业发展统计公报》，中国政府网，2023年7月5日，http://www.moe.gov.cn/jyb_sjzl/sjzl_fztjgb/202307/t20230705_1067278.html。
② 《中华人民共和国2022年国民经济和社会发展统计公报》，中国政府网，2020年2月28日，https://www.gov.cn/xinwen/2023-02/28/content_5743623.htm。

第二部分　分论

资本补足人力资源缺口①；目前，老年人参加老年大学的人数攀升，《中国老年教育发展报告（2019—2020）》显示，截至2019年年末，中国老年大学（学校）数量增至76296所，在校学员数增至1088.2万人②。随着教育年限的延长带来教育投入的提高、进入社会工作时间延后，配合实施渐进式延迟法定退休年龄政策，有利于提高劳动参与率、推动充分就业战略，保证生产性时长、削弱教育投入回报降低等。

（四）家庭政策支持生育率提升

第一，支持政策方面，家庭发展支持从家庭的自我保障转向由社会与政府共同支持，政策对象从一部分特殊困难家庭扩大到一般家庭，政策目标从满足家庭最基本的生存需求转向重构家庭价值、促进家庭功能发挥、增强家庭发展能力。构建科学完备的家庭支持政策体系，已经成为新时代社会政策的新支点③。2016年，国务院《国家人口发展规划（2016—2030年）》提出2020年和2030年总和生育率应达到1.80④，这成为促进人口与经济社会协调可持续发展的参考性适度生育水平。2021年，《中共中央　国务院关于优化生育政策促进人口长期均衡发展的决定》，提出实施三孩生育政策及配套支持措施，废止一切生育处罚政策，推动建立积极的生育政策体系，打好政策"组合拳"，加快建立健全全方位、立体化、多层次、能落地的生育支持政策体系。随后17部门联合印发《关于进一步完善和落实积极生育支持措施的指导意见》。近年来，生育支持政策体系加快建立健全，推动释放生育潜力。二十届中央财经委员会第一次会议对此专门

---

① 蔡昉：《人口负增长的经济影响》，《新金融》2023年第7期。
② 《报告显示：我国老年大学在校学员数超千万》，中国政府网，2021年10月19日，https://www.gov.cn/xinwen/2021-10/19/content_5643710.htm。
③ 黄石松等：《整体构建"一老一小"家庭支持政策体系》，2022年4月9日，http://nads.ruc.edu.cn/xzgd/4281b7c1d63447108984f0f5df5ab531.htm?eqid=8ec1e35e0000e371000000026461a6f8。
④ 《国家人口发展规划（2016—2030年）》，中国政府网，2021年10月19日，https://www.ndrc.gov.cn/fggz/fzzlgh/gjjzxgh/201705/t20170502_1196730.html。

作出部署，提出"大力发展普惠托育服务体系，显著减轻家庭生育养育教育负担，推动建设生育友好型社会""推进基本养老服务体系建设，大力发展银发经济，加快发展多层次、多支柱养老保险体系，努力实现老有所养、老有所为、老有所乐"[①]。2022年，党的二十大报告进一步提出，"优化人口发展战略，建立生育支持政策体系，降低生育、养育、教育成本"[②]。一系列法规政策的相继出台，意味着中国人口均衡发展正从单一的养老视角或生育视角逐渐回归到家庭政策支持视角和生育支持公共政策视角[③]。

第二，生育意愿方面，虽然中国生育率已经陷入超低水平区间，加入世界生育率最低的国家行列，继续沿着这样的生育率发展，必然导致未来人口规模远期的加速萎缩和大幅度减量，未来人口长期均衡发展和国家人口安全堪忧，提振生育水平是迫在眉睫的重大人口目标。但是已有研究显示，中国育龄人群的生育动机具有一定的自主性，自主动机明显强于受控动机，反映了生育动机具有较强的稳定性和持续性。育龄人群的生育动机与生育意愿整体呈现正相关关系[④]。国内的政策分析包括儿童照料、经济激励、保障体系的需求性分析，提出改革旧有的产假制度为"家庭生育假"制度[⑤]，按照托育服务提供、税收减免、养育指导与产假延长及二孩三孩现金补贴的层次顺序构建儿童照料政策体系[⑥]，对个人所得税、房产税、增值税等进行优化，通过多种途径降低家庭育

---

① 《习近平主持召开二十届中央财经委员会第一次会议》，中国政府网，2023年5月5日，https://www.gov.cn/yaowen/2023-05/05/content_5754275.htm?eqid=d670583700058a6c000000026458b701。

② 习近平：《高举中国特色社会主义伟大旗帜 为全面建设社会主义现代化国家而团结奋斗——在中国共产党第二十次全国代表大会上的报告》，人民出版社2022年版，第49页。

③ 原新：《全面推动人口高质量发展 厚植人口综合竞争力》，《中国人口科学》2023年第4期。

④ 宋健、胡波：《中国育龄人群的生育动机与生育意愿》，《社会科学文摘》2023年第2期。

⑤ 黄镇：《从产假到家庭生育假——生育政策配套衔接的制度逻辑与改革路径》，《云南社会科学》2018年第4期。

⑥ 杨雪燕、高琛卓、井文：《低生育率时代儿童照顾政策的需求层次与结构——基于西安市育龄人群调查数据的实证分析》，《人口研究》2021年第1期。

第二部分 分论

儿成本①，提高生育保险去商品化水平，建立妇女儿童社会福利体系和育儿社会服务体系②，家庭支持政策体系支持生育率提升。

第三，生育保障方面，将生育率提升到适度水平不能一蹴而就，其需要重塑更加包容的生育观念和生育行为，这本身就是一项长期任务，实现有效的生育提升要做好长久努力的准备。按照家庭生命周期阶段划分，早期阶段，包括家庭组建（结婚）和家庭扩大（生育），是家庭物质资源、精神资源、人力资源聚焦下一代组建新家庭和生育的阶段，处于该阶段的家庭越多越有利于生育率的提升；中晚期阶段，包括家庭成长（子女成年）、家庭缩减（子女结婚生育）和家庭结束（死亡）阶段，家庭规模小型化和"倒三角形"的家庭结构使得养老压力增大。这种家庭演进方式，一方面，引起微观家庭成员对于低生育的反思，促使人们开始重新审视家庭的生育行为；另一方面，引发国家高度重视生育问题，聚焦"一小一中一老"，就提高优生优育服务水平，发展普惠型托育服务体系，完善生育休假和待遇保障机制，强化住房、税收等支持措施，加强优质教育资源供给，构建生育友好的就业环境，加强宣传引导和服务管理，完善养老服务体系和养老保障体系等。建立健全生育支持政策体系，大力发展普惠托育服务体系，显著减轻家庭生育养育教育负担，推动建设生育友好型社会。

密集性出台或修正与积极生育政策配套的法律、规划、战略、措施等一系列制度安排，持续发力、精准发力、综合发力，解决家庭生育和养老的急难愁盼，系统性地帮助家庭树立生育信心，以期促进实现适度生育率水平。

五 积极应对人口负增长

中国的人口转变进程开启于国际人口转变大背景下的特定历史时

---

① 闫晴：《家庭生育的税收激励：理念跃升与制度优化》，《人文杂志》2020年第6期。
② 贾玉娇：《生育率提高难在何处？——育龄女性生育保障体系的缺失与完善之思》，《内蒙古社会科学》（汉文版）2019年第3期。

期，其转变速度之快处于全球前列。人口负增长与人口老龄化是人口转变结果，符合人口发展规律。死亡率保持低位，长寿化势不可挡，生育率和人口迁移成为决定人口负增长态势的关键变量。封闭型人口中，人口负增长与人口老龄化伴生并相互强化，而开放型人口中，移民具有延缓部分地区人口负增长和人口老龄化进程的作用。人口负增长和人口老龄化交汇的中国，人口负增长和人口老龄化是人口常态，长期不变，理性认知、主动适应和积极应对人口负增长和人口老龄化是当前建设社会主义现代化强国的重要课题。

（一）抓源头破困局：加快构建生育支持政策体系

目前，应抢抓生育水平回升潜力的弹性。一般来说，经济社会发展程度与生育水平之间呈现一定的负向关系。以中国当前的经济发展水平，生育率本不至于降到如此之低的水平。世界银行数据显示，2021年美国、英国、德国、法国等欧美发达国家的人均GDP分别达到6.19万、4.51万、4.27万和3.80万美元，城镇化率分别达到82.87%、84.15%、77.54%和81.24%。同处东亚的日本在2012年的人均GDP和城镇化率也分别达到3.53万美元和91.87%[1]。中国当前的人均GDP和城镇化率与这些发达国家相比仍有很大差距，但是生育率却已经降至远低于它们的水平，这在一定程度上反映出如今中国生育水平之低是有些超乎"常理"的。

第一，认识人口负增长是长期低生育率水平的必然结果，人口负增长是一种人口现象，本身并不是问题，只有人口负增长与经济社会、资源环境等要素不相匹配、关系失调、相互矛盾时才转化为经济社会问题。辩证认识人口负增长与经济社会发展的关系，既要避免人口决定论，把经济社会发展中的问题一概归咎于人口数量和结构的变动；也要避免完全脱离人口变动去讨论经济社会发展的人口虚无主义。当然，人口负增长本身在一定程度和时期内不是问题，并不代表

---

[1] 翟振武、金光照：《中国人口负增长：特征、挑战与应对》，《人口研究》2023年第2期。

第二部分 分论

永远不是问题，在人口负增长的过程中由于经济社会发展在人口正增长时期形成的固有模式的惯性延续，以及认识和适应人口负增长采取行动的滞后性，必然会造成人口与经济社会之间的矛盾和问题。所以，要提高认识，改变传统的经济增长思维模式，既然人口负增长的趋势短期内无法改变，甚至长周期存在，那就需要对社会经济发展中的环境条件、政策制定、道路选择、模式方法等要素进行调整和改革，逐渐适应人口负增长的变动，充分利用人口负增长带来的机遇。

第二，关注生育环境，国家卫健委相关数据亦显示，中国家庭的意愿生育子女数明显高于当前实际生育水平，这也充分说明中国生育水平的回升还有空间。近些年中国生育水平低迷在很大程度上是宏观生育环境剧烈变化的结果。针对宏观生育环境变化，优化人口发展战略，构建起具有全面性、系统性、可持续性的生育支持政策体系，将会有力推动生育率回升。生育支持政策体系应该涵盖宏观生育环境的三个主要方面。一是推动育龄人群"适龄婚嫁"。针对目前年轻人结婚率走低、离婚率升高、家庭稳定性动摇的婚育家庭新格局，应积极弘扬"甜蜜爱情、幸福婚姻、和谐家庭、美好生活"的新型婚育理念。二是推动育龄人群"适时孕育"。孕育是生育的端点，好孕是优生的基础，是提升人口素质的前提。避免因婚龄推迟和环境压力等使人的生殖能力降低。三是推动育龄人群"适度生育"。育儿起点上，不断完善休假制度，降低育儿主体的时间成本；育儿过程中，加快普惠性托育服务体系建设，降低生育时间—机会—经济成本[①]。

第三，中国生育率水平提升仍需时日，人口发展规律告诉我们，如果生育率一直低于更替水平，人口负增长将一直持续下去。中国经历少生孩子或独生子女生育状况的第一代人已经开始变老，更年轻一代或二代是在少生孩子的文化熏陶和行为范式下长大，处在社会经济快速发展、物质生活极大丰富，受教育程度和就业机会广泛提高的环境中，生育意愿被有效抑制，形成自发的低生育愿望和行为。一旦少

---

① 杨菊华：《积极生育支持政策体系需着眼全要素和全生命周期》，《中国党政干部论坛》2022年第9期。

生孩子成为新生代的生育价值观的主流,中国的生育率水平在短期内几乎无望回升到更替水平以上。由于生育率持续低迷导致人口老龄化加重和劳动力短缺,许多国家意识到这对人口长期发展带来的严重后果,绝大多数欧洲国家和亚洲发达国家都出台了纷繁复杂的家庭政策,试图鼓励生育,促进生育水平回升①。虽然这些政策或多或少对生育水平产生了一些影响,但是并没有促使生育率显著回升到更替水平②。近年来,中国大型的生育意愿调查结果均指向更替水平以下。例如,2017年全国生育状况抽样调查显示,育龄妇女平均理想子女数为1.96个,在不受任何外界条件影响下,11.4%的受访者认为最理想的生育数量是1个孩子,80.0%认为是2个,7.9%认为是3个及以上,0.7%认为没有孩子最好;育龄妇女打算生育子女的平均数为1.75个,其中,31.9%的受访者打算生育1个孩子,56.6%打算生育2个,9.3%打算生育3个及以上,2.2%打算不要孩子③。动态观察,调查时间越靠近现在,城乡居民的生育意愿越低;越年轻的出生队列,其平均生育意愿越低④。而且城镇居民和农村居民的生育意愿、流动人口与非流动人口的生育意愿越来越趋同。

第四,多部门联动协同发力,在生育支持政策体系构建过程中,注重不同领域政策的联动、衔接和协调,避免政策取向的单一化和政策内容的矛盾冲突;注重对孩子全成长周期的支持,避免仅关注生育和早期养育阶段而忽略了成年后的支持;注重对全孩次的覆盖,避免仅关注多孩支持而忽略了对一孩、二孩的支持。生育支持政策体系的构建不是一朝一夕的,也不是一个部门参与就可以实现效果的。大量

---

① 茅倬彦、王嘉晨、吴美玲:《欧洲生育支持政策效果的评估及启示——基于模糊集定性比较的分析》,《人口与经济》2021年第2期。
② Harknett, K., Billari, F. C., and Medalia, C., "Do Family Support Environments Influence Fertility? Evidenve from 20 European Counrries", *European Journal of Population*, Vol. 30, No. 1, 2014, pp. 1–33.
③ 贺丹等:《2006—2016年中国生育状况报告:基于2017年全国生育状况抽样调查数据分析》,《人口研究》2018年第6期。
④ 王军、王广州:《中国低生育水平下的生育意愿与生育行为差异研究》,《人口学刊》2016年第2期。

第二部分 分论

国际经验也证明了生育支持措施对于提振生育率的有效性，例如日本、俄罗斯以及欧盟的许多国家正是通过加大生育支持力度，已经成功实现了生育率的回升，随着生育支持政策落稳、落实，相关举措一定能够产生积极效果。

要保持信心、耐心、恒心、决心，加强生育支持政策体系的建设力度、加快建设速度、保证建设质量、持续推进内容完善，尽快建成完备的生育支持政策体系，充分保证其活力、生命力和影响力。

（二）积质变促提升：持续提高人口质量，厚植人口综合竞争力

中国劳动年龄人口负增长的趋势难以逆转，且长期来看必将影响劳动力供给规模，进而深刻影响人口和经济格局。面对人口"量"的减少，加快人口"质"的提升、推动人力资源的积累和开发是保障经济社会可持续发展的重要手段。人力资源是考虑了人口质量的社会劳动时间储备总和，是创造物质财富的关键性资源。人口数量和人口质量共同决定了人力资源存量，其中，人口质量的核心因素是受教育水平和健康水平。一国人力资源中人口数量要素出现下降之时，可以通过提升人口质量要素来保证人力资源总量的维持乃至增长。有学者对中国未来人力资源总量的变化进行了测算，发现在人口规模达峰之后，中国人力资源总量仍将在2040年前持续增长，并将在2040—2050年保持稳定；若以2020年为基年，将人力资源总量折算成人口当量，相较于2020年的14亿人，2050年中国的人力资源总量将升至16亿人以上[①]。

第一，要推进教育优先发展战略，提升全民受教育水平，包括促进教育资源的均衡配置，加强优质教育资源的供给水平，拓宽基础教育的覆盖范围，提高学前教育普惠水平，优化各级教育的评价体系，提升教育工作的管理效率，改进职业教育的办学质量，建设终身教育体系和学习型社会等。全面转向培育质量型"人力资源"新赛道，实现人口大国迈向人口强国的宏图伟业；最大限度地整合医疗卫生资

---

① 厉克奥博、李稻葵、吴舒钰：《人口数量下降会导致经济增长放缓吗？——中国人力资源总量和经济长期增长潜力研究》，《人口研究》2022年第6期。

源，提升全人群全方位全周期的健康水平；面向社区、村落、学校、机关、企业、食堂、公园推广"大健康、大卫生"理念，全方位加强健康教育；提高教育经费支出，向国际水平看齐，合理配置各教育层次结构经费资源；加强"双一流"高校和学科建设，培养高精尖人才；深化职业教育改革，实现人才培养的合理分流；酌情调整义务教育年限，可以考虑将学前教育纳入义务教育体系以有效减轻家庭照料负担、提高女性劳动参与率，多维度推动教育现代化建设。

第二，要助力健康中国发展战略，在人口长期、持续负增长的情况下，只要能够持续推进人口综合竞争力的提升，充分挖掘人口质量红利，以"质变"应对"量变"，实现"人口总量减，而人力资源总量增"，那么经济发展的驱动力就不会衰竭，也不必担心中国在国际竞争中陷入劣势和被动。以健康提升增进人民健康福祉，包括深化医药卫生体制改革，健全基层医疗卫生服务体系，优化卫生健康资源配置结构，倡导文明健康生活方式，推进心理健康服务体系建设，加强对老年人、残疾人等健康弱势群体的健康支撑等；健康条件对于老年人口社会参与具有正向作用，有利于人力资源开发，匹配弹性退休制度和老年人口再就业制度，实现银发人力资源潜能释放，确保有条件和有意愿的银发群体能够继续就业。

提升人口综合竞争力，积极落实健康中国和科教兴国，从全生命周期增强人口综合素质，深化健康人力资本和教育人力资本积累，挖掘质量型人口机会，释放质量型人口红利。

（三）优布局升效率：打破人口迁移流动壁垒，合理优化人口空间布局

人口的迁移流动实质上是人力资源在空间上的再分配，其过程往往伴随智力流、信息流、资金流、服务流、文化流等，有助于人力资源潜力的充分挖掘、生产资料的集约使用、公共服务的均等化改革、消费市场的繁荣活跃、文化资源的交流互鉴等，对于经济发展有着十分重要的意义。目前，多数西方发达国家的人口政策是吸引外来人口以调整本国人口数量和结构。目前看政策效果符合设定预期。《2022

第二部分　分论

年世界移民报告》显示，德国是世界第二大移民流入国，预计2022年，德国净流入移民人口总量为142万—145万人，是2021年的4倍多；英国将尚未出现人口负增长的主要原因归结为净移民人数增加，据悉2020—2030年英国净流入移民人数将达220万人。对于中国而言，依靠国际移民解决本国人口负增长的国际经验实难复制，中国是拥有14亿人的超级大国，倘若依靠引入国际移民优化人口结构，人口规模需求巨大且难以保证政策效果；中国是由56个民族共同组成的国家，倘若世界各国移民加入，其文化背景、民族性格、宗教信仰迥异，层出不穷的矛盾和社会问题带来的"内耗"，将增加中国社会治理成本。因此，引入国际移民不是"中国策略"首选。

国内人口的迁移流动是释放人口机会的新发力点。立足于中国改革开放以来经济社会发展的实践活动，借鉴西方人口红利理论的逻辑要点，把实施积极应对人口老龄化国家战略融入国家战略的总体框架，把握新人口机会，营造合宜的政策环境，赓续新的人口红利[1]。历次全国人口普查数据显示，中国流动人口规模从1982年的657万人跃升至2020年的3.76亿人，形成了前所未有的全方位、多层次、多元化的人口流动格局，为改革开放以来中国经济奇迹的创造提供了重要动力。但是，当前仍有很多制度、政策限制着人口的自由流动，降低了劳动力资源与其他生产资料在空间上的配置效率。总的来说，应在以下几个方面着力。第一，实施渐进式延迟法定退休年龄政策，推进男女平等基本国策，开发老年人力资源，从纾解老龄化困局视角延展数量结构方面的人口机会，拓宽数量型人口红利。第二，实施乡村振兴战略和新型城镇化战略，推进区域协调发展，缩小城乡和地区发展差距，促进基本公共服务均等化，加快农业转移人口市民化转变，重塑人口红利开发的空间格局，在市场机制引领下推动配置型人口红利从以劳动参与率提升为主向以劳动生产率提升为主转型升级。第三，实施充分就业战略，消除就业创业阻碍，帮扶重点就业人群（如低技能人群、城乡贫困劳动力等），

---

[1] 原新、金牛、刘旭阳：《中国人口红利的理论构建、机制重构和未来结构》，《中国人口科学》2021年第3期。

开设技能培训和职业培训课程；实施渐进式延迟法定退休年龄政策；提高劳动参与率，推动充分就业战略。第四，加快户籍制度改革，畅通落户渠道，破除不利于人口流迁的壁垒，提升生产要素的空间配置效率，增强人力资源社会流动性，充分发挥人口大国的基数优势和腾挪空间优势，释放人口流动迁移潜能。第五，促进新型城镇化和城乡融合发展，推进农业转移人口市民化，健全以居住证为载体、与居住年限等挂钩的城镇基本公共服务提供机制，实现城乡基础设施一体化和公共服务均等化。第六，大力挖掘中西部地区的劳动力供给潜能，进一步推动中西部地区农村劳动力转移，实现人力资源的整合配置，有效促进优势产业发展。

在人口负增长背景下，把握世界百年未有之大变局的趋势特征，打破阻碍人口迁移流动的一切壁垒，激发人口国内大流动、大迁移，通过现有人口在空间上更优化的配置冲抵人口规模缩小造成的不利影响，充分发挥人口大国的基数优势和腾挪空间优势，以现代经济体系为依托，形成以国内大循环为主体、国内国际双循环相互促进的新发展格局，深化中国特色社会主义市场体制改革，为培育和赓续数量型、质量型和配置型人口红利营造最佳的政策环境体系，实现"优布局升效率"。

（四）促人均扩总量：多措并举提升人均消费水平，有效激发经济总量增长

在长期人口负增长过程中，消费规模中"人头"量的减少不可避免，所以核心举措应着眼于"人均"量的提升。多措并举促进人均消费水平提升，充分释放消费潜力，切实实现"人口总量减，而消费总量增"，为经济发展注入不竭动力。为此，一是要保持居民收入的持续增长，包括大力解决新增劳动力和特殊群体就业难问题，切实保障居民就业稳定，有效巩固脱贫攻坚成果，持续化解相对贫困现象，扩大中等收入群体等；二是要实施更加积极的收入再分配政策，加大财税制度对收入再分配的调节力度，建立健全覆盖全民、全生命周期的社会福利体系，显著缩小居民收入差距；三是要着力促进消费提质升级，

第二部分　分论

包括持续提升传统消费，相关数据也证明，人均消费量增长而非人口数量增长，更能决定最终消费量的增加。国家统计局数据显示，中国居民消费支出在2000年约为6210亿元，到2021年升至33381亿元，增长了4.4倍。在此期间，人口规模从12.7亿人上升到14.1亿人，仅增长了11.45%，而人均消费支出从491.9元跃升到2363.5元，增长了近4倍。可见，人均消费水平提升对消费规模增长的贡献明显更大。与一些发达国家相比，中国的人均年消费水平仍然不高。世界银行数据显示，2021年美国、德国、日本、韩国的人均消费支出分别为4.3万、2.2万、1.9万、1.5万美元，而中国仅为4497美元。如果能够缩小与发达国家人均消费水平的差距，叠加人口规模巨大的乘数效应，中国消费体量的持续增长是完全可以做到的[①]。

以消费促增长拉动经济增长，实现"压舱石"和"稳定器"作用，培育新型消费，积极扩大服务消费，大力提倡绿色消费等。消费规模的增长会带来内需的扩大，从而促进市场要素的流动和分配，刺激生产发展，进一步为消费创造新的条件，推动经济发展生生不息。

（五）重效率求发展：大力推动技术创新和体制改革，全面提升劳动生产率

劳动生产率的提高是经济发展的内在要求和经济政策的本质目标。无论是古代社会追求的农法改进、农器改良，还是现代社会积极推行的产业升级换代、高新技术发展、市场经济改革、现代企业制度推广、城镇化发展，其底层逻辑都是为了提高劳动生产率。

一是劳动生产率作为考核经济社会发展状况的核心指标之一，大力推动劳动生产率有效、稳步提升，从而实现"人口总量减，而生产总量增"，为经济高质量发展和中国式现代化保驾护航。国际劳工组织数据显示，2022年中国的劳动生产率（平均每位劳动者生产的GDP，按2015年不变价美元计算）为2.17万美元，而同期美国、德

[①] 翟振武、金光照：《中国人口负增长：特征、挑战与应对》，《人口研究》2023年第2期。

国、日本、韩国的劳动生产率分别高达12.49万、8.44万、6.78万、6.10万美元,中国劳动生产率和发达国家还有一定差距。随着人口负增长形势不断深化,生产发展中劳动力数量接近无限供应的条件不再具备,只有提高单位劳动力的有效产出,才能够弥补劳动力数量下降的影响,实现生产力的可持续发展。二是要贯彻落实创新驱动发展战略,当前中国的劳动生产率与一些发达国家相比仍有很大差距,坚持创新在中国式现代化建设全局中的核心地位,加大对科技创新的财政投入和支持力度,优化科技创新的制度及体制环境,加强知识产权的保护,并注重创新成果的应用转换,将创新成果切切实实运用到社会生产和经济发展当中去。三是要加快转变经济发展方式,促进产业结构优化升级,推动传统产业技术升级和装备改良,发展壮大战略性新兴产业,提高企业生产组织管理水平,顺应国内要素禀赋从劳动密集型向资本、技术密集型的转变,以劳动生产率的提高替换劳动力数量的下降。

2022年是中国人口负增长元年,中国人口增长自此发生方向性、时代性和历史性转变。从发生机制来看,中国人口负增长是人口发展的客观规律和经济社会发展的必然结果,并且受近年宏观生育环境剧烈变化的影响而提前到来。从特点来看,中国人口由正增长转变为负增长的过程呈现转折速度快、出门即低点、未发达先转负的特征,且中国未来的人口负增长将呈现"持续时间长、发展速度快、缩减规模大、回弹难度大"的演变趋势。一方面,全面、准确看待中国人口发展新形势,正确认识人口发展呈现少子化、老龄化、区域人口增减分化的趋势性特征;秉持以人口高质量发展支撑中国式现代化的总纲,完善新时代人口发展战略,认识、适应、引领人口发展新常态,着力提高人口整体素质,建立健全生育支持政策体系,加强人力资源有效开发利用,努力保持适度生育水平和人口规模,加快塑造素质优良、总量充裕、结构优化、分布合理的现代化人力资源,以系统观念统筹谋划人口问题,以改革创新推动人口高质量发展,促进人口长期均衡发展。另一方面,人口负增长加剧经济发展挑战,通过扩大总量、供给侧结构性改革、优化结构、提高效益、国内国际双循环,扩大内

第二部分 分论

需、促进经济可持续发展高质量发展，不断做大财富"蛋糕"进而增加财富储备，夯实应对人口负增长问题的物质基础，实现经济发展与老龄社会相适应，实施积极应对人口老龄化国家战略；通过完善国民收入分配体系，优化政府、企业、居民之间的分配格局，公平分配财富，促进共同富裕，不断满足人民日益增长的美好生活需要，不断促进社会公平正义，把人口高质量发展同人民高品质生活紧密结合起来，促进人的全面发展和全体人民共同富裕，增强人民的获得感、幸福感和安全感。

第四章　中国低生育水平：形势、成因及应对*

生育是人口的基本要素之一，适度的生育水平对于形成总量充裕、结构优化、素质优良、分布合理的现代化人力资源至关重要。党和国家一直以来都非常重视中国的生育状况，党的二十大报告指出，"优化人口发展战略，建立生育支持政策体系，降低生育、养育、教育成本"①。二十届中央财经委员会第一次会议进一步强调，"着力提高人口整体素质，努力保持适度生育水平和人口规模"②。然而，近年来中国生育水平持续下滑，2020年第七次全国人口普查数据显示，中国总和生育率已经降到了极低生育水平。在极低生育水平下，人口负增长已显现，人口少子化、老龄化问题突出，保持适度生育水平和人口规模面临着巨大的挑战。

一　中国低生育率水平现状

（一）中国极低生育水平及特征

中国总和生育率已降至极低生育率水平。2020年第七次全国人

---

* 本章作者为夏翠翠、林宝。作者简介：夏翠翠，博士，中国社会科学院人口与劳动经济研究所助理研究员；林宝，中国社会科学院人口与劳动经济研究所研究员、养老与社会保障研究室主任，兼任中国社会科学院应对人口老龄化研究中心副主任、首席专家。

① 习近平：《高举中国特色社会主义伟大旗帜　为全面建设社会主义现代化国家而团结奋斗——在中国共产党第二十次全国代表大会上的报告》，人民出版社2022年版，第49页。

② 《习近平主持召开二十届中央财经委员会第一次会议》，中国政府网，2023年5月5日，https://www.gov.cn/yaowen/2023-05/05/content_5754275.htm?eqid=d670583700058a6c000000026458b701。

第二部分 分论

口普查数据显示，中国出生人口数为1200万人，总和生育率约为1.3。近两年出生人口数进一步下降，2022年出生总人口数仅为956万人，总和生育率进一步降到1.08。按照国际惯例，当总和生育率降到更替水平以下时，称为低生育率（low fertility）；当总和生育率降低到1.5以下时，称为很低生育率（very low fertility）；当总和生育率降到1.3以下时，称为极低生育率（lowest-low fertility）。在总和生育率为1.3的极低生育率状态下，低死亡率且无移民的稳定人口约在45年后将会人口减半[①]，对于保持适度人口规模非常不利，是生育水平的一道警戒线。据学者对第七次全国人口普查数据质量的抽样调查评估显示，"七普"数据是质量非常高的一次普查，总人口漏报率仅为0.5‰，长表和短表数据对总和生育率的计算结果也基本一致[②]，说明1.3的极低生育率并非由出生漏报瞒报或者统计失误所致，而是反映了当前真实的生育率水平，也进一步佐证了中国当前的生育水平已经步入极低生育率阶段，需引起重视。

中国总和生育率下降速度快，且已进入内生性低生育率阶段，有进一步下降的趋势。在计划生育政策、社会经济发展、人口惯性等多方面因素的影响下，中国总和生育率在过去几十年迅速下降，由政策性低生育转为内生性低生育。第一阶段是政策性低生育阶段，自1982年开始严格实施计划生育政策以来，总和生育率极速下降，在20世纪90年代初期下降到更替水平以下，自此开始进入低生育率时代。80年代初到90年代初的生育率下降主要是由计划生育政策所驱动，学者称为政策性低生育阶段。第二阶段是内生性低生育阶段，90年代后期到21世纪初期，在社会经济发展的驱动下总和生育率在更替水平以下低位徘徊。这一时期中国处于社会经济的大转型时期，受到进出口贸易大幅增长、劳动密集型产业高速发展等社会经济因素的影响，大批农村剩余劳动力流动到城镇，农村女性劳动参与率大幅提高，妇女初婚

[①] Goldstein, J. R., Sobotka, T., and Jasilioniene, A., "The End of 'Lowest-low' Fertility?", *Population and Development Review*, Vol. 35, No. 4, 2009, pp. 663–699.
[②] 王广州、胡耀岭：《从第七次人口普查看中国低生育率问题》，《人口学刊》2022年第6期。

初育年龄推迟，生育意愿降低，逐步开始进入意愿性、内生性低生育率阶段。21世纪以来，生育率长期稳定在更替水平以下，2000年全国人口普查数据显示，总和生育率仅为1.22，2010年全国人口普查数据为1.18，然而由于大量的出生瞒报漏报，普查数据质量不高，经过对瞒报漏报的调整和推算，学者普遍认为，2000年的总和生育率在1.8左右，2010年的总和生育率在1.7左右，但整体上依然是逐步降低的过程。近几年，随着生育、养育、教育成本升高，育龄妇女人数减少，生育年龄进一步推迟，少生优生的生育观逐渐成为一种生育文化，未来几年总和生育率有进一步下降的趋势。

（二）中国生育水平与世界主要国家的比较

中国是当前世界上少数几个极低生育率国家之一，生育水平在世界范围内"垫底"。极低生育率水平在20世纪90年代最早出现在东欧和南欧国家。西班牙和意大利是世界上最早出现1.3以下极低生育率的国家，分别在1992年和1993年开始出现。其他东欧和南欧国家，如俄罗斯、白俄罗斯、保加利亚、捷克、匈牙利、波兰、罗马尼亚、乌克兰、斯洛伐克、拉脱维亚、立陶宛、葡萄牙、马耳他、圣马利诺、安道尔、波黑、塞尔维亚也在20世纪90年代中期以后开始出现极低生育率。这些国家在2005年前后，总和生育率出现回升趋势，逐步走出极低生育率。生育年龄推迟的放缓、经济增长、失业率下降、移民的涌入、促进生育的家庭政策等都对21世纪初东欧和南欧国家的总和生育率回升产生了推动作用。这些国家部分已经彻底走出极低生育率，而少数则在2010年以后又回到了极低生育率水平。除了东欧和南欧，东亚也是全球总和生育率较低的地区，日本、韩国、新加坡分别在2004年、2002年和1999年开始出现极低生育率，生育率水平并未出现明显回升。联合国《世界人口展望2022》显示，截至2021年，除了中国，处于极低生育率水平的国家有新加坡（1.02）、韩国（0.88）、乌克兰（1.25）、意大利（1.28）、西班牙（1.28）、马耳他（1.18）、圣玛利诺（1.13）、安圭拉（1.18）、安道尔（1.13），以及部分地区，如开曼群岛（1.22）、英属维尔京群岛（1.01）、中国香港（0.75）、中国澳门

(1.09)、中国台湾（1.11）等。由此可见，中国的总和生育率已经成为世界上生育水平最低的国家和地区之一。

中国与世界主要大国和周边大国相比生育水平低，且下降趋势明显。人口是大国综合竞争力和国际地位的重要保证，也是发展中国式现代化、建立新发展格局的重要支撑。在当今世界主要大国和中国周边主要大国中，据《世界人口展望2022》显示，中国的总和生育率水平相对较低，低于美国（1.66）、英国（1.56）、法国（1.79）、德国（1.53）、俄罗斯（1.49）。这些主要国家的总和生育率基本上仍然处于很低生育率水平（1.5）以上，且下降幅度较小，生育水平趋于稳定状态，其中德国的生育水平在2010—2021年呈现逐步回升的趋势（见图4-1）。与周边大国相比，印度和印度尼西亚两个周边大国的2021年总和生育率依然在更替水平左右，印度为2.03，印度尼西亚为2.17。虽然这两个国家的总和生育率也呈现下降趋势，但下降幅度明显小于中国。这表明中国的生育水平在世界及周边主要国家中处于相对不利的地位，保持适度生育水平迫在眉睫。

中国与世界主要大国和周边大国相比，未来生育潜力较低，低生育水平形势更为严峻。理想子女数、育龄妇女数量、生育推迟情况等均是一国未来生育潜力的重要指标。理想子女数是指在不受任何现实条件的约束下，愿意生育的孩子数量，是理想情境中的生育意愿，是反映是否"想生"的重要指标。多来源的数据互相印证，表明当前中国育龄妇女理想子女数在更替水平（2.1）以下，而世界上多数国家理想子女数超过2个，如美国2018年调查的理想子女数超过3.5个。中国育龄妇女理想子女数的情况反映了中国育龄妇女生育意愿低于其他主要国家，未来生育潜力不足。从育龄妇女的规模来看，中国育龄妇女规模从2011年开始呈下降趋势，到2021年减少了4500多万人。然而，从世界范围看，育龄妇女人数整体呈现上升趋势。在主要大国和周边大国中，美国、印度的育龄妇女人数均呈现上升趋势，在过去10年间分别增长了180万和4700万人；法国、英国、德国等欧洲国家虽然育龄妇女人数也在下降，但下降幅度明显小于中国。从生育推迟情况来看，中国2021年平均生育年龄28.8岁，小于日本

(31.4岁)、韩国（32.5岁）等东亚周边国家，也小于美国（29.6岁）、德国（31.1岁）、法国（30.6岁）、英国（30.6岁）等发达国家。随着未来社会经济的进一步发展，中国的平均生育年龄有进一步推迟的空间，将会成为未来维持适度生育水平，走出极低生育率的不利因素。

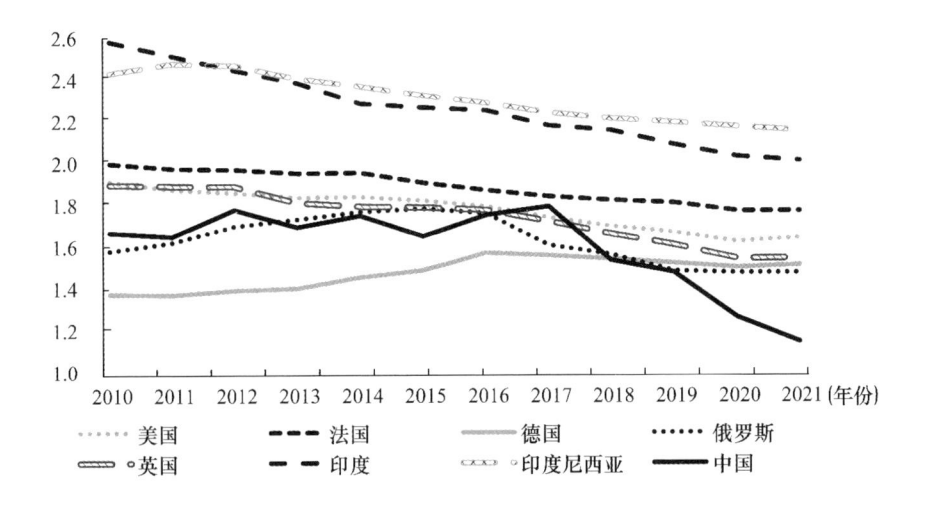

图 4-1　2010—2021 年世界主要国家总和生育率情况

资料来源：《世界人口展望 2022》。

（三）中国低生育水平的影响

人口发展是长期性、全局性问题，事关中国发展和安全大局，事关中国式现代化建设和中华民族伟大复兴。目前，中国已进入 1.3 以下的极低生育率水平阶段，对中国社会经济发展、社会的稳定与安全产生深刻影响。极低生育水平不利于适度人口规模的保持，不利于总量充裕、结构优化、素质优良、分布合理的现代化人力资源的形成，对未来社会保障体系带来较大压力，对社会治理体系、统筹发展和国家安全提出更高要求。

低生育水平是中国保持适度人口规模，塑造总量充裕的现代化人力资源的最大障碍。2022 年中国人口已出现负增长，并于 2023 年让

| 第二部分　分论

出世界第一人口大国的地位。巨大的人口规模是中国综合国力和国际地位的重要保证，也是建立新发展格局的重要支撑，减缓人口负增长已经成为一项重要战略任务。生育水平是人口规模的主要决定因素之一。《世界人口展望2022》的预测数据显示，假如总和生育率从2022年起逐步回升，到2033年回升到1.3以上（中方案），那么中国总人口规模到2050年约为13.13亿人，2100年约为7.67亿人；如果总和生育率在2035年以前回升到1.8（高方案），那么中国人口总规模在2050年依然可以维持在14亿人以上，2100年将保持在11.5亿人以上；如果当前生育水平进一步下降到1以下，并保持在0.8—0.9（低方案），那么中国总人口规模在2050年将下降到12.16亿人左右，2100年则下降到5亿人以下。尽快走出极低生育水平，对于未来保持适度人口规模至关重要。

低生育水平将对中国未来劳动力供给产生长期影响，不利于结构优化、素质优良的现代化人力资源的形成。《世界人口展望2022》的预测数据显示，在生育率中方案情境下，未来中国15—64岁人口规模将快速下降，将在2047年前后规模降至8亿人，在2079年规模降至6亿人以下，到本世纪末，规模将降至3.78亿人；在生育率高方案下，15—64岁人口规模到本世纪末仍然将保持在6亿人以上；而在生育率低方案下，15—64岁人口规模在2058年将下降至6亿人以下，到本世纪末则将下降至2亿人以下。劳动力人口规模减小，劳动力人口年龄结构老化将对未来经济增长产生不利影响。

低生育水平是中国人口老龄化、少子化的主要原因，对未来的社会治理提出挑战。在较短的时期内生育水平的迅速下降，是中国当前人口老龄化快速发展的重要原因。从未来发展趋势来看，生育水平依然是影响人口老龄化的重要因素。《世界人口展望2022》的预测数据显示，在生育率中方案情况下，中国将在2034年进入重度老龄化（65岁及以上老年人口比例达到21%及以上）阶段，在2046年进入极度老龄化（65岁及以上老年人口比例达到28%及以上）阶段；在生育率高方案下，虽然进入重度老龄化的阶段不会改变，但进入极度老龄化阶段的时间将延迟到2050年；在生育率低方案下，将在2033

年进入重度老龄化社会，2042年进入极度老龄化社会。生育水平过低将加快未来人口老龄化的进程，加剧人口老龄化的程度。人口老龄化、少子化趋势将引起老年抚养比升高，对社会保障体系构成较大压力，引起代际间各种利益格局的调整，对社会治理体系和治理能力提出挑战。

二 中国低生育水平的成因

从人口学角度看，中国低生育水平主要是由于结婚年龄推迟、生育年龄推迟、育龄妇女总规模下降、一孩生育率下降等因素造成。近年来，中国人口初婚年龄从2010年的24.9岁提高到2020年的28.7岁；平均生育年龄从2010年的27.5岁延迟到2020年的28.8岁，其中一孩平均生育年龄在2020年达到27.2岁；育龄妇女总规模从2010年的37190万人下降到2020年的33357万人，减少了近4000万人；一孩生育率在近两年下降尤其快，从2020年的0.625下降到2022年的0.5左右。育龄妇女规模减小意味着生育的主力军减少；晚婚晚育在短期内导致出生人口数下降，长期则导致繁衍世代数的减少；一孩率下降会进一步降低二孩三孩生育率，对总体生育水平影响巨大，这些因素共同拉低了生育率水平。然而，除了育龄妇女人数下降受人口变动的影响，结婚年龄推迟、生育年龄推迟、一孩生育率下降均受到更深层次的社会经济因素的影响，包括计划生育政策的长尾效应、生育文化观念的改变、社会经济发展程度的提高、女性劳动参与率的提高、住房制度改革、社会养老保障体系的逐步完善、城镇化提高及人口流动的频繁等。这些社会、经济、政策因素作用于个人和家庭的全生命周期，影响个人和家庭的结婚、生育、养育、教育决策，是当前中国低生育水平的主要成因。

（一）婚恋观改变、高结婚成本加速初婚年龄推迟

初婚年龄推迟是当前生育率下降的重要原因。在婚内生育依然是主流的中国社会，结婚是生育的基本前提，结婚年龄的推迟会导致生育的延迟，从而对时期生育率产生负面的影响。已有研究显示，以

| 第二部分　分论

1990年的已婚未婚比例为基准，晚婚对于总和生育率下降的贡献，在2000年超过20%，2010年超过30%，2015年超过50%[①]。历年《中国人口年鉴》显示，自20世纪90年代以来初婚年龄逐步上升，在2010年以后初婚年龄推迟的速度大大加快。1990年中国人口平均初婚年龄为22.79岁，到2010年推迟到24.85岁，20年间增长了2.06岁；到2020年推迟到28.67岁，2010—2020年的10年间初婚年龄提高了3.82岁。男性1990年平均初婚年龄为23.57岁，到2010年推迟到25.86岁，到2020年推迟到29.38岁。女性初婚年龄从1990年的22.02岁，推迟到2010年的23.89岁，到2020年达到27.95岁。2010—2020年，中国初婚年龄推迟速度加快，且农村的初婚年龄推迟速度快于城市。2020年城市、镇、乡村的初婚年龄分别为28.84岁、28.60岁、28.38岁，城乡在初婚年龄方面已经非常接近，城乡均面临着婚育推迟的风险。

初婚年龄推迟是社会经济发展到一定程度的必然结果，然而高结婚成本加速了这一过程。近年来，农村青年婚恋难、结婚成本高的问题已经引起了社会高度关注。在一些地区，彩礼、婚宴的标准水涨船高，各地结婚费用动辄就是几十万元，透支了家庭的大部分积蓄，甚至需要通过举债才能支付彩礼和婚宴费用。此外，中国传统文化讲究"安居乐业"，买房成为结婚生育的重要前提。尤其是目前住房与户口、孩子上学、高考等重要事项密切相关，且租房市场尚不完善，人们对租房接受度低，购买自有住房成为年轻人组建家庭和生育决策的先决条件。然而，当前中国房价收入比高，购房不仅可能掏空家庭积蓄，还可能使家庭背上长期债务。因此，无论是在农村还是在城镇，部分年轻家庭在建立时就已经透支了未来较长时期的收入。高结婚成本、高房价对于结婚生育具有明显的"挤出效应"，一些年轻人可能会因为高结婚成本延迟结婚，或因债务压力延迟生育，从而对整个家庭生命周期产生影响。

[①] 郭志刚、田思钰：《当代青年女性晚婚对低生育水平的影响》，《青年研究》2017年第6期。

青年人婚恋观转变，晚婚、不婚的观念在年轻人群中广泛传播。近年来，女性受教育程度越来越高，劳动参与率提高，女性社会经济地位有了明显提升，独立自给能力增强，对婚姻和伴侣的经济依赖减少，婚姻的经济属性逐渐减弱，结婚已不再是生命周期中的必要选项。且越来越多的青年人认为结婚生育对个人发展和个人生活质量提升存在负面影响，因此不愿意结婚的青年人逐渐增多，晚婚、不婚的婚恋观盛行。这种晚婚、不婚的婚恋观经过高度发达的自媒体的渲染及传播，在年轻人群中得到认同，使得晚婚、不婚成为一种新的社会文化，对婚姻和生育产生负面影响。

（二）生育观改变、生育成本高导致生育推迟

生育年龄推迟是低生育水平的主要原因。生育推迟会导致特定时期内的人口出生数量减少，从而使总和生育率降低。人口统计学家普遍认为，出现在东欧、南欧和东亚等地的极低生育水平是生育推迟的直接结果，是一种短暂现象，随着生育推迟的放缓或者停止，生育率会回升到1.3以上，并走出极低生育率水平。然而也有一些观点认为，生育推迟具有长期持续性，且长期处于低生育率水平的社会易形成低生育文化，导致人们理想家庭规模下降，具有长期的潜在后果。联合国数据显示，自1990年以来，中国平均生育年龄一直在向后推迟，从1990年的25.9岁推迟到2020年的27.5岁、2020年的28.7岁。中国的平均生育年龄与世界主要发达国家相比，相对较低，未来有进一步推迟的空间，是影响中国生育水平的重要因素。生育推迟的原因主要是社会、经济、政策因素导致的生育观转变、生育成本高等。

生育观念发生巨大转变，生育意愿明显下滑。在社会经济发展的推动下，以及计划生育宣传的长期影响下，"少生优生"的生育观念逐渐代替"多子多福"，成为当下主流生育态度。当前，人们更加注重对子女的高质量培养，而非追求子女数量。这一生育观念的转变恰逢互联网和自媒体快速发展，在互联网社交中得到了广泛传播，从而在全社会形成了一种低生育文化。这种低生育文化不仅通过互联网、

| 第二部分　分论

自媒体和线下社交在不同人群中横向传播，亦可通过代际纵向传递。当前年轻一代人多为独生子女，从小生活在低生育率的家庭环境和社会环境中，受到成长环境的影响，年轻人生育意愿普遍较低，这种低生育意愿也有可能会影响到下一代。多来源的数据互相印证，表明当前中国育龄妇女理想子女数在更替水平（2.1）以下，即便不考虑任何现实条件，人们理想的子女数量也少于2个，生育意愿低。2017年全国卫健委生育状况抽样调查结果显示，育龄妇女平均理想子女数为1.96个，2018年中国家庭追踪调查数据显示理想子女数为1.86个。此外，"90后"育龄妇女理想子女数低于其他队列组，未来社会整体的生育意愿有进一步下降趋势。

生育保险制度尚不完善，生育经济成本高。生育保险是帮助育龄妇女分担生育成本的重要制度安排，存在保障覆盖面不足、生育津贴发放规定滞后于生育假延长政策、生育医疗报销上限低、生育保险统筹层次低等问题。其一，生育保险的覆盖范围有限，灵活就业人员、农民工、在校大学生及硕博研究生等群体并未被纳入生育保险覆盖范围，农民工、灵活就业人员等群体在生育期间难以享受生育津贴。其二，部分省份生育津贴和延长生育假政策不衔接，导致奖励假期间的收入无法完全得到保障。此外，虽然生育津贴可以保障育龄妇女在生育和休产假期间的收入损失，但在实际操作中，女性生育期间福利、奖金、绩效工资等待遇无法得到保障，实际收入水平依然大幅下降。其三，生育医疗报销存在报销上限，在部分地区不能完全覆盖生育和产检过程中的医疗费用支出，且对分娩镇痛、辅助生殖技术等项目存在不予以报销的情况，无法有效缓解生育过程中的医疗负担和经济成本。其四，生育保险统筹层次低，各地区生育保险待遇差异大，有失公平，异地生育和基金异地支付给参保人带来不便。

女性生育过程面临职业中断或晋升机会减少等问题，生育机会成本较高。生育与就业的平衡一直是女性在育龄期面临的一个艰难课题，如果没有完善的劳动保护和社会保障措施，妇女将面临巨大的生育机会成本。部分女性因孕期身体不适、职业或工作环境不适合孕妇、孩子出生后无人帮忙照料等各方面的问题被迫辞职，面临着生育期间职业中断的问题。有研究显示，生育已对四成以上城镇女性的就业带来不利影响[①]，城镇非农就业女性，从事个体经营、在私营部门工作、教育水平和人力资本较低的女性更容易出现育后职业中断。育后职业中断妇女面临经济地位下降、再就业困难、再就业后职业地位下滑等问题，若不能尽快再就业，其就业优势将减弱，中断时间越久，越不利于找到与原有职业等级相当的工作岗位。即便生育期间没有遭遇职业中断，也往往面临着绩效收入下滑、晋升机会减少等机会成本。此外，女性就业群体生育期间，在知识更新、新技能掌握等方面均受到影响，这一负面影响在高教育程度、从事管理和职业技术工作和在国有部门工作的三类女性中尤为明显[②]。

制度层面相关措施的缺失，是女性生育机会成本高的深层次原因。其一，女性劳动权益保障制度尚不健全。虽然《中华人民共和国劳动法》中明确规定了"禁止就业性别歧视"，但现实中可操作性不强，尚且不能真正保护女性的合法权益，也尚未出台反就业歧视的专门性立法文件。其二，缺乏针对用人单位的激励措施。在企业层面，生育政策在保障女性权益的同时，与企业的经营发展存在天然矛盾。雇用育龄妇女往往意味着需承担更高的生育成本，甚至会因为女性休产假而影响企业的生产运营。然而，目前并没有针对企业的奖励措施、免税额度或补贴机制，以鼓励企业雇用育龄妇女，导致企业在招聘时雇用育龄妇女的意愿不强，也没有动力去落实生育假等各项育龄妇女的权益。其三，男女平等休假方面依然有进一步完善空间。在生育保障层面，生育假的实施忽略了男性女性的休假平权，虽然保障了女性休假的权利，但将女性置于劳动力市场的不利位置，将生育的成本负担加在了女性个人及用人单位上。

(三) 辅助生殖可及性差，"不能生"问题突出

当前中国人工流产率、不孕不育率较高，辅助生殖技术纳入医保尚

[①] 杨慧：《全面二孩政策下生育对城镇女性就业的影响机理研究》，《人口与经济》2017年第4期。

[②] 於嘉、谢宇：《生育对我国女性工资率的影响》，《人口研究》2014年第1期。

未大范围推行，对生育水平产生负面影响。一方面，人工流产率居高不下，每年流产例数约为全年出生人口总数的3/4。《2021中国卫生健康统计年鉴》数据显示，2020年全年人工流产8962421例，同年出生人口数1200万人，人工流产数与出生人口数之比达到1∶1.34。高流产率不仅使出生人口数减少，也易造成不孕不育，直接影响育龄妇女的生育能力。另一方面，不孕不育率较高，北京大学全国生殖健康流行病学调查结果显示，2020年不孕发病率达到18%，意味着每5.6对育龄夫妇就有一对面临生孩子的困难。中国每年因试管婴儿而增加的新生儿约有30万名，占全国出生人口总数的2.5%。辅助生殖对于个人和社会整体生育水平均意义重大，但高昂的辅助生殖医疗费成为一些家庭无法逾越的鸿沟，辅助生殖技术可及性较差。

（四）育儿假制度尚不健全，社会托育服务体系滞后，家庭养育负担重

女性普遍面临着家庭—工作平衡的困境，在子女养育和照料中的性别不平等加剧了这一问题。人口学研究发现，后生育转变国家生育率低的原因，主要是性别平等问题，即在公共领域性别高度平等和在家庭领域性别不平等之间的矛盾[1]，推动养育中的性别平等有益于总和生育率的提高。由于女性特殊的生理和人格特征，其在家庭生活中承担了更多的责任和任务，包括生育、照顾子女、料理家务等。然而，伴随女性教育程度和劳动参与率提高，女性对个人价值的追求日益强烈，面临家庭角色和职业角色的冲突。在公共领域内"妇女顶起半边天"的观念和在家庭领域"女主内、男主外"的传统性别分工模式之间也逐渐产生断裂。目前在家庭建设、家庭政策方面，尚且缺乏相关的措施以提高家庭领域的性别分工平等，以减轻女性的家庭—工作平衡困境。此外，育儿假制度、托育服务制度体系建设的滞后等政策问题也加重了家庭养育负担，尤其是女性的养育负担，影响人们的生育意愿。

---

[1] McDonald, P., "Gender Equity in Theories of Fertility Transition", *Population & Development Review*, Vol. 3, 2000, pp. 427-439.

育儿假的覆盖范围较小，落实不到位，不足以减轻家庭育儿负担。自 2021 年《中共中央 国务院关于优化生育政策促进人口长期均衡发展的决定》发布以来，各省份纷纷出台育儿假政策，给予夫妻双方在子女满 3 岁前每年 5—15 个工作日不等的育儿假。有些省份将育儿假的覆盖范围扩展到子女满 6 岁前，也有少数省份将育儿假时长延长到夫妻双方每年各 30 个工作日或者更长。当前的育儿假政策覆盖范围较小，仅覆盖了有 3 岁及以下子女的群体，但 3 岁以上孩子的照料同样给家庭带来了很大的负担，育儿假政策尚未满足这部分群体的需求。育儿假的时间也相对较短，大部分省份在 10 天左右，父母可以通过育儿假满足养育过程中的一些突发情况，如带子女就医看病等，但不能通过育儿假来解决子女照料的问题。此外，育儿假也存在落实不到位问题，尤其是在民营企业中，职工往往因担心绩效或者奖金而选择不休育儿假。总体上，育儿假作为减轻养育负担的一项重要的生育配套支持政策目前发挥的作用比较小，与国外的育儿假制度差距比较大，依然有进一步完善的空间。

托育服务体系发展滞后，不能有效减轻家庭养育负担。自三孩生育政策实施以来，各地出台了一系列政策推动托育服务的完善和发展。然而目前托育服务体系依然存在托位数不足、托育服务机构运营困难、供需结构失衡等问题，不能有效减轻家庭的养育负担。首先，目前托育服务机构数量较少，托位数不足，2021 年年底每千人口托位数 2.03 个，婴幼儿入托率 5.5%，与"十四五"规划目标托位数（2025 年达到每千人口 4.5 个）相差甚远，与 OECD 国家的入托率相比也有较大差距。其次，政策对托育服务机构的支持力度不足，托育服务机构持续运营能力较差。政策上对普惠型托育服务机构提供建设补贴，但对其后续运营的补贴政策没有跟上，托育服务机构运营困难。由于运营成本高，托育服务机构的价格难以下调，即便是普惠型托育服务机构，其入托费用也比较高，且机构质量参差不齐，家庭即使有将孩子送托的需求，也会因为价格或者服务质量等问题送托意愿较低，托育服务机构的供需存在结构性失调。此外，托育机构还存在备案率低、托育机构准入的门槛低的问题，且部分机构选址是租用的自建房，办理消防合格证难度比较大，主体责任能力不足。目前，托育服务体系的发展滞后，家庭依然是子女照料的主体，养育负担重。

（五）教育成本高、内卷化严重，影响生育意愿和生育计划

教育资源配置不均增加了孩子的教育成本。一般而言，基础教育应该以公平为主要目标，力求在一定区域内实现资源的均衡配置，实现学生的就近入学，从而减少择校行为以及与此相关的部分校外培训。但现实情况是，长期教育发展中确立的重点校、实验校等，教育投入明显高于其他学校，逐渐形成了比其他学校更好的软硬件条件，虽然一些地区近年来取消了这类称号，但是历史形成的优势仍然存在，且有不断加强之势。在这种情况下，购买学区房成为家庭择校的主要方式，加重了家庭的经济负担。近年来虽然出台了"多校划片""教师轮岗"等各类政策抑制择校行为，但并未从根本上解决基础教育均等化的问题，也不能从本质上减轻家庭的教育负担。

过早普职分流，加剧了家庭的教育焦虑和教育内卷化。中国教育统计年鉴显示，2020年全国普通高中入学率不足60%，大量学生被分流到中等职业教育学校，过早分流给家庭带来的教育焦虑影响了育龄妇女生育的决策。各种大学被冠以985、211、"双一流"、重点、一般等不同标识，一些招生、就业也与此挂钩，进一步强化了教育分层，激化了教育内卷，导致教育成本上升。由于小学、初中、高中、大学等各个阶段都存在较大的校际差异，家庭为了让孩子在各个阶段都能就读名校，不得不参加各类校外培训，将教育内卷前移到了小学阶段。双减政策实施后，尽管各类补习班已被严格管理，但在教育目标不变的前提下，家长们依然会通过各种方式内卷，新型补课屡禁不止，内卷成本不降反增。

三 应对低生育水平的国际经验及启示

部分国家从20世纪90年代开始便出现了极低生育率问题，在应对低生育率方面有诸多实践经验。自90年代，东欧、南欧和部分西欧国家开始进入 1.3 以下的极低生育率阶段，日本、韩国等亚洲国家也在 2000 年前后开始出现极低生育率，这些较早出现极低生育率水平的国家纷纷出台了一系列促进生育的政策措施，并取得了一定的效果。东欧、南欧国家在 2008 年前后走出极低生育率，日本和韩国的生育率水平在 2010 年前后也有小幅度的回升。生育率回升的原因包括宏观社会经济发展、生育年龄推迟放缓等，家庭政策和生育促进政策等也发挥着重要作用。国际经验表明，积极的生育配套支持政策有助于提高生育率水平，走出极低生育率。积极应对低生育水平需要借鉴先行国家的经验。

（一）应对低生育水平的国际经验

应对低生育率，国际上不同国家的经验做法各异，但都围绕降低生育的经济和机会成本施策。Thévenon 和 Gauthier 系统分析了家庭政策的六个目标，包括：支持低收入家庭，减少贫困；向家庭提供现金补贴、转移支付、税收减免、儿童津贴等，减轻养育经济成本；设立育儿假制度、弹性工作时间制度，保障家庭—工作平衡，促进母亲就业；保护女性就业权利，推动配偶共休育儿假，平等分担育儿工作，提高性别平等程度；发展托育服务，支持儿童早期发展；提高生育率[①]。尽管各国政策侧重点不同，但均围绕这六个目标施策，着力降低生育和养育成本。

1. 出台育儿假制度，提高育儿假休假补贴，降低生育机会成本和经济成本

带薪育儿假作为一种保障父母在将孩子送托育机构之前可以照料子女而无须中断职业和收入的制度，在欧盟国家和 OECD 国家中普遍实施。在涉及育儿假及育儿假期间的津贴的法律制度方面，国外具有较多可借鉴经验。欧盟和 OECD 国家平均为母亲提供的带薪育儿假分

[①] Thévenon, O., and Gauthier, A. H., "Family Policies in Developed Countries: A 'Fertilitybooster' with Side-effects", *Community, Work & Family*, Vol. 14, No. 2, 2011, pp. 197-216.

第二部分 分论

别为43.5周和32.3周,保障了母亲可带薪将孩子带到1岁左右。东欧国家为母亲普遍提供了较长时间的育儿假,如斯洛伐克、罗马尼亚、拉脱维亚、爱沙尼亚、保加利亚等东欧国家分别为母亲提供130.0、90.7、78.0、67.9、51.9周的带薪育儿假和家庭照料假,且休假期间的工资替代率较高,其中,爱沙尼亚、罗马尼亚可达到85%以上。部分北欧、南欧国家,如丹麦、瑞典、挪威、德国、葡萄牙,也为母亲提供了较长时间的育儿假,但休假时间长度普遍低于东欧国家,除了芬兰、挪威,工资替代率也低于东欧国家。法国、英国、美国等国家则较少提供带薪育儿假。日本、韩国两个极低生育水平的东亚国家,也为母亲提供了较长的带薪育儿假,分别为44周和52周,工资替代率为60%和45%左右(见图4-2)。然而,各国的

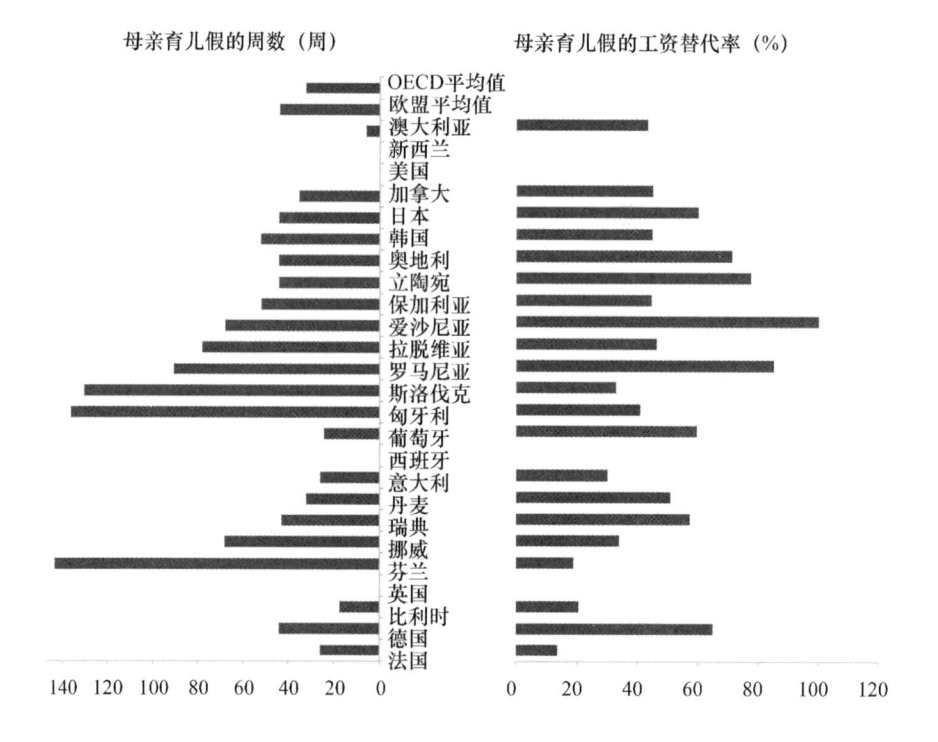

图4-2 2022年部分国家母亲带薪育儿假时长及工资替代率

资料来源:OECD,"Parental Leave and Replacement Rates",https://www.oecd.org/els/family/PF2_4_Parental_leave_replacement_rates.pdf。

带薪育儿假时长存在较大的性别差异，父亲的育儿假时长普遍低于母亲，韩国、日本、法国、卢森堡等部分国家实施了男女平等休假的政策。韩国规定，韩国的育儿休假制度通过提高补贴力度的方式鼓励父母双方平等休假，假如父母双方均申请休假，则前3个月可拿到100%的原工资补贴[1]，推动男女平等分担育儿工作，提高性别平等程度。

2. 建立弹性工作制度，保障家庭—工作平衡

设立家庭友好型休假和工作制度，保证父母在工作之余有时间照料婴幼儿。日本在这方面的法律较为完备，2018年通过《工作方式改革法案》，改变日本漫长的工作时间，将加班时间限制为每个月45个小时，每年360个小时；在一些规定的特殊情况下，加班时间每个月不得超过100个小时，每年加班不得超过720个小时。2021年对《育儿休业法》的最新修订中，提出抚养学龄前子女的劳动者限制加班时间不得超过每月24个小时，每年150个小时[2]。德国2008年通过《家庭护理假法》，减少了工作时间，为因照顾儿童和父母提供了照护假，并准许在职人员以家庭照料为由将全职工作暂时性转为工作时长较短的兼职工作。在国际经验的研究中，普遍认为育儿假的生育促进作用因不同的国家、地区、职业、养育偏好而异，灵活休假制度、弹性工作制度对于减轻养育负担，降低养育的时间成本，保障女性的就业权益具有重要的作用。

3. 建立家庭补贴机制，降低养育成本

欧盟和OECD国家建立起较为完备的家庭补贴制度，包括现金补贴、服务补贴和税收减免等，降低了从婴儿期到学前教育期和中小学教育期间的各个阶段的养育成本。2019年，欧盟和OECD国家家庭补贴相对较高，占GDP比重的平均值分别是2.56%和2.29%。西欧和北欧国家在家庭补贴方面力度更大，占GDP比重较高，如法国、德国、丹麦、卢森堡、冰岛、挪威、芬兰等国家的家庭补贴占GDP的比重均

---

[1] OECD, "Parental Leave Systems 2019", https://www.oecd.org/els/soc/PF 2_1_Parental_leave_systems.pdf, p.20.

[2] 《关于〈育儿休业法〉的修订概要》，日本厚生劳动省官网，https://www.mhlw.go.jp/content/11900000/000851662.pdf。

第二部分　分论

超过了3%。其后是部分东欧和南欧国家，如捷克、比利时、匈牙利、奥地利、立陶宛等国家家庭补贴占GDP的比重超过2.5%。东亚和北美国家的家庭补贴支出较少，其中日本、韩国、加拿大、美国的家庭补贴占GDP比重均在2%以下。各国补贴的方式各异，北欧国家普遍在服务补贴方面占比较高，如瑞典、丹麦、冰岛、挪威、芬兰等国的服务补贴占比均占家庭补贴的60%以上。东欧和南欧国家现金补贴的占比相对更高，如波兰、爱沙尼亚、奥地利、立陶宛、拉脱维亚、斯洛伐克等国的现金补贴占比达到家庭补贴的60%以上。税收减免的占比总体上相对于现金补贴和服务补贴较低，其中美国、德国、瑞士等国家的税收减免占比略高于其他国家（见图4-3）。

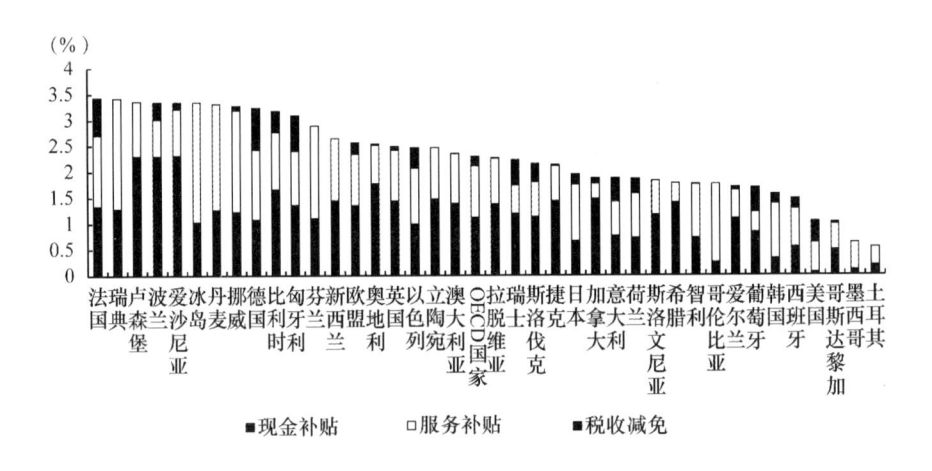

图4-3　2019年OECD国家家庭补贴占GDP的比重

资料来源：OECD,"Public Spending on Family Benefits", https://www.oecd.org/els/soc/PF1_1_Public_spending_on_family_benefits.pdf。

部分国家对儿童的补贴遵循因家庭中孩子数量和家庭收入水平而异的原则，以鼓励多孩生育，减轻低收入家庭的养育负担。1971年，日本出台《儿童补贴法》，对符合一定收入条件的家庭生育的第三个孩子发放补贴。在此后的修订中，将补贴条件逐步放宽到将第一个孩子纳入补贴范围；补贴期限也扩大到初中毕业；发放补贴时按照家庭收入情况和家庭类型、孩子数量给予差别化补贴，比如对没有达到纳税标准的家庭和单亲家庭给予幼儿园入园费用减免,第二个孩子及以上入园免费①。不同国家的家庭补贴均根据家庭经济状况、家庭类型、儿童年龄和父母工作状态设置了差异化补贴原则,以鼓励生育多胎及兜底低收入家庭。根据家庭经济状况,美国、英国、澳大利亚、加拿大、法国、德国、日本、韩国等国家均在一般性家庭补贴和免税额度的基础上,根据家庭经济状况提供有差异的补贴;根据家庭类型的不同,澳大利亚、加拿大、法国、德国、美国都设置单亲家庭补贴,法国设置针对三个以上孩子家庭的"大家庭津贴";根据孩子的年龄,法国、德国和韩国设立学龄儿童补贴;根据父母工作状态,美国和加拿大为职场父母设立工资免税额,日本和韩国为在职父母设立儿童照料津贴②。

4. 发展托育服务,支持儿童早期发展

先行国家普遍通过立法确立了公共托幼机构、家庭托幼所、工作场所托幼、学前早教系统四种主要类型相结合的全方位托幼体系,辅之以居家托管、临时托管机构、课外时间托管、小型保育所等多种形式的托幼服务。德国于 2005 年通过了《日托扩充法案》,支持 3 岁以下儿童托管。根据该法案,德国将建立联邦政府提供资金支持的公共托幼机构和家庭照料中心相结合的托幼方式,且规定了公共托幼机构的日常运营及人事开支来源、家庭照料中心的营业许可等问题。日本通过修订《育儿休业法》和《儿童福利法》逐步确立了"儿童与育儿援助制度",提出建议以认定儿童园、认定保育所、幼儿园、小规模保育所、家庭保育、居家访问型保育和工作场所保育为主的托幼体系。在公共支出方面,北欧国家对托育服务的支持力度较大,2019 年瑞典、丹麦、冰岛、挪威、荷兰等北欧国家在 3 岁以下儿童照护方面的公共开支分别达到每名儿童 1 万美元左右(按购买力平价美元计算),其中瑞典、丹麦高达 1.5 万美元以上。除了北欧,法国、德国、

---

① 田中景:《日本和法国的少子化对策及启示》,《人口学刊》2020 年第 2 期。
② 夏翠军、林宝:《应对人口老龄化的国际经验及对中国人口政策的启示》,《社会科学辑刊》2023 年第 5 期。

第二部分 分论

韩国等西欧和东亚国家支持力度也相对较大,在每名儿童1万美元左右。其他国家的托育公共支出则相对较少,2019年OECD国家的平均支出为每名儿童5800美元左右[①]。托育服务的发展减轻了家庭的养育照料负担,同时也有利于儿童的早期发展,对生育率的回升起到了重要作用。

(二) 国外应对低生育水平的政策效果及启示

1. 国外应对低生育水平的政策效果

推动社会性别平等、促进女性发展的政策对提高生育率水平更加有效。不同的政策也带来了不同的效果,托育服务对生育率的提升效果相对明确,有研究显示OECD国家送托率每提高10个百分点,总和生育率增加0.08[②],且托育服务对高教育程度的女性影响较大。育儿假期间的工资替代率对生育率的正向作用也较为明确,普遍认为在基础工资替代率的水平下,提高工资替代率有利于提高生育率水平。然而,育儿假的长度对生育率的提振作用在不同国家表现各异,过长的育儿假可能会降低女性的生育意愿,从而对生育水平起到负面作用。现金补贴制度可能会在一定的时间段内产生短期的刺激效果,但对于终身生育率水平影响不大[③],且政策连续性不强,易受到经济波动的影响而收缩补贴力度。辅助生殖技术对生育率水平有比较小的积极影响,然而随着生育年龄的推迟,生育能力的下降,辅助生殖的重要性将越来越凸显[④]。总体来说,推动社会性别平等、促进女性就业

---

① OECD,"Childcare Support", https://www.oecd.org/els/soc/PF3-4-Childcare-support.pdf.

② Luci-Greulich, A., and Thévenon, O., "The Impact of Family Policies on Fertility Trends in Developed Countries", *European Journal of Population*, Vol. 29, No. 4, 2013, pp. 387–416.

③ Thévenon, O., and Gauthier, A. H., "Family Policies in Developed Countries: A 'Fertilitybooster' with Side-effects", *Community, Work & Family*, Vol. 14, No. 2, 2011, pp. 197–216.

④ Levine, H., Jorgensen, N., Martino-Andrade, A., et al., "Temporal Trends in Sperm Count: A Systematic Review and Meta-regression Analysis", *Human Reproduction Update*, Vol. 23, No. 6, 2017, pp. 646–659.

和发展的政策对于提高生育水平存在长期效果，现金补贴制度对短时期提振生育水平存在较好的推动作用，而延长假期政策的效果受到多方面因素的影响。

2. 国外应对低生育水平的政策启示

国际上应对低生育水平的政策措施注重全人群、全生命周期、全孩次覆盖。应对低生育水平的相关政策在最初制定时，多以减轻低收入人群的养育负担、提高多孩次的生育水平、减轻在职母亲的机会成本为目标，覆盖范围仅涉及部分重点人群。在相关政策的修订过程中，覆盖范围逐步扩大到全人群、全孩次、全生命周期。例如，在德国《联邦父母津贴和父母养育假法》2007年修订中，育儿假补贴从保障在业人群扩大到失业人群，保障不参加工作的人群依然享受育儿补贴；在日本对《儿童补贴法》的多次修订中，将儿童津贴的受益范围由为3岁及以下特殊阶段儿童提供福利到各个年龄阶段全覆盖；在各国的带薪休育儿假制度中，由最开始的保障女性休假到男性女性共同休假[①]。先行国家在应对低生育水平政策制定和修订过程中，制度覆盖人群越来越广泛，补贴条件放宽，补贴力度加大。

国外应对低生育水平注重通过专项立法明确具体制度措施。先行国家普遍将应对低生育水平的政策措施纳入法律，例如，日本于1991年颁布了《育儿休业法》，对女性的带薪休假制度进行了立法；德国于2007年实施了《联邦父母津贴和父母养育假法》，将育儿假作为家庭法定养育假；韩国于2005年制定了《关于低出生率、老龄化问题的社会基本法》，针对结婚生育和养育子女环节制定了奖励政策。在托幼制度方面，部分国家在儿童福利法或者教育法中增设了托幼相关法律条目，但越来越多的国家开始制定专门的日托专项法律。专项立法更加突出了应对低生育水平的相关法条的特殊性、重要性和严肃性，丰富了相关立法内容，提高了国家、社会和个人对相应问题的重视程度。

---

① 夏翠军、林宝：《应对人口老龄化的国际经验及对中国人口政策的启示》，《社会科学辑刊》2023年第5期。

第二部分　分论

国外应对低生育水平的政策措施注重与各类家庭政策综合施策，与其他社会制度相协调。其一，生育促进政策的实施需要其他家庭政策的配合，例如，育儿假作为一种保障父母有时间照料子女而无须中断工作的制度，需与托育服务体系建设衔接，才能发挥其作用，有效减轻幼儿养育负担，解决幼儿无人照料的问题。其二，生育促进政策需与其他社会制度相协调。例如，日本和韩国较早地实施了育儿假政策、儿童福利政策，但自2000年前后进入极低生育水平阶段后，生育率水平并没有出现明显的回升，其原因可能与东亚传统的劳动性别分工观念、女性在劳动力市场中的歧视程度、儿童在教育过程中面临的压力和"内卷化"程度有关。生育促进政策需与教育体制改革、劳动力就业体制改革、传统教育和性别文化观念的转变等各方面配合，才能有效提振生育率水平。

四　应对低生育水平的对策建议

中国总和生育率已降至1.3以下，处于极低生育率水平，积极应对低生育水平对于保持适度生育水平和人口规模，支撑中国式现代化发展至关重要。积极应对低生育水平，需从全生命周期的视角去除影响生育的消极因素，建立起从结婚、生育到养育、教育支持的全生命周期的生育配套支持政策体系；需立法先行，制定专项生育促进法律，建设生育友好型、儿童友好型的社会环境；需在吸收国外先行国家经验的基础上，建立起符合中国国情的生育支持政策体系。具体的对策建议如下。

（一）加强积极的婚育观念引导，营造家庭友好型舆论环境

转变低生育观念，形成符合新时代中国特色和当前生育形势的婚育观念，营造家庭友好型舆论环境，对保持适度生育水平具有长远的效果。其一，设计一套符合当下生育形势的婚育观宣传策略，通过新闻媒体、自媒体、网络互动、文艺作品等多方面的途径，宣传生育的积极意义，反映适龄婚育、多子女的优势，提高年轻人理想家庭规模

和理想子女数，改变其低生育观念或者不婚不育的理念。其二，重视家庭建设及宣传，鼓励工作单位、企业、媒体开展"家庭日"等相关活动，挖掘真实的"幸福家庭"案例，进行积极的角色模范宣传，激发年轻人对于婚姻家庭的认同和向往。其三，倡导夫妻共同育儿，强调男性在家庭照料和育儿中的重要作用，激发男性参与家庭照料的责任感和意愿，提高家庭内性别分工的平等程度，营造性别平等的婚育理念。

（二）出台家庭建设支持措施，鼓励青年积极组建家庭

出台家庭建设支持措施，减轻年轻人组建家庭的压力，鼓励年轻人适龄结婚和生育。其一，整治天价彩礼，通过修订《中华人民共和国民法典》及《中华人民共和国婚姻法》，对天价彩礼进行界定，明确禁止；建立针对天价彩礼引起的纠纷等问题的法律法规及解决办法，使类似问题有法可依；通过社交媒体进行广泛宣传，淡化"彩礼"这一传统元素。其二，加大对年轻夫妻的经济支持和社会保障力度，通过以家庭为单位的税收减免政策、贷款和住房等方面的优惠政策、结婚补贴等措施，鼓励年轻人适龄结婚，积极投身于家庭建设。其三，推动住房体制改革，建立起完善的住房保障体系，为刚到城镇工作的青年人和新结婚的家庭提供公共租赁住房，使他们不必因过度透支家庭未来收入而延迟结婚和生育。其四，推动婚姻法改革，在婚姻法中体现生育及家务劳动的价值，并将其具体化、可操作化，保障女性在婚姻中的权益，降低女性对结婚生育的顾虑。

（三）完善生育保险政策，减轻生育负担

提高生育保险在围产期产检中的报销范围和报销力度。其一，取消生育保险使用的各类限制性条件（如政策内生育、婚内生育等），进一步完善生育保险与医疗保险的融合，让参与到医保中的育龄妇女均可享受到相应的医疗报销服务；其二，进一步扩大医疗保险、生育保险对分娩镇痛、辅助生殖技术项目、围产期并发症的支付范围，减轻分娩痛苦，降低不孕不育患者的医疗负担，提高生育水平；其三，

第二部分 分论

提高报销标准和报销上限，使得保险可覆盖围产期产检的大部分或者全部费用，减轻生育负担。

扩大生育津贴的保障范围，实现生育津贴全人群全覆盖。其一，扩大生育津贴的覆盖面，将灵活就业人员、学生、未就业育龄妇女覆盖在内，减轻这部分人群的生育负担；其二，取消生育津贴的适用范围，如政策内生育、婚内生育等，支持多样化的婚育行为，实现生育津贴的全覆盖；其三，将延长的奖励假纳入生育津贴的保障范围，消除生育假时长和生育津贴领取时长的"时间差"，推动产假奖励假的落实，保障育龄妇女休假期间的收入。

（四）保障妇女就业权益，减轻生育的机会成本

出台相关专项法律或政策，减轻职场性别歧视，为育后再就业妇女提供职业培训和灵活就业岗位，促进育后妇女再就业。其一，明确禁止职场性别歧视、年龄歧视，加强对歧视行为的监督和执法力度，确保育后女性能够平等地参与就业和再就业。其二，针对育后女性在孕期或育后休假期间暂停工作，职业中断的问题，相关公共服务部门应为其提供职业培训和就业咨询服务，帮助育后女性提升职业技能和就业竞争力。其三，政府承担部分责任，为育后再就业妇女提供公益类岗位、灵活就业岗位，促进育后妇女就业和社会融入。其四，对雇用育龄妇女或者育后再就业妇女的企业，为其提供税收优惠或其他类型的补贴，提高企业雇用女性员工的意愿，鼓励企业支持育龄妇女的生育需求，确保中小型企业愿意雇用育龄妇女。其五，出台促进男女休假平等的政策措施，如适当延长陪产假等，以强化父亲在养育中的责任，减轻性别职业歧视。

（五）完善生育配套支持政策，减轻年轻人养育负担

完善育儿假政策，扩大育儿假的适用范围。其一，出台与产假和托育服务相衔接的育儿假政策，提高育儿假时长。其二，进一步调整育儿假政策，扩大育儿假的适用范围，令3岁以上儿童的父母享有同等的育儿假休假权利，以减轻家庭的养育负担。其三，抓育儿假的落

实，对主动履行社会责任、积极向员工提供育儿支持、创建家庭友好型工作场所的用人单位给予表彰鼓励、颁发社会荣誉、提供经济补助等，鼓励更多用人单位为女性就业发展提供更好支持。

完善托育服务体系，减轻养育负担。其一，加大托育服务机构建设力度，如期完成"十四五"规划婴幼儿托位数建设目标。其二，在全国范围内普及托育服务责任险制度，减轻托育服务机构的运营风险和负担，解决其后顾之忧，以吸引更多社会力量参与到普惠型托育服务机构的经营中。其三，加大对普惠型托育服务机构的运营补贴力度，在税收、用地、用水用电等各方面给予更大的优惠，降低其运营成本。其四，对普惠型托育服务机构的办园质量加强监管，形成有效的监督管理机制，保障托育服务机构的高质量发展，提高家长送托的意愿。

建立家庭—工作友好型的就业环境和灵活休假体制。其一，倡导用人单位对有婴幼儿的员工提供弹性上下班、居家办公等工作方式，为有接送子女上下学、照顾生病子女等需求的职工提供工作便利，帮助职工解决育儿困难。其二，设置灵活休假安排制度，产假育儿假制度可弹性设计，科学评估确定女职工强制休假期限，其他时间由女职工自由支配。同时，可尝试多样化的育儿假休假方式，譬如可选择分段休假、非全日制形式休假等形式，满足育龄妇女多样化的休假需求。

（六）推动教育体制改革，减轻家庭教育负担

推动从幼儿园教育到高中教育的全阶段教育体制改革，减轻家庭的教育负担。其一，大力推动义务教育期间的教育均等化，促进教育公平，减轻家长的择校焦虑。其二，将高中教育纳入义务教育范围，防止过早分流引起的教育焦虑和"内卷"前移。其三，将幼儿园教育纳入义务教育范围，加大公办或普惠型幼儿园的建设力度，减轻家长在3—6岁幼儿园阶段的教育支出及压力。其四，规范职业教育，提高职业教育的水平和规范程度，减轻人们对职业教育的刻板印象，缓解职业教育学生家长的焦虑。

第二部分 分论

(七) 推动生育促进专项立法，提高生育支持政策的严肃性

《中华人民共和国人口与计划生育法》明确提出了一些促进生育的措施，但总体上不够系统、明确。其一，建议制定专门的《中华人民共和国生育促进法》，明确促进生育的政策导向和系统的促进生育措施。生育促进法可以从全生命周期角度，按照生命不同阶段明确生育权益保障、生育和育儿补贴、托幼服务、产假和育儿假、公共设施和社会支持等方面的具体措施，为地方出台相应措施提供法律依据，为育龄夫妇维护生育权益提供法律保障。其二，建议尽快出台《中华人民共和国反就业歧视法》，明确平等就业权利、就业歧视的具体情形、法律责任、处罚措施、救济途径等，为容易受到就业歧视的群体如妇女、大龄劳动力等在寻求法律经济救济时提供必要的法律依据，特别是要加强妇女妊娠期和生育后重返工作岗位的保护。同时，通过该法的出台加强劳动力市场法治建设，建立性别平等和年龄友好的就业环境和社会环境，解决育龄女性的后顾之忧。

第五章　中国人口老龄化：形势、影响及应对[*]

中国当前正处于人口老龄化急速发展期，预计到2035年60岁及以上老年人口数量超过4亿人，占总人口的比例超过30%，进入超老龄社会；到2050年，60岁及以上老年人口数量超过5亿人，占总人口的比例超过40%，步入届时世界上人口老龄化程度最深的国家行列。中国人口老龄化进程的两个关键时间节点与全面建成社会主义现代化强国"两步走"总体战略安排的时间节点高度重合，带来的影响贯穿中国式现代化建设的全过程、各领域，成为推进中国式现代化必然面临的重大战略问题。实施积极应对人口老龄化国家战略，在中国式现代化全局中具有重要地位，将人口老龄化挑战转变为促进经济发展、社会进步、人民生活质量提升的机遇，能够为中国式现代化目标的实现奠定坚实的基础、创造更为有利的条件。

一　中国人口老龄化发展态势呈现阶段性新特征

（一）人口老龄化进程呈现新特点

同此前人口正增长伴生的人口老龄化进程比较，中国已进入人口零增长区间进而迎来负增长时代，人口老龄化与人口负增长相叠加。2021年，中国人口规模达到峰值14.13亿人后，于2022年出现了人

---

[*] 本章作者为李志宏、李芳云。作者简介：李志宏，中国老龄协会事业发展部主任；李芳云，中国老龄协会政策研究部三级主任科员。

口负增长。长期来看，中国人口规模更多取决于生育率。第七次全国人口普查数据显示，中国总和生育率仅为1.3，不仅远低于2.1的世代更替水平，更是逼近超低生育率水平的临界值，已成为全球生育率最低的国家之一。如果维持当下生育水平不变，本世纪中叶前，中国人口负增长进程将加速推进，总人口规模持续下降和老年人口数量快速增长叠加已成为定局。

老龄化速度明显加快，高龄化和女性化趋势逐渐显现。随着新中国成立后第二次生育高峰人口步入老年队列，2035年前中国老年人口数量将快速增加。联合国人口预测数据显示，中国人口老龄化水平将在2024年超过20%，届时老年人口规模为2.93亿人；到2035年，老年人口规模增长到4.24亿人，老龄化水平超过30%；2053年，老年人口规模将达到峰值5.18亿人，人口老龄化水平超过40%[1]。伴随这一进程，中国老年人口高龄化、女性化的特征趋于明显。一方面，随着人口平均预期寿命延长，高龄老年人口规模在持续增加，占总人口的比例不断上升。2020年，80岁及以上人口有3580万人，占总人口的比例为2.54%，比2010年增加了1485万人，比例提高了0.98个百分点。预计2030年后，随着新中国成立后第一次生育高峰人口步入高龄队列，中国人口高龄化进程将进一步提速。另一方面，伴随人口高龄化，受到老年女性的存活概率高于男性这一因素的影响，人口老龄化的女性化趋势更为明显，丧偶老年女性面临的诸多养老问题需要得到更多关注。

（二）人口老龄化的区域分布呈现新情况

同此前中国人口老龄化程度呈现由东向西梯次递减的区域分布特征相比，目前中国人口老龄化的地区分布呈现"北高南低、东高西低、东北和西南形成两个高点"的特点。2020年年底，中国31个省份（不含港澳台）中，除了西藏自治区，其他地区老龄化水平均超

---

[1] 原新、金牛：《积极应对人口负增长与深度老龄化》，《中国财经报》2022年8月23日第7版。

过10%进入老龄化社会，但东、中、西部地区之间的人口老龄化水平存在较大差异。2020年，东部和东北地区60岁及以上老年人口规模占全国老年人口总量的比例较2000年有所上升，中部和西部地区则呈现下降趋势，其中，东北三省、四川、重庆等地的老龄化程度已经超过20%，提早进入了中度老龄化社会，各地区间差距有所扩大。总体上看，中国各地区的人口老龄化水平普遍提高，但区域分布呈现新特征，从早年的"东部沿海地区水平较高、其他地区较低"向"以东三省和川渝为高点、东高西低、北高南低"的分布形态转变。

老年人口城镇化水平提升和人口老龄化水平城乡倒置并存。随着中国人口城镇化的快速发展，中国老年人口城镇化水平也随之提升。2015年，中国城镇老年人口占全国老年人口的52.0%，农村老年人口占48.0%。预计到2035年，中国城镇老年人口占全国老年人口的比例将进一步提升到65%左右。同时，受城乡区域经济发展水平、就业机会差异以及人口迁移流动制度壁垒弱化等因素影响，中国流动人口规模不断扩大。第七次全国人口普查数据显示，2020年流动人口总量3.76亿人，占总人口的26.63%，其中流向城镇的流动人口3.31亿人，占流动人口总量的88.12%。流动人口大多数从农村进入城镇，且以青壮年劳动年龄人口为主，进而导致中国农村人口老龄化进程快于城镇，呈现城乡倒置的现象。2020年60岁及以上老年人口占城镇总人口的比例为15.70%，预计到2035年提高到26.82%，提高了11.12个百分点。同期，60岁及以上老年人口占乡村总人口的比例为23.82%，预计到2035年提高到45.16%，提高了21.34个百分点，增加速度是城镇的近两倍。此外，在人口负增长的背景下，未来人口将进一步向城市带、都市圈及核心城市聚集，部分一、二线城市中心城区将面临老年人口高度聚集、过度老龄化与"大城市病"叠加的新问题，同时，部分农村地区和中小城市将迎来人口快速老龄化和快速负增长叠加的局面。

（三）老年群体消费需求及家庭结构呈现新变化

2035年之前，新进入老年队列主要是"60后"和部分"70

第二部分 分论

后",被称为新生代老年人。这部分老年群体是充分受益于改革开放的一代人,受教育程度和收入水平较高,资产积累比较丰厚,与新中国成立前的"30后""40后"和新中国成立后的"50后"老年人会有明显的不同。他们的消费观念更加现代,消费意愿更加主动,消费需求更加多元,消费能力也相应提高。预计这些新生代老年人的品质型消费、健康型消费、服务型消费、精神型消费、绿色智能型消费、便捷型消费需求将逐步兴起。

老年人家庭结构出现新变化,主要表现在老年人家庭空巢化、独居化、小型化态势继续深入发展,纯老户家庭增多。当前,无论是在城镇还是农村,四世同堂、三世同堂的家庭已经非常罕见,一代户、两代户的家庭居住形式占绝大多数,其中有近四成的家庭只剩一代人,这一代人还通常都是老年人①。现阶段,中国老年人口中空巢老人占比已超过一半,部分大城市和农村地区,空巢老年人比例甚至超过70%,大量老年人不与子女或其他家人共同居住生活②,单独一人居住的独居老人占老年人总数近10%③。预计随着"60后""70后"独生子女一代父母进入老年期,叠加家庭小型化和居住离散化的态势,中国的空巢老人和独居老人规模将继续攀升。

(四) 中国人口抚养比呈现新特征

中国社会总抚养比提升,并且从少儿抚养比主导进入老年抚养比主导的新阶段。近年来,中国老年抚养比快速上升,由此带动社会总抚养比呈现上升趋势,劳动年龄人口的抚养对象逐渐从抚养少年儿童为主向抚养老年人口为主。第七次全国人口普查数据显示,0—14岁人口为2.53亿人,占比17.95%;15—59岁人口为8.94亿人,占比63.35%;60岁及以上人口为2.64亿人,占比

---

① 翟振武:《关注"新一代"老年人口的新特点》,《领导文萃》2020年第7期。
② 央视网,https://news.cctv.com/2022/10/26/ARTIo7nNiKtyEFyhBpwIIfAB221026.shtml。
③ 翟振武:《关注"新一代"老年人口的新特点》,《领导文萃》2020年第7期。

18.70%，与2010年相比，0—14岁、15—59岁、60岁及以上人口的比重分别上升1.35个百分点、下降6.79个百分点、上升5.44个百分点。2012—2021年，全国65岁及以上老年人口抚养比持续提升，从12.7%快速增长到20.8%。中国老年人口数量已经超过少年儿童数量，主要抚养负担从"养小"转向"养老"。预计到2035年，65岁及以上老年人口抚养比将进一步提升到36.32%，是少儿人口抚养比的2.25倍。

劳动年龄人口加速负增长，传统的人口红利机会窗口逐步关闭。近年来，中国劳动年龄人口规模持续下降，从2011年达到9.4亿人峰值后开始负增长。预计未来中国15—59岁人口规模持续缩减，将从2022年的8.9亿人降至2035年的8.2亿人和2050年的6.5亿人，占比从63.2%降至49.7%[1]。《中国统计年鉴2022》数据显示，2021年年末，中国人口总抚养比为46.3%，从2010年以来连续上升。若依据总抚养比不超过50%作为人口红利机会窗口期的学界惯用标准，受到劳动人口规模逐步减少以及老年人口规模快速增长等变量影响，中国人口红利机会窗口将逐步关闭。此外，中国低龄老年人口这一可资开发利用的人力资源也呈现新特点。预测数据显示，中国60—69岁低龄老年人口规模会持续扩大，将从第七次全国人口普查时的1.5亿人增至2050年的2.1亿人，但是低龄老年人口占老年人口比重下降，从55.8%降至40.9%[2]，老年人口内部低龄老年人口占比较大的优势逐步消失。

二 人口老龄化带来的影响多维复杂

中国人口老龄化与现代化的关系有自身的独特性。主要发达国家在基本实现现代化后，才迎来人口老龄化和人口负增长的叠加，而中

---

[1] 原新：《全面推动人口高质量发展 厚植人口综合竞争力》，《中国人口科学》2023年第4期。

[2] 原新：《全面推动人口高质量发展 厚植人口综合竞争力》，《中国人口科学》2023年第4期。

第二部分 分论

国在还未基本实现现代化的背景下就迎来人口快速老龄化和人口快速负增长的叠加。例如，日本、韩国、德国首次出现人口负增长时的人均GDP分别约为3.29万、3.14万、2.00万美元，而中国2021年的人均GDP仅为1.12万美元；从城镇化率来看，日本、韩国、德国在人口负增长元年的城镇化率分别已经达到90.81%、81.41%、72.45%的高水平，而中国2022年的城镇化率才刚刚达到65.22%[①]。

同时，从先发老龄化发达国家老龄问题的发展规律看，随着人口老龄化程度的提升，普遍经历了由养老金问题、老年群体医疗问题、失能老年人照护问题，再到发展层面经济增长潜力和活力问题的转变，老龄问题的出现具有一定的"串联"发生特征。而中国仅仅用了30多年的时间就实现了从老龄化社会到超老龄社会的转变，完成了发达国家用五六十年甚至上百年才完成的人口老龄化进程，这也使得这些国家在长时期分阶段出现的老龄问题在中国短时间内集中发生、同步呈现。因此，中国老龄问题的发生演变具有一定的"并联"发生特征，具有压缩型、复合型、共振型特征。

综合来看，作为经济社会发展主体结构的变化，人口老龄化的影响贯穿中国经济社会发展的全过程、各领域，有正面影响，也有负面影响，有挑战，也有机遇，这些矛盾和问题与中国转型发展中的矛盾和问题叠加，呈现出多维、复杂、弥散的特点。从老龄问题的发展方面和民生保障方面的传统二元界定来看，老龄化对今后中国经济社会发展的影响主要体现在以下几个方面。

（一）人口老龄化与经济可持续发展之间的矛盾

不同于先发老龄化的发达国家，作为世界上最大的发展中国家，中国同时面临发展问题和老龄化问题。化解人口老龄化带来的各种矛盾和问题，最根本的应对之策是保持经济的可持续发展，但是人口老

---

① 翟振武、金光照：《中国人口负增长：特征、挑战与应对》，《人口研究》2023年第2期。

龄化又在很大程度上制约经济发展的潜力和活力。

人口老龄化从供给侧的资本、劳动力和技术等方面都会对中国经济增长潜力产生深刻影响。第一，人口老龄化会降低国民储蓄率，进而使资本积累放缓。在人口老龄化进程中，实体经济产出中用于供养老年人口的消费比重逐步提高，将会导致国民储蓄率逐步下降，不利于实体经济中的资本积累，进而挤压投资率。第二，人口老龄化影响劳动力供给、劳动力成本和劳动生产率。人口老龄化也意味着，劳动年龄人口数量减少、结构老化，数量充足、年龄较轻的劳动力供给局面将不复存在。同时，劳动力供给的减少，必然提高劳动力资源的稀缺性，进而导致劳动力价格和用工成本的提高。此外，个人劳动生产率与年龄之间存在倒"U"形关系，年龄适中的劳动者生产率较高，低龄与大龄劳动者的生产率较低。随着人口年龄结构的持续老化，大龄劳动者占比将不断增加，这在总体上不利于提升全员劳动生产率。第三，人口老龄化对技术进步有多方面的不利影响。人口老龄化在宏观层面会增加全社会用于供养老年人口所支付的养老金、医疗费用、老年服务设施建设等方面的经济社会成本，在微观层面将增加企业在劳动用工成本、社保缴费、税收等方面的负担，进而相对挤压国家及企业在研发、教育等方面的投入，间接影响技术进步。从推动和接受技术创新的活跃年龄来看，年轻人相较于老年人在接受新鲜事物、创新创业激情等方面更有优势，人口年龄结构老化在一定程度上将成为制约技术创新进步的阻碍因素。

人口老龄化不仅对供给侧的资本、劳动力、技术等有深刻影响，也对需求侧的投资、消费、出口以及三者的比例关系产生系统影响，必然从多条路径影响经济增长方式。一方面，人口老龄化使中国依赖投资拉动经济增长的方式受到挑战。投资增长与经济增长有很强的相关性，是拉动经济增长的重要动力。然而，在不考虑境外资本流入的情况下，人口老龄化带来的国民储蓄率下降，必然会体现为实体经济的投资增长不足。劳动力数量减少和老龄化造成企业经营成本增加，也会减弱企业投资和扩大再生产能力。此外，随着劳动力价格上涨，资本吸纳劳动力成本提高、投资效益降低，也会制约投资增长。上述

第二部分　分论

因素,将使中国依靠高投资拉动的经济增长方式逐渐失去支撑条件。另一方面,人口老龄化使中国依靠出口拉动经济增长的方式受到冲击。一直以来,中国凭借劳动力要素成本低等方面的比较优势参与国际贸易分工,使中国依靠出口拉动经济增长有着坚实的支撑。随着中国劳动力供给的稀缺性提升,企业的用工成本也随之增加,劳动密集型产业的比较优势逐渐丧失,使中国以低劳动力成本为贸易比较优势的出口模式不可持续。在这种情况下,传统的主要依靠高投资拉动和出口拉动的经济发展方式难以为继,转变经济发展方式、提高全要素生产率成为必然选择。

人口老龄化也将给中国宏观经济运行带来一定程度的风险。比如,人口老龄化对实体经济和金融经济发展产生"背离效应"。在实体经济领域,人口老龄化对供给侧资本积累、劳动生产率和参与率以及技术进步的影响,最终体现出实体经济产出的相对下降。而在金融经济层面,人口老龄化带来养老型金融资产规模不断膨胀,对金融经济产生有利的推动作用。实体经济与金融经济的"背离效应"和结构性失衡,进一步强化金融经济发展脱离实体经济发展的倾向,可能诱发金融危机,进而对实体经济产生冲击。同时,金融系统不稳定的风险增加。随着第二次退休人口高峰的到来,养老保险基金收不抵支风险加大、社会保障基金等支出也将大幅增加,相关资金若从金融市场抽离,可能对整个金融市场造成较大冲击。另外,老年群体数量激增伴随社会福利的刚性增长,也会造成公共财政的支出结构面临重大变化,养老、医疗、涉老公共服务等支出刚性增长,也会使财政赤字风险增加。

(二) 代际利益格局调整与代际和谐共融的矛盾

人口老龄化诱发的社会矛盾体现在多个方面,其主线则是代际利益矛盾冲突。首先是家庭代际赡养负担加重,家庭养老风险凸显。宏观层面的底部老龄化和顶部老龄化进程,在家庭层面表现出家庭小型化、少子化、多老化趋势。第七次全国人口普查数据显示,中国平均家庭户规模从2000年的3.44人下降到2020年的2.62人。预计未来,少子化、人口流动和家庭居住离散化趋势持续发展,家庭将进一步小型化，独居、空巢等纯老人家庭快速增加。家庭养老的负担加重，但是养老的人力资源基础日渐式微，家庭自我服务、自我维系面临长期挑战，如果这一问题得不到很好解决，家庭代际矛盾将凸显，养老风险将进一步外化为社会风险。

其次，社会代际利益冲突隐患增加。无论是什么样的社会养老保障和服务设计模式，其本质都是由现时劳动年龄人口生产、创造出的产品和服务来满足已经退出生产领域的老年人口的需要。中国老年抚养比持续增加的发展趋势以及老年人共享改革发展成果的需求日益迫切的现实状况，将深刻改变中国社会资源在代际配置之间的格局，容易诱发代际利益矛盾和冲突。例如，在一些人口老龄化程度较为严重的发达国家，为了实现养老金制度的财务可持续就面临着提高就业者税负和降低退休者待遇的两难抉择。平衡好代际利益关系，成为未来政府部门公共政策决策的基本考量。此外，老年人与年轻人在思想观念、生活方式、行为范式等方面的差异，也可能诱发代际间的文化价值观念冲突，影响社会和谐稳定。

最后，社会治理面临新挑战。随着老年人口的世代更替，中国未来老年人口的主要构成将逐渐演变为目前的"60后""70后"，这部分新生代老年群体的文化素质更高、民主意识更强，对政治参与、权益保护、公平正义等方面利益诉求将会更加凸显。退休后，老年人面临由"单位人"转向"社会人"的身份变化，部分老年人由于缺乏组织带来的归属感，在重新适应社会中容易出现问题，发生老年群体性事件的风险可能会增加。这些都将成为老龄社会治理面临的新课题。

（三）农村人口深度老龄化与实现乡村振兴之间的矛盾

在城镇化持续推进的过程中，大量农村青壮年劳动力向城镇转移，导致同城镇相比，中国农村地区的人口"早老、快老、更老"，农村地区将先于城镇20年进入重度老龄化阶段。农业、农村、农民问题的解决都将深受老龄化的影响。

现代农业发展受阻。伴随农村人口数量减少和老龄化加剧，农村劳动力由长期富余转为结构性短缺，"老弱病残"从事农业的现象日益普遍。有调查显示，77.3%的农村家庭农活主要由 60 岁及以上老年人完成[①]。如果农业生产方式不能及时转变，谁来种地问题将日益突出。在其他条件不变的情况下，农村人口老龄化率每增加 1 个百分点，农业总投入将减少 0.3%，农业产出和单位面积产量分别下降 0.33% 和 0.14%[②]。这将意味着农业产值和国家粮食安全将受到影响。

农村地区发展活力受限。预计到 21 世纪 40 年代，农村常住人口减少到 3 亿人，人口老龄化程度将高达 50% 左右，部分农村地区将出现"村庄空心化、农民老龄化、农村凋敝化"现象。农村主体人口的老化、弱化，将显著降低农村社区的生机活力和凝聚力，对农村家庭建设、社区建设和新农村建设产生不利影响。

农民养老问题凸显。同城镇相比，中国农村地区人口老龄化程度和老年抚养比更高。然而，受到城乡二元经济社会结构的影响，农村地区养老保障待遇、设施建设、服务水平方面，长期以来落后于城镇地区。随着农村家庭日趋小型化、空巢化，家庭养老功能不断削弱，叠加土地保障功能的弱化，农村老年人对社会化养老保障和服务的需求急剧增长，农村地区社会保障、公共服务供给滞后于人口老龄化进程的问题将更加突出，供需矛盾将更加尖锐。

（四）老年抚养比攀升与社会保障制度可持续发展之间的矛盾

人口老龄化程度加深，意味着社会保障领域"生之者寡、食之者众"的现象加剧，加之社会保障待遇的刚性特点，如果没有提前采取应对措施，将对基金收支平衡形成较大冲击，社会保障制度可持续性将面临严峻挑战。作为老有所养的重要支撑，社会养老保险制度的可持续性在短期内受到的冲击较为明显。受中国劳动力人口平均受教育年限增加、人口平均预期寿命延长、劳动年龄人口数量持续下降、退休年龄偏低等因素影响，中国在职职工与退休人员的比例近年来持续

[①] 叶敬忠、刘娟：《农民视角的乡村振兴》（全 2 册），社会科学文献出版社 2023 年版。
[②] Ren, C., Zhou, X., Wang, C. et al., "Ageing Threatens Sustainability of Smallholder Farming in China", *Nature*, Vol. 616, 2023, pp. 96-103.

下降,已经从 20 世纪 90 年代的 5∶1 下降到当前的 2.8∶1[①]。预计到 2050 年将下降到 1.03∶1,这将对养老保险基金的收支平衡带来影响。《中国养老金精算报告 2019—2050》的预测数据显示,未来 30 年中国养老金制度赡养率会翻倍,即使不考虑人均待遇的提高,仅从制度赡养率上看,城镇企业职工基本养老保险的支付压力也在不断提升,2019 年由接近两个缴费者来赡养一个离退休者,到了 2050 年则几乎是一个缴费者赡养一个离退休者,基金当期结余将于 2028 年出现赤字并不断扩大,基金累计结余将于 2027 年达到峰值并在 2035 年耗尽[②]。

与养老保险制度面临的困境相似,医疗保险制度收不抵支风险也会持续加大。据统计,老年人的医疗费用支出往往是总人口平均水平的 3—5 倍。人口老龄化与人均医疗卫生费用支出呈现非线性的正向关系,随着老龄化程度的加深,特别是高龄化程度加剧,医疗卫生支出将快速递增。《2020 年全国医疗保险事业发展统计公报》数据显示,在城镇职工基本医疗保险费用中,全国医疗机构发生费用总计 11281 亿元,其中,在职职工医疗费用为 4598 亿元,退休人员医疗费用则为 6683 亿元,相比之下,在职职工参保人数为 2.542 亿人,而退休职工仅有 0.903 亿人,这意味着,退休人员占比仅为 26%,发生的医疗费用却高达 59%[③]。中国现行城镇职工基本医疗保险制度规定,退休人员不缴医保费用。因此,随着中国老龄化程度加深,特别是进入超老龄社会后,退休人员数量持续增加,而在职缴费人数减少,现收现付筹资模式的基本医疗保险制度必然面临医保基金收不抵支的风险。《党的十九届五中全会〈建议〉学习辅导百问》的预测数据显示,企业职工医疗保险统筹基金累计赤字将于 2024 年出现。

(五) 老年群体需求的刚性增长与公共服务供给有限之间的矛盾

养老服务供需缺口随着人口老龄化进程加快可能增大。随着老年

---

① 中共人力资源和社会保障部党组:《进一步织密社会保障安全网》,《中国人力资源社会保障》2022 年第 5 期。
② 人民政协网,http://www.rmzxb.com.cn/c/2019-04-10/2326784.shtml。
③ 新京报,https://www.bjnews.com.cn/detail/164628655214804.html。

第二部分　分论

人口数量增长和服务需求结构升级，养老服务需求将刚性增长。从当前中国现有的养老服务供给状况来看，无论是服务内容、服务质量，还是服务设施、服务人员，均难以满足不断增长的养老服务需求。以服务人员为例，养老服务人力资源短缺已成为先发老龄化发达国家的常态。中国也面临着相同的困境。仅按照养老护理员与老人的比例为1∶4的国家标准计算，中国至少需要养老护理员200余万名，然而，中国目前养老护理员仅有32.2万名，缺口达到近170万名[①]。根据中国老龄科学研究中心和新疆兵团养老行业协会联合发布的调查报告显示，中国长期从事养老服务人才占比低，从工作年限来看，受访者中从业3年及以下的占比49%，3—5年的占比23.4%，5年及以上的占比27.7%；养老护理员最为紧缺，调查的养老服务机构样本中，认为"人力资源供应不足"的机构占比高达74.9%[②]。如果养老服务供给数量和质量不能有效增加，供需矛盾必然随着老龄化程度的提升进一步加剧。

　　老年群体的健康服务需求急剧增加。中国老年人口长寿不健康现象比较突出。老年人是各种慢性疾病的高发人群，随着年龄的增加，失能失智的概率也大大增加。当前，中国患有慢性病老年人超过1.9亿人，失能和部分失能老年人约4000万人[③]，老年群体对慢性病管理、生活照料、医疗护理等方面的需求旺盛。目前，中国尚未建立与老年群体健康服务需求相匹配的、综合连续的服务供给体系。比如，中国老年医疗卫生机构、康复医院、护理院等机构数量有限且地区分布不均，失能护理、失智照护、安宁疗护等服务严重缺乏，老年健康服务人员也严重不足。上述问题如果得不到有效解决，随着人口老龄化进程加快，特别是超老龄社会的到来，健康服务供需失衡的矛盾势

[①] 张婷：《聚焦急难愁盼　谋划养老护理人才队伍高质量发展》，《中国社会工作》2022年第8期。

[②] 中国老龄科学研究中心网站，http://www.crca.cn/index.php/14-activity/871-2023-04-24-01-47-09.html。

[③] 中国人大网，http://www.npc.gov.cn/npc/c2/c30834/202208/t20220831_319086.html。

必会更加突出。

除了养老服务、健康服务，随着老年群体数量的增加，以及老年人需求向发展型和享受型需求的升级，老年人对体育、旅游、文化、教育、法律等公共服务和产品的需求，无论是在数量上，还是在质量上都会显著增加，相应领域的供给任务将更加繁重。

（六）人口老龄化带来的挑战与机遇并存

人口老龄化给中国经济社会发展各领域带来一系列风险挑战的同时，也带来诸多可供挖掘的机遇，顺势而为，应对得当，可以成为推动经济发展、社会进步、人民生活改善的积极因素。

一是有利于缓解就业压力，倒逼产业结构升级。劳动力老龄化，新成长劳动力数量减少，在短期内有利于减缓就业压力。长期看，老龄化带来的劳动力短缺和用工成本提升，有利于倒逼企业寻求资本和技术对劳动力的替代，促进产业结构优化升级。例如，中国沿海一些地区，面对劳动力短缺和用工成本上升，部分企业已经开始实施了"机器换人"策略。二是有利于打造银发经济新动能。随着老年群体数量持续增长，老龄健康、老龄用品与制造、老龄金融、老龄宜居、老龄文化等老龄产业的多个细分领域的需求也会持续增加，进而带动老龄产业发展。据测算，到2030年，老年群体消费总量占GDP比例可上升到15%—23%。老龄产业属于"劳动力—资本—技术"密集型新产业，因此，发展老龄产业有利于带动就业、扩大消费和促进投资，进而对冲经济波动、提振经济持续发展[1]。三是有利于资本市场改革发展。社会养老保险基金、企业年金基金、商业寿险基金等金融型养老资产的增加，为资本市场提供了充足的长期资金供给，有利于发展壮大资本市场。目前，中国养老保险基金已经结余5.1万亿元，社会保障基金积累超过2.6万亿元，这些资金的入市投资运作，将催生许多新型金融工具，极大激发资本市场活力。四是有利于获得第二

---

[1] 中国新闻网，https://caijing.chinadaily.com.cn/a/202309/07/WS64f92eb1a310936092f20a64.html。

第二部分 分论

次人口红利。中国人口高龄化加速主要出现在2030年以后，此前老年人口的增长主要表现为低龄老年人的增长。据预测，中国54—69岁年龄组人口数量，2020年约为2.7亿人，2030年将增长到3.4亿人。这个年龄段的人大都具有知识、经验、技能优势，养育子女负担轻，具有较高的科学文化素质，是可资开发利用的潜在人力资源。如果退休制度、老年人力资源开发政策等能够得到适时调整和完善，可以有效扩大人力资源供给，创造更多社会财富，获得"第二次人口红利"。五是有利于发展农业适度规模经营。农村人口老龄化使中国农村地区长期面临的人多地少矛盾得到逐步缓解，人均耕地面积增加，为发展农业适度规模经营创造了条件。六是有利于促进社会稳定。同青年群体相比，老年人经过岁月的历练，价值观和行为模式趋向成熟稳定，是最稳定的社会群体。老年人通常也是家庭的维系者，"老人安则家庭安""家庭安则社会安"。做好这一群体的思想政治工作，发挥其言传身教作用和政治优势、经验优势和威望优势，有利于夯实党的执政基础和群众基础。

中国应对人口老龄化也存在诸多有利条件。第一，世界百年未有之大变局加速演进，国际力量对比正在发生根本性变化。由少数发达国家主导的国际政治经济格局正在发生根本性变革，以中国为代表的新兴发展中国家崛起。这有利于中国更加广泛、深入地参与全球老龄问题治理，提升在老龄事务领域的国际影响力和话语权，为中国统筹使用国际国内两种资源、两个市场应对人口老龄化带来的挑战提供了前所未有的机遇。第二，以5G、物联网、互联网、人工智能等为代表的新一轮科技革命和产业变革迅速兴起，这将深刻改变人类生产和生活方式，推动世界各国比较优势和竞争优势再造。这既为中国发挥后发优势以及超大规模市场、产业基础等多方面的优势打造经济发展新动能，不断夯实应对人口老龄化的物质基础提供了新契机，也为中国应对人口老龄化提供了可以选择的新手段、新方式。第三，中国城镇化虽进入减速区间，但仍然有较大空间。国家统计局数据显示，2010年中国城镇化率为49.7%，2020年为63.9%。随着城镇化率的升高，城镇化速度会相应减缓。然而，对标发达国家80%以上的城镇化率，中国城镇化还有较大的提高空间。"新型城镇化"带来的生产要素和需求聚集效应，为企业发挥规模经济效应以及老龄产业发展提供了便利条件。城乡基础设施和基本公共服务逐步一体化以及现代交通、通信等技术的发展，为缩小城乡老龄事业差距、一体化解决城乡人口老龄化带来的问题提供了新机遇。第四，扩大内需战略为老龄产业发展提供了新空间。通过改善老年群体民生不仅可以直接提升老年群体现实消费能力，也有利于降低中青年人对未来的焦虑，进而增加现期消费。老龄产业的服务属性较强，是比较典型的内需型产业，因此，畅通国内大循环、扩大内需的举措必然会有利于老龄产业加快发展。第五，社会领域的新变化将为老龄事业和产业高质量发展提供新动力。按照一般规律，进入高收入阶段，以慈善组织、社工机构等为代表的社会组织将迎来新一轮井喷式发展。随着中国逐步进入高收入经济体行列，中国老龄领域社会组织发育不足、参与不充分的短板将会不断补齐，有利于形成在党的领导下政府、市场、社会三大部门协同应对人口老龄化的强大合力。

三　在高质量发展中保障和改善老年民生福祉

（一）完善落实生育支持政策，实现总量充裕的人口高质量发展

总量充裕是人口高质量发展的重要标识。中国当前总和生育率为1.3左右，徘徊在低生育水平区间，远低于2.1的正常更替水平。维持现有低生育水平，未来中国人口过快负增长和过度老龄化难以避免。应尽快促进总和生育率向替代水平回归，确保人口长期均衡发展，维持人口适度规模优势。2021年，中共中央、国务院出台《关于优化生育政策促进人口长期均衡发展的决定》（以下简称《决定》），是实施积极应对人口老龄化国家战略重要举措之一。应推动《决定》落地见效，全面实施三孩生育政策及配套支持政策，依法全面落实产假政策，延长配偶陪产假和育儿假等假期，满足婴幼儿早期发展照料需求。完善生育保险制度，加强税收、住房等支持政策，推进教育公平与优质教育资源供给，降低生育、养育、教育成本。鼓励

和支持普惠型托育服务发展，加大对家庭婴幼儿照护的支持和指导，落实家庭育儿健康服务。针对中国近六成老年人参与隔代抚养的现实，应鼓励家庭育儿的代际支持，探索对祖辈隔代照料的支持政策。

（二）加强人力资源开发利用，实现素质优良的人口高质量发展

日本和德国等部分老龄化程度较高的欧洲国家，普遍把加大人力资本投资，提高劳动参与率作为应对人口老龄化挑战的重要策略。伴随人口负增长和人口老龄化进程，中国人口数量型红利消失的趋势不可逆转。应加大人力资源开发利用，着力提升劳动力素质和劳动参与率，以"人才红利"对冲"人口红利"的消失。

一是办好学历教育、素质教育，提高新增劳动力供给质量。夯实义务教育基础，着重加强青少年创新意识和创新能力培养。推进高等教育内涵式发展，着力培养具有国际竞争力的创新型、复合型、应用型、技能型大中专及以上毕业生和技能劳动者。

二是建立健全终身学习体系，提高存量劳动力的供给质量。推进基础教育、职业教育、高等教育、继续教育、老年教育之间有机衔接，建立健全学历教育与非学历教育、职前教育与职后教育沟通衔接的机制，使所有公民都能有机会通过直接升学、先就业再升学、边就业边学习等方式不断发展。特别是要建立以职业院校、企业和各类职业培训机构为载体的职业教育体系，着重加强对大龄劳动力（45—65岁）的在职培训。

三是实施积极就业政策，提高劳动参与率。始终将增加就业机会、促进充分就业作为宏观经济政策的核心功能之一，实施终身就业促进，确保就业机会的增加，能够不分年龄给所有人带来好处。进一步完善"双创环境"，加强对灵活就业和新就业形态的支持。破除阻碍劳动力自由流动的体制机制，保持劳动力市场的活力和竞争力。依法保障大龄劳动者就业权利，杜绝人力资源市场"年龄歧视"。

四是开发利用老年人力资源。为有劳动能力和意愿的老年人提供求职登记、职业介绍、创新创业指导服务；为老年人参与志愿服务搭建平台，拓展老年志愿服务的新模式，引导老年人积极参与基层民主监督、社会治安、公益慈善等工作。通过发展赋能型老年教育，推行终身职业技能培训制度，开展面向老年人的智能技术教育等方式，提升老年人的职业技能和数字素养。放宽老年人参加职业资格考试和职业技能鉴定的年龄限制、破除把老年人就业作为劳务关系来对待的政策瓶颈，强化老年人再就业的各项权益保障。在整体逐步延迟退休年龄的基础上，实行弹性退休制度，探索实际退休年龄高低与养老金领取待遇多寡相挂钩的政策措施，鼓励老年人自主选择延迟退休。

（三）坚持发展第一要务，培育老龄社会经济发展新动能

高质量发展是全面建成社会主义现代化强国的首要任务，也是中国式现代化的本质要求。在人口老龄化持续加深的背景下，需要统筹推进实体经济和金融经济协调发展，加快转变经济发展方式，最大限度降低人口老龄化对经济发展的负面影响，着力培育银发经济新动能，促进中国经济发展更具活力和韧性，更可持续。

第一，要提高全要素生产率。应对人口老龄化带来的经济发展活力衰减风险，最重要的应对举措还是要深入实施科教兴国、人才强国和创新驱动战略，充分发挥科技第一生产力、人才第一资源、创新第一动力的作用，推动中国经济发展走向依靠科技进步、劳动者素质提高、管理和制度创新的可持续发展道路。应大力推进生产领域的科技自主创新，加快开发运用便于大龄劳动力掌握和操作的先进生产技术，以及劳动力功能辅助和强化技术，以科技优势弥补劳动力数量不足和逐步老化的劣势，促进人口老龄化背景下劳动生产率的稳步提高。加快要素市场化改革，实现对劳动、资本、土地、科技、管理等要素的有效激励，以全要素生产率的提升推动宏观经济保持发展生机和活力。

第二，要防范人口老龄化带来的系统性风险。把统筹资本经济与金融经济的协调发展作为应对人口老龄化的重要选择，确保金融经济运行始终更好地服务实体经济发展，同时，探索实体经济波动与社会保障待遇增减的联动机制，防范社会保障基金收不抵支和公共财政赤字的风险。高度重视金融型养老资产的规模与变化，特别是老龄化高

第二部分 分论

峰期和退休高峰期养老金支出对金融体系和经济系统的影响，防范集中支取和挤兑产生的系统性风险。充分利用养老保险基金发展壮大和入市运作的契机，强化长期战略投资，扩大资本市场规模，积极引导金融产品的创新，为实体经济发展提供稳定的金融活水来源。

第三，要积极稳妥发展老龄金融。盘活老年人的存量资产，增加资产性收入，改变老年人"资产富裕、货币贫乏"问题。以税收优惠政策，激励中青年群体实施跨生命周期的风险对冲，增加个人资产配置中商业养老、医疗、护理等保险的比例，推动商业保险市场发展。鼓励金融机构开发针对老年人的"稳健"型储蓄产品、投资理财产品、信托产品。支持保险公司开发、承保针对老年人的商业健康保险。

第四，要促进老龄产业高质量发展。针对人口老龄化带来的新型消费需求的增长，一些发达国家日益重视"长寿经济学"，积极发展老龄产业，培育新的经济增长点。目前中国老龄产业发展还面临三大制约，需要着力破解。首先是消费观念制约。当前大部分老年人是经历"高积累、低消费"的计划经济时代成长起来的一代人，存在较强的福利依赖思想，对老龄事业期望程度很高，自己购买产品和服务的意愿较低，养老消费意识还没有培养起来。对此，今后要通过现代消费理念培育、老年友好型消费市场环境营造等措施，使广大老年群体愿消费、敢消费、会消费。其次是支付制度滞后。广大老年群体的潜在需要无法转化为显性消费需求。特别是全国统一的长期护理保险还没有建立，目前中国正在49个城市进行试点。而在建立了长期护理保险制度的国家，长期护理保险更多是用来购买老龄产业的服务产品，对老龄产业的发展起到重要促进作用。今后应尽快建立包括养老金、个人储蓄、理财产品、房屋租赁等财产性收益以及长期护理保险在内的复合型支付体系，着力解决老年人有效需求不足的问题，为老龄产业高质量发展提供强劲内需驱动力。最后是缺乏规划引领。应加强产业规划、标准、目录等基础性工作，为市场主体进入老龄产业发展领域提供基本指引，给它们稳定的预期和发展空间，便于市场主体准确寻找自身的角色定位和发展赛道。此外，要按照构建开放型经济新体制的要求，逐步扩大老龄产业领域的对外开放，放宽外资准入，吸收借鉴外资在养老理念、资本运作、运营管理模式、标准规范、服务培训等方面的先进经验，促进中国老龄产业转型升级。着眼国际老龄产业市场蓝海，发挥好中国制造业大国优势，鼓励头部企业"走出去"积极开拓国际市场，重点面向"一带一路"国家和地区发展老龄制造业"海外加工工厂"。

（四）平衡代际利益格局，促进代际和谐共融

针对人口老龄化带来的代际利益格局深刻调整，在社会建设过程中，需要统筹兼顾各个年龄群体的利益，以构建各年龄群体共建共融共享的社会为目标，化解家庭和社会代际矛盾，提高老龄社会治理效能。

首先，巩固家庭养老的基础性作用。通过完善住房、水电气、税收、照护培训等一揽子的支持性政策举措，鼓励和支持家庭成员更好地履行赡养扶养义务，充分发挥家庭成员在满足老年人的经济供养、生活照料、精神慰藉需求中不可替代的作用，降低家庭内部养老风险。强化家庭成员个人的自我保障作用，引导中青年群体提前为老年生活做好规划，为自己老年期的生活做好资金、资产、能力等多方面的准备，提高老年期抗风险的能力。巩固和增强家庭养老抚幼功能，倡导代际和谐、性别平等、责任共担的新型家庭人口文化建设。

其次，注重构建公平、和谐的代际利益格局。兼顾公平和效率，统筹考虑"劳有所得""老有所养"的要求，妥善处理好在职人员工资收入和离退休人员养老金收入分配关系，缩小不合理的收入差距，确保代际公平共享经济发展成果。统筹解决退休问题和失业问题，既要防范为了促进年轻劳动力就业而让大龄劳动力提前退休，把就业压力转换为社会养老保障压力，也要防范为了减轻养老保障压力而在一些领域"一刀切"实施延迟退休，对部分领域的年轻劳动力就业岗位形成挤占。

再次，持续推进年龄平等文化建设。充分运用多种宣传、教育手段，引导全社会特别是年轻一代改变对老年人所持有刻板印象和负面看法，重新认识老年人的历史和现实价值，塑造"年龄平等""共建

第二部分 分论

共享共融"的新型代际观。充分挖掘中国传统孝道文化的精神实质和合理内涵,加强社会主义新型孝道文化建设,为构建代际共融的老龄社会提供精神动力。

最后,加快建立健全老龄社会治理的体制机制。一是完善老龄事务的政府决策机制。规范老龄事务行政决策程序和风险评估机制,畅通老年人及利益相关方充分参与政府老龄事务决策的渠道,加强老龄领域重大政策举措、项目工程的跟踪反馈和责任追究,不断提高老龄决策的科学化、民主化。二是建立和完善老年人诉求表达机制。通过适当增加各级人大和政协老年人界别代表的比例、引导老年人通过老年群众组织反映自身的意愿和诉求、加强老龄工作系统的信访工作等举措,为老年群体诉求表达提供便利条件。三是建立完善涉老矛盾纠纷的排查、预警和调解机制。针对老年群体关心关注、反映强烈的热点、重点和难点问题,要经常性地分析排查,注意全方位收集和掌握各类苗头性信息,作出科学预警。健全和完善联系群众、领导干部下访等制度,主动深入基层,及时疏解负面情绪,帮助老年群众解决切身利益问题。四是加强对老年群体的社会管理。加强老年人社会组织建设,通过建立政府向老年人社会组织购买服务的制度,积极培育发展各类老年人社会组织,引导其承接政府转移出来的社会管理和公共服务职能。加强基层老年协会建设,增强其自我教育、自我管理、自我服务功能。充分发挥基层党组织的战斗堡垒作用以及老年党员的先锋模范作用,切实做好老年思想政治工作,确保党的路线、方针、政策在老年群众中得到贯彻落实。

(五) 统筹应对城乡人口老龄化问题,促进城乡协调发展

中国人口老龄化问题的重点和难点在农村,能否正确解决农村人口老龄化问题,不仅关乎应对人口老龄化的成败,而且关系农村改革发展的全局。需要按照城乡经济社会发展一体化的要求,以形成"以城带乡、以乡促城、城乡互动"新型城乡关系为导向,促进公共资源在城乡之间实现公平、均衡配置,统筹解决城乡人口老龄化带来的问题,促进城乡协调发展。

积极推进适应人口老龄化的新型城镇化。在持续推进城镇化的进程中，应结合国家都市圈、城市带的布局，主体功能区规划和国土规划，研究细化有利于人口合理分布的政策措施，引导人口向资源环境承载力强、经济发展空间大的区域转移和聚集，推动新型城镇化合理有序开展。在此过程中，必须坚持土地城镇化和人口城镇化同步发展，老年人口城镇化与青壮年人口城镇化协调推进，不断完善养老保障跨区域转续、医疗保险制度异地结算、随迁老年人口落户等制度，为流动青壮年人口的父母到城镇居住创造便利条件，使迁移人口的年龄结构更加均衡，避免农村地区和中西部地区人口的过度老龄化。

培育适应人口老龄化要求的农业发展方式。推进农业经营形式创新，在尊重和保障农户生产经营主体地位的基础上，鼓励多种形式的适度规模经营，探索经营权实现方式的多样化。着力增加技术、资本等生产要素投入，不断提高农业生产的集约化水平和机械化水平，提高劳动生产效率，降低农业生产对劳动力数量和体力劳动强度的需求，减少人口老龄化和城镇化对农业生产的冲击。加大对留守农民农业生产技能的培训和教育力度，提高劳动力素质，减缓青壮年劳动人口流出对农业生产的影响。进一步优化调整农业产业结构，培育开发与劳动力结构老化相适应的新型农业业态。

推进人口老龄化条件下以城支农的新农村建设。加快调整国民收入分配格局和财政支出结构，形成"政府主导、多元投入、统筹使用"的支农资金保障机制，加大对农村基础设施和公共服务体系建设的投入力度，提高农村社区建设和公共服务水平，改善包括老年人在内的农村居民的人居环境和生产生活条件。加快发展农村社会事业，特别是要按照城乡一体化、可转移、可衔接的原则，补齐长期以来农村地区在社会保障和养老服务体系建设领域的短板，为农村居民晚年生活提供经济保障和服务保障。加大对农村低收入、空巢、失能老年人的关心关爱力度，逐步将其纳入政府购买养老服务的保障范围。坚持工业反哺农业的原则，促进工农业生产产业链向农村地区延伸，将农村的资源禀赋转化为产业发展的优势。推动各地开展科技、人才、文化、服务等下乡活动，促进农业实现转型升级、农村取得全面进步、农民得到全面发展。

（六）增进老年民生福祉，稳步实现共同富裕

民生是为政之要，在促进共同富裕的进程中，要从提高老年群体民生福祉，防范和化解老年期面临的贫困、疾病、失能等风险的角度，健全养老保障、健康支撑、养老服务三大体系。

完善多层次养老保障体系。一是完善基本养老保险制度。以提升基本养老保险制度的公平性、推动实现共同富裕为目标，按照"提低、扩中、限高"的原则调整城镇职工基本养老保险待遇，提高养老金较低人群的养老金水平，扩大中等养老金待遇的人群，限制高养老金待遇的涨幅。完善城乡居民基本养老保险待遇合理调整机制，改革缴费和财政补贴方式，积极引导参保人员选择更高档次缴费、延长缴费年限，进而增加个人账户积累，逐步缩小城乡居民与城镇职工养老金待遇之间的差距。二是要提升基本养老保险制度的可持续性。综合考虑物价变动、财力状况、基金承受能力、人口老龄化等因素，统筹考虑人口老龄化的不可逆转性、福利刚性和经济波动性的关系，完善基本养老保险待遇调整机制。通过深入推进全民参保计划，健全农民工、灵活就业人员、新业态从业人员等群体的参保机制，不断增加养老保险基金收入。推动基本养老保险基金市场化、多元化、专业化投资，提升基金的"自我造血"能力，促进基金保值增值。继续划转国有资本，充实全国社会保障基金战略储备，提升基金的抗风险能力。在实施企业职工基本养老保险全国统筹制度的基础上，进一步提高城乡居民基本养老保险的统筹层次，适当增加中央在养老保险方面的事权。三是大力发展职业性养老保险。应加快建设强制性企业年金制度，制定完善企业年金制度的相关法规制度，加大对企业的税收优惠力度。四是引导扶持商业性养老保险发展。进一步完善税收优惠政策，鼓励个人购买商业性养老保险产品。鼓励和扶持商业性养老保险公司在提供补充性养老金计划、参与养老基金运营管理方面充分发挥作用。在个人养老金发展方面，要明确人社、税收、金融监管等部门在个人养老金建设方面的职责，强化金融机构在产品设计、管理服务方面的能力，为个人养老金发展创造良好的环境，进而提升社会参与率。此外，要不断优化老年人收入来源和结构，通过增加低龄健康老年人的劳动收入、拓展老年人财产性收入渠道、发展慈善捐赠等方式，为老年人提供多层次的经济保障。

加快健全健康支撑体系。第一，抓观念转变。将积极老龄观融入老年健康服务的全过程，树牢"预防优先于康复，康复优先于护理"意识。引导老年人树立积极的预防观、康复观、护理观，主动接受健康教育、贯彻健康管理、践行健康生活方式。第二，抓制度转型。健全基本医保筹资和待遇调整机制，逐步提高基金统筹层次，缩小人群保障待遇差异，提高制度可持续性。结合老年群体的服务需求，加大基本医保对上门医疗服务、康复护理、安宁疗护等服务的支持力度。在此基础上，推进医疗保险制度向健康保险制度转型。重构服务提供方的激励结构，建立人群健康水平越高、服务机构收入越高的正向激励。改变事后买单式的制度安排，通过将健康体检等费用纳入医保等措施，建立居民维持健康状态的激励机制。第三，抓结构调整。按照"重心下移、两端延伸"的要求，推进健康服务体系的结构性改革，引导优质资源向老年人的身边、家边、周边聚集；向前端的健康教育、预防保健，以及后端的康复护理、长期照护、安宁疗护延伸。第四，抓格局同构。推进养老服务体系和老年健康服务体系在居家、社区、机构层面深入结合、布局同构，最终形成居家、社区、机构相协调，基本公共服务、非基本公共服务和个性化服务相衔接的健康养老服务体系。第五，抓公平普惠。把维护健康公平放在优先的位置，以保障全体公民老年期健康权益为出发点，推动城乡、区域、群体间老年健康服务实现均衡发展，确保老年群体公平共享健康中国建设成果。

加快完善养老服务体系。第一，随着中国经济发展以及财力的增强，不断完善基本养老服务项目，逐步拓展基本养老服务内容、标准和覆盖范围，使所有符合条件的老年人能够大致均等地获得基本养老服务。第二，打破养老服务资源调配的条块分割、服务供给的群体分割，真正使各类养老服务资源打通使用、一体化服务老年人，推动面

第二部分 分论

向老年人、残疾人、儿童的服务设施集中布局、共建共享。第三，增加居家社区养老服务的有效供给，重点发展具有护理和医养结合功能的养老机构，健全转介流程和机制，推动居家、社区和机构养老服务协调发展。第四，强化兜底性养老服务供给，着力发展成本可负担、方便可及、质量可靠的普惠型养老服务，规范发展高端多样化养老服务，逐步形成兜底供养有保障、普惠养老能满足、中高端市场可选择的多层次养老服务供给格局[①]。第五，通过更多创新举措降低养老服务业的税费成本、制度性交易成本和要素成本，着力破解困扰养老服务业多年的"运营难、融资难、盈利难、招人难"等老大难问题，提升养老服务业的可持续发展能力。第六，通过精准识别需求、实时精准对接供需、智能化监管、精细化政策扶持等措施，促进养老服务业精准化发展。

此外，还要增加面向老年群体的文化体育教育等公共服务资源供给。坚持公益性、均等性、便利性的基本原则，增加面向老年人的文化设施、体育设施等供给，探索将基层养老设施、公共文化设施、老年活动场所等进行有机整合，形成集养老、文化、体育等多种功能于一体的、综合性的服务设施，为老年人参加多种活动提供便利。结合人口年龄结构变化，对公共文化服务体系的内容进行结构性调整，增加符合老年人品位的文化资源总量。立足基层社区，加强能够扎根基层、长期服务老年人的公共文化和体育服务队伍建设，广泛开展群众性老年文化和体育活动。在老年教育领域，要通过政策创新，鼓励引导企业、社会组织等积极参与发展老年教育，不断扩大老年教育资源供给，满足老年人日益多样化、个性化的学习需求。坚持质量立校、规范办校的原则，办好、办强各类老年大学，提高老年大学的办学质量，破解优质老年大学"一座难求"问题。加快建立健全县（市、区）—乡镇（街道）—村（居委会）三级社区老年教育网络，不断夯实基层社区老年教育。大力发展线上老年教育，将信息技术融入老

---

① 李志宏：《学习贯彻党的二十大精神 推进中国特色养老服务体系建设》，《中国社会工作》2022年第35期。

年教育教学全过程，织密"线上""线下"两张网，推进线上线下一体化教学，让更多老年人"学在指尖"。

（七）推进城乡规划建设转型，建设全龄友好环境

中国的城乡建设理念、城乡规划和建设标准、公共服务设施、小区配套设施和居民住宅等都是年轻型或成年型社会的产物，难以适应人口快速老龄化的需要，特别是老年人的宜居需要。快速发展的人口老龄化对城乡建设提出了新的要求，迫切需要在上述领域作出适应性调整。对此，需要遵循"安全、便捷、舒适"的理念，寻求一条低成本、高效率的人居环境建设之路，建设一个"不分年龄、人人适用"的城乡人居环境。

制定实施适应人口老龄化的城乡建设规划。针对以往城乡建设规划没有充分考虑人口老龄化过程中各个年龄层多样化要求的客观现实，结合建筑设施的生命周期，适度超前制定城乡建设整体规划，使其适应各个年龄群体的宜居需求，特别是注意老年人的宜居需求，同时降低往后适老化改造的建设成本。通过修订完善城乡规划建设法律法规、政策规范和工程建设标准，促进城乡规划建设与老龄社会发展要求相适应。制定实施养老服务设施建设专项规划，纳入城乡建设总体规划，合理配置养老服务设施数量、布局和规模。

加快全民通用型公共生活环境建设。合理规划布局面向老年人、少儿、中青年群体的各类服务设施，整合资源，确保各类服务设施和资源为全民共有、共用、共享，促进年龄平等和代际融合。加快公共交通工具和设施的无障碍改造和建设，为老年人提供安全、便捷、舒适的出行环境和服务。加强对老年人的交通安全教育，全面提高老年人的交通安全意识和事故预防意识，减少交通安全事故的发生。

打造宜居的居家生活环境。鼓励建设与子女同住的通用住宅、在社区内或单元内隔而不离的代际亲情住宅。重视对合居型住宅的功能和细部设计，增加公共交往空间和个人生活行为空间设计，满足家庭成员的多层次居住需求。推进"无障碍""适老化"改造进

第二部分 分论

家庭活动，对低收入的居家养老的高龄、失能老年人实行家庭无障碍和适老化改造。国家保障性住房建设中，需充分考虑老年人居住需要，优先向符合住房保障条件的老年人家庭配租配售保障性住房。

建设老年友好的数字生活环境。针对老年人不能用、不会用、不想用、不敢用智能设备和技术问题，要综合施策。制定智能化终端产品和软件应用开发的适老化标准规范，确保企业紧贴老年人需求特点，生产提供更多智能化适老产品和服务。民生服务信息化工程要有托底预案，保留一定比例的传统渠道，确保老年人出行、就医、消费、文娱、办事等高频事项和服务场景有老年人熟悉的传统服务方式。加强老年人防范网络电信诈骗宣传教育活动，加大针对老年人的网络电信诈骗打击力度，切实保障老年人安全使用智能化产品、享受智能化服务。

(八) 完善体制机制，推进老龄问题治理体系和治理能力现代化

进一步改革完善老龄工作体制机制，推进老龄问题治理体系和治理能力现代化，既是新时代老龄工作改革发展的题中应有之义，也是保证积极应对人口老龄化战略措施落地的重要依托。一是加强党对老龄工作的全面领导。将积极应对人口老龄化的重点任务纳入党委政府工作议事日程，纳入经济社会发展总体规划、专项规划和部门规划，纳入政府民生实事，纳入财政预算，纳入党委政府工作督查考核，使老龄事业的发展与经济社会发展同步规划、同步实施、同步考核，对加强老龄工作做到认识到位、领导到位、措施到位、保障到位[①]。二是改革完善老龄工作体制，强化协同共治网络。一方面，完善中央层面的议事协调机制，强化其统筹老龄工作和人口工作职能。另一方面，要优化涉老政府部门的职能设置，解决部门之间职能交叉重叠问题。三是提升治理的科学化、精细化水平。推进跨领域、跨部门、跨

---

① 李志宏：《积极应对人口老龄化中国特色道路的基本内涵和总体布局》，《老龄科学研究》2020 年第 7 期。

层级的涉老数据共享，建设老年人口基础数据管理平台和老龄事业数据直报系统，切实做到"底数清、情况明、决策有依据"。建立积极应对人口老龄化工作的动态监测和绩效评估制度。引入政策模拟和大数据分析技术，努力提高决策的科学化水平。

第六章 中国人口流动：形势、影响及应对*

改革开放以后，中国拉开了人口流动的大幕，流动人口规模快速增长，2000年时突破1亿人，2010年超过2.1亿人。2020年全国人口普查数据表明，中国人户分离人口达到4.93亿人，约占总人口的35%。其中，流动人口3.76亿人，10年间增长了将近70%。中国人口分布特征由低流动性的"乡土中国"向高流动性的"迁徙中国"转变，成为中国人口、社会、文化、经济等变迁的重要因素。人口流动可以使得劳动力要素在更大范围内优化配置，提高了劳动生产率，扩大了就业机会，增加了流动人口的收入；人口流动也能促进城市化和工业化进程，推动产业发展和技术进步，使得人口、消费和产业的集聚效应凸显，从而促进市场经济的繁荣；人口流动能加快文化、思想的传播，促进现代文明交流和融合，使人们的生活方式更加多元化和开放。然而，人口流动也能带来一些负面影响，例如工作和居住的不稳定性增加了社会治理的难度；人口流动产生的流动儿童、留守儿童、留守老人等问题提高了家庭风险；人口流动还可能导致农村地区的衰落和城市人口的过度聚集。充分发挥人口流动对社会经济发展的正面效应，避免其负面影响，是实现"以人口高质量发展支撑中国式现代化"的重要环节。本章将主要利用第七次全国人口普查的数据阐

---

* 本章作者为杨舸。作者简介：杨舸，中国社会科学院人口与劳动经济研究所副研究员，中国社会科学院大学副教授、硕士生导师，中国社会科学院应对人口老龄化研究中心副秘书长，研究领域为人口与社会发展。

述中国人口流动的现状和趋势，并从正面和负面两个角度分析当前人口流动对社会经济发展的效应，最后从政策应对的角度提出建议。

一 中国人口流动的现状及趋势

（一）流动人口的基本特征

1. 流动人口的规模庞大，人口流动参与度不断提高

改革开放以来，随着农村家庭承包责任制的推进，农业剩余劳动力被释放出来，进入城镇地区务工，开启了流动人口快速增长的序幕。1990年全国流动人口数量为2135万人，占全国总人口的1.89%。此后，流动人口规模保持了快速增长的状态，1995年达到7073万人，2000年的规模超过1亿人，比1990年增长了4倍，年均增长率高达17%。2010年流动人口数量达到2.2亿人，比2000年翻

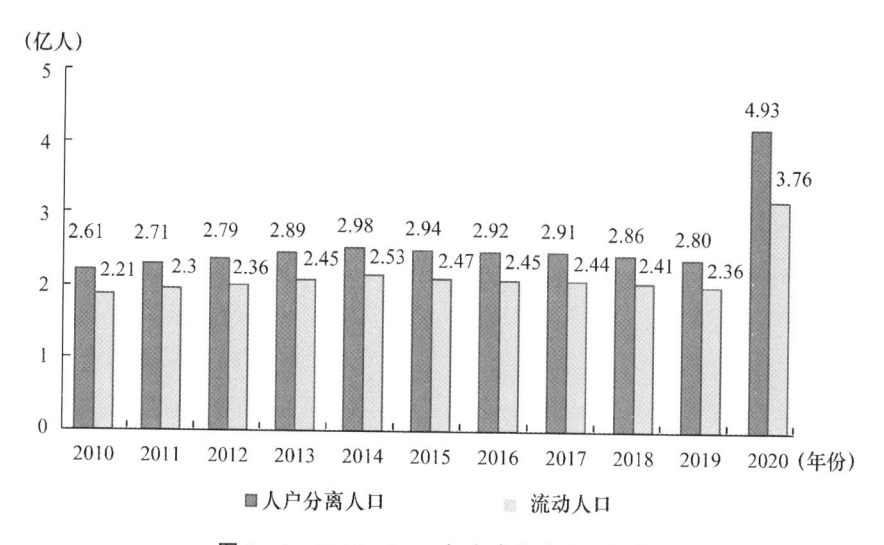

图6-1 2010—2020年人户分离人口规模

注：人户分离的人口是指居住地与户口登记地所在的乡镇街道不一致且离开户口登记地半年以上的人口。流动人口是指人户分离人口中不包括市辖区内人户分离的人口。

资料来源：2010—2019年《国民经济和社会发展统计公报》，国家统计局；第七次全国人口普查公报，国家统计局。

第二部分 分论

了一番，2000—2005年、2005—2010年的流动人口年均增长率分别高达7.57%和8.49%。2010年，流动人口占全国人口的比重为16.5%，而到了2020年，这一比例上升至26.6%（见图6-1）。第七次全国人口普查数据显示，中国流动人口规模达到了3.7亿人，其中，跨省流动人口为1.2亿人，与2010年相比，流动人口增长了近70%。

人口的流动参与度也在不断提高。流动人口在总人口中所占比例在1982年仅为0.66%，2000年、2010年分别提升至7.90%和16.53%。2020年，全国26.6%的人口是流动人口。尽管对于流动人口的历史数据还存在一些争论，但可以确定的是，流动人口已经成为中国人口的重要组成部分，也是中国经济增长、社会发展的重要影响因素。

2. 流动人口仍具有年龄选择性，且呈老化趋势

流动人口仍然具有年龄选择性，以青壮年劳动力为主，不同流动类型的流动人口表现出不同的年龄性别结构特征。第一，远距离流动的人口倾向于男性和20—40岁年龄段，跨省流动人口30—34岁组的男性所占比例最大，长距离流动意味着更高的流动成本和风险，从成本收益的角度来说，在劳动力市场具有更大优势的人才能在流动后获得足够的回报，来抵消流动的损失，才更倾向于迁移。第二，男性参与流动的可能性大于女性。在跨省流动人口中，65岁以下所有年龄组均为男性多于女性，除了男性更容易找工作的原因，女性需要承担更多照顾儿童或老人的责任，使得在家庭分工中被留下。第三，相比跨省流动人口，省内流动人口表现出更多迁移的社会属性，而非经济属性。首先，省内流动人口的年龄结构更分散，儿童和老年人的比例更高，省内流动人口中0—14岁、60岁及以上占比分别为16.31%和10.43%，跨省流动人口中两者比例分别为9.81%和5.69%，这些人一般因投靠家人而流动，并非为了务工经商；其次，省内流动人口中20—35岁组中的女性多于男性，这是由于女性在婚嫁年龄因婚嫁而流动的可能性增加（见图6-2、表6-1）。

(a) 跨省流动人口

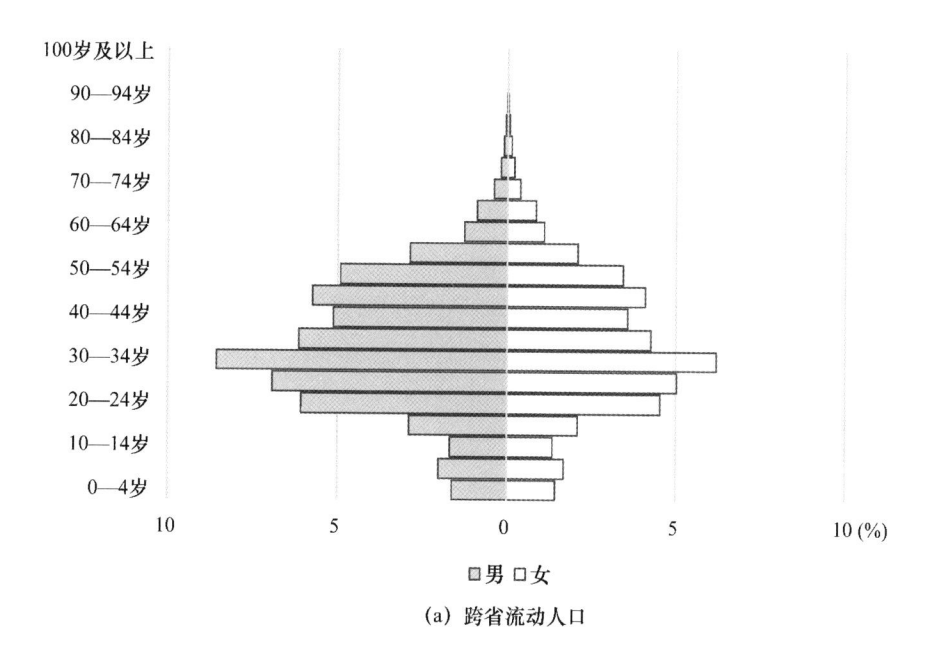

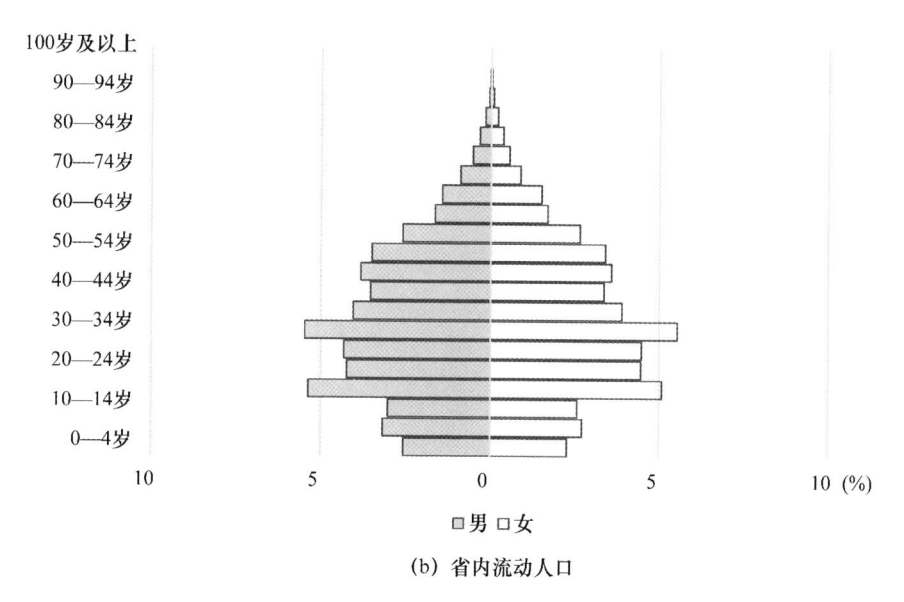

(b) 省内流动人口

图 6-2　2020 年流动人口性别年龄结构金字塔

资料来源:《中国人口普查年鉴 2020》。

第二部分 分论

表6-1　　　　　流动人口的年龄结构和性别比　　　　　单位：%

年龄组	2010年 跨省流动人口 比例	性别比	2010年 省内流动人口 比例	性别比	2020年 跨省流动人口 比例	性别比	2020年 省内流动人口 比例	性别比
0—14岁	8.22	128.6	11.73	119.7	9.81	118.8	16.31	114.8
15—29岁	42.12	117.5	40.40	91.6	27.53	135.8	27.89	99.2
30—44岁	36.09	136.9	28.28	111.5	33.83	141.4	25.83	101.8
45—59岁	11.14	153.9	13.29	119.9	23.14	140.1	19.54	102.4
60岁及以上	2.43	119.7	6.30	109.9	5.69	105.9	10.43	95.0
总计	100	128.9	100	104.8	100	134.9	100	102.4

资料来源：《中国2010年人口普查资料》《中国人口普查年鉴2020》。

但依据历史趋势的变化，流动人口正呈现老龄化。从平均年龄来看，2000年流动人口的平均年龄为29.01岁，2010年为30.80岁，2020年上升为34.21岁；从中位年龄来看，2000年流动人口的中位年龄为27岁，2010年为29岁，2020年上升为33岁。而且，流动人口中15—29岁年龄组的比例明显下降，而45—59岁年龄组的比例明显上升（见图6-3）。

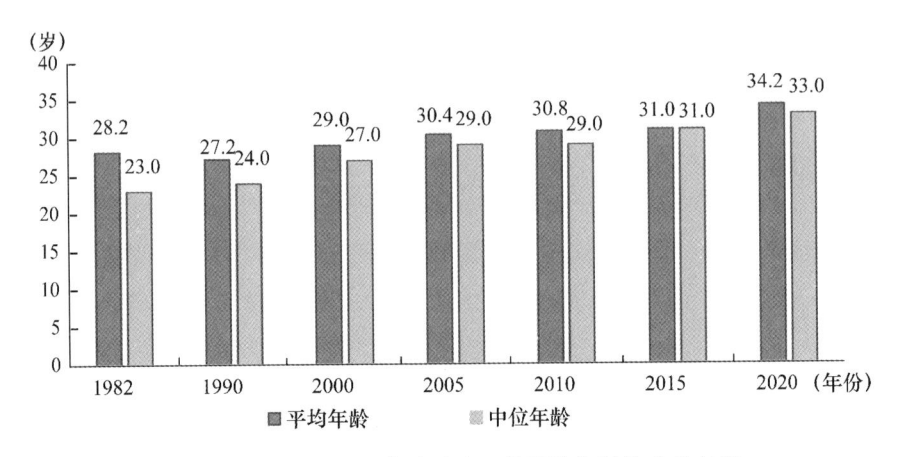

图6-3　1982—2020年流动人口的平均年龄和中位年龄

资料来源：1982—2015年数据来自段成荣、谢东虹、吕利丹《中国人口的迁移转变》，《人口研究》2019年第2期，2020年数据为笔者依据普查资料计算。

3. 流动儿童和流动老人规模迅速增长

事实上，流动人口年龄结构不仅存在老龄化的特征，也呈现少儿化趋势，流动人口中的少年儿童与老年人口的占比均明显提升，绝对规模也出现较大幅度增长。

2010年"六普"数据显示，0—17岁流动儿童占全国流动人口的比例为16.2%，规模已经高达3581万人，较2000年（1982万人）增长了1599万人。流动儿童规模增长十分迅速，到2020年，0—17岁流动儿童占全国流动人口的18.92%，总规模达到7109万人，较2010年增长了98.5%。流动儿童规模的增长体现了流动人口家庭化的特征。在人口流动的早期，年龄较轻、身强力壮、经济活动能力较高的人更易成为流动的先锋者，物质生活资料的积累和时间的推移使得流动成本和风险下降，家庭团聚的需求促使了大量投亲靠友的流动人口出现，人口由"单枪匹马闯天下"进入了携妻带子、携老扶幼举家外流的阶段，流动儿童和流动老人的规模增长正是这一规律的反映。

2020年，流动人口中60岁及以上老年人口占比达到8.85%，绝对规模3327.3万人，65岁及以上老年人口占比为5.84%，绝对规模达到2194.4万人；较2010年，流动老年人的比例和规模均有大幅度提升，2010年流动人口中60岁及以上、65岁及以上老年人口占比分别为4.80%、2.89%，绝对规模分别为1060.8万和638.3万人。

这两个群体对传统公共资源的分配模式产生了较大挑战，以户籍人口为基础的社会运行体制显然不再适用人口大规模流动的时代，儿童和老年人的权益保障使得公共服务模式的改革成为必然选择。

（二）流动人口的分布流向特征

1. 东南沿海仍是流入中心，中西部份额在提升

2000—2020年，跨省流动人口的规模保持快速增长的态势，但在总流动人口中所占比例呈现先上升后下降的过程。2000年，流动人口中跨省流动的比例为36.66%，规模约为3600万人；2010年，跨省流动人口的占比为38.83%，规模达到8587.6万人；2020年，跨省流动人口的占比下降到33.22%，规模则继续增加到12483.7万人。

第二部分 分论

人口从中西部地区跨区域流动到东南沿海地区一直是跨省流动的主要模式。这一特征在2000年"五普"数据中就体现了出来，当时逐步形成了北京、上海两大全国级强势吸引中心和广东、新疆两大地区级强势吸引中心[1]。流动人口空间格局分为"3带、5区"，包括东部带、中部带、西部带、京津区、东北区、皖赣区、新疆区、云南区[2]；已经形成三大城市流动人口圈：京津冀流动人口圈、沪宁杭流动人口圈、广深厦流动人口圈[3]。2000—2010年，珠三角地区依旧是人口流入的极点[4]，但增速被长三角地区超越，珠三角地区吸引的流动人口出现相对减少趋势，长三角对流动人口的吸引力在不断增加[5]。

2000—2010年，人口跨省流动呈现由"单极"向"多极"的转变，广东省的跨省流动人口规模一直最多，从2000年的1506.5万人增加至2010年的2149.8万人，但占比从35.5%降至25.0%。长三角地区的江浙沪和京津冀地区的北京、天津也迅速吸纳了较多跨省流入人口。北京的跨省流动人口规模从2000年的246.3万人增加到2010年的704.5万人，增长了近3倍。天津的跨省流动人口规模也增长了近2倍，从2000年的73.5万人增加到2010年的299.2万人。此外，江苏、浙江的跨省流动人口规模分别从2000年的253.7万人、368.9万人增加到737.9万人、1182.4万人，上海的跨省流动人口规模则从2000年的313.5万人增加到897.7万人。这也反映产业布局出现多线开花的局面，经济发展产生就业机会，吸引大量外来务工人员。

---

[1] 王桂新：《中国经济体制改革以来省际人口迁移区域模式及其变化》，《人口与经济》2000年第3期。
[2] 朱传耿、顾朝林、马荣华等：《中国流动人口的影响要素与空间分布》，《地理学报》2001年第5期。
[3] 朱传耿、顾朝林、张伟：《中国城市流动人口影响因素的定量研究》，《人口学刊》2002年第2期。
[4] 王桂新、刘建波：《1990年代后期我国省际人口迁移区域模式研究》，《市场与人口分析》2003年第4期。
[5] 梁鹏飞、林李：《2005年中国流动人口的空间分布及其与区域经济发展的关系》，《云南地理环境研究》2008年第6期。

第六章 中国人口流动：形势、影响及应对

2010—2020年，长三角地区和珠三角地区的跨省流入人口规模继续快速增长，同时中西部的增长幅度和排名有所提高。广东省的跨省流动人口规模仍然居全国首位，2020年吸纳了2962.2万外省流入人口，占全国跨省流动人口的23.73%，比2010年增加812万人，也是全国跨省流动人口净增最多的省份，但占比下降了1.3个百分点。江苏省和浙江省的跨省流动人口规模分别从2010年的737.9万和1182.4万人增加到2020年的1030.9万和1618.6万人。江浙沪共吸纳3297.5万跨省流动人口，占全国跨省流动人口的29.62%，较2010年下降3.2个百分点。北京、天津、福建、山东和新疆依旧是吸纳跨省流动人口排名靠前的省份，但占比均有所萎缩。总的来看，前五个重点流入中心分别是上海、北京、广东、江苏、浙江，五个次流入中心分别是天津、福建、新疆、辽宁和山东。

从增速来看，中西部地区表现更加亮眼，西藏、重庆、四川、河北、湖北、吉林、湖南、安徽、河南、江西10省的跨省流入人口在2010—2020年实现翻倍。安徽省的跨省流动人口规模从2010年的71.7万人增加到2020年的155.1万人，排名也从第16位上升到第7位；河南省的跨省流动人口规模从2010年的59.2万人增加到2020年的127.4万人，排名从第24位上升到第14位；湖北省的跨省流动人口规模从2010年的101.4万人增加到2020年的225万人，排名从第13位上升到第8位；四川省的跨省流动人口规模从2010年的112.9万人增加到2020年的259万人，排名从第18位上升到第11位。这也反映了中西部的城市群正在成为新的经济增长亮点（见表6-2）。

表6-2　　　　　分省份的跨省流入、流出人口　　　　　单位：万人

地区	2000年 流出人口	2000年 流入人口	2010年 流出人口	2010年 流入人口	2020年 流出人口	2020年 流入人口
全国	4241.9	4241.9	8587.6	8587.6	12483.7	12483.7
北京	9.2	246.3	27.4	704.5	47.0	841.8
天津	8.2	73.5	27.3	299.2	79.9	353.5
河北	121.9	93.0	349.8	140.5	548.0	315.5

第二部分 分论

续表

地区	2000年 流出人口	2000年 流入人口	2010年 流出人口	2010年 流入人口	2020年 流出人口	2020年 流入人口
山西	30.5	66.7	108.3	93.2	198.5	162.1
内蒙古	50.5	54.8	106.8	144.4	177.8	168.6
辽宁	36.2	104.5	101.4	178.7	187.4	284.7
吉林	60.9	30.9	137.3	45.6	241.4	100.1
黑龙江	117.4	38.7	255.4	50.6	393.2	82.9
上海	14.3	313.5	25.0	897.7	38.4	1048.0
江苏	171.6	253.7	305.9	737.9	435.2	1030.9
浙江	148.2	368.9	185.4	1182.4	236.2	1618.6
安徽	432.6	23.0	962.3	71.7	1152.1	155.1
福建	81.1	214.5	166.7	431.4	261.4	489.0
江西	368.0	25.3	578.7	60.0	634.0	127.9
山东	110.5	103.3	309.6	211.6	425.9	412.9
河南	307.0	47.6	862.6	59.2	1610.1	127.4
湖北	280.5	61.0	589.0	101.4	598.6	225.0
湖南	430.7	34.9	722.9	72.5	804.1	157.8
广东	43.0	1506.5	88.1	2149.8	168.7	2962.2
广西	244.2	42.8	418.5	84.2	810.9	135.9
海南	11.9	38.2	27.6	58.8	42.3	108.8
重庆	100.6	40.3	350.7	94.5	417.6	219.4
四川	693.8	53.6	890.5	112.9	1035.8	259.0
贵州	159.6	40.9	404.9	76.3	845.5	114.7
云南	34.4	116.4	148.2	123.7	296.2	223.0
西藏	2.0	10.9	5.5	16.5	13.8	40.7
陕西	80.4	42.6	196.1	97.4	298.8	193.4
甘肃	58.6	22.8	159.3	43.3	344.8	76.6
青海	9.5	12.4	24.2	31.8	43.1	41.7
宁夏	9.0	19.2	22.6	36.8	36.6	67.5
新疆	15.6	141.1	29.7	179.2	60.3	339.1

资料来源：《中国2000年人口普查资料》《中国2010年人口普查资料》《2020中国人口普查资料》。

2. 流出中心由中部向西部偏移，部分省区回流趋势出现

一直以来，中部省份和西南省份是人口跨省流出的重点地区。2000—2010年，四川、安徽、湖南、江西、河南、湖北均为跨省流出人口最多的省份。根据历次人口普查所提供的数据，我们可以对各省的跨省流出人口规模进行分析。这些数据反映了每个省份的人口流出情况，即离开该省份到其他省份的人口数量。2000年，四川的跨省流出人口规模最大，达到了693.8万人。其次是安徽、湖南、江西、河南和湖北，分别以432.6万、430.7万、368.0万、307.0万和280.5万人列第二位至第六位。此外，跨省流出人口规模超过100万人的省份还有广西、江苏、贵州、浙江、河北、黑龙江、山东和重庆。到2010年，人口流出中心依然为中部五省和四川。安徽上升为第一位，跨省流出人口规模超过900万人，四川和河南的跨省流出人口规模超过800万人，其余3个省份也超过500万人。另两个西南省份广西和贵州的跨省流出人口也增长较快，超过400万人。人口流出多少与每个省份的经济发展情况、地理位置、人口压力等多种因素有关，中部省份劳动力充足，且毗邻发达地区。

到2020年，跨省流出的中心向西部偏移，中部五省和四川依然是流出中心，但增速明显下降，河南上升为跨省流出人口最多的省份，达到1610万人，同时，贵州、广西、甘肃、陕西、山西、云南等省份的跨省流出人口在2010—2020年的10年间翻了一番，增速远高于四川、安徽、湖南、江西和湖北等省份。流出中心不仅向西南省份扩展，也向西北省份扩展。同时，湖南、江西、湖北等省份的流出人口新增不足百万人，且增速低于其流入人口和省内流动人口的增速，尤其是川渝地区，反映了这些中西部省份出现了人口回流的现象。

3. 省内流动人口均衡分布，中西部省份增速较快

省内流动人口规模的增长也十分迅速。2020年的普查数据显示，省内流动人口达到2.5亿人，约占全部流动人口的2/3，比2010年增长85.70%。省内流动人口的分布不像跨省流动人口的分布那么集中，相对均衡地分布在东南沿海省份和中西部人口大省。对于广东、江苏、浙江、山东、福建等东南沿海省份，2010—2020年，广东的

第二部分　分论

省内流动人口从1282.1万人增长到2244.4万人，增长了75.06%，表明珠三角地区的吸引力非常强大；江苏、浙江的省内流动人口规模分别从2010年的828.7万和679.5万人增加到2020年的1335.5万和937.1万人，江苏是制造业大省，浙江的民营经济发达，吸引了大量省内务工人员；山东、福建的省内流动人口也在快速增长，分别从2010年的828.7万和679.5万人增加到2020年的1335.5万和937.1万人。同时，中西部的河北、湖南、安徽、四川的省内流动人口规模均超过千万人，且中西部省份的省内流动人口增速明显快于东南沿海发达省份，河南与四川2020年的省内流动人口较2010年分别增加了1248.2万和884.0万人，河北、安徽、湖南的省内流动人口在2010—2020年增加超过600万人，河南、湖南、安徽、河北、贵州、黑龙江、江西、吉林、新疆、甘肃等省份的省内流动人口在10年间翻了一倍多（见图6-4）。

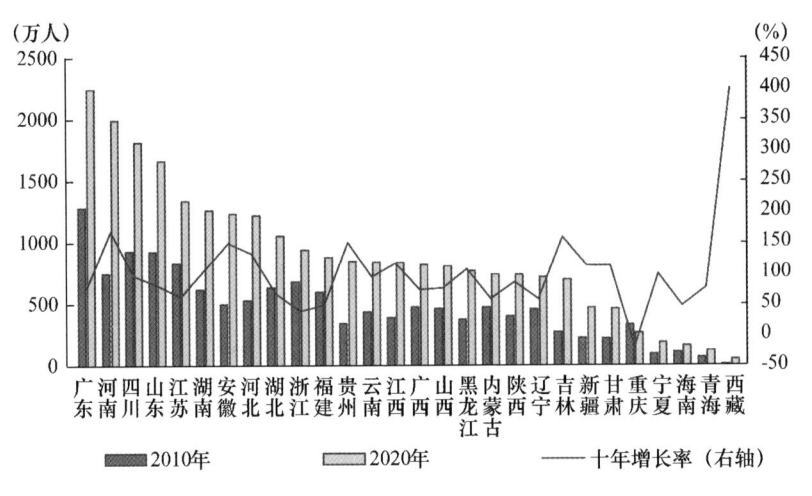

图6-4　2010年、2020年部分省份的省内流动人口

资料来源：《中国2010年人口普查资料》《中国人口普查年鉴2020》。

（三）流动人口的社会经济特征

1. 流动人口的受教育水平提高快于平均水平

从以往的数据可知，流动人口的受教育水平迅速提高，且平均受教育水平高于全国平均水平。具体表现在，流动人口平均受教育年限不断提高。全国流动人口的平均受教育年限从1990年的7.4年增加到2000年的8.7年，到2010年增加到9.9年。同时，流动人口的平均受教育年限自始至终高于全国人口的平均受教育年限，2010年两者的差距为1.1年[①]。

具体来看，省内流动人口比跨省流动人口的受教育水平更高。2020年，省内流动人口的高中教育程度比例为21.44%，高于跨省流动人口（17.29%），但省内流动人口的初中教育程度比例为32.13%，低于跨省流动人口（41.73%）。与2010年相比，2020年流动人口的受教育水平明显提高，大学专科及以上的比例为22.12%，比2010年（14.79%）提升了近8个百分点（见表6-3）。

表6-3　2010年、2020年流动人口的受教育水平构成　　单位：%

	2010年 跨省流动人口	2010年 省内流动人口	2010年 总流动人口	2020年 跨省流动人口	2020年 省内流动人口	2020年 总流动人口
未上过学	1.50	2.32	2.00	3.65	5.47	4.86
小　学	17.32	17.27	17.29	16.50	18.20	17.63
初　中	52.84	38.71	44.22	41.73	32.13	35.34
高　中	16.76	24.85	21.70	17.29	21.44	20.05
大学专科	6.07	10.15	8.56	9.24	12.49	11.41
大学本科	5.04	6.41	5.88	10.03	9.70	9.81
研究生	0.47	0.28	0.35	1.56	0.57	0.90

资料来源：《中国2010年人口普查资料》《中国人口普查年鉴2020》。

2. 部分流动人口的职业结构由生产制造向服务人员转变

流动人口的职业结构转变与中国产业结构转变息息相关。在早期，流动人口主要从事制造业、建筑业等体力劳动工作，这些工作往往不需要太多的技能和知识。随着经济的发展与流动人口技能和知识

---

① 段成荣、谢东虹、吕利丹：《中国人口的迁移转变》，《人口研究》2019年第2期。

第二部分　分论

水平的提升，越来越多的流动人口开始转向服务业就业，包括商业服务、餐饮、旅游、金融、教育、医疗等多个领域。2010年，55.44%的流动人口为生产制造及有关人员，到2020年，这一比例下降到44.19%。同时，社会生产服务和生活服务人员的比例由2010年的27.64%上升至2020年的37.91%；专业技术人员的比例由2010年的5.84%上升至2020年的8.89%（见表6-4）。中国逐步进入后工业化时代，工业向服务业的转变也是必然趋势，随着科技的发展和生活水平的提高，人们对服务业的需求逐渐增加，进一步推动了流动人口从生产制造向服务业的转变。

表6-4　2010年、2020年跨省流动人口的职业构成　　单位：%

职业类型	2010年 小计	2010年 男	2010年 女	2020年 小计	2020年 男	2020年 女
党的机关、国家机关、群众团体和社会组织、企事业单位负责人	2.44	3.10	1.49	2.55	3.03	1.70
专业技术人员	5.84	5.64	6.14	8.89	7.69	10.99
办事人员和有关人员	5.03	5.40	4.49	4.74	4.29	5.53
社会生产服务和生活服务人员	27.64	23.79	33.24	37.91	35.85	41.55
农、林、牧、渔业生产及辅助人员	3.49	2.44	5.03	1.57	1.37	1.92
生产制造及有关人员	55.44	59.53	49.51	44.19	47.62	38.16
不便分类的其他从业人员	0.11	0.11	0.10	0.14	0.15	0.14

资料来源：《中国2010年人口普查资料》《中国人口普查年鉴2020》。

3. 人口流动的经济动因占比下降，家庭动因占比上升

中国人口流动的主要原因一直是务工经商，约七成跨省流动人口因"工作就业"而流动，这一原因也占省内流动人口的约三成。然而，随着流动原因的多样化发展，务工经商流动人口的比重有所下降，跨省流动人口的占比从2010年的77.16%下降到2020年的68.31%，省内流动人口的占比从2010年的35.14%下降到2020年的28.60%。与此同时，其他基于家庭原因而流动的比重呈现上升趋势，包括拆迁/搬家、婚姻嫁娶、照料孙子女和为子女就学等，但"随同离开/投亲靠友"者的比重呈现下降趋势，表明流动人口的流动原因越来越多样化，追求宜居环境、子女教育和家庭发展等将成为流动的重要原因（见表6-5）。

表6-5　　2010年、2020年流动人口的流动原因构成　　单位：%

流动原因	2010年 跨省流动人口	2010年 省内流动人口	2020年 跨省流动人口	2020年 省内流动人口
工作就业	77.16	35.14	68.31	28.60
学习培训	4.40	14.86	8.07	12.70
随同离开/投亲靠友	12.55	21.24	9.40	13.22
拆迁/搬家	0.86	13.44	3.88	25.47
寄挂户口	0.14	1.00	0.56	1.72
婚姻嫁娶	2.56	5.94	2.46	3.88
照料孙子女	—	—	2.23	2.30
为子女就学	—	—	0.28	2.13
养老/康养	—	—	0.73	1.73
其他	2.34	8.37	4.10	8.24

资料来源：《中国2010年人口普查资料》《中国人口普查年鉴2020》。

4. 流动人口的生活区域呈现稳定化

流动人口过去常被认为是工作不稳定、居住不稳定的人口，事实上，部分流动人口早已成为"不流动"的人口。2010年，流动人口中在本地居住五年及以上的比例占27.85%，到2020年上升至36.88%，省内流动人口的相应比例更高（见表6-6）。流动人口呈现稳定化是个人、社会、经济等多种因素共同作用的结果。选择在长期居住的城市安定下来，不再需要"颠沛流离"，意味着这部分流动人口拥有稳定的工作和收入，且积累了一定的物质资本，可以为家人提供稳定的居住环境和生活环境。稳定型流动人口比例的提升意味着流动人口的就业质量、社会地位、安全感和社会融入水平正在提高。

表 6-6　　　　2010 年、2020 年流动人口的流动时间构成　　　　单位：%

时间分组	2010年 总流动人口	2010年 省内流动人口	2010年 跨省流动人口	2020年 总流动人口	2020年 省内流动人口	2020年 跨省流动人口
半年以上，不满一年	20.78	19.38	23.63	17.97	17.38	19.72
一年以上，不满二年	21.01	20.94	21.15	14.05	14.12	13.86
二年以上，不满三年	15.03	15.41	14.26	13.18	13.57	12.05
三年以上，不满四年	9.65	9.54	9.88	10.59	10.79	9.98
四年以上，不满五年	5.68	5.53	5.97	7.32	7.48	6.84
五年及以上	27.85	29.19	25.11	36.88	36.66	37.55

资料来源：《中国2010年人口普查资料》《中国人口普查年鉴2020》。

二　人口流动对社会经济发展的效应及风险

改革开放以来，人口城镇化随着社会主义市场经济体制的建立不断发展。一方面，人口流动既是人口城镇化的主要来源，也为经济发展带来了源源不断的农村剩余劳动力，推动经济效率的提升，从某种程度上来说，人口流动对社会经济发展产生了巨大的推动力。但从另一方面来说，人口流动对社会治理和公共资源的配置产生了较大挑战，传统的治理框架必须适用大规模人口流动带来的公共需求调整。下文主要阐述人口流动的正面效应和社会风险。

（一）人口流动的正面效应

1. 人口流动有利于劳动力市场的优化配置

基于更广义的人口红利概念，人口红利从数量结构、人力资本和流动配置等视角被划分为数量型、质量型和配置型[1]。数量型人口红利既包括大规模有效劳动力供给带来的强大生产能力，也包括人口规模效应带来的巨大潜在消费市场。质量型人口红利是随着劳动力受教

---

[1] 原新、金牛：《新型人口红利是经济高质量发展的动力源》，《河北学刊》2021年第6期。

育结构和技能水平的提高，从而使得劳动力总量不变的情况下，仍能推动人力资本供给总量不断增长。配置型人口红利来源于大规模劳动力不断从农业部门转入非农业部门，农村剩余劳动力实现充分就业，或是劳动力资源从生产率较低部门转移到生产率较高部门，实现劳动力优化配置。2023年中国城镇化率达到66.16%，比10年前提升了约13个百分点。中国仍然处于快速城镇化进程中，人口再分布仍然可能带来前所未有的配置效应。

劳动力资源配置效率是指劳动力资源在不同岗位、地区以及行业之间的配置所带来的产出增量与总产出增量的比例。人口流动意味着劳动力资源在不同岗位、地区和行业之间的合理流动和优化配置，会带来劳动力资源配置效率的提高，促进人口红利的进一步释放，可以带来更多的经济增长和社会福利。在实际经济活动中，为了提高劳动力资源配置效率，需要加强劳动力市场的开放性和竞争性，完善政策法规和社会文化环境，促进劳动力的自由流动和优化配置。

2. 人口流动推动人口城镇化和城市体系形成

人口由乡村向城市的迁移流动，以及人口由小城镇向大城市的迁移流动，是城市人口增长的重要源泉。人口迁移流动不仅有利于劳动力优化配置和城镇体系发育，也能促进产业聚集、产业链完善和消费市场的活跃。并由此打造新一批常住人口超过千万人、GDP超过万亿元的特大、超大城市，支撑起新的经济增长极。

中国的城镇化进程有三个来源，分别是人口的乡城迁移流动、城市人口的自然增长和行政区划的变动。人口的乡城迁移流动是其中最重要的原因。据计算，乡城人口迁移贡献了56%的中国2000—2011年城市人口增长，后两个因素的贡献率分别是10%和34%。第七次全国人口普查结果显示，2020年中国城镇人口和城镇化率已分别达9.02亿人和63.89%，2023年年末城镇人口增加至9.33亿人，城镇化率增长至66.16%，若中国城镇化率在2030年超过70%，城镇人口将超过10亿人，比当前再增1亿人，对中国经济扩容提质产生显著积极意义。

人口迁移流动对大城市人口增长的贡献更大。国务院于2014年发布的《关于调整城市规模划分标准的通知》规定，城区常住人口1000

第二部分 分论

万以上的城市为超大城市，城区常住人口 500 万以上 1000 万以下的城市为特大城市。依据 2020 年第七次全国人口普查得到的各城市城区人口数据，中国有 7 座超大城市，分别是上海、北京、深圳、重庆、广州、成都和天津，有特大城市 14 座，分别是武汉、东莞、西安、杭州、佛山、南京、沈阳、青岛、济南、长沙、哈尔滨、郑州、昆明和大连[1]。几乎每一个超大城市或特大城市的流动人口都在总人口中占重要比例。2020 年，深圳、上海、广州、成都、北京 5 个城市流动人口规模均超过 800 万人，与 2010 年相比，深圳、广州、成都 3 个城市流动人口规模的增幅分别达到 51.29%、73.10% 和 102.41%。珠三角和长三角是中国经济发展最为活跃的两个地区，以珠三角地区的 9 个城市为例，2020 年的总常住人口达到 7841 万人，其中流动人口占比超过一半，东莞和深圳的外来人口比重分别达到 73.6% 和 64.5%（见表 6-7）。

表 6-7　　2020 年珠三角城市外来人口规模及比例

城市	常住人口（万人）	户籍人口（万人）	外来人口（万人）	外来人口占比（%）
东莞	1053.7	278.6	775.1	73.6
深圳	1768.2	627.9	1140.2	64.5
中山	446.7	198.8	247.9	55.5
佛山	961.3	484.1	477.1	49.6
广州	1881.1	1011.5	869.5	46.2
珠海	246.7	147.8	98.8	40.1
惠州	606.6	405.9	200.7	33.1
江门	465.5	401.6	165.1	35.5
肇庆	411.4	455.4	84.5	20.5
总计	7841.2	4011.6	4058.9	51.8

资料来源：《广东省人口普查年鉴 2020》。

---

[1] 国家统计局：《经济社会发展统计图表：第七次全国人口普查超大、特大城市人口基本情况》，《求是》2021 年第 18 期。

因此，从某种程度上来说，人口迁移流动不仅促进人口城镇化的进程，而且重塑了整个城市体系，推动城市群和都市圈的形成，成为支撑经济增长的支柱。

3. 人口流动是产业发展和经济繁荣的重要推动力

人口流动既是经济发展的结果，也是产业繁荣的推动力。这可以从生产和需求两个角度来解释。首先，人口迁移流动可以推动生产的扩大和产业发展。人口由乡村向城市的迁移流动，以及人口由小城镇向大城市的迁移流动，是城市人口增长的重要源泉。人口集聚和人口增长保障了城市劳动力和人才供给，为企业提供了丰富的人力资源；人口聚集可以促进人与人之间的交流和信息传递，有助于新的想法、技术和经验在更广泛的范围内迅速传播，并产生更多的新企业，这些新企业往往会推动相关产业的发展，从而刺激产业创新。当人口和产业聚集超过一定阈值时，会形成规模效应，使得企业能够更有效地共享资源、降低成本，并获得更多的市场机会。

其次，人口迁移流动带来了市场需求，决定了消费市场的容量。新增人口产生的居住、生活消费等需求，直接促进城市房地产、商业服务业、通信等相关行业的市场扩张。而且，作为流入地的大城市生活标准和质量通常比来源地（农村或小城镇）更高，相对传统的生活形态转变为更现代化的生活方式，人们消费水平也会相应提高，市场需求便相应扩大。同时，人口聚集可以刺激创新和发展新的产品和服务，更大的消费市场也会吸引更多的企业进入该地区，产业聚集又带来新的人口迁入。

尽管许多研究证实人口流动与经济增长呈正相关关系，但很难辨析谁是因谁是果。但人口聚集对经济增长的促进作用已经被研究验证，Martin 和 Ottaviano 发现，人口聚集与经济增长相互促进，且不断累积循环，即人口集聚通过创新驱动促使经济增长，而经济增长又降低了企业进行技术革新的成本，进一步吸引更多企业的入驻，从而吸引劳动力的集聚[1]。而且，人口密度的提高可以提升劳动生产率，提

---

[1] Martin, P., and Ottaviano, G., "Growing Locations: Industry Location in a Model of Endogenous Growth", *European Economic Review*, Vol. 43, No. 2, 1999, pp. 281 – 302.

升劳动力收入,从而促进经济增长①。国内的城市数据也验证了聚集效应对经济增长的影响②。

4. 人口迁移流动重塑了公共文化和公共环境

人口迁移流动会带来思想、文化、观念和知识的碰撞和交流,自然而然推动了公共文化的更新和扩散,久而久之会重新塑造公共制度和环境。

人口聚集对城市文化的影响是深远且多元的。人口迁移流动意味着不同背景、价值观和习俗的人们汇聚,多元性为城市文化的多样性和创新提供了源泉,促进了社会互动和学习,有助于传播和接受新的思想和文化,促进了文化的传播和交融,推动公共文化的演变。城市也为文化和观念的交流提供了设施和场所,城市的文化设施不仅包含博物馆、剧院、音乐厅等典型文化场所,也包括商超、公园、居住社区等公共生活场景在内,潜移默化地影响了生活观念的变化。人口迁移流动也为电影、音乐、艺术等文化产业的发展增加了市场和受众。所以,人口迁移流动对公共文化的塑造不仅体现在语言、艺术、音乐等方面,还体现在人们的日常生活和行为方式中。

此外,人口迁移流动能推动城市公共服务、公共设施和社会治理体系的进步。首先,新增人口的涌入使得城市的基础设施和公共服务面临着较大压力,这种压力促使政府加大对学校、医院、交通等基础设施的投资,以满足流动人口的需求,也有助于提高城市的竞争力和吸引力。其次,新增人口的需求也倒逼公共服务体系的优化,例如,流动人口子女需要更多公办教育资源,流动人口家庭需要更便利医疗保障和跨地区结算体系,这种优化有助于提高公共服务的质量和效率,也提高了城市居民的生活质量和幸福感。流动人口的需求还涉及就业、住房、交通等方面,政府和其他机构需要综

---

① Ciccone, A., "Agglomeration Effects in Europe", *European Economic Review*, Vol. 46, No. 2, 2002, pp. 213-227.

② 张志强:《聚集经济与中国城市经济增长——基于动态面板数据的实证研究》,《南京社会科学》2010年第10期。

合考虑这些需求，以制定更加全面和科学的政策，从而推动社会公共事业的共同进步。

(二) 人口流动带来的社会风险

尽管人口流动对社会经济发展产生了重要的推动作用，但人口流动的普遍性也给社会发展带来了一定的风险。

1. 当前的户籍制度难以适应人口的高流动性

流动人口的重要特质是人户不一致，这与以户籍人口为基础建立的传统公共制度框架形成错位，随着流动人口规模的增长，这种矛盾将愈发突出。2021年，全国人户分离人口[①]达到50429万人，比2020年增加1153万人。首先，户籍制度逐渐失去了登记统计功能。当前的户籍人口登记制度无法完整、及时地反映常住人口的信息，这导致公共决策和规划出现偏差，人口登记制度需要回归其本位功能，提高流动信息管理体系的效率。其次，持续多年的户籍制度改革并未完全消除户籍门槛和限制。一些大城市和特大城市的落户门槛仍然很高，而落户意愿也很高，这导致户籍改革进度无法跟上流动人口增长的步伐，难以获得公共服务保障的流动人口群体在扩大。如果缺乏全国性的统筹、系统性的规划和体制性的激励，即使落户限制放开、居住证申领条件降低，地方公共资源的配置供给仍可能难以满足户籍迁移人口和居住证持有人口的需求，尤其是在流动人口规模较大的地区。

因此，我们需要采取措施深化户籍制度改革，推动人才、劳动力要素在区域间的自由流动，消除流动障碍，加强流动信息管理体系，促进流动人口的社会融合，更新公共服务配置供给机制，以适应人口高流动性的趋势。

2. 流动儿童规模增长迅速，儿童权益受损风险加大

人口流动模式快速转型，"家庭化"迁移成为主体，特别突出的是流动儿童规模的增长十分迅速。如果流动人口随迁子女的升学问题得不到妥善解决，不少流动儿童选择回到老家就读，增加了与父母分

---

① 即居住地和户口登记地不在同一个乡镇街道且离开户口登记地半年以上的人口。

| 第二部分　分论

离的风险。2020年，中国流动人口子女规模约1.3亿人，超过中国儿童总数的40%，其中流动儿童规模比2010年增长了一倍，平均每4个儿童中就有1个是流动儿童。流动儿童的增速快于留守儿童的增速，也快于整体流动人口的增速。流动儿童在流入城市主要面临以下问题。

一是教育问题。流动人口子女在流入地接受义务教育的状况已经得到较大改善，但是部分城市流动儿童义务教育阶段就学政策存在证明材料种类多、申请程序复杂等问题。在义务教育阶段之后，流动儿童继续升学的需求也得不到满足，中高考考试招生制度改革停滞不前。受教育资源分布不均衡的影响，流动人口子女在享受优质教育资源方面与户籍人口存在较大差距。

二是城市和社区环境问题。流动人口聚集的社区，公共安全设施相对欠缺，治安环境较差，拐卖、溺水、跌落、欺凌等案件或事故仍有发生，其预防和处置机制仍需加强，儿童用品安全和食品安全的监管机制均需完善。

三是公共文化环境问题。信息时代来临，不良信息影响儿童身心健康的可能性提高，精神文化侵害风险加大。由于流动人口家长无暇管教，用电子设备代替亲子陪伴下，电子游戏沉迷、短视频沉迷这种现象更容易发生在流动儿童中。

其他问题还包括心理健康、家庭教育问题等，"儿童优先"是现代文明社会的重要特征，流动儿童脱离了原有社会保障框架，其权益保护存在风险。

3. 流动老年人的养老问题难解决，面临城市"弱势群体"扩大风险

流动人口中的老年群体增长迅速。2010—2020年，60岁及以上流动人口增长了216.7%，65岁及以上流动人口增长了243.8%，增速远高于流动人口增速的平均水平。从流动原因来看，流动老年人分为以下几类：一是城市的年轻人因为工作压力大，精力有限，无暇照顾子女，往往请求父母来照顾子女，"七普"数据显示，回答因"照顾孙子女"而流动的老年人就达到800万人；二是部分流动老年人年

轻时便在城市务工，进入老年阶段后继续随子女居住在城市，从事力所能及的工作；三是因家庭团聚需要随子女迁入城市，或因身体健康欠缺需要邻近子女居住而迁入城市。

不论何种原因，老年人群体不仅离开户籍所在地居住，也离开了原有的社会网络和社会资源，往往面临一些问题。一是社区融入问题。流动老年人在迁入新环境后，需要适应新的生活环境和社区文化，老年人获取新信息的能力较年轻人更差，由于语言、习俗、文化等方面的差异，加深了与当地人的交流和融入的困难。二是社会保障问题。流动老年人年轻时在户籍所在地缴纳医疗、养老等社保，享受的待遇也无法迁移，特别是在使用医疗保险报销时，目前还会遇到病种受限、门诊无法报销、报销比例偏低等问题。三是社会交往问题。流动老年人可能因为离开原来的社交网络而感到孤独和无助，重新建立社交网络并非易事，他们还会面临家庭关系、家庭角色的调整和变化，容易在家庭中引起摩擦，社会参与对老年人的心理健康至关重要。

总之，流动老年群体始终无法完全纳入城市老年福利体制之内，老年人因经济支持能力差、接受知识和信息能力不足、公共服务依赖性强等特点，容易面临被城市社会"边缘化"的风险。

4. 流动人口社会融合难度大，心理"漂泊感"难消除

流动人口在城市要实现"进得来、住得下、融得进"。尽管流动人口的收入水平、就业质量、居住环境和公共福利均呈现明显改善趋势，但其内部是明显分化的。一些流动人口收入高、拥有住房、职业发展好等，而对于许多流动人口来说，进入城市并留下来并不难，但真正融入城市却是一个漫长而艰难的过程。

首先，流动人口在享受基本公共服务方面与本地居民仍然存在一定的差距。尽管各地政府已经积极推进流动人口基本公共服务均等化工作，但总体水平和质量仍有待提高。流动人口在住房保障、卫生服务等方面不能与本地居民享有同等待遇，养老保障和医疗保障的转移接续方面依然存在限制。此外，由于经济条件和户籍制度的限制，流动人口往往难以享受城市中的一些优质公共服务，比如教育、医

第二部分 分论

疗等。

其次，部分流动人口的就业形势也不容乐观。东南沿海地区的劳动密集型产业在改革开放初期为流动人口提供了大量就业岗位，但随着中国经济发展模式的调整，产业结构升级使得就业需求结构发生明显转变，低受教育程度、低就业层次的农民工可能面临较大的失业风险。人工智能技术的兴起和高新产业的发展，对劳动力的技能要求也在不断提高，就业供给和需求的错位将持续存在，流动人口的就业不稳定性也在提高，不利于他们的社会融入。

最后，流动人口与城市户籍居民之间的文化差异和社交障碍也是重要问题。由于成长背景、生活经历、文化背景等方面的差异，流动人口可能难以接受和适应城市的生活方式和社交习惯，加上住房、社保等带来的安全感存在缺失，造成流动人口在城市中感到孤独和不适应，"北漂""沪漂"等流行词语也是这一群体漂泊感的体现，流动人口真正融入城市存在困难。

因此，流动人口在城市中的社会融合问题是一个复杂而又严峻的挑战，需要各方共同努力来解决。

5. 流入地和流出地的基层社会治理均面临巨大挑战

随着中国公共服务、社会福利体制的不断完善，社区服务供给和社区管理往往是政策落实的最关键环节，也是最具挑战的环节。然后，由于人口流动的频繁，基层社会治理面临辖区人口底数不清、状况不明的局面，为社区治理带来不小的风险和挑战。

从流入地社区来看，由于城市中心的房价、房租及其他生活成本偏高，流动人口逐渐集中分布在城市边缘的社区，许多社区形成了外来人口规模多于本地户籍人口的局面。以北京为例，2020年北京市外来人口占总常住人口的38.45%，其中昌平区和大兴区的外来人口占常住人口比重超过50%，在339个乡（镇、街道）行政区域中，有57个外来人口规模多于本市户籍人口的乡（镇、街道），其中有9个外来人口占常住人口比重超过70%的乡（镇、街道）。这种社区在深圳、东莞等珠三角城市会更加普遍。由于流动人口相较于户籍人口搬家更加频繁，传统人口统计登记制度受到挑战，流动人口底数难以摸清、动态难以掌控，那么以户籍人口为依据布局的公安、城管、环卫、社保等基层管理配置将难以符合需求。

从流出地社区来看，农村劳动力的大量流出使得许多农村社区的常住人口数量减少，老年人口比例增加。一些调研发现，由于没有年轻人愿意回村建设，基层党员干部队伍老龄化严重，导致政策实施和社区治理的难度增加。如果农村劳动力流出趋势继续，越来越多的村庄可能会逐渐从关系型社区转向松散型社区或原子化社区，这将使得农村治理的复杂性进一步凸显。农村具有专业知识和创新能力的人才选择离开农村，削弱了农村集体经济，很多农村集体经济的来源是通过租赁土地和相关集体资源开发，收入单一且收益较低，劳动力的缺失使得其他产业的发展举步维艰。

三 中国人口流动的政策应对

（一）人口流动政策的现状

中共中央、国务院发布的《国家新型城镇化规划（2014—2020年）》对全国的城镇体系规划和户籍制度改革作出了战略性的顶层设计和全面规划。中央和各级政府主要从两个方面推动改革：首先是推动基本公共服务均等化，确保教育、就业、养老、医疗、住房等城镇基本公共服务覆盖全部常住人口；其次是调整落户制度，实现小城市落户的全面放开、中等城市落户的逐步放开和大城市落户的合理放宽。随着政策的落地，城乡统一的户口登记制度、新型居住证制度和中小城市的"零门槛"落户制度在全国全面铺开；大城市不断放宽落户门槛，一线城市也以积分落户形式加入户改行列。新型城镇化战略是系统上解决人口流动问题的最重要的政策性文件，核心内容就是户籍制度改革和基本公共服务全覆盖两方面。

《国家新型城镇化规划（2021—2035年）》《"十四五"新型城镇化实施方案》继续推进户籍制度改革，推动城镇基本公共服务均等化，并把农业转移人口市民化作为新型城镇化的首要任务，包含七项具体方案：一是户籍制度改革，全面取消或放宽落户限制，超大城市

第二部分 分论

完善积分落户政策，促进农业转移人口举家进城落户，完善户籍管理政务服务平台；二是城镇基本公共服务常住人口全覆盖，提高享有的基本公共服务项目数量和水平，依照常住人口布局基本公共服务设施；三是提高农业转移人口劳动技能素质，开展新业态、新技能的培训，扩大职业院校面向农业转移人口的招生和培训；四是确保随迁子女基本公共教育权利，以公办学校为主保障义务教育，为随迁子女增加教师编制定额和学位供给，增加普惠性学前教育、中职、高中的就学保障；五是落实社会保障权益，提高养老、医疗、失业等社会保险统筹层次和参保覆盖率，加强社会保险关系转移接续，完善信息平台建设，支持最低生活保障覆盖常住人口；六是强化农民工劳动权益保障，消除就业歧视，建立新业态的劳动权益保障机制，完善欠薪治理长效机制，增加法律援助服务和关爱帮扶活动；七是从各级财政、工作协同、国土规划等角度增强农业转移人口市民化配套政策。这七个方面的措施涵盖了几乎所有流动人口相关的具体政策，较上一期新型城镇化规划，包含内容更加全面，施政层次更加深入。

为了落实以上政策，2020 年国务院印发了《保障农民工工资支付条例》（国令第 724 号）；2021 年国务院常务会议确定加强乡村教师队伍建设和保障进城务工人员随迁子女就学的措施，国家医保局办公室、财政部办公厅印发了《〈基本医疗保险关系转移接续暂行办法〉的通知》（医保办发〔2021〕43 号）；2022 年财政部印发了《中央财政农业转移人口市民化奖励资金管理办法》（财预〔2022〕60 号），人力资源社会保障部等 5 部门发布《关于进一步支持农民工就业创业的实施意见》（人社部发〔2022〕76 号）；2023 年农业农村部办公厅发布《关于做好 2023 年高素质农民培育工作的通知》（农办科〔2023〕11 号），人力资源社会保障部等 9 部门发布《关于开展县域农民工市民化质量提升行动的通知》（人社部发〔2023〕8 号），人力资源社会保障部办公厅、司法部办公厅印发《关于开展"薪暖农民工"服务行动的通知》（人社厅函〔2023〕65 号）。各部门的政策涵盖了流动人口的子女教育、市民化奖励、就业创业、就业培训和工资收入等多方面，反映了新型城镇化战略推进的深度和广度。

（二）人口流动政策面临的挑战

政策的制定与实施离全面消除人口流动的负面风险还存在一定差距。随着流动人口规模的扩大和需求的增长，以及人口流动模式的转型，人口流动的相关政策还将面临较大挑战。

1. 流动人口统计误差大、登记系统运行效率低下

对城市流动人口规模、结构等基本信息的掌握是开展高效管理的基础。但当前的流动人口统计登记体系存在以下问题。一是传统调查和登记难度加大。随着人口流动变成社会常态，传统的流动人口统计登记方式逐渐不能适应现实的状况，隐私保护观念觉醒增加了入户调查的难度，流动人口住房和就业不稳定增加了基层调查员的登记难度。传统流动人口登记的准确性下降，与"七普"数据的比较发现，全国1‰人口抽样调查可能漏登了1/3的流动人口。二是部门数据之间难以协同与配合。卫生、社保、公安等城市管理部门往往同时收集流动人口数据，但数据管理存在部门分割现象，目标界定、指标信息等差异使得不同来源数据之间无法串联使用，甚至出现互相矛盾的现象，造成数据收集管理的浪费。三是流动人口登记更新的及时性也存在较大问题。流动人口主动进行信息更新的能动性不足，数据维护和更新存在较大成本，数据时效性的下降影响了公共政策制定和实施过程对数据的使用，反过来又损害了流动人口登记系统的运行效率。

2. 户籍制度改革的配套政策进度不一，隐形标签仍然存在

随着户籍制度改革的进一步深入，各级城市都在不断放宽落户限制，城区常住人口300万以下城市的落户限制基本取消；特大城市陆续推出积分落户政策；居住证制度也全面推行。

但户籍制度改革仍然存在以下问题。一是关联政策的改革推进步调不一致。户籍制度改革是一项综合社会体制改革，涉及教育、社保、土地、财政等一整套社会管理体制，然而，每一项制度改革都会产生重大的利益分配格局调整。例如，当前农民的土地、宅基地、集体资产等权益还不能得到完全确立和保护，医疗、养老等社保的城乡衔接政策仍然存在不确定性，农村转移人口便不敢轻易迁出户籍，所

以住房、教育、医疗、社保等相关改革进程不一，便无法形成较好合力效应，由此导致改革碎片化，整体效果滞后。二是落户门槛下调进度与需求存在错位。各类城市户籍门槛存在明显的梯次结构，与流动人口的落户需求结构错配，形成供需矛盾，落户意愿越高的城市的户籍"含金量"越高，落户难度也越大，而一些取消落户限制的中小城市则缺乏对流动人口的吸引力。三是过度注重人才而忽略人口。绝大多数大城市的积分落户制度依然以城市人才需求为导向，对学历和职称设置较高的权重，使得积分落户制度无法惠及普通劳动者。四是城乡户籍的隐性标签未消除。虽然从形式上建立了城乡统一的户口登记制度，但农户与非农作为隐性标签依然存在，实际操作中仍然要区分农业人口与非农业人口。

3. 流动人口社保需更高水平统筹，跨制度、跨区转移衔接难度大

流动人口的社会保障总体水平持续提高，覆盖面不断扩大。但是，要实现流动人口平等享受社会保障权益仍然面临以下局限。一是流动人口在流入地参保积极性不高。2018年流动人口动态监测数据显示，流动人口参与的医疗保险以"新农合"为主，不足三成流动人口在流入地参与城镇职工医疗保险，低层次就业农民工群体的这一比例更低，这使得大部分流动人口在流入地无法享受缴纳社保费用所对应的保障权利。二是流动人口社会保险的转移接续仍然存在限制。由于转出地区和转入地区之间的利益冲突，以及关系转接、缴费转接、待遇转接等方面的限制，造成转接成本高、办理周期长等障碍。三是流动人口参保的社会保障体系仍然存在隔离状况，影响了流动人口的参保动力和权益享受。以养老保险为例，流动人口被分割在新型农村社会养老保险、城镇居民基本养老保险以及城镇职工养老保险三大体系中，且地区之间也因缴费基数、缴费率以及参保人待遇的不同而无法连接，使参保人在跨城乡、跨统筹地区流动时无法享受平等权益。

流动人口社会保障遭遇的难题使得全国统筹势在必行，当前中国已经基本实现基本养老保险基金的省级统筹，但更高层次的全国统筹需要中央政府完善参保、缴费、调待、监督、运行等多方面的制度

设计。

4. 流动人口"一老一小"的公共福利水平仍待提升

中国人口流动模式已经进入"家庭化"阶段，流动人口群体中的儿童和老人作为公共福利依赖群体，其基本公共服务的获得情况反映了社会文明程度和国民福利水平。

从流动儿童角度来说，流动人口子女在流入地接受义务教育的状况已经得到较大改善，为流动人口在流入地实现家庭团聚创造了条件，这也是流动儿童规模快速增长的重要原因。从当前政策文件上来说，随迁子女的受教育权益已经纳入各级政府教育发展规划和财政保障范畴，并以公办学校为主保障义务教育权益。但义务教育阶段仍然存在入学门槛偏高、申请程序复杂、高质量教育资源供给紧张的问题。同时，流动儿童学前教育的普惠覆盖率偏低，参加中高考并继续升学的通道也并不通畅。流动儿童还面临公共安全、医疗保险、城市融入、家庭教育等方面的问题。针对流动儿童的儿童福利政策仍有较大提升空间。

从流动老人角度来说。中国流动老人规模迅速增长，老年流动人口的形成主要有三个原因：照料晚辈、养老和务工经商。其中，因帮儿女带娃而离开户籍所在地的老人，是老年流动人口中最为常见的群体，他们为城市家庭发展作出了重要贡献，但流动老年人口的需求却长期未受到应有的关注。流动老人相比年轻人具有更高的医疗卫生服务和社会保障需求，但绝大多数流动老年人口在户籍地参加医疗保险，但在流入地没有医疗保障，致使异地就医跨省报销存在一定困难；同时，流动老人平均教育水平偏低，经济自我支持能力明显不足，适应能力下降，社会参与下降，社会保障水平偏弱，使得流动老年人融入本地社会难度更大。当前，关于流动老年人口的社会支持政策比较缺失，未来需得到更多关注。

5. 流动人口在公共资源分配方面仍然处于弱势

全面推进流动人口"市民化"的关键在于公共资源分配方面的相对公平。尽管从政策条款来说，流动人口享有市民待遇的条件较为宽松，但实际的执行结果却显示出与本地户籍人口的差距。

| 第二部分　分论

从基本公共卫生服务来说。流动人口动态监测数据显示，流动人口在流入地实际享受基本医疗卫生服务的水平较低，尤其在东部地区、超大城市的流动人口就医比例显著低于平均水平；流动人口的健康素养偏低，健康知识宣传普及不足；流动人口基本公共卫生服务的可及性有待提高，建立居民健康档案、接受慢性病免费随访评估和健康体检的比例均显著偏低。

从享受保障性住房权益来说。一方面，流动人口享受保障性住房准入门槛高，条件和程序相较于户籍人口的限制更加严格，除了满足住房情况和家庭收入等条件，还要满足居住年限、工作年限、缴纳社保年限等条件，面向流动人口的保障性住房种类也比较单一。另一方面，流动人口平均收入对住房成本的支付能力较低；流动人口在流入地参与缴纳住房公积金的比例明显偏低，享受政府公租房或自购保障性住房的人数更是寥寥无几，流动人口动态监测数据显示，居住在廉租房和公租房的比例分别仅占 0.1% 和 0.2%。流动人口的住房压力显著影响了其社会融入水平。

公共资源分配不均的主要原因在于，流动人口集中的城市面临较大的"市民化"公共支出压力，人地财挂钩政策还有待进一步细化落实，地方政府对此积极性不高、动力不足。

（三）关于人口流动政策的建议

若要充分发挥人口流动产生的配置型红利，实现人口高质量发展支撑中国式现代化，就必须从政策层面消除区域和城乡壁垒，充分尊重流动人口及其家庭的选择和需求，从而发挥人口流动对社会经济发展的正面作用，以此推动产业聚集，挖掘消费潜力，实现流动人口和随迁人口的全面发展。

1. 从"户籍制度改革"走向建立"新型居民登记制度"

城乡分割的户籍制度仍然是诸多流动人口问题的症结所在，因此要继续深化户籍制度改革，同时应积极摆脱原有体制的束缚，建立"新型居民登记制度"，真正实施属地化管理。首先，随着户籍改革的深入，督促中小城市真正落实放开非户籍人口的落户限制，大城市或超大城市则应当优化或调整积分制政策的具体内容，区分城市的主城区、郊区、新区等区域，相对稳健地制定落户政策。其次，加快推进以经常居住地登记户口制度，支持建立以身份证为标识的人口管理服务制度，切实保证实有人口享有基本公共服务和办事便利，实施属地化管理，确保将非户籍人口纳入地方国民经济和社会发展规划。

2. 面向家庭发展和弱势群体推动"市民化"建设

流动人口家庭发展能力是促进流动人口整体"市民化"的重要条件。一是聚焦就业、教育、医疗、社保、住房等民生重点领域，构建面向家庭的流动人口公共服务体系，由面向"个人"向"家庭"转变，以家庭作为政策实施和供给对象。二是重点关注流动/留守子女群体、随迁/留守妇女群体、流动/留守老人群体，建立包含促进女性就业、婴幼儿照料、学前教育、儿童保健、住房保障、就业保护、养老服务等的流动人口家庭保障政策。三是面向不同层次的城市、家庭类别建立差异化的流动人口家庭扶持政策，鼓励流动人口按照自身经济条件和心理认同状况选择定居城市。

3. 由"城乡融合"到"城城融合"，实现与区域融合的联动

都市圈、城市群是城市化发展到高级阶段的产物，承载着一国的经济、文化、信息、科技、知识、人才等的核心力量，必将是中国城市发展的主体形态。分割管理的户籍制度对生产要素（特别是人才）的自由流动形成一定程度的阻碍，而生产要素的自由流动是市场优化配置资源的前提。在都市圈、城市群率先实施"户籍管理同城化"指明了户籍制度改革的新方向。户籍管理将实现由"准入年限同城化累积互认"到"城市群内户口通迁、居住证互认"的改革，为都市圈同城化奠定基础，激发城市群经济活力。

4. 基本公共服务政策"精细化"，提高基层社区服务能力

流动人口的基本公共服务均等化已经取得较大进展，但仍然存在缺乏系统性、衔接性、配套性的问题，需与流动人口的迫切需求精准衔接。一是增强公共服务相关政策衔接性、配套性，防止"碎片化"，形成政策合力，加强调查研究和舆情监控，切实解决流动人口切身利益相关的突出问题，使基本公共服务供给向"精细化"转变。二是提高

| 第二部分　分论 |

基层社区服务能力，在流动人口集中的区域或厂区，完善卫生、体育、文化、教育、娱乐等公共设施配套建设，织密社区服务供给网络，依照本地户籍人口标准提供基本养老、卫生、免疫、救助等服务，发挥社区治理优势。三是充分发挥社区社会组织的作用，将社会工作理念和方法运用于流动人口的心理疏导、健康教育、权益保障等项目，创新、完善流动人口的社区事务和社区活动参与机制，逐渐培养流动人口对社区的认同感和归属感，帮助建立社会网络和社会支持体系。

5. 调整流动人口管理工作重心，适应人口迁移流动的转型

在新的人口发展态势下，人口流动出现了新的趋势和特征。依据这些转变，流动人口管理方式和工作重心也需要相应调整，主要体现在以下方面。一是新生代流动人口已经成为流动人口的主体，其文化程度、自我意识、身份认同、职业追求、生活态度与父辈有了明显差异，流动人口管理服务模式也应相应调整。二是成都、郑州、武汉、西安等中西部中心城市正在成为新的流入中心，将比以往承担更大的流动人口"市民化"责任。三是产业结构调整导致流动人口就业"分化"，用工短缺和劳动力剩余并存，高收入流动劳动力快速增长和部分群体的增收困难并存，需为流动人口的差异性需求提供多元化的公共服务供给。四是流动人口出现老龄化趋势，大龄流动人口将出现不同的定居选择，中小城市也需为回乡定居做好政策准备。

6. 创新流动人口统计登记方式，建立政策监督和评价体系

及时准确的信息采集、分类和分析，是开展流动人口服务管理工作的前提和依据。在传统人口统计误差较大的情况下，大数据分析在人口数据支持、区域人口服务、人口流动动态监测、人口调控决策等领域发挥着越来越重要的作用。一是要创新流动人口统计登记方式，在原有人口信息登记系统的基础上，发挥大数据对规模监测的优势，构建新型流动人口统计系统，从而科学地调整流动人口服务与管理的政策。二是在数据库建设基础上，强化新技术在公共服务领域的精准应用，完善政府绩效考核体系，对人口流动的相关政策、管理措施和服务态度进行综合评价和考核，向监督部门和执行部门提供具有重要参考价值和指导意义的评价结果。

第七章　中国人口健康素质：形势、问题及对策[*]

2023年5月5日，习近平总书记在二十届中央财经委员会第一次会议上发表重要讲话强调，"人口发展是关系中华民族伟大复兴的大事，必须着力提高人口整体素质，以人口高质量发展支撑中国式现代化"[①]。二十届中央财经委员会第一次会议明确提出，人口健康素质是同科学文化素质以及思想道德素质并列的三类核心素质之一。新中国成立后，中国的人口健康素质有了显著提升，但同实现以人口高质量发展支撑中国式现代化的要求相比，人口健康领域仍然存在一些亟待解决的突出问题。本章聚焦人口健康素质的相关问题，从分析当前特征入手，梳理人口健康领域当前面临的突出问题，在此基础上提出未来的应对举措。

一　中国人口健康素质呈现的特征

新中国成立至今，中国的人口健康素质发生了显著变化。在人口健康水平持续改善的同时，主要疾病负担也发生了显著变化，公众健康意识不断增强，居民的健康素养也不断提升，人口健康素质的群体差异在多个维度均有呈现。

---

[*] 本章作者为冯文猛。作者简介：冯文猛，国务院发展研究中心公共管理与人力资源研究所研究室主任、研究员。

[①]《习近平主持召开二十届中央财经委员会第一次会议》，中国政府网，2023年5月5日，https:// www. gov. cn/yaowen/2023-05/05/content _ 5754275. htm? eqid = d670583700058 a6c000000026458b701。

第二部分 分论

（一）中国人口健康水平改善明显

新中国成立至今，人民健康一直被放在中国优先发展的战略位置。正如习近平总书记在教育文化卫生体育领域专家代表座谈会上指出的："人民健康是社会文明进步的基础，是民族昌盛和国家富强的重要标志，也是广大人民群众的共同追求。"[①]

新中国成立后，得益于经济恢复带来的收入增长、医疗技术水平持续进步以及医药卫生事业制度的不断完善，中国人口健康水平快速提升。人均预期寿命从新中国成立初期的35岁迅速增至1978年的67.5岁，之后继续增至2021年的78.2岁。新中国成立初期至今，孕产妇死亡率从1500/10万降至2022年的15.7/10万，婴儿死亡率从200‰降至2022年的4.9‰，5岁以下儿童死亡率在1994年降至46.75‰，到2022年降至6.8‰。从国际上看，中国居民当前的主要健康指标总体优于中高收入国家的平均水平。

居民健康水平的提升带来了人口死亡率的下降，进而引发人口增长模式的变化。新中国成立至今，人口死亡率总体上呈现一路走低势头，从1952年的17‰降至2022年的7.37‰（见图7-1）。中国人

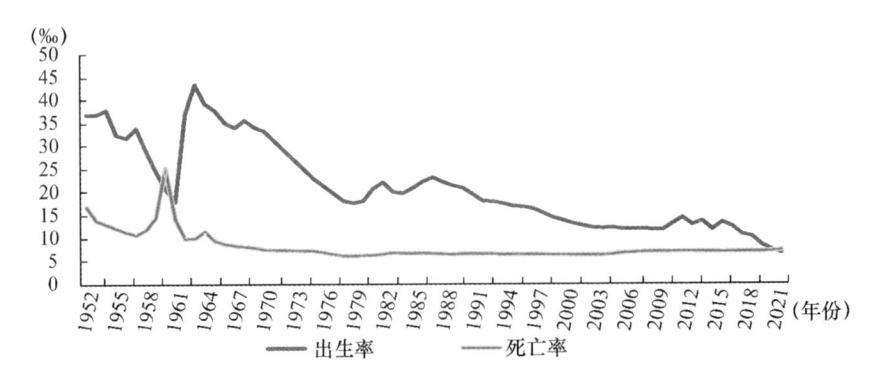

图7-1 1952—2022年中国人口出生率和死亡率的变化

资料来源：历年《中国统计年鉴》。

---

① 习近平：《在教育文化卫生体育领域专家代表座谈会上的讲话》，人民出版社2020年版，第8页。

口的增长轨迹，也从新中国成立前的"高出生、高死亡、低增长"经过 20 世纪 50—70 年代的"高出生、低死亡、高增长"逐步过渡至 80 年代之后的"低出生、低死亡、低增长"阶段。

（二）慢性病成为当前的主要疾病负担

从人口主要致死因素看，迄今为止人类的主要疾病负担先后经历了从以瘟疫、饥荒为主到以传染病为主，再到以慢性病和退行性疾病为主的三个阶段。未来，医疗技术的进一步发展使攻克各类慢性病带来的致死威胁成为可能后，人类的主要疾病负担有望进入以退行性疾病为主的新时代。

当前，因经济发展水平和医疗技术差异，世界各国的主要疾病负担并不完全相同。在中国人口疾病负担史上，瘟疫、饥荒和传染病曾先后是人群的主要致死因素。新中国成立后，随着医疗卫生事业的快速发展，上述三者的威胁逐步减弱。近些年，在工业化、城镇化、人口老龄化以及生态环境、生活行为方式变化等多种因素变化的共同影响下，慢性非传染性疾病（俗称"慢性病"）成为居民的主要死亡原因和疾病负担。

1973—2009 年，慢性病占中国人群死因构成从 53% 上升到 85%。2016 年的中国死因数据集显示，从人口整体看，人群主要致死因素排在前十的分别为：脑血管病、缺血性心脏病、慢性阻塞性肺疾病（COPD）、肺癌、肝癌、高血压心脏病、胃癌、道路交通事故、糖尿病和食管癌。2017 年，慢性病在死因构成中的占比进一步上升至 89.5%。随着经济和社会发展，中国疾病流行模式在过去 70 年间发生了显著变化，心脑血管疾病、糖尿病、慢性阻塞性肺炎和肿瘤等慢性病成为当前影响中国居民的主要健康问题。2019 年，中国因慢性病导致的死亡占总死亡的 88.5%，其中心脑血管病、癌症、慢性呼吸系统疾病死亡比例为 80.7%。

需要指出的是，即使在慢性病为主的今天，传染性疾病带来的威胁仍然不容忽视。20 世纪 70 年代，疫苗的出现带来了人类防治传染病手段的巨大进步，当时曾有乐观估计"人类已经成功战胜了传染病"。但新冠疫情再次提示传染病对人类健康的影响仍不能忽视。近几十年，基于病毒引发的各类呼吸系统的传染病反复出现，给全球多地带来了严重威胁。对中国来说，除了"非典"和新冠疫情带来的冲击，肝炎、结核病、艾滋病等重大传染病的防控形势仍然严峻。此外，精神卫生、职业健康、地方病等问题也不容忽视，重大安全生产事故和交通事故时有发生。这些都提示着，在当前和今后一段时期内，在聚焦慢性病防治的同时，要继续高度重视对包括传染病在内的多种健康风险的防控。

（三）健康风险人群主要是中老年特别是老年人群

随着年龄不同，中国人口中出现各类健康问题的概率存在明显差异。分年龄看，40岁之前，人群的健康状态整体处在相对较好水平，每100个人中有各类健康问题的人数不超过3—4人。但40岁之后，人群中有各类健康问题的比例出现了明显上升。有各类健康问题的人群占比，40—49岁的年龄层接近1/10，60—69岁的年龄层增至四成左右，70—79岁的年龄层增至六成左右[①]。分年龄看，中老年特别是老年人是当前中国人口中的主要健康风险人群。

老年人中的主要健康风险来自慢性病。2017年对中国65岁及以上居民死因构成的分析显示，排名前十的病种分别是：心脏病、脑血管疾病、恶性肿瘤、呼吸系统疾病、伤害、内分泌/营养代谢病、消化系统疾病、神经系统疾病、泌尿生殖系统疾病和传染病。其中，前三的心脏病、脑血管疾病和恶性肿瘤占比总计达到70%左右。

老年人患病风险的增加，带来了医疗费用支出的显著增长。截至2022年年底，中国职工医保参保人数36243万人中，在职职工26604万人，占73.4%，退休职工9639万人，占26.6%。从住院率看，在职职工住院率为10%，退休职工住院率为38.6%。在医疗机构发生的13897.98亿元医保基金支出费用中，在职职工医疗费用5986.27

---

① 冯文猛：《"十四五"养老工作需重点关注三个问题》，国务院发展研究中心"中国民生调查"课题组、冯文猛《中国经济报告》2021年第2期。

亿元，占43.1%，退休职工医疗费用7911.71亿元，占56.9%[①]。从住院人均花费看，在职职工平均为2250元，退休职工平均为8208元，退休职工是在职职工的3.65倍[②]。

（四）居民健康素养水平持续提升

健康素养是指个人获取和理解基本健康信息和服务，并运用这些信息和服务作出正确决策，以维护和促进自身健康的能力。在慢性病逐步成为主要疾病负担的阶段，依托健康素养的提升，掌握充分的健康知识，培育良好的健康行为十分关键。提升健康素养，是提高全民健康水平最根本、最经济、最有效的措施。

2008年1月，卫生部颁布了《中国公民健康素养——基本知识与技能（试行）》，以健康理念和行为为切入点，确定了66条可通过健康教育干预、针对公众健康生活方式的基本知识与技能。同年，覆盖全国范围的健康素养监测启动实施，中国逐步建立起连续、稳定的健康素养监测系统。党的十八大以来，以习近平同志为核心的党中央把全民健康作为全面小康的重要基础，强调把人民健康放在优先发展的战略位置，把提升健康素养作为增进全民健康的前提，为提高全民健康水平作出了制度性安排，把提升公众健康素养作为实施健康中国战略、推进健康中国行动、落实健康扶贫工程、抗击新冠疫情等工作的重要内容和工作目标。

依据《中国公民健康素养——基本知识与技能（试行）》，健康素养分为三个方面：基本健康知识和理念素养、健康生活方式与行为素养、基本技能素养。以公共卫生问题为导向，健康素养可分为六类健康问题素养：科学健康观素养、传染病防治素养、慢性病防治素养、安全与急救素养、基本医疗素养和健康信息素养[③]。

2016年，《"健康中国2030"规划纲要》印发，明确提出"到2020

[①] 国家医疗保障局：《2022年全国医疗保障事业发展统计公报》，2023年7月10日。
[②] 《2022年全国医疗保障事业发展统计公报》，国家医保局网站，2023年7月10日，http://www.nhsa.gov.cn/art/2023/7/10/art_7_10995.html。
[③] 《中国公民健康素养——基本知识与技能（试行）》。

第二部分　分论

年，居民健康素养水平达到20%"的目标。2019年，《健康中国行动（2019—2030年）》出台，提升公众健康素养既是健康中国行动的重要工作内容，也成为主要考核指标之一。2020年6月，《中华人民共和国基本医疗卫生与健康促进法》正式实施，明确规定："国家建立健康教育制度，保障公民获得健康教育的权利，提高公民的健康素养。"

2008年启动健康素养监测时，中国居民的健康素养水平只有6.48%，2012年这一指标上升至8.80%。到2021年，通过个人、家庭、政府、社会的持续共同努力，全国居民健康素养水平进一步增至25.4%，提前完成了健康中国行动2022年的阶段性目标。《2022年中国居民健康素养监测情况》显示，这一年中国居民健康素养水平进一步提升至27.78%，继续呈现稳步提升态势。其中，城乡居民基本知识和理念素养水平为41.26%，健康生活方式与行为素养水平为30.63%，基本技能素养水平为26.00%。六类健康问题素养水平由高到低依次为：安全与急救素养58.51%、科学健康观素养53.55%、健康信息素养39.81%、慢性病防治素养28.85%、传染病防治素养28.16%和基本医疗素养27.68%[①]。依照《"健康中国2030"规划纲要》和《"十四五"国民健康规划》中的目标，到2030年，中国居民的健康素养水平将达到30%。

（五）人口健康素质存在多方面差异

受历史原因影响，当前中国人口健康素质在多个方面存在着人群差异。在健康素养方面，《2022年中国居民健康素养监测情况》显示，2022年全国城市居民健康素养水平为31.94%，农村居民为23.78%，城市高出农村8.16个百分点。从区域上看，东、中、西部地区居民健康素养水平分别为31.88%、26.70%和22.56%，东部分别高出中部和西部5.18个和9.32个百分点。

在疾病发生率和治疗情况方面，城乡之间也存在明显差异。以肿瘤为例，国家癌症中心的数据显示，2016年中国癌症新发病例为406.4万例，男性发病率高于女性，分别为207.03/10万和168.14/

[①] 《2022年中国居民健康素养监测情况》。

10 万。分年龄看，男女癌症新发病例峰值均在 60—79 岁。在 0—19 岁和 60 岁以上两个年龄段，男性高于女性；在 15—59 岁年龄段，女性高于男性。分区域看，城市发病率总体高于农村，城乡发病率分别为 189.7/10 万和 176.2/10 万。从具体肿瘤类别看，在肺癌、乳腺癌、结直肠癌、前列腺癌方面，城市发病率高于农村；在胃癌、肝癌、宫颈癌、食管癌方面，农村发病率高于城市。从癌症死亡情况看，2016 年中国癌症总死亡人数 241.4 万人，死亡率最高的是 60—79 岁的年龄段。从性别看，男性癌症死亡率高于女性，分别为 138.14/10 万和 73.95/10 万。在 0—14 岁和 60 岁及以上两个年龄段，男性癌症死亡率高于女性；在 15—59 岁的年龄段，女性癌症死亡率高于男性。从区域上看，癌症死亡率农村总体高于城市，分别为 106.1/10 万和 102.8/10 万。在肺癌、结直肠癌、乳腺癌、前列腺癌上，城市死亡率高于农村；在肝癌、胃癌、食管癌、宫颈癌上，农村死亡率高于城市。对比城乡癌症发病率和死亡率不难发现，城市地区的癌症发病率略高于农村，但死亡率农村略高于城市。这种差异的出现，同农村医疗资源的相对匮乏以及防癌意识的相对薄弱有直接关系。

在医疗保障方面，受筹资水平不同等因素影响，职工和居民之间的医疗保障水平也存在明显差异。2022 年，全国职工医保次均住院费用为 12884 元，其中在三级、二级、一级及以下医疗机构（含未定级）的次均住院费用分别为 15495 元、9029 元、6633 元，次均住院床日 9.5 天。职工医保住院费用目录内基金支付比例 84.2%，三级、二级、一级及以下医疗机构住院费用目录内基金支付比例分别为 79.8%、87.2%、89.2%。城乡居民次均住院费用 8129 元，其中在三级、二级、一级及以下医疗机构（含未定级）的次均住院费用分别为 13898 元、6610 元、3139 元，次均住院床日 9.2 天。居民医保住院费用目录内基金支付比例 68.3%，三级、二级、一级及以下医疗机构住院费用目录内基金支付比例分别为 63.7%、71.9%、80.1%[1]。

---

[1] 《2022 年医疗保障事业发展统计公报》，国家医保局网站，2023 年 7 月 10 日，http://www.nhsa.gov.cn/art/2023/7/10/art_7_10995.html。

| 第二部分　分论

二　中国人口健康素质面临的突出问题

正如二十届中央财经委员会第一次会议指出的，少子化、老龄化、区域人口增减分化是未来中国需要高度关注的三大趋势性变化。在这三类趋势性变化中，前二者特别是老龄化对中国人口健康素质带来的影响最为深远。近些年，在老龄化程度不断加深的同时，城镇化快速推进，居民生活方式不断变化，饮食结构持续调整，这些共同导致了中国人口健康素质中出现了一些亟待解决的突出问题。

（一）慢性病仍然保持增长态势

虽然中国在防治慢性病方面取得了明显进步，但从近些年的发展趋势看，慢性病带来的挑战依然严峻。《中国居民营养与慢性病状况报告（2020年）》显示，近年来，随着健康中国建设和健康扶贫等民生工程的深入推进，中国营养改善和慢性病防控工作取得了积极进展和明显成效。一是居民体格发育与营养不足问题持续改善，城乡差异逐步缩小。居民膳食能量和宏量营养素摄入充足，优质蛋白摄入不断增加。成人平均身高继续增长，儿童青少年生长发育水平持续改善，6岁以下儿童生长迟缓率、低体重率均已实现2020年国家规划目标，农村儿童生长迟缓问题已得到根本改善。居民贫血问题持续改善，成人、6—17岁儿童青少年、孕妇的贫血率均有不同程度的下降。二是居民健康意识逐步增强，部分慢性病行为危险因素流行水平呈现下降趋势。近年来，居民吸烟率、二手烟暴露率、经常饮酒率均有所下降。家庭减盐取得成效，人均每日烹调用盐9.3克，与2015年相比下降了1.2克。居民对自己健康的关注度也在不断提高，定期测量体重、血压、血糖、血脂等健康指标的人群比例显著增加。三是重大慢性病过早死亡率逐年下降，因慢性病导致的劳动力损失明显减少。2019年，中国居民因心脑血管疾病、癌症、慢性呼吸系统疾病和糖尿病四类重大慢性病导致的过早死亡率为16.5%，与2015年的18.5%相比下降了2个百分点，提前实现2020年国家规划目标①。

但是，慢性病仍然是当前和未来一个时期内的主要风险因素。近些年，中国慢性病的负担在不断增加。《中国居民营养与慢性病状况报告（2020年）》显示，18岁及以上居民高血压患病率为27.5%，糖尿病患病率为11.9%，高胆固醇血症患病率为8.2%，与2015年的结果相比均有所上升。

对未来发展趋势的研究显示，到2030年，相比联合国在健康领域设定的可持续发展目标，中国在儿童营养不足、妇幼保健、精神健康领域相对乐观，设置的定量指标达标情况良好，但在儿童营养过剩、传染病、慢性病、交通伤害领域面临较大挑战，指标实现情况较难。具体而言，在儿童超重率、纯母乳喂养率、艾滋病发病率、结核病发病率、乙肝丙肝总发病例数、道路交通事故死亡率各项指标和SDGs所设定的目标差距较大，在重大慢性病合计早死概率、15岁人群以上吸烟率两项指标上存在一定差距②。

从具体情况看，导致慢性病负担持续增长的挑战主要表现在以下几个方面。居民不健康生活方式仍然普遍存在。首先是膳食脂肪供能比持续上升。到2019年，农村首次突破30%的推荐上限。家庭人均每日烹调用盐和用油量仍远高于推荐值，同时，居民在外就餐比例不断上升，食堂、餐馆、加工食品中的油、盐过量的问题需要引起关注。其次是儿童青少年经常饮用含糖饮料问题凸显，15岁以上人群吸烟率、成人30天内饮酒率超过1/4，身体活动不足问题普遍存在。

居民超重肥胖问题不断凸显，慢性病患病/发病仍呈上升趋势。近些年，城乡各年龄组居民超重肥胖率继续上升，到2019年有超过一半的成年居民超重或肥胖，6—17岁、6岁以下儿童青少年超重肥胖率分别达到19%和10.4%。高血压、糖尿病、高胆固醇血症、慢性阻塞性肺疾病患病率和癌症发病率与2015年相比也有所上升③。

---

① 《中国居民营养与慢性病状况报告（2020年）》。
② 汤胜蓝、葛延风主编：《实现"健康中国2030"目标——基于实证的研究》，人民卫生出版社2019年版。
③ 《中国居民营养与慢性病状况报告（2020年）》。

第二部分 分论

老龄化的出现，加剧了慢性病的流行程度。心脑血管疾病是中国老年人负担最重的疾病，从2000年进入老龄化社会开始，中国的心脏病死亡率就在迅速增加，与老龄化程度最深的国家日本相比，远远超过其老龄化程度的同期水平，且增长速度很惊人。如果不加以控制，到2025年，中国的心脏病死亡率预计会上升到160—170/10万[1]。心脑血管疾病发病与死亡均与高血压、糖尿病和高脂血症等疾病有关。中国高血压、糖尿病患病率近些年在迅猛上升，但知晓率、治疗率、控制率却一直不佳。2014年，中国35—75岁人群中高血压患病率为37%，但检出的高血压患者中知晓率、治疗率和控制率分别为36%、23%和6%[2]。糖尿病情况也同样不容乐观，2013年的患病率为10.9%，知晓率、治疗率和控制率分别为37%、32%和16%[3]。在此情况下，未来的心血管疾病负担预计仍将保持高位并继续增长。

和城镇相比，农村的情况更为严重。若不加强农村慢性病的管理，未来会持续快速走高，这使得农村本就巨大的养老压力将更为沉重。从既往情况看，城市心血管疾病上升趋势趋于平缓，但农村仍处于快速上涨的阶段，且从2009年起患病率一直高于城市。农村高血压和糖尿病患病率增速高于城市，近些年的上升趋势尚未得到遏制。农村的管理情况远比城市差，知晓率和治疗率均较低。不少不健康的生活方式，如吸烟和营养不良等情况，在农村更为严重。

将老未老人群的健康状况更不容忽视。相较于当前的老年人，45—59岁的"将老未老"人群的生活条件变化更加剧烈，疾病风险更加复杂，不健康生活方式更加普遍[4]。例如，这一人群的有害饮酒

---

[1] 参见世界卫生组织的数据。
[2] Lu, J., Lu, Y., Wang, X., et al., "Prevalence, Awareness, Treatment, and Control of Hypertension in China: Data from 1.7 Million Adults in a Population-based Screening Study", *Lancet*, Vol. 390, No. 10112, 2017, p. 2549.
[3] Wang, L., Gao, P., Zhang, M., et al., "Prevalence and Ethnic Pattern of Diabetes and Prediabetes in China in 2013", *Jama*, Vol. 317, No. 24, 2017, pp. 2515–2523.
[4] 国务院发展研究中心社会发展研究部课题组：《健康老龄化：政策与产业双轮驱动》，中国发展出版社2020年版。

率在全人群中最高（13.1%）[1]，经常锻炼率仅21.5%，超重肥胖率居高不下，分别为36.9%和13.9%，均是最高的年龄组。加上社会压力的增加，环境污染的加重，都可能导致这部分人的健康风险愈发严峻。此外，高血压、糖尿病作为心脑血管疾病的重要危险因素，发病年龄提前，且由于缺少筛查，中年人群对疾病的知晓率比老年人更低，加快了心脑血管疾病的进程，加重了中年人进入老年期后的疾病风险。以高血压为例，2012年45—59岁人群知晓率、治疗率、控制率均低于60岁及以上老年人群[2]。

（二）健康素养仍有待进一步提升

近些年，在提升居民健康素养方面，中国做了大量工作。在实践中，国家卫生健康委员会同各地、各部门开展的健康素养促进行动包括多个方面：一是出台了一系列提升公众健康素养的政策，明确工作重点、工作机制和各方责任，为开展健康素养促进工作做好顶层设计；二是通过国家基本公共卫生服务项目、健康素养促进行动、健康中国行、贫困地区健康素养促进三年攻坚行动等专项健康素养促进项目提升居民健康素养水平；三是开展健康城市、健康促进县区、健康村镇、健康学校、健康促进医院、健康促进社区、健康促进企业、健康家庭等系列健康场所创建活动，为城乡居民健康素养提升创造支持性环境；四是大力开展健康知识普及，采取多种途径和形式，面向公众广泛开展健康教育和健康科普活动；五是开展健康素养研究和全国健康素养监测，研究制定了中国居民健康素养评价指标体系，开发了试题库，编制了全国居民健康素养监测调查问卷，自2008年起开展覆盖全国的健康素养监测，通过连续监测获得城乡居民健康素养水平数据及动态变化趋势，分析健康素养促进的重点地区、重点人群和重点问题，为制定卫生健康政策和出台具体干预措施提供循证支持。

---

[1] 《中国居民营养与慢性病状况报告（2015年）》，人民卫生出版社2015年版。

[2] 一些全国范围内的涵盖不同年龄段人群高血压、糖尿病等慢性病患病率、知晓率、治疗率、控制率等信息的调查为2012年全国营养与慢性病状况调查，近年来有一些针对部分省份或部分人群的小范围调查，结论也与此一致。

第二部分 分论

在政府相关部门、医疗机构、社会、家庭、个人等多方持续合力推动下，中国居民的健康素养有了明显提升。新冠疫情发生后，居民对健康的重视程度进一步提升，社会上以各种形式提供健康信息咨询和健康管理的机构和平台也迅速增加。但也要看到，当前中国居民健康素养水平仍不足30%，同实现人口高质量发展支撑中国式现代化要求相比差距依然明显。

健康素养不高会带来多方面的不利后果。不健康的生活方式和行为模式广泛存在，进而诱发慢性病的快速增长。缺乏疾病常识，导致小病大治、药物滥用等非合理的就医行为相对普遍，不仅浪费了医疗资源，也带来个人、家庭及医保费用负担的持续上涨。部分疾病因治疗不及时或干预过晚，导致小病拖成大病，不仅大幅提升治疗成本，也带来了居民的健康损失。居民缺乏理性疾病观和生命观，花费大量医疗资源进行无意义治疗的情况依旧存在。这些现象的存在，对提升整体居民健康水平和卫生投入的宏观绩效都产生了不利影响。

健康教育是提升居民健康素养的重要手段。2019年，中国成立健康中国行动推进委员会，印发《国务院关于实施健康中国行动的意见》《健康中国行动（2019—2030年）》等相关文件，全方位干预健康影响因素，明确要求每个人是自己健康的第一责任人。2023年，中国召开了首届健康教育全国大会，山东也成为第一个召开健康教育大会的省级地区。但整体上看，中国当前的健康教育还面临着不少问题，影响着健康教育效果的发挥。近些年，中国大众传媒在健康信息传播中的作用日趋显著，但在开展健康教育过程中仍存在不少问题。

一是政府和专业机构的主导作用发挥不足。政府和不同级别的专业机构虽建有网站、微博、微信公众号以及应用程序，但利用大众传媒进行健康信息传播的主导作用明显不足，当前存在着提供主体少、信息量不足、形式单一、对新技术的应用不足等问题。同时，由于缺乏有效的激励机制，专业机构利用大众传媒传播健康知识的动力仍然不足。这些问题的存在，使得在社会媒体日益发达的情况下，政府和专业机构在健康信息传播中并没有有效发挥权威信息源的作用。

二是主流媒体的公益性和能力有待提高。收视率以及经济效益的要求，使很多主流媒体急功近利，有效但不能迅速带来经济收益的栏目往往不愿提供①。当前，大众传媒内容的创新或改版经常凭借感性认识，收视率不好就立即下马，不能长久对栏目进行坚持和深功细作，公益性不足。与此同时，基于对经济利益的追求，一些官方媒体对医药广告控制不严，各种虚假宣传泛滥，没有很好地履行社会责任。此外，部分媒体从业人员健康素养不足，无法对有关健康信息的科学性作出判断，近些年出现的多起职业医药广告的伪专家在各电视台频繁出现的现象，就同部分媒体从业人员健康素养不足有着直接关系。

三是一些新媒体在健康信息传播中存在大量混乱现象。一些重要搜索引擎广泛使用竞价排名手段，导致虚假信息泛滥。这种竞价排名方式，产生了巨大社会危害。近些年，竞价排名的做法虽然有所规制，但依然是一些从业者常用的潜在竞争手段。与此同时，部分企业、医疗机构及医务人员出于利益目的，利用网站、自媒体等发布虚假信息，进行虚假宣传。此外，在人人都能成为传播主体的背景下，不实甚至是有害健康的信息大量存在，很多不具备专业知识的公众在未经核实的情况下随意转发，带来更大范围的危害。

四是健康信息监管严重不足。在当前的健康信息传播中，由于缺乏专业化的监管队伍，部门之间缺乏有效协作，监管能力跟不上信息化发展要求。近些年，规范信息传播的法律法规政策不少，但缺乏针对不同类型大众传媒传播健康信息的有效管控机制，也缺乏对各类媒体发布健康信息的审核监督机制。与此同时，执法不严、处罚力度不足、漏洞多发的问题普遍，这导致涉及健康信息传播的黑广播屡禁不止，直销过程中的各种虚假宣传泛滥，医药产品和保健品领域的传销仍大量存在。

（三）老龄化的发生带来了更为复杂的健康风险

按照国际惯用标准判断，中国在 2000 年进入老龄化社会，2021

---

① 史宇晖、冯文猛、常春等：《我国健康教育中大众媒体的应用进展及建议》，《中国健康教育》2020 年第 3 期。

第二部分 分论

年进入老龄社会,是迄今进入老龄社会的国家中速度最快的。新中国成立至今,中国经历了三次大的人口生育高峰。自2022年开始,1962—1975年第二次人口生育高峰期出生人口将相继进入老年阶段。这意味着,"十四五"乃至未来相当长的一段时期内中国的人口老龄化将迎来更为快速的发展。

老年人是当前中国的主要健康风险人群,老年人口规模的进一步增长将带来居民健康需求的持续增加。在以居家为主的养老服务体系格局下,建设完善的老年健康支撑体系,推进面向居家老年人的健康服务建设变得日趋重要。2018年的中国民生调查中,52.2%的受访老年人认为下一步最需要的养老服务是上门医疗(如打针、问诊等),是占比最高的需求,其次为健康监测紧急救助服务,占23.2%,二者共同反映出老年人对于医疗护理类服务的巨大需求,同时也反映出对上门医疗服务和老年人居家安全的迫切需求。在希望基层医疗卫生服务机构提供的服务中,有40.6%的老年人希望能够定期上门探访老人和慢性病人[1]。第四次中国城乡老年人生活状况调查也显示了类似结果,上门看病、上门服务和康复护理是近些年老年人最需要的养老服务,上门看病需求最大,达到了38.1%。

在人均预期寿命持续增长的同时,另一个不容忽视的问题是中国居民的健康期望寿命增幅不及期望寿命,这导致失能照料的负担持续加重。自20世纪90年代以来,中国居民期望寿命有了较大程度提高,1990—2017年人均期望寿命增加了8.4岁。但中国2017年健康期望寿命[2]为68.1岁,较1990年仅增长了7.2岁[3]。也就是说,随着期望寿命的延长,有更多人在功能损失的状态下生活更长时间。在中国所有的伤残调整寿命年(DALY)中,伤残损失寿命年(YLD)所

---

[1] 国务院发展研究中心2018年中国民生调查。
[2] 健康期望寿命反映某特定年龄的人群在完全健康状态下能够继续存活的平均年数。
[3] Kyu, H., Abate, D., Abate, K. H., et al., "Global, Regional, and National Disability-adjusted Life-years (DALYs) for 359 Diseases and Injuries and Healthy Life Expectancy (HALE) for 195 Countries and Territories, 1990 – 2017: A Systematic Analysis for the Global Burden of Disease Study 2017", *The Lancet*, Vol. 392, No. 10159, 2018, pp. 1859 – 1922.

占的比例快速提升①，从 1990 年的 23.8% 增至 2013 年的 40.9%②，这也意味着中国老年人因伤残而失能的风险增大，时间延长，疾病治疗和生活照料的压力都会更大，需要将疾病防治的重点放在预防上，以提高未来老年人群的健康期望寿命。

同年轻人口相比，老年人口患病具有自身的一些特性，增加了健康需求满足的复杂程度。总体上看，老年人的慢性病患病率高，且共病情况严重。2015 年，中国城乡老年人患有慢性病的比例为 79.97%，其中患病率排名前五名的分别为骨关节病、高血压、心脑血管疾病、胃病和白内障/青光眼，48.81% 的老年人同时存在两种及以上的慢性病③。若是仅针对老年住院患者，则共病率高达 91.36%，人均患病 4.68 种，恶性肿瘤、高血压、缺血性心脏病、糖尿病、脑血管疾病是位居前五的住院患病④。共病状态多使老年人面临更大的疾病负担。与单一病种患者相比，共病患者的生活质量往往更低，病死率和致残率更高，且会带来医疗资源使用的增加。此外，老年共病患者在就诊过程中常需要辗转于各个专科，费时、费力、费钱，一些行动能力较差的老年人在自行就诊中存在多种不便，在有家人陪同的情况下，也一定程度上增加了家人的负担。

（四）基层网底兜不牢的问题仍然突出

在慢性病为主的时期，加强预防、做好慢性病管理是最有效的防治模式。鉴于人口中慢性病流行的特点，要对患病人群和风险人群形成有效的健康风险管控，只依靠为数有限的大医院无法完成对规模庞大的风险人群进行健康管理的目标。在当前的医疗服务体系下，基层医疗卫生机构成为全国范围内进行健康管理的主要实施者。

---

① 这一现象意味着中国的死亡疾病负担所占比重降低，伤残所占比重增加，也意味着需要更多的失能照护。
② 周脉耕等：《1990—2015 年中国分省期望寿命和健康期望寿命分析》，《中华流行病学杂志》2016 年第 11 期。
③ 参见第四次城乡老年人生活状况调查的数据。
④ 解放军总医院国家老年疾病临床医学研究中心：《中国老年疾病临床多中心报告》。

| 第二部分　分论

截至2021年年末，全国医疗卫生机构总数1030935个，其中医院36570个，占3.50%，基层医疗卫生机构977790个，占94.84%，专业公共卫生机构13276个，占1.28%。从这一数量结构看，基层医疗卫生机构构成了服务中国人口健康的强大网底。近些年，为推进基层医疗卫生机构和居民之间建立更为紧密和持续的联系，中国在积极推动家庭医生的发展。

作为贴近居民提供第一道专业医疗服务的团队，家庭医生是服务居民医疗卫生服务需求的网底。家庭医生要成功发挥作用，离不开全科医生的发展。但目前，中国全科医生在发展中还面临一些亟待补齐的短板。

全科医生的总量不足。一方面，全科医学的基本内涵是临床医学通科加上社区医疗，没有社区医疗不能成为全科医生。另一方面，家庭医学的基本内涵是临床医学通科加上家庭医疗，没有家庭医疗不能成为家庭医生。到2018年年末，中国培训合格的全科医生数量30.9万人，每万人拥有全科医生数量2.2人，全科医生在执业（助理）医师中的比例达到8.6%。但在一些发达国家，全科医生占医生总数的比例一般在30%以上，有的接近或达到50%，8.6%这一数据与中国自身发展的目标要求以及发达国家水平相比都存在不小差距，无法有效满足居民健康需求。如果按照到2030年每万人口5名全科医生估计，全科医生的需求量将达到70万人以上，以当前培训量每年3.5万人计算，届时的缺口量将有39万人。

当前全科医生的培养质量总体不高，各区域发展不平衡。目前，中国以"5+3"方式培养的全科医生还较少，多为从其他专科转岗培训为主。在学历上，目前全科医生的水平还不高。2018年的统计数据显示，在执业（助理）医师中本科及以上学历构成上，医院为69.5%，社区卫生服务中心为44.6%，乡镇卫生院为17.4%；在执业（助理）医师中，中级以上职称构成的占比情况：医院为55.9%，社区卫生服务中心为44.4%，乡镇卫生院为26.0%。在区域分布上，2018年年底，江苏每万人口全科医生数高于5人，浙江、北京、上海高于3人，但有25个省份在全国均数的2.22以下。其中，包括四川、河南、山东、河北等在内的多个人口大省都面临全科医生数量低下的问题。

自2009年启动新一轮医药卫生体制改革以来，强基层一直是一个重要目标。但从实际发展看，强基层在一些地方的发展并不尽如人意。从用药情况分析，农村基层医疗机构用药近些年所占份额不断缩小。从2007年的11.24%缩小至2014年的5.98%，7年间降低了5.26个百分点，而县域等级医院用药所占份额从2007年的15.33%增加至2014年的20.92%，7年间增长了5.59个百分点。用药量进一步向县域转移，带来了部分地区基层服务能力的弱化以及基层医疗卫生机构工作人员的流失。在基层无法强起来的背景下，做实贴近居民的疾病干预和慢性病管理遇到更大的困难。

（五）新的健康风险挑战不断出现

传统的生物医学模式认为，健康就是人的躯体上没有异常，疾病就是人的躯体出现异常现象。随着社会进步和科技发展，人类对健康有了新的认识。1948年，世界卫生组织将"健康"重新定义为"健康不仅仅是没有疾病和残缺，而且应在生理上、心理上和社会适应能力都处于完好状态"。1989年，世界卫生组织又进一步深化了健康概念，认为健康应包括躯体健康、心理健康、社会适应良好和道德健康。国际社会对健康的认知"从生物医学模式"转向"社会—心理—医学模式"，极大地拓展了对健康的科学理解。目前，身体健康、精神健康和社会健康已成为理解健康的三个重要维度。

对健康理解维度的加深，也使人们对中国近些年人口健康素质中新增风险的认识在不断加深。中国阿尔茨海默症疾病负担正在快速增长。2016年，阿尔茨海默症疾病负担是2000年的2.5倍左右，患病率不断上升。近些年，中国的阿尔茨海默病患者人数预计为800万—1000万人，轻度认知障碍人数为2400万人。在重度患者中，不仅出现严重的记忆力丧失，且日常生活无法自理，会出现精神行为症状等，几乎完全依赖于照护者，这无疑要消耗患者家属诸多时间与精力，导致其照护者也面临健康、情感和财务压力。除了对老年人自身生活质量的影

第二部分　分论

响，阿尔茨海默病带来的长期照护成本巨大，经济负担极重。相关估计显示，阿尔茨海默病患者每人每年平均花费超过12万元，为患者个人、家庭和社会带来了巨大的经济负担。在区域分布上，农村患病率高于城市，女性比男性更为常见，并随年龄上升而上升[①]。

帕金森也是随着老龄化深化逐步凸显的另一类健康问题。根据2016年的流行病学研究，中国65岁及以上老年人的帕金森病发病率为1.7%，目前约有200万帕金森病患者，每年新增患者约10万人。世界卫生组织的预测显示，至2030年，中国的帕金森病患者将达500万人。更值得注意的问题是，中国目前针对帕金森病的误诊率和漏诊率相对更高，仅有3.75%的患者初发病时意识到自己患病，并且误诊率高达23.5%[②]。

近年来，随着中国经济和社会的快速发展，人们的生活节奏、工作压力明显加大，中国居民中心理行为问题和精神障碍的人群逐渐增加，民众心理健康问题日益凸显。2019年的相关数据显示，中国抑郁症的患病率达到2.1%，焦虑障碍的患病率是4.98%，抑郁症和焦虑症这两个患病率接近7%。近些年的监测显示，中国人口的抑郁疾病负担在上升，尤其是在低龄老年人中，60—69岁老年人2016年抑郁疾病负担是2000年的1.7倍，且呈加速上升趋势[③]。过快的社会转型、城镇化、收入分配差距、人口快速流动、家庭规模和结构的变化，老年人的精神健康压力将会更大。在患病率大幅上升的情况下，基于社会偏见、病耻感、疾病认知程度低等原因，有精神健康问题的中国老年人就诊率和治疗率低且呈现下降趋势，严重压抑了真实的精神卫生需求。

近年来，党中央、国务院高度重视精神卫生和心理健康工作，十九届五中全会通过的《中共中央关于制定国民经济和社会发展第十四个五年规划和二〇三五年远景目标的建议》中明确提出，重视精神卫

---

① 葛延风、冯文猛等：《阿尔茨海默病防治进展及行动方案》。
② 参见中国疾病预防控制中心的数据。
③ 参见中国疾病预防控制中心的数据。

生和心理健康。2019年下发的健康中国行动，有15个行动项目，其中一个行动就是有关心理健康和精神卫生的行动。近些年，中国对心理健康问题的重视进一步加大。2021年上半年，国家专门成立国家心理健康和精神卫生防治中心，作为国家公益一类的事业单位，来加强心理健康和精神卫生防治方面的统筹。

（六）妇幼健康工作仍需高度重视

2022年，中国新生人口降至1000万人以下，少子化的倾向逐步凸显。在新生人口总量优势不再的大背景下，提升出生人口的健康水平更为重要。

近些年，以提升妇幼健康水平为目标，国家卫生健康委等部门先后推动了一系列的妇幼健康行动计划的落地，具体如下：包括母婴安全行动提升计划、健康儿童行动提升计划和出生缺陷防治能力提升计划在内的"三提升"计划；包括以着力消除影响妇女儿童健康的重大疾病的母婴传播为目标的消除艾滋病、梅毒、乙肝母婴传播行动计划和加速消除宫颈癌行动计划在内的"两消除"计划；包括以积极促进妇幼健康和中医药融合发展和妇幼健康领域党建文化的深度融合在内的"两融合"计划；包括积极推进母乳喂养促进行动计划和生殖健康促进行动计划在内的"两促进"计划。

一系列妇幼健康计划的出台，将有利于提升中国新生儿健康水平，改善儿童健康状况。但受制于历史原因等的影响，目前在妇幼健康领域仍有一些问题需要继续引起重视。新生儿出生缺陷问题仍然不能忽视。出生缺陷是胎儿出生前在母体子宫内生长发育异常，导致出生时就已具有的先天缺陷。出生缺陷病种多，病因复杂，目前已知的出生缺陷超过8000种。中国近年来对出生缺陷实施三级防控策略，先后实施了增补叶酸预防神经管缺陷、地中海贫血防控、贫困地区新生儿疾病筛查等重大公共卫生项目，出生缺陷防治取得了一定的效果，但先天性心脏病、唐氏综合征、耳聋等严重出生缺陷还没有得到有效控制。尤其是先天性心脏病的发病率升高，已成为中国首位出生缺陷类型，另外公众对于出生缺陷也存在不少的误区。近些年，中国

| 第二部分　分论

每年新增出生缺陷儿约 90 万人，防治新生儿出生缺陷问题仍需引起高度重视①。

（七）寓健康于万策的环境建设有待进一步推进

对慢性病影响因素的研究发现，医疗系统在其中所起的作用不超过 10%。除了医疗系统，许多因素影响人的健康，其中生物学因素占 15%，环境因素占 17%，行为和生活方式占比高达 60%②。在慢性病成为主要疾病负担的时期，个人健康管理是最重要的方面，每人都是自己健康的第一责任人。因此，推动"以治病为中心"的治疗观念向"以健康为中心"的理念转变，需要全面贯彻"寓健康于万策"的原则，全力推进健康友好环境建设。

近些年，中国大力推进"健康中国"建设，提出"大卫生、大健康"概念，医疗卫生体制改革要从"以治病为中心"转向"以健康为中心"，把对人的健康的维护关口前移，做好疾病的预防，做到尽量让老百姓不得病、少得病，提高生命质量。党的十九大报告指出，"倡导健康文明生活方式，预防控制重大疾病"。习近平总书记指出，"要倡导文明健康绿色环保的生活方式，开展健康知识普及，树立良好饮食风尚，推广文明健康生活习惯"③。为此，要将其融入所有政策中，把全生命周期健康管理理念贯穿于城市规划、建设、管理全过程各环节。目前，尽管中国在推动将健康融入所有政策的制定过程中取得了明显进展，但同建设社会主义现代化国家的要求相比，目前仍存在一些突出的短板。整体上，"寓健康于万策"的做法在多个领域还落实不到位，相应的体制机制也不健全，部分人群的意识也有待进一步强化。在当前和未来相当长的时期内，继续推进"寓健康于万策"的有效落地，全力推进健康友好社会建设，仍然是一项需要高度关注的问题。

---

① 参见国家卫生健康委的数据。
② 国务院发展研究中心社会发展研究部课题组：《健康老龄化：政策与产业双轮驱动》，中国发展出版社 2020 年版。
③ 《深入学习习近平关于体育的重要论述》，人民出版社 2022 年版，第 120、121 页。

三 提升中国人口健康素质的应对策略

2015年以来，随着健康中国战略的提出，中国的医药卫生体制改革进入新阶段。《健康中国2030规划纲要》指出，"健康中国"的目标，是到2030年促进全民健康的制度体系更加完善，健康领域发展更加协调，健康生活方式得到普及，健康服务质量和健康保障水平不断提高，健康产业繁荣发展，基本实现健康公平，主要健康指标进入高收入国家行列；到2050年，建成与社会主义现代化国家相适应的健康国家。

2022年，中国人口总量在时隔61年之后再次出现负增长，中国人口发展进入了新阶段。在增量优势不再的情况下，要支撑中国式现代化的发展，提升人口素质的作用更为重要。健康素质无疑是人口素质中的重要组成部分。面对出现的新趋势，要解决人口健康领域中面临的突出问题，需要从以下几个方面做好谋篇布局。

（一）进一步提升居民健康素养

在慢性病成为主要疾病负担的背景下，要进一步提升居民健康水平，需要全面推进健康中国建设，深入实施健康中国行动，以提升居民素养为抓手，积极培育居民健康行为，推动慢性病干预和健康管理的广泛实施，让个人更好履行自己是自我健康"第一守门人"的职责。

一是积极推动居民健康基本知识的掌握。一个人的健康素养不是与生俱来的，而是需要涵养培育的。从目前看，尽管近些年进展明显，但同普遍掌握基本的健康知识的要求相比，中国居民健康素养的提升还有很大空间。具体建议从以下三方面入手①。

第一，掌握基本的医疗健康知识。掌握基本的慢性病防治、传染

---

① 国务院发展研究中心社会发展研究部课题组：《全面强化健康教育：中国问题与国际经验》，中国发展出版社2019年版。

| 第二部分　分论

病防治、科学就医、合理用药以及精神卫生等医学知识，提高个体自觉预防疾病的能力，实现个体健康维护由被动到主动的转变，了解医学在健康维护中的局限性，了解个人行为、生活方式和社会适应等对健康更关键的决定因素，更好地理解医生的职责和个人的职责，增进医患信任，化解医患矛盾。

第二，掌握基本的急救知识和急救技能。学习了解基本的急救知识和技能，能够在有人突发急病而医生到来之前立即进行现场施救，及时挽救他人生命。树立良好的社会互助风尚，减少社会冷漠。掌握基本的急救知识应成为每个人基本的生活常识和生存技能。目前，中国公众还缺乏急救意识、急救知识、急救技能以及相应的急救设备，这是健康素养培养中亟须补齐的短板。

第三，持续关注和应用健康知识。因缺乏健康养生知识和健康素养，一些人对社会上"健身养生"的骗局失去判断力而走入轻信"神医神药"的误区。提升健康素养，把关注和获取健康信息作为日常生活中的习惯，并能正确理解、甄别和应用健康信息，有助于增进保健技能，提高社会成员的自我保护意识，识破一些保健骗局，减少不必要的健康和经济损失。

二是主动培育健康生活方式的养成。养成健康文明生活方式是社会文明进步的重要标志。培育健康生活方式，建议从以下四方面入手①。

第一，合理膳食。近些年，当温饱问题解决后，居民因缺乏饮食营养知识，导致很多慢性病出现，严重影响健康水平。在推进中国式现代化的今天，合理膳食、科学营养成为居民对健康生活的新要求。《中国公民健康素养》中，提出了合理膳食的指导意见，2017年在全国开展了"健康中国行——合理膳食宣传教育活动"，积极普及膳食营养知识。今后，需要继续加大类似活动，助力居民合理膳食的养成。此外，为保障社会公众的食品安全，从国家层面，需要不断加强

---

① 国务院发展研究中心社会发展研究部课题组：《全面强化健康教育：中国问题与国际经验》，中国发展出版社2019年版。

食品药品监督和管理，确保食品药品安全；对市场主体而言，鼓励坚守商业诚信，生产高质量产品；对社会公众而言，继续推进坚决杜绝食用野生动物的陋习等不良习惯。

第二，合理运动。随着中国居民对健康重视程度的加大，体育运动在促进健康的作用和功能越来越被人们所认知。参与体育运动是应对亚健康、阻止慢性病进一步发展的有效措施，也能调节人的情绪、释放压力，有利于心理健康。运动很重要，但科学的运动更重要。体育不仅有竞技比赛的功能，还有群众参与体育运动、提高身体素质的功能。在这一领域，中国提出广泛开展全民健身运动，促进群众体育和竞技体育全面发展的原则。政府有关部门和体育专业机构继续加大履行在全社会普及科学健身知识和方法的责任，更好满足民众科学健身方面的需求。

第三，心理健康。心理健康是指心理的各个方面及活动过程处于一种良好或正常的状态。相关研究显示，人类疾病与心理不健康有着密切的关系，心理健康问题已成为日益凸显的重大公共卫生问题。近年来，精神疾病患者伤己伤人和制造公共危机的事件时有发生，危及社会安全和社会稳定。党的十九大报告提出，要加强社会心理服务体系建设，培育自尊自信、理性平和、积极向上的社会心态，这已成为社会治理的重要任务。党的二十大报告对加强社会心理服务体系建设做了进一步部署。在今后一段时期内，需要在相关指导原则下，积极推进具体措施的出台和相关模式的探索。

第四，改变不良生活方式。不良生活方式是指人们长期形成的一系列有害身体健康的生活习惯、生活制度和生活意识。近些年，长期熬夜、长期过量抽烟饮酒、极度缺乏体育锻炼、缺乏主动体检以及有病不求医等行为成为影响居民健康的主要不良生活行为方式。这些不良生活方式和行为会直接或间接地损害人体健康，需要加大宣传力度，让更多居民逐步扭转这些生活习惯。

三是针对全体居民加强疾病预防和健康管理知识传播，大力倡导理性健康观、疾病观和生命观。一方面，在居民健康意识日渐增长、重视全生命周期健康教育、确保健康知识科学性的前提下，建立多元化的健康教育体系，立足社区、学校、职场等重点区域，积极发挥医疗机构特别是签约医生的作用，构建全方位地连续提供科学健康知识的网络体系。在互联网和新媒体快速发展的背景下，发挥好主流媒体和权威专家作用，加大对虚假健康信息的惩处和打击力度。另一方面，在老年人是主要健康风险人群且占比不断增加的大背景下，需要将这类工作的重点放在老年人及家庭中。对老年人及家属的健康教育建议围绕以下三方面展开：第一，倡导和传播健康的生活习惯和行为方式，特别是针对老年人的营养、锻炼及有关危险因素的传播；第二，传播基本的疾病发生规律及预防和治疗常识，特别是老年人的常见病和常用药的常识，让老年人及家属在发生疾病后能够进行选择适宜技术进行理性治疗；第三，在全社会宣传培育理性的疾病观和生命观，让居民了解生老病死的自然规律，重视生命末期的尊严，减少无意义治疗，降低家庭负担和卫生资源浪费。

（二）进一步提升基层医疗卫生机构服务能力

要服务规模庞大的慢性病人口，基层医疗卫生机构的作用十分关键。近期的医疗卫生体系改革和建设的相关文件中，也明确将增强基层能力作为进一步工作的重点。因循现有政策方向，强化基层服务能力，未来建议在以下三个方面继续加大力度。第一，继续推进紧密型县域医共体建设，完善医共体内的体制机制，促进整合县域卫生资源，引导优质资源进一步下沉到基层。第二，在中央财政的支持下开展基层卫生人才能力的提升培训项目，通过线上线下来提高全科医生、社区护士、乡村医生等基层医疗卫生人员的基本医疗卫生服务水平。培训内容中需要加大对慢性病防控能力提升的关注。第三，结合国家基本公共卫生服务项目的实施，提升基层慢性病管理质量。中国从2017年开始在山西等7个省份开展了试点，探索慢性病医防融合的管理，推进高血压和糖尿病防治指南在基层的应用，提升基层开展高血压、糖尿病管理的规范化水平。近些年，全国多个地方针对各类慢性病进行有效管理的尝试日渐丰富。在这些尝试基础上，未来考虑在条件成熟时更多纳入基本公共卫生项目，以项目强化基层对各类慢性病的管理能力。

（三）改革医疗卫生服务体系

老年人是医疗卫生服务的主要利用者，随着老龄化的加剧，对医疗服务的需求会进一步增长。中国老年群体的健康问题非常复杂，从总体上看，现行的医疗卫生服务体系及服务模式难以满足日益增长且更加多元化的需求，未来的改革和建设必须更多考虑老年人的特点和需求。结合近些年的发展趋势，医疗卫生服务体系的未来改革方向，是以提升基层医疗卫生机构和农村地区医疗卫生服务能力为重点，构建优质、高效的整合型医疗卫生服务体系，推动医防融合在全国范围内深入落地，促进医疗、医药、医保以及医教的更好融合发展[1]。

一是增强医疗服务的连续性和主动性。充分借助信息技术建立起分级诊疗体系，增强服务的连续性和针对性。老年人疾病的特点是以慢性病为主，多病共存、合并症多、多重用药。这就需要充分利用现代信息技术手段，推进家庭医生、医院、康复护理体系乃至安宁疗护体系之间开展有效协作，实现有效的分级诊疗。分级诊疗的目的不是"分"而是"合"，是不同类型、不同级别医疗机构在各自明确分工的基础上的相互协作与配合。从总体上看，中国目前的分级诊疗制度还不完善，基层的作用明显不足，直接去大医院就诊的比例很高，服务连续性差，信息难以共享，很不利于疾病特别是慢性病的治疗与干预，且直接成本和间接成本都很高，服务质量和医疗体验差。必须以综合手段，加快推进有关改革，建立更加完善的分级诊疗体系，增强服务的连续性和针对性。

二是加快建立并完善"健康守门人"制度。加快建立基层首诊制度，通过提高报销比例、严格转诊程序等综合手段，提升患者特别是老年人对基层服务的利用率。应将患有慢性病特别是失能、半失能的老人作为家庭医生签约的重点人群。充分利用手机应用软件等信息技

---

[1] 国务院发展研究中心社会发展研究部课题组：《健康老龄化：政策与产业双轮驱动》，中国发展出版社2020年版。

术手段，建立与服务对象及其家属的便捷沟通平台，形成更加具有信任关系、能够提供连续性服务和有效干预的家庭医生制度，重点做好慢性病管理。同时，加快推进信息的共享，完善双向转诊制度。尽快建立并完善"守门人"制度，激励机制改革是关键。要通过医保支付方式的改革，把对老年人的健康管理的结果和控费效果与基层医务人员的待遇挂钩，充分调动基层机构在针对老年人提供健康管理和服务过程中的积极性。

三是改革服务模式，积极推进上门医疗与护理服务。老年人健康的一个特点是失能、半失能比重较高，这需要有可及性更高、更加主动的医疗服务。上门医疗服务应当成为未来一个时期发展的重点。这不仅能够解决老年人行动不便、在医院就医体验不佳等问题，还能够大幅度地节约整体的医疗成本。近年来，日本、美国等一些国家开始探索上门医疗服务，并取得了一些效果。通过有效的政策调整，包括修改执业医师执业地点限制的有关条款，明确上门服务的内容、方式和收费标准，加强质量监管，建立风险防控机制，改革医保支付方式并充分利用现代信息技术手段，这一领域会有很大的发展空间。近期，国内一些地区已经开始了相关探索，建议加快总结经验，尽快推进。

四是加快发展老年医学。随着老龄化程度不断加深，加强对老年人的医疗健康服务成为未来医疗卫生体系建设的重点。鼓励医学院校通过调整课程及专业设置等方式，增加老年疾病相关内容的讲授，提高所有医学生对老年疾病特殊性的认识，并增加老年医学、老年护理等相关专业人才培养力度。鼓励综合医院开设专门的老年医学科，引导部分一、二级医院转型为专门的老年病医院，鼓励社会资本开办专业老年病医院，丰富老年医学资源供给。同时，加大老年疾病、治疗及用药等方面的基础研究，提高老年医学水平。

（四）加快发展康复医疗

同不断增长的老年人规模以及日趋普遍的慢性病治疗需求相比，中国当前的康复医疗发展明显滞后。针对老年健康和疾病特点，建立一个完备的康复护理体系意义重大。当前,中国的医疗卫生服务体系是以医院为中心,且是以大医院为中心、以急性病治疗为主的体系。现有的很多康复服务大多由医院提供,康复护理体系发展严重滞后,基层卫生服务机构也没有发挥应有的提供康复护理服务的作用。这不仅对老年人的健康不利,影响生活质量,带来健康寿命的损失,也会推高整个国家的医疗服务成本。基于当前发展现状,构建康复护理体系,建议从以下几方面入手。

一是建立一个包括专业康复机构、基层医疗卫生机构为主体的低成本康复医疗服务体系。首先,要明确各类机构在康复体系中的功能定位。康复服务的提供需要有医院的参与,但不应是主导。疾病急性期的康复早期介入主要在医院康复医学科,疾病稳定期患者系统、综合的康复治疗主要在专业康复机构,疾病恢复期患者的基本康复服务及家庭康复指导主要由基层医疗卫生服务机构提供。同时,加大康复医疗专业人员的培养力度,为康复体系的发展提供人力支撑。将现有部分一、二级医院改造为康复医疗机构。政府在基建等方面给予资金支持。

二是设定明确的康复护理服务目录,并将有关服务纳入医保支付范围。目前康复体系难以发展起来的一个重要障碍是提供的不少服务医保不予报销,部分列入目录的服务报销比例也很低。建议结合老年人康复护理需求特点,设定合理的服务目录,纳入医保报销范围,适当提高报销比例,并建立调整机制。

(五) 高度重视新技术应用

近些年,数字技术在医疗健康和养老服务中所发挥的作用日渐重要。2018 年,国务院办公厅印发了《关于促进"互联网+医疗健康"发展的意见》,明确要求国家卫生健康委会同相关部门,强化组织领导和统筹协调,大力推进明确的任务和措施的落实,积极推进将"互联网+医疗健康"融入慢性病管理中。相比传统的慢性病管理的方式,采取"互联网+"的方式,可有效降低就诊门槛,提高依从性和管理效率,促进分级诊疗的落实。近些年,在为群众提供防疫科

第二部分 分论

普、在线咨询、心理疏导、远程会诊、慢性病复诊、药物配送等方面，新技术发挥的作用越来越重要。要提升中国人口健康素质，未来需要进一步充分发挥新技术的潜力。

得益于一系列国家规划和专项政策、全民医保和智能终端的普及，"互联网+医疗"及"智慧养老"近些年均形成了快速发展势头。通过互联网技术打破时空限制，提供远程诊疗、实时健康监测、慢性病管理及药品配送等，对减轻老年人就医负担、转变服务模式正开始发挥积极作用。智能硬件如安全监测、行为辅助设备及包括远程关怀、居家管理、生活服务、紧急救助等平台运营服务也开始全面起步。

但总体看，智慧医养产品当前还存在智能化和适老化水平的不足，产品、产业发展及服务模式同质化倾向严重，信息尚不能充分互联互通，产品和服务缺乏有效衔接。此外，受产品技术水平、老人支付能力和消费习惯等影响，智慧医养的利用率仍然不高，未来需要在以下方面做重点推进。一是鼓励创新，加快"放管服"改革，充分发挥企业在相关领域创新中的主体地位，规范市场秩序，强化竞争。在国家层面重点支持基础性技术和产品研发，加快信息基础设施和数据平台建设，为产业发展提供支撑。二是积极总结相关产业发展中的经验教训，加快建立标准体系，包括服务流程、服务模式、信息安全、数据管理等。三是明确产品性质及政府责任，探索多元付费机制，公共智慧平台可通过政府购买方式推广，确有必要且性价比高的产品和服务可考虑纳入医保范围。四是发挥智慧产品在信息整合中的优势，提升医疗服务系统之间以及医疗同相关产业之间有效的分工协作，拓宽产品和服务的应用场景，改善产品和服务的使用效果，形成良性循环。五是充分将智慧医养产品及技术应用在上门医疗服务、居家社区养老中。

第八章　中国人口文化素质：形势、问题及对策*

二十届中央财经委员会第一次会议，研究以人口高质量发展支撑中国式现代化问题。会议指出，要着力提高人口整体素质，加快塑造素质优良、总量充裕、结构优化、分布合理的现代化人力资源，以人口高质量发展支撑中国式现代化。会议强调，要加强人力资源开发利用，稳定劳动参与率，提高人力资源利用效率。从长远来看，一个国家的人口红利既要看总量，更要看质量；既要看人口，更要看人才。因此，推进中国式现代化，必须全面提升人口素质。当前，中国正处于人口大国向人力资源强国转变的关键时期，发挥人力资源的潜力与优势是促进中国经济长期保持中高速增长、迈向中高端水平的最大支撑[1]。着力提高人口整体素质，最大限度发挥人口因素的能动作用，必将为全面建成社会主义现代化强国、全面推进中华民族伟大复兴提供坚实人力资源保障。党的十八大以来，在以习近平同志为核心的党中央坚强领导下，中国教育事业取得历史性成就、发生历史性变革。中国从一个人口大国到一个人力资源强国[2]，从人口大国到人力资本大国[3]，从

---

* 本章作者为张航空。作者简介：张航空，中国人民大学人口与发展研究中心副教授，硕士生导师。

[1] 仲音：《着力提高人口整体素质——以人口高质量发展支撑中国式现代化》，《人民日报》2023年5月16日第4版。

[2] 杜鹏、安瑞霞：《从人口大国到人力资源强国——改革开放四十年中国教育发展成就与人力资源发展》，《国家教育行政学院学报》2018年第11期。

[3] 胡鞍钢：《从人口大国到人力资本大国：1980—2000年》，《中国人口科学》2002年第5期。

第二部分　分论

一个教育弱国到一个教育大国①，彻底扭转了文盲众多、人才匮乏的教育弱国面貌，成功树立了体量庞大、人才辈出的教育大国形象，并向教育强国迈进②。

党的二十大报告指出："教育、科技、人才是全面建设社会主义现代化国家的基础性、战略性支撑。"③《中华人民共和国国民经济和社会发展第十四个五年规划和2035年远景目标纲要》强调："把提升国民素质放在突出重要位置，构建高质量的教育体系和全方位全周期的健康体系，优化人口结构，拓展人口质量红利，提升人力资本水平和人的全面发展能力。"正如李强总理在2023年3月13日十四届全国人大一次会议闭幕后回答中外记者的提问时所说的，我们的"人口红利"没有消失，"人才红利"正在形成，发展动力依旧强劲。面向未来，随着人口素质的提高，人口资源的优势将得到有效发挥，会进一步促进经济发展方式转变、产业结构升级、全要素生产率提高，为高质量发展提供有效人力资本支撑④。

一　中国人口文化素质的现状与变化

（一）人口文化素质基本情况的现状与变化

人才资源丰富，接受过高等教育的人口接近2.2亿人。2020年全国第七次人口普查数据显示，6岁及以上人口中，受教育程度为小学以下的人口数量超过5000万人，比例不足4%；受教育程度为小学的人口数量接近3.5亿人，比例超过1/4；受教育程度为初中的人口数量接近4.9亿人，比例接近四成；受教育程度为高中的人口数量超过

---

① 高书国：《从文盲大国迈向教育强国的道路自信：中国教育70年的初心与担当》，《人民教育》2019年第18期。
② 蒋纯焦：《新中国70年教育的发展历程》，《河北师范大学学报》（教育科学版）2019年第6期。
③ 习近平：《高举中国特色社会主义伟大旗帜　为全面建设社会主义现代化国家而团结奋斗——在中国共产党第二十次全国代表大会上的报告》，人民出版社2022年版，第33页。
④ 仲音：《全面认识、正确看待我国人口发展新形势——以人口高质量发展支撑中国式现代化》，《人民日报》2023年5月15日第1版。

2.1亿人，比例接近1/6，受教育程度为大学专科及以上的人口数量接近2.2亿人，比例接近1/6，高等教育实现了从大众化到普及化的历史性跨越。

人口文化素质全面提升，实现从人口资源大国向人才资源大国的转变。受益于教育事业的进步，中国6岁及以上人口的受教育程度构成发生了较大的变化（见表8-1）。其中，受教育程度为高中的人口比例从2000年的11.95%上升到2020年的16.13%；受教育程度为大学专科及以上的人口比例从2000年的3.81%上升到2020年的16.52%。相应地，受教育程度为小学以下和小学的人口比例从2000年的9.54%和38.18%分别下降到2020年的3.91%和26.41%，受教育程度为初中的人口比例呈现先升后降的趋势，从2000年的36.52%上升到2010年的41.70%，然后下降到2020年的37.03%。与此同时，平均受教育年限从2000年的7.62年上升到2020年的9.50年。

表8-1　2000—2020年中国6岁及以上人口的受教育情况

受教育程度		2000年	2010年	2020年
小学以下	数量（万人）	11039.67	6213.64	5140.75
	比例（%）	9.54	5.00	3.91
小学	数量（万人）	44161.34	35721.17	34741.05
	比例（%）	38.18	28.75	26.41
初中	数量（万人）	42238.66	51817.62	48709.50
	比例（%）	36.52	41.70	37.03
高中	数量（万人）	13828.35	18664.69	21220.99
	比例（%）	11.95	15.02	16.13
大学专科	数量（万人）	2898.55	6861.05	11230.30
	比例（%）	2.51	5.52	8.54
大学本科	数量（万人）	1415.07	4562.58	9415.61
	比例（%）	1.22	3.67	7.16
研究生	数量（万人）	88.39	413.86	1076.56
	比例（%）	0.08	0.33	0.82

第二部分　分论

续表

受教育程度		2000 年	2010 年	2020 年
合计	数量（万人）	115670.03	124254.61	131534.76
	比例（%）	100	100	100

注：2000 年第五次、2010 年第六次全国人口普查数据中教育人口的年龄起点是 6 岁，2020 年第七次全国人口普查数据中教育人口的年龄起点是 3 岁，为了便于比较统一把年龄调整为 6 岁；2000 年第五次全国人口普查数据中教育分为未上过学、扫盲班、小学、初中、高中、中专、大学专科、大学本科和研究生；2010 年第六次全国人口普查数据中教育分为未上过学、小学、初中、高中、大学专科、大学本科和研究生；2020 年第七次全国人口普查数据中教育分为未上过学、学前教育、小学、初中、高中、大学专科、大学本科、硕士研究生、博士研究生。为了便于比较，本章把教育分为小学以下、小学、初中、高中、大学专科、大学本科和研究生。平均受教育年限计算参考《第七次全国人口普查公报（第六号）》的计算方法，具体的折算标准是：小学=6 年，初中=9 年，高中=12 年，大学专科及以上=16 年。

资料来源：2000 年数据根据第五次全国人口普查数据部分计算而来；2010 年数据根据第六次全国人口普查数据部分计算而来；2020 年数据根据第七次全国人口普查数据部分计算而来。

（二）不同性别人口文化素质的现状与变化

男性人口文化素质高于女性人口。2020 年第七次全国人口普查数据显示，从不同受教育程度的性别差距来看，男性人口在小学以下、小学的比例低于女性人口，初中、高中和大学专科的比例男性人口高于女性人口。值得关注的是，在高等教育阶段，男性人口和女性人口之间的差异已经非常小，在某些阶段和某些指标方面女性人口和男性人口持平甚至实现了超越。接受过高等教育的男性人口在比例和规模方面均高于女性人口，在大学本科阶段和研究生阶段男性人口的规模大于女性人口，但是，女性人口中接受过大学本科教育的比例高于男性人口，女性人口接受过研究生教育的比例与男性人口持平。实际上早在 2009 年，中国普通本专科在校女生比例就已超过男生，使高等教育性别结构开始由传统的"男多于女"向"女多于男"转变。而且，高等教育性别结构转变并非中国特有现象，已然成为国际化的共同趋势[1]。

---

[1] 刘文：《国际高等教育性别结构转变的脉络、条件与趋势——基于全球 190 个国家和地区的比较分析》，《江苏高教》2019 年第 11 期。

文化素质的性别差距不断缩小，部分年龄段女性呈后来居上的趋势。中国通过制定实施法律法规赋予女性同男性平等的受教育权利。在坚持优先发展教育、持续实施教育惠民政策、缩小城乡教育差距、积极推进教育公平的历史进程中，女性人口受教育状况不断改善，受教育水平大幅提升（见图8-1）。随着时间的推移，6岁及以上人口中，男性人口和女性人口的受教育程度均在提升，从性别差距来看，在不断缩小，体现在小学以下、初中、高中、高等教育阶段。分年龄，男性在40—44岁接受高等教育的比例高于女性，15—39岁各个年龄组中接受高等教育的比例女性人口高于男性人口。计算分年龄组的平均受教育年限，10—34岁各个年龄组均是男性人口低于女性人口。

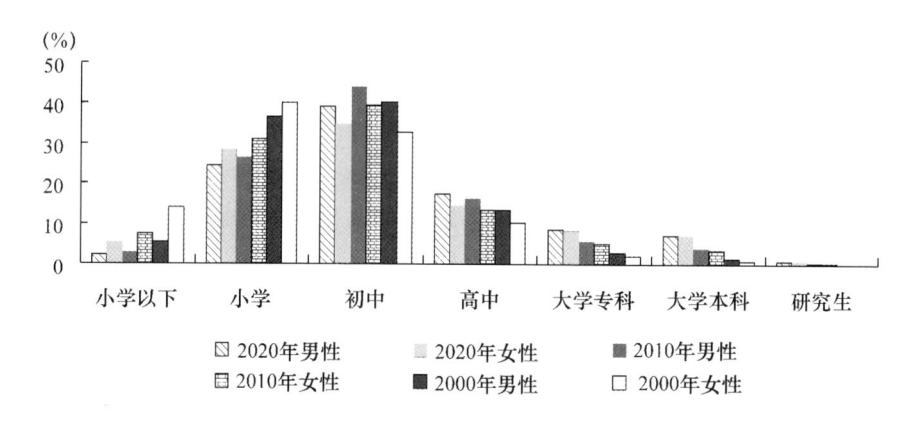

图8-1 2000—2020年中国6岁及以上人口分性别受教育情况

资料来源：2000年数据根据第五次全国人口普查数据部分计算而来；2010年数据根据第六次全国人口普查数据部分计算而来；2020年数据根据第七次全国人口普查数据部分计算而来。

（三）不同年龄人口文化素质的现状与变化

不同年龄人口受教育程度差异显著（见图8-2）。年龄与受教育程度之间存在一定的规律性，主要体现在以下几个方面。第一，随着年龄的升高，平均受教育年限在不断下降。以2020年第七次全国人口普查数据为例，由于15—19岁组人口尚未完成受教育，平均受教

第二部分 分论

育年限相对较低，从 20—24 岁组开始，平均受教育年限不断下降，从 13.12 年下降到 65 岁及以上组的 6.64 年。第二，随着年龄的增长，接受过高等教育人口的比例在下降，从 20—24 岁组的 51.89% 下降到 65 岁及以上组的 3.65%。第三，随着年龄的增长，小学及以下的比例在上升，从 15—19 岁组的 2.94% 上升到 65 岁及以上组的 64.90%。

随着时间的推移，不同年龄人口受教育程度均在改善（见图 8-3）。2000—2020 年所有年龄组的受教育程度均在改善，差别在于改善的程度。在平均受教育年限方面，2000—2020 年提升的幅度在 2.00—3.60 年，尤其是 20—24 岁、25—29 岁、30—34 岁、60—64 岁和 65 岁及以上组。在接受高等教育人口比例方面，20—39 岁的比例相对较高，2000 年各年龄组均不超过 9%，2010 年各年龄组均不超过 26%，2020 年各年龄组均在 27% 以上。

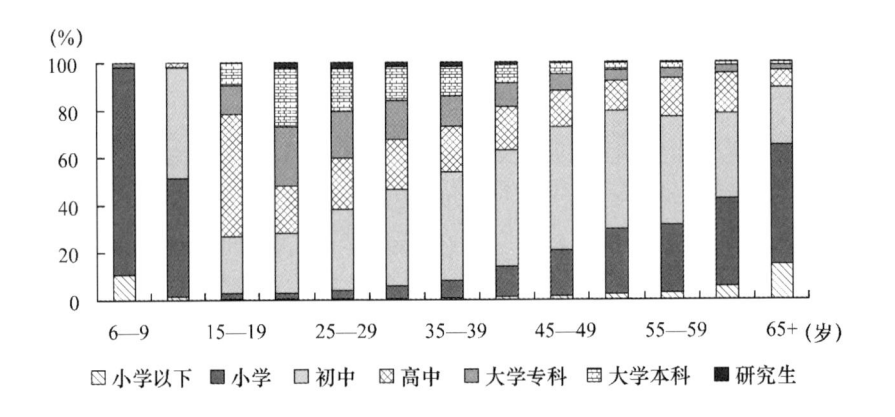

图 8-2 2020 年中国 6 岁及以上人口分年龄受教育情况

注：6—9 岁受教育程度为高中的比例为 0、10—14 岁受教育程度为大学本科和研究生的比例为 0 是由于四舍五入所致，6—9 岁没有人受教育程度为大学专科、大学本科和研究生。

资料来源：根据第七次全国人口普查数据部分计算而来。

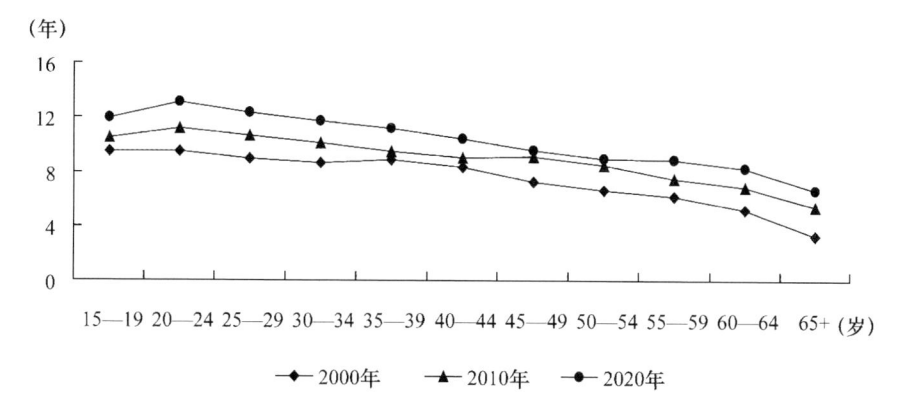

图 8-3 2000—2020 年中国 15 岁及以上人口分年龄平均受教育年限

资料来源：2000 年数据根据第五次全国人口普查数据部分计算而来；2010 年数据根据第六次全国人口普查数据部分计算而来；2020 年数据根据第七次全国人口普查数据部分计算而来。

（四）城乡人口文化素质的现状与变化

城镇人口受教育程度高于农村人口（见表 8-2）。2020 年第七次全国人口普查数据显示，6 岁及以上人口中，市、镇、乡人口平均受教育年限分别为 10.93 年、9.41 年和 7.92 年。从城乡不同受教育程度人口的构成来看，小学以下、小学、初中的比例均是乡最高、镇次之、市最低，高中、大学专科、大学本科和研究生的比例均是市最高、镇次之、乡最低。从文盲率来看，城镇人口的文盲率要低于农村人口；从文盲人口规模来看，农村文盲人口规模要远大于城镇。

表 8-2　2000—2020 年中国 6 岁及以上人口分城乡受教育情况　　　单位：%

年份	城乡	小学以下	小学	初中	高中	大学专科	大学本科	研究生
2020	市	1.91	16.98	31.53	21.43	13.51	12.91	1.73
	镇	3.46	26.14	38.80	17.63	8.02	5.63	0.33
	乡	6.46	37.27	42.14	9.19	3.23	1.61	0.10

第二部分 分论

续表

年份	城乡	小学以下	小学	初中	高中	大学专科	大学本科	研究生
2010	市	2.09	15.95	36.08	24.37	11.39	9.13	0.98
	镇	3.99	25.68	42.53	18.46	6.21	3.02	0.10
	乡	7.25	38.06	44.91	7.73	1.54	0.50	0.02
2000	市	5.03	22.17	36.68	24.38	7.07	4.37	0.30
	镇	6.78	30.15	39.17	18.90	3.99	1.00	0.02
	乡	11.86	46.00	35.89	5.73	0.45	0.07	0

注：2000年农村的受教育程度为研究生的比例为0是四舍五入所致。

资料来源：2000年数据根据第五次全国人口普查数据部分计算而来；2010年数据根据第六次全国人口普查数据部分计算而来；2020年数据根据第七次全国人口普查数据部分计算而来。

城乡人口受教育程度均在提升（见图8-4）。2000—2020年，城乡人口受教育程度均在提升，从平均受教育年限来看，市、镇、乡分别提升了1.49年、1.01年和1.16年。从文盲率来看，市、镇、乡分

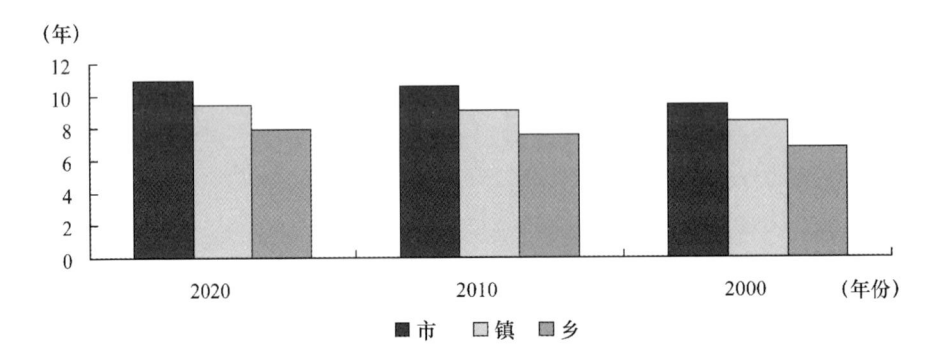

图8-4 2000—2020年中国6岁及以上人口分城乡受教育年限情况

资料来源：2000年数据根据第五次全国人口普查数据部分计算而来；2010年数据根据第六次全国人口普查数据部分计算而来；2020年数据根据第七次全国人口普查数据部分计算而来。

别下降了 3.21 个、3.69 个和 5.62 个百分点。从文盲人口减少的规模来看，市、镇、乡分别减少了 502.70 万、121.88 万和 4304.22 万人。从接受过高等教育人口的比例来看，市、镇、乡的比例也均在上升。

城乡人口受教育程度的差距有所扩大。虽然市与乡人口的文盲率差距在 2000—2020 年不断缩小（见表 8-3），但是，从市与乡人口的平均受教育年限差距来看，2000 年、2010 年和 2020 年分别为 2.68 年、2.99 年和 3.01 年。从市与乡人口中接受过高等教育的比例差距来看，2000 年、2010 年和 2020 年分别为 11.22 个、19.44 个和 23.21 个百分点。党的十四大以来，中国坚持教育优先发展的战略，大力促进教育公平，合理配置教育资源，重点向农村、边远、贫困、民族地区倾斜[①]。在政策向农村倾斜的情况下，城乡的教育差距依然在扩大，这背后人口流动与人口城镇化功不可没，农村地区受教育程度较高的人口流出在一定程度上扩大了城乡差距。

表 8-3　2000—2020 年中国 15 岁及以上人口分城乡文盲情况

年份	市 规模（万人）	市 比例（%）	镇 规模（万人）	镇 比例（%）	乡 规模（万人）	乡 比例（%）
2020	612.54	1.26	717.51	2.76	2440.35	5.93
2010	674.76	1.90	855.89	3.87	3888.44	7.26
2000	1115.24	4.47	839.39	6.45	6744.57	11.55

资料来源：2000 年数据根据第五次全国人口普查数据部分计算而来；2010 年数据根据第六次全国人口普查数据部分计算而来；2020 年数据根据第七次全国人口普查数据部分计算而来。

（五）区域人口文化素质的现状与变化

区域人口文化素质差异显著。从不同的指标进行分析，不同省份的人口文化素质差异显著。从平均受教育年限来看，以 2020 年第七

---

① 李松：《新中国成立 70 年我国农村教育：经验、问题与对策》，《河北师范大学学报》（教育科学版）2019 年第 4 期。

第二部分　分论

次全国人口普查数据为例，15岁及以上人口的平均受教育年限，北京市第一，上海市第二，天津市第三，平均受教育年限分别为12.64年、11.81年和11.29年。山西省等13个省份的平均受教育年限为9—10年，河北省等10个省份的平均受教育年限为10—11年，贵州省的平均受教育年限为8.75年，排名全国倒数第二，西藏自治区的平均受教育年限为6.75年，全国最低（见图8-5）。从接受高等教育人口的比例来看，京津沪大学专科及以上的人口比例远超其他省份。其中北京市的比例为43.06%，上海市的比例为34.50%，天津市的比例为27.58%；内蒙古自治区等14个省份的比例为15%—20%；黑龙江省等14个省份的比例为11%—15%。从接受高等教育人口的规模来看，东部省份聚集了更多的人才。31个省份接受高等教育的人才规模超过1000万人的有6个省份，分别是东部的广东省、江苏省、山东省和浙江省，西部的四川省，中部的河南省；规模在800万—1000万人的有6个省份，分别是中部的湖南省、湖北省、安徽省，东部的北京市、河北省、上海市；规模不足200万人的省份除了海南省均在西部，包括青海省、西藏自治区和宁夏回族自治区。

区域人口文化素质不断改善。从不同的衡量指标均可以看到各个省份人口文化素质在改善，15岁及以上人口平均受教育年限在2010—2020年均出现了不同程度的提升，差别在于提升幅度的差异。分区域来看，东部10个省份中有6个提升的幅度高于全国平均水平；东北的3个省份提升的幅度均低于全国平均水平，且在全国的排名相对靠后，分别排名全国倒数第一、倒数第三和倒数第四；中部的6个省份有4个提升的幅度高于全国平均水平；西部的12个省份有11个提升的幅度高于全国平均水平，只有广西壮族自治区低于全国平均水平。从接受高等教育的人口比例来看，各个省份均有不同程度的提升，其中上海市和北京市提升的幅度在10个百分点以上，即使是提升幅度最小的湖南省也有4.39个百分点。从接受高等教育的人口规模来看，得益于高等教育的快速发展，各省增加的规模为23.67万—1087.74万人。从15岁及以上人口文盲率下降情况来看，下降的幅度为2.20—19.17个百分点（见图8-6）。

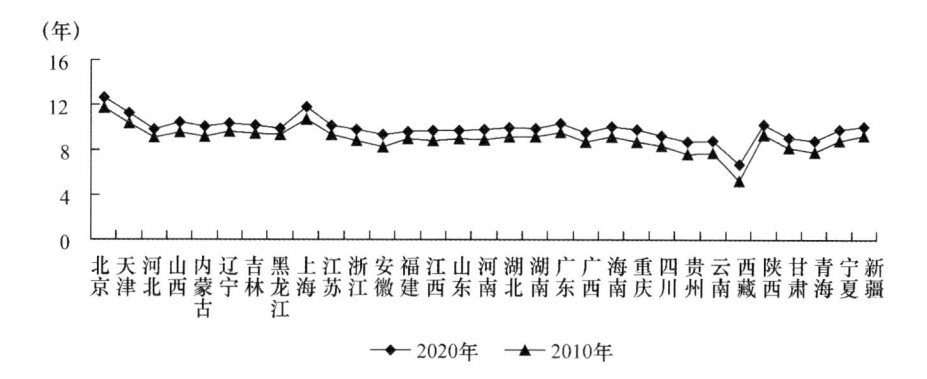

图 8-5 2010 年、2020 年中国各省 15 岁及以上人口平均受教育年限情况

注：在比较各个省份在 2010 年和 2020 年平均受教育年限的变化时，无法计算同一口径的各地区人口平均受教育年限，只能引用《第七次全国人口普查公报（第六号）》的数据。

资料来源：根据《第七次全国人口普查公报（第六号）》人口受教育情况整理。

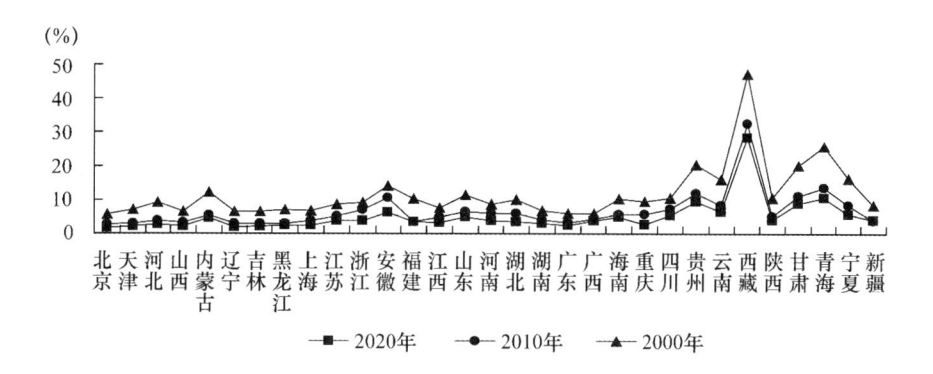

图 8-6 2000—2020 年中国各省 15 岁及以上人口文盲率情况

资料来源：2000 年数据根据第五次全国人口普查数据部分整理而来；2010 年数据根据第六次全国人口普查数据部分整理而来；2020 年数据根据第七次全国人口普查数据部分整理而来。

（六）民族人口文化素质的现状与变化

各民族人口文化素质差异依然显著。以 2020 年第七次全国人口普查数据为例，各民族 3 岁及以上人口平均受教育年限以俄罗斯族的 11.42 年最高，紧随其后的赫哲族等 8 个少数民族人口平均受

第二部分　分论

教育年限均在10年以上，蒙古族等4个少数民族人口平均受教育年限高于汉族，而且高于全国平均水平，其余的42个少数民族人口平均受教育年限低于全国平均水平，其中最低的东乡族只有5.61年。从56个民族人口平均受教育年限的分布来看，俄罗斯族等9个少数民族在10年以上，包括汉族在内的6个民族在9—10年，哈萨克族等18个少数民族在8—9年，瑶族等12个少数民族在7—8年，佤族等10个少数民族在6—7年，东乡族是唯一一个低于6年的少数民族。从各民族接受过高等教育人口的比例来看，鄂温克族等5个少数民族超过了三成，其中鄂温克族高达39.79%。与此同时，东乡族等20个少数民族比例不足一成，其中东乡族只有3.64%。从小学及以下的比例来看，朝鲜族和俄罗斯族低于20%，东乡族高于70%，藏族、傈僳族、佤族、拉祜族、布朗族、撒拉族、德昂族、保安族、门巴族、珞巴族10个民族在60%—70%。

各民族人口文化素质不断改善。比较2000年和2020年56个民族6岁及以上人口平均受教育年限，56个民族中门巴族平均受教育年限上升了3.39年，在56个民族中上升幅度最大。包括门巴族在内的35个少数民族平均受教育年限上升幅度高于汉族，汉族平均受教育年限上升了1.53年，紧随汉族的是傣族，上述37个民族高于全国的平均水平。其余的19个少数民族平均受教育年限上升幅度低于汉族，其中，乌孜别克族平均受教育年限上升幅度最小，只有0.76年。少数民族教育取得的巨大成就，与中国共产党在不同历史时期和不同背景下及时调整和发展了少数民族教育观念、制定出一系列的少数民族教育发展特殊政策，并实施了大量的少数民族教育发展具体措施，从而不断推动和促进了少数民族教育事业的繁荣发展密不可分[①]。

各民族平均受教育年限的差距在缩小。2000年56个民族6岁及以上人口平均受教育年限最高的是俄罗斯族的9.70年，最低的是东乡族的2.64年，差距为7.06年。2010年56个民族6岁及以

---

① 舒松：《新中国发展少数民族教育的政策回顾》，《民族教育研究》2013年第2期。

上人口平均受教育年限最高的是俄罗斯族的 11.23 年，最低的是门巴族的 5.22 年，差距为 6.01 年。2020 年 56 个民族 3 岁及以上人口平均受教育年限最高的是俄罗斯族的 11.42 年，最低的是东乡族的 5.61 年，差距为 5.81 年。需要注意的是，3 岁及以上人口平均受教育年限低于 6 岁及以上人口平均受教育年限，不过差别不会太大。以 2020 年第七次人口普查数据为例，3 岁及以上人口平均受教育年限为 9.14 年，6 岁及以上人口平均受教育年限为 9.50 年（见表 8-4）。

表 8-4　2000—2020 年中国各民族人口平均受教育年限情况　　　单位：年

民　族	2000 年	2010 年	2020 年	民　族	2000 年	2010 年	2020 年
汉族	7.70	8.89	9.23	柯尔克孜族	6.88	8.21	8.35
蒙古族	7.98	9.31	9.66	土族	6.15	7.88	8.31
回族	6.89	8.20	8.40	达斡尔族	8.81	10.04	10.20
藏族	3.52	5.40	6.32	仫佬族	7.47	8.45	8.62
维吾尔族	6.79	8.08	7.92	羌族	6.73	8.02	8.58
苗族	5.89	7.22	7.68	布朗族	4.81	6.35	6.78
彝族	5.32	6.54	7.19	撒拉族	4.02	6.06	6.36
壮族	7.33	8.20	8.45	毛南族	7.38	8.34	8.51
布依族	5.67	7.06	7.70	仡佬族	6.36	7.73	8.51
朝鲜族	9.44	10.37	10.36	锡伯族	8.89	9.98	10.22
满族	8.11	9.18	9.45	阿昌族	6.04	7.33	7.66
侗族	6.79	7.95	8.30	普米族	5.36	7.36	8.11
瑶族	6.82	7.73	7.92	塔吉克族	6.35	8.00	8.38
白族	6.97	8.20	8.72	怒族	4.78	6.90	7.02
土家族	7.00	8.23	8.72	乌孜别克族	8.89	9.96	9.65
哈尼族	4.76	6.45	7.15	俄罗斯族	9.70	11.23	11.42
哈萨克族	7.87	8.75	8.82	鄂温克族	8.57	10.06	10.20
傣族	5.77	6.86	7.30	德昂族	4.92	5.81	6.63

续表

民　族	2000年	2010年	2020年	民　族	2000年	2010年	2020年
黎族	6.84	8.05	8.36	保安族	3.85	6.79	6.71
傈僳族	4.38	5.96	6.62	裕固族	7.20	8.77	9.65
佤族	4.89	6.32	6.90	京族	7.93	9.00	8.74
畲族	6.67	7.98	8.22	塔塔尔族	9.54	10.70	10.69
高山族	8.83	10.28	10.44	独龙族	5.71	6.95	7.64
拉祜族	4.09	6.00	6.44	鄂伦春族	8.99	10.55	10.73
水族	5.40	6.86	7.66	赫哲族	9.36	10.70	10.86
东乡族	2.64	5.70	5.61	门巴族	3.20	5.22	6.59
纳西族	6.99	8.49	9.08	珞巴族	3.56	5.65	6.64
景颇族	5.96	6.95	7.40	基诺族	6.28	8.80	8.10

注：2000年和2010年的数据中各民族受教育人口是6岁及以上，2020年的数据中各民族受教育人口是3岁及以上。

资料来源：2000年数据根据第五次全国人口普查数据部分计算而来；2010年数据根据第六次全国人口普查数据部分计算而来；2020年数据根据第七次全国人口普查数据部分计算而来。

（七）劳动年龄人口文化素质的现状与变化

劳动年龄人口规模出现下降，但是受教育程度迅速提升。虽然16—59岁劳动年龄人口的规模出现了下降，但是，从劳动年龄人口的平均受教育年限来看，2000年为8.47年，2010年上升到9.66年，2020年达到10.74年。

劳动年龄人口中接受高等教育的规模快速增加，人才资源丰富。2000—2020年16—59岁劳动年龄人口中接受高等教育的规模快速增加，从2000年的4131.64万人增加到2010年的11246.60万人，2020年进一步增加到20644.46万人。从16—59岁劳动年龄人口中接受高等教育的人口占比来看，也在迅速上升，从2000年的5.12%上升到2010年的12.28%，再上升到2020年的23.54%（见表8-5）。

表 8-5　　2000—2020 年中国 16—59 岁人口受教育情况

受教育程度		2000 年	2010 年	2020 年
小学以下	数量（万人）	4307.58	1938.04	1036.94
	比例（%）	5.33	2.12	1.18
小学	数量（万人）	23981.41	17376.60	11706.44
	比例（%）	29.69	18.97	13.35
初中	数量（万人）	35400.95	44006.90	36658.21
	比例（%）	43.83	48.05	41.80
高中	数量（万人）	12946.16	17018.80	17659.30
	比例（%）	16.03	18.58	20.13
大学专科	数量（万人）	2762.35	6495.86	10517.00
	比例（%）	3.42	7.09	11.99
大学本科	数量（万人）	1283.38	4342.66	9069.05
	比例（%）	1.59	4.74	10.34
研究生	数量（万人）	85.92	408.08	1058.41
	比例（%）	0.11	0.45	1.21
合计	数量（万人）	80767.74	91586.93	87705.33
	比例	100.00	100.00	100.00

资料来源：2000 年数据根据第五次全国人口普查数据部分计算而来；2010 年数据根据第六次全国人口普查数据部分计算而来；2020 年数据根据第七次全国人口普查数据部分计算而来。

（八）就业人口文化素质的现状与变化

就业人口中人才资源丰富。从 2020 年第七次全国人口普查数据来看，16 岁及以上就业人口中，接受过高等教育的人口规模达到了 14983.11 万人，占全部就业人口的比例为 22.83%。

就业人口文化素质在提升。从 2000—2020 年 16 岁及以上就业人口的规模来看，2020 年就业人口规模减少至最近 20 年的最低值，从 2000 年的 66479.68 万人减少至 2020 年的 65631.79 万人。但是，就业人口的文化素质在提升，体现在以下几个方面。首先是就业人口中接受高等教育的人口规模在增加、比例在上升，规模从 2000 年的

第二部分 分论

3118.80万人增加到2020年的14983.11万人，比例从4.69%上升到22.83%。其次，就业人口平均受教育年限不断增加，从2000年的8.01年增加到2020年的10.49年。最后，就业人口中小学及以下人口大幅度减少，从2000年的27149.41万人减少到2020年的11590.24万人。

表8-6 2000—2020年中国16岁及以上就业人口受教育情况

受教育程度		2000年	2010年	2020年
小学以下	数量（万人）	5337.87	2350.94	895.36
	比例（%）	8.03	3.37	1.36
小学	数量（万人）	21811.54	16526.82	10694.88
	比例	32.81	23.72	16.30
初中	数量（万人）	27662.03	33894.47	27988.47
	比例（%）	41.61	48.64	42.64
高中	数量（万人）	8549.44	9767.37	11069.97
	比例（%）	12.86	14.02	16.87
大学专科	数量（万人）	2198.08	4227.66	7625.70
	比例（%）	3.31	6.07	11.62
大学本科	数量（万人）	860.58	2637.20	6538.25
	比例（%）	1.29	3.78	9.96
研究生	数量（万人）	60.14	273.42	819.16
	比例（%）	0.09	0.39	1.25
合计	数量（万人）	66479.68	69677.87	65631.79
	比例（%）	100	100	100

资料来源：2000年数据根据第五次全国人口普查数据部分计算而来；2010年数据根据第六次全国人口普查数据部分计算而来；2020年数据根据第七次全国人口普查数据部分计算而来。

（九）跨省流动人口文化素质的现状与变化

跨省流动人口中人才资源超过2500万人。2020年第七次全国人口普查数据显示，在12294.06万3岁及以上跨省流动人口中，小学及以下人口比例刚刚超过两成，初中人口的比例超过四成，高中人口的比例超过1/6，大学专科及以上人口的比例超过了两成，绝对规模达到了2561.38万人，占大学专科及以上人口的比例达到了11.79%。如此庞大的跨省流动人口以及如此高比例的人才资源足以改变区域人才分布格局，进一步加剧区域人口文化素质的差距。

跨省流动人口受教育程度进一步提升。比较2010年和2020年跨省流动人口的受教育情况可以发现：第一，大学专科及以上学历的人口比例大幅度上升，从2010年的11.58%上升到2020年的20.83%；绝对规模大幅度增加，从2010年的956.89万人增加到2020年的2561.38万人。第二，平均受教育年限进一步上升，从2010年的9.66年上升到2020年的10.15年（见图8-7）。

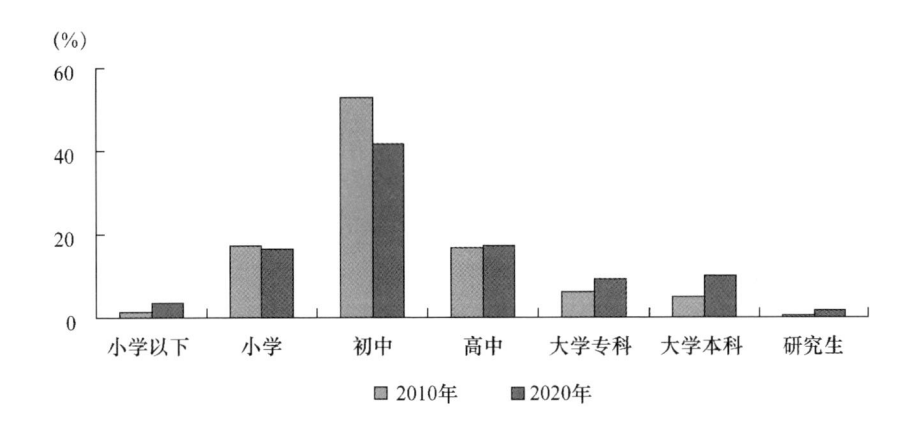

图8-7 2010年、2020年中国跨省流动人口受教育情况

注：2010年和2020年跨省流动人口的年龄有一定的差异，其中，2010年的数据是6岁及以上人口，2020年的数据是3岁及以上人口。

资料来源：2010年数据根据第六次全国人口普查数据部分计算而来；2020年数据根据第七次全国人口普查数据部分计算而来。

跨省流动人才主要集中在东部省份。从2020年第七次全国人口普查数据来看，跨省流动人口受教育程度在大学专科及以上的人口主要集中在东部省份，排名前六的省份均在东部，排名第七的是中部的湖北省，排名第八的是西部的四川省，排名第九和第十的分别是东部的天津市和河北省，意味着前十的省份东部占了 8 个。从东部、中部和西部省份流入的人才数量占比来看，分别是 69.59%、15.55% 和 14.87%，东部省份占据了绝对的优势，再次验证跨省流动进一步放大区域人口文化素质差距（见图 8-8）。

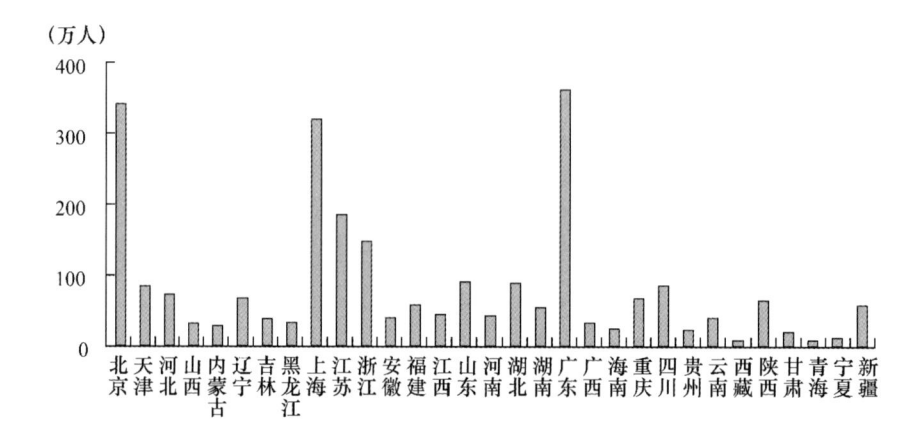

图 8-8　2020 年中国各省跨省流入人才规模

资料来源：根据第七次全国人口普查数据部分计算而来。

二　中国人口文化素质存在的问题

基于对人口文化素质现状与变化的分析，结合二十届中央财经委员会第一次会议指出的加快塑造素质优良、总量充裕、结构优化、分布合理的现代化人力资源，加强人力资源开发利用，稳定劳动参与率，提高人力资源利用效率等方面的要求可知，人口文化素质存在以下问题。

（一）小学及以下人口规模依然庞大

文盲人口规模接近 4000 万人。2020 年第七次全国人口普查数据显示，中国 15 岁及以上人口中，文盲人口数量达到 3770.40 万人，占相应年龄段人口的比例为 3.26%。对 15 岁及以上文盲进行细分，可以发现主要分布在女性人口、中老年人口、农村人口等群体中。与2010年的5419.09万文盲人口规模相比，2020年的文盲人口出现了较大幅度的下降。但是，需要注意的是，2020年3770.40万文盲人口中，15—59岁人口有945.47万人，占文盲人口的25.08%；1986年开始实施九年义务教育之后出生的文盲人口有101.32万人，占文盲人口的2.69%。

小学人口规模接近2.5亿人。2020年第七次全国人口普查数据显示，中国12岁以上人口中，受教育程度为小学的规模达到了24369.15万人。1986年开始实施义务教育后出生的13—33岁人口中，受教育程度为小学的规模为1587.83万人，也就是说，在实施义务教育后，依然有1587.83万人没有完成义务教育阶段的教育。即使考虑到部分人群无法在相应的年龄完成小学阶段的教育，把年龄放宽到15—33岁，规模依然有1243.21万人。

（二）文化素质差距依然存在

中国致力于缩小不同性别、城乡、区域、民族的文化素质差距。在高等院校招生方面，截至2022年，通过国家农村和脱贫地区专项招生计划录取到重点高校的人数累计达95万人。2022年8月30日召开的介绍党的十八大以来学生资助事业改革发展成效发布会公布的信息显示，在学生资助方面，陆续对各学段17项国家学生资助政策进行了26次调整和完善，确保资助政策和资金投入向中西部地区倾斜、向欠发达地区倾斜、向民族地区倾斜、向特殊困难群体倾斜。其中，民族地区学生资助的比例达到46%，远高于26%的平均水平。从2020年第七次全国人口普查数据来看，性别差距缩小取得了较好的效果，1980年以后出生的人口中女性人口甚至后来居上。但是，城乡、区域、民族文化素质差距依然明显。

城乡差距有所扩大。首先，6岁及以上人口的平均受教育年限差距有所扩大。从城乡差距来看，依然是城镇人口平均受教育年限高于农村人口，而且差距呈扩大的趋势，6岁及以上人口平均受教育年限的差距从2000年的2.67年扩大到2010年的2.99年，2020年进一步

第二部分 分论

扩大到3.01年。其次，1980—2020年出生的人口其平均受教育年限的城乡差距在缩小，6—39岁人口平均受教育年限的差距在2010年为2.78年，2020年下降到2.70年。城乡差距的扩大更多的是由于40岁及以上人口造成的，从这个意义来说，城乡差距缩小的公共政策发挥了作用。最后，计算平均受教育年限的城乡差距，不能忽视人口流动的影响。考虑到人口流动的主要方向是从农村流向城镇，流出人口的平均受教育年限要高于留在农村的人口平均受教育年限，2020年农村6岁及以上人口平均受教育年限为7.92年，2020年3岁及以上跨省流动人口平均受教育年限为10.15年。也就是说，流动人口的存在，进一步扩大了教育的城乡差距，如果消除人口流动的影响，真正的城乡差距可能没有数据显示的那么大。

区域差距虽然有所缩小，但是差距依然较大。从平均受教育年限的区域差距来看，虽然差距在缩小，但是差距依然较大，2020年北京市和西藏自治区15岁及以上人口平均受教育年限的差距依然达到5.89年，但比2010年的6.46年有所下降。与15岁及以上人口相比，北京市和西藏自治区25岁及以上人口平均受教育年限的差距进一步扩大到6.42年，说明区域差距背后受到各个省份高等教育发展的影响。如果计算北京市和西藏自治区16—59岁人口平均受教育年限的差距，差距小幅度上升到6.12年，说明60岁及以上人口的存在进一步拉大了受教育程度的区域差距。与城乡差距类似，分析区域差距的时候依然不能忽视人口流动的影响，人口流动更多的是从经济欠发达地区流向经济发达地区，流动人口的存在可能会在一定程度上拉低部分地区的平均受教育年限，同时提升另外一部分地区的平均受教育年限，从而扩大不同地区的平均受教育年限差距。

民族差距虽然有所缩小，但是差距依然较大。从各个民族之间的差距来看，2000年56个民族中6岁及以上人口平均受教育年限最高的是俄罗斯族的9.70年，最低的是东乡族的2.64年，差距达到了7.06年。2020年56个民族中3岁及以上人口平均受教育年限最高的依然是俄罗斯族，为11.42年，最低的依然是东乡族，为5.61年，差距缩小到5.81年。从56个民族在过去3次人口普查平均受教育年限的排名来看,保持相对高度的一致性,排名差距最大的也只有10个名次。

(三) 部分地区和民族的文化素质依然较低

高文盲率地区集中在少数省份。虽然2000—2020年所有省份和全部民族的文化素质在不断改善,但是,分区域来看,西藏自治区、青海省、贵州省、甘肃省4个省份15岁及以上人口的文盲率到2020年依然在8%以上,西藏自治区更是高达28.08%。2020年第七次人口普查分县资料显示,337个地级及以上城市中,15岁及以上人口文盲率最高的地级市那曲市高达44.81%。紧随其后排名第2到第5的分别是日喀则市(32.75%)、昌都市(31.50%)、阿里地区(30.71%)、山南市(26.28%),均在西藏自治区,排名第6到第8的分别是甘孜藏族自治州(23.66%)、林芝市(22.21%)和玉树藏族自治州(20.15%)。除了上述8个地级市,其余的地级市15岁及以上人口文盲率均在20%以下。分县来看,15岁及以上人口文盲率在20%以上的区县有114个。其中,15岁及以上人口文盲率在50%以上的区县有4个,均在西藏自治区;15岁及以上人口文盲率在40%—50%的有19个区县,17个区县在西藏自治区,另外2个区县在青海省和四川省;15岁及以上人口文盲率在30%—40%的有37个区县,11个区县在四川省,云南省和青海省各有1个区县,其余的24个区县均在西藏自治区;15岁及以上人口文盲率在20%—30%的有54个区县,20个区县在西藏自治区,8个区县在青海省,11个区县在四川省,10个区县在甘肃省,4个区县在贵州省,1个区县在云南省。从上面的分析可以看到,15岁及以上人口文盲率相对较高的主要集中在西部的西藏自治区、四川省、甘肃省、青海省4个省份,且在这些省份的重点区县。

高文盲率地区集中在少数民族比例高的地方。中华人民共和国成立以来,民族教育发展走过了漫长艰苦而又卓有成效的道路,但民族地区由于自然环境的差异和经济、社会、文化发展不均衡等因素造成的教育不均衡现象仍很严重,与全国整体水平相比,民族地区教育的发展速度缓慢、水平相对落后①，基础教育质量偏低②。从各个民族的情况来看，东乡族等11个少数民族的平均受教育年限在7年以下，东乡族等11个少数民族小学及以下的比例在60%以上。由于2020年第七次全国人口普查数据尚未公布各个民族分年龄的数据，这里以15岁及以上人口的文盲率为例做简单分析。2020年第七次人口普查分县资料显示，337个地级及以上城市中，15岁及以上人口文盲率最高的8个地级市，少数民族人口比例最低的是林芝市的75.31%，最高的是那曲市的96.89%。15岁及以上人口文盲率在20%以上的114个区县中，80个区县少数民族人口的比例在90%以上，22个区县少数民族人口的比例在80%—90%。

（四）人才资源区域分布不均衡

人才资源主要分布在东部省份。从接受过高等教育的人口分布来看，呈东中西梯次减少的趋势，且人才分布相对稳定。2020年分布在东部省份的人才有11224.41万人，占全部人才的51.67%；西部省份的人才有4344.95万人，占全部人才的20.00%；中部省份的人才有6153.08万人，占全部人才的28.33%。与2010年相比，2020年东部的人才占比下降了0.10个百分点，中部下降了1.55个百分点，西部上升了1.65个百分点。从2010—2020年各个省份人才的增速来看，西部省份除了青海省的增速相对较快，高于全国的平均水平；中部省份除了山西省、安徽省、河南省，其他省份的增速相对较慢，低于全国的平均水平；东部省份只有江苏省、浙江省、福建省、广东省、广西壮族自治区和海南省的增速高于全国的平均水平。

人才资源主要分布在少数城市。2020年第七次人口普查分县资料显示，337个地级及以上城市中，大学专科及以上人才规模排名前十的城市集中了24.76%的人才，排名前二十的城市集中了36.95%

---

① 陈荟、鲁文文：《我国民族地区教育均衡发展研究70年》，《西南大学学报》（社会科学版）2019年第4期。

② 万明钢、海路：《新中国成立70年少数民族教育发展的回顾、反思与展望——万明钢教授专访》，《民族教育研究》2019年第4期。

的人才，排名前三十的城市集中了44.84%的人才。从分县数据来看，在全国2986个区县（包括经济开发区）中，大学专科及以上人才规模排名前一百的城市集中了26.70%的人才，排名前二百的城市集中了39.74%的人才，排名前三百的城市集中了48.58%的人才。从上面的数据可以看到，1/10的城市集中了至少四成以上的人才。

（五）人才资源利用效率不高

2020年第七次全国人口普查数据显示，16—59岁劳动年龄人口的就业人口比例只有68.24%，与2010年的70.47%相比，下降了2.23个百分点。具体到16—59岁大学专科及以上人口，就业人口比例为72.28%。分年龄来看，16—19岁、20—24岁由于依然在接受教育，就业人口比例不足50%；25—29岁及以上开始大幅度上升，25—29岁突破80%，30—34岁、35—39岁、40—44岁、45—49岁在90%上下。虽然从30—34岁开始，大学专科及以上人口的就业人口比例比相应年龄段全部人口的就业人口比例高了接近10个百分点，但是，受教育程度为大学专科及以上的30—34岁人口中，未就业人口达到430.80万人，35—39岁、40—44岁、45—49岁相应年龄段未就业人口分别达到221.77万、96.09万、84.84万人，30—49岁合计达到833.50万人。

按照中国现行的退休制度，一般来说男性在60岁退休，女性在50岁或者55岁退休，部分特殊职业还可以提前退休。2020年第七次全国人口普查数据显示，50岁及以上人口中，接受过高等教育的人口规模为2679.31万人，就业人口中50岁及以上同时接受过高等教育的人口规模为1311.21万人，就业人口比例为48.94%。其中，50—54岁、55—59岁和60—64岁的就业人口比例分别为83.85%、61.96%和10.33%。从上面的数据可以看到，严格的退休制度对于就业人口比例的影响。更加值得关注的是，根据2020年第七次全国人口普查数据和《世界人口展望2022》的数据进行推算，60岁及以上老年人口中，大专及以上人口规模在2025年将突破1500万人，2030年突破2200万人，2035年接近3300万人，2050年突破9700万人，如何开发利用老年人才资源显得尤为必要。

| 第二部分　分论

三　提高中国人口文化素质的建议

（一）严格落实法律制度

《中华人民共和国义务教育法》自 1986 年颁布以来，2006 年进行第一次修订，2015 年和 2018 年进行了两次修正。根据《中华人民共和国义务教育法》规定，国家实行九年义务教育制度。但是，在接受九年义务教育的过程中，失学和辍学的现象依然存在。《2022 年全国教育事业发展统计公报》显示，九年义务教育巩固率为 95.5%。同时，有研究发现 6—14 岁的流动儿童接受义务教育的比例不容乐观，15—17 岁大龄流动儿童义务教育完成情况更不乐观[1]。在推动义务教育方面，近年来出台了一系列政策，2020 年发布的《教育部关于加强残疾儿童少年义务教育阶段随班就读工作的指导意见》提出切实保障残疾儿童少年平等接受义务教育，2020 年发布的《教育部等十部门关于进一步加强控辍保学工作健全义务教育有保障长效机制的若干意见》提出切实解决因学习困难、外出打工、早婚早育、信教而辍学问题。2023 年 6 月，《中共中央办公厅　国务院办公厅印发〈关于构建优质均衡的基本公共教育服务体系的意见〉》提出优先发展乡村教育，健全控辍保学长效机制，加强义务教育巩固情况年度监测，持续提升九年义务教育巩固水平。虽然中国的义务教育普及程度达到世界高收入国家平均水平，但是，依然有进一步改进的空间。需要对失学和辍学的原因进行深入分析，基于不同的原因，提出针对性的解决方案，确保新增人口接受九年义务教育的比例保持在较高的水平。

（二）缩小文化素质差异

一直以来，中国致力于缩小不同性别、城乡、区域、民族的文化素质差距，从数据分析结果来看，性别差距已经不断缩小，而且，在

---

[1] 段成荣、黄颖：《就学与就业——我国大龄流动儿童状况研究》，《中国青年研究》2012 年第 1 期。

部分年龄段女性出现后来居上的态势。但是，城乡差距、区域差距、民族差距依然存在，而且差距依然较大。在缩小城乡差距方面，2020年发布的《教育部等六部门关于加强新时代乡村教师队伍建设的意见》提出要大力推进乡村教师队伍建设高效率改革和高质量发展；早在2013年发布的《教育部 国家发展改革委 财政部关于全面改善贫困地区义务教育薄弱学校基本办学条件的意见》，目标就是加快缩小区域、城乡教育差距，促进基本公共教育服务均等化。但是，文化素质差距的缩小需要更有针对性的政策。考虑到任意人口出生队列在达到某一特定年龄后（通常取决于国家或地区一般学制安排下的最长修读年限，在中国一般为30岁左右），该队列的平均受教育年限与学历构成便不再会随时间的推移而发生明显的改变①，缩小文化素质差异的重点应该放在30岁以下的人口。受到数据的限制，本节无法分析30岁以下人口的区域差距和民族差距，无法确认30岁以下人口的区域差距和民族差距相比于6岁及以上人口是进一步缩小还是扩大。城乡差距和区域差距背后还有人口流动的影响，如果消除人口流动的影响，城乡差距和区域差距可能会进一步缩小。另外，由于各省份教育政策不同，特别是部分省份在高考招生环节享受倾斜性政策，这可能导致各省份升学竞争程度不同，由此在一定范围内滋生中、低教育阶段的学龄人口跨省份迁移现象，包括户籍迁移、寄挂户口等②。所以，在数据可行的情况下，剥离人口流动和迁移的影响，对30岁以下人口的城乡差距、区域差距、民族差距进行分析，基于数据分析结果，采取针对性的措施。

（三）提升重点人群文化素质

基于人口普查数据的分析可以看到，部分省份和部分民族的人口文化素质依然有进一步提升的空间。各民族人口间的教育差距一定程

---

① 杜鹏、李龙：《中国老年人口受教育程度发展趋势前瞻》，《人口与发展》2022年第1期。
② 牛建林：《中国人口教育发展的特征、结构性矛盾与下一步思路——基于第七次全国人口普查公报和相关人口教育统计的发现》，《教育研究》2021年第11期。

度上是区域差异,还在一定程度上受到历史因素的影响,中华人民共和国成立初期民族间人口的教育水平存在差异,而年龄较老队列的文盲人口拉低了该民族的平均受教育年限①。本节的分析受到数据的限制,对于不同民族低年龄组人口的文化素质差距无法进行分析。但是,通过人口普查分县数据,可以发现文盲率较高的地区主要集中在西藏自治区、青海省、贵州省和甘肃省的一些区县,可以进一步预判的是主要集中在这些区域的少数民族人口、高年龄组人口和女性人口。如果使用大学专科及以上人口比例分析重点人群的文化素质,依然可以看到部分少数民族大学专科及以上人口比例过低的情况,56个民族大学专科及以上人口比例为15.88%,低于均值的少数民族有37个,低于10%的少数民族有20个,东乡族甚至只有3.64%。从区域来看,31个省份中有17个省份大学专科及以上人口比例低于均值,排名靠后的省份如云南省、西藏自治区、贵州省和广西壮族自治区均在西部。所以,不管是文盲率还是大学专科及以上人口比例,西部的省份和部分少数民族均是未来关注的重点,未来可以基于上述重点省份和重点民族的详细数据进行深入分析,深入分析重点人群的区域、年龄、性别特征,采取一省一策、一族一策,双管齐下的政策,降低文盲率的同时提升大学专科及以上人口比例。

(四) 促进人才资源合理分布

二十届中央财经委员会第一次会议指出,加快塑造分布合理的现代化人力资源,总量充沛的人才资源是区域经济发展的动力和基础。受到区域间经济发展水平、就业机会多寡、收入水平高低等因素的影响,人才资源更多地聚集在东部地区尤其是沿海城市。近年来各地出台了相关人才引进的政策,引才项目成为各地吸引顶尖人才的重要抓手,如何在人才引进的过程中全国一盘棋,避免人才引进进一步带来南北差距和东西差距至关重要,需要在人才引进的过程中,停止不公

---

① 段成荣、梅自颖:《各民族人口共同走向教育现代化的成就与挑战——基于历次全国人口普查数据的分析》,《云南民族大学学报》(哲学社会科学版) 2023年第4期。

平的人才大战。促进人才资源合理分布,前提是推动区域经济协调发展,缩小区域经济发展差距。提升经济发展落后地区产业发展层次,提高经济发展落后地区对各类人才的吸引力和承载能力。进一步完善人才激励政策,强化激励扎根经济发展落后地区和有突出贡献的人才。重视企业在促进人才资源合理分布的角色,将人才引进、培养、使用与企业创新发展紧密结合,通过创造就业岗位加速人才聚集。营造宽松的环境,出台关爱人才的政策,在生活上关心人才,消除后顾之忧。打造人才流动的灵活机制,不求所有,但求所用,进出自由。进一步强化地区间协同、共享的人才合作理念,实现人才资源共享。建立差异化人才竞争机制,避免同质化人才竞争。

(五) 充分利用人才资源

党的二十大报告指出:"促进高质量充分就业。"二十届中央财经委员会第一次会议强调,"要加强人力资源开发利用,稳定劳动参与率,提高人力资源利用效率"[1]。首先,从数据分析来看,人力资源尤其是人才资源利用效率依然有提升的空间,即使30—49岁人口就业比例在90%上下,依然高达833.50万人因为各种原因没有就业。受到严格退休制度以及其他因素的影响,有743.47万50—64岁人口没有就业,30—64岁人口中,受到各种因素影响没有就业的大学专科及以上人口达到了1576.97万人。如何充分利用这些人才资源尤其是30—49岁年龄段的人才资源至关重要,这其中女性人口是关键,与男性人口相比,女性人口就业比例较低,30—34岁和35—39岁女性人口就业比例比男性人口分别低了14.20个和13.82个百分点。如何通过市场力量的介入帮助女性从养老和育幼中解放出来,进而提高她们的就业比例,成为当前应重点研究的课题。其次,提供高质量的教育和培训,针对不同群体开展针对性培训,对新成长劳动力开展就

---

[1] 《习近平主持召开二十届中央财经委员会第一次会议》,中国政府网,2023年5月5日,https://www.gov.cn/yaowen/2023-05/05/content_5754275.htm?eqid=d670583700058a6c000000026458b701。

第二部分　分论

业前培训，对企业职工开展在岗培训，对失业人员开展再就业技能培训，帮助就业困难群体获得新的技能和知识。最后，制定完善的政策体系，鼓励和支持退休人员再就业。在延迟退休政策落地可能会一定程度上影响青年人就业、自愿延迟退休意愿普遍不强的情况下，可以考虑鼓励大学专科及以上、达到退休年龄的中老年人继续就业，实现人才资源的充分利用。同时，退休人员尤其是老年人再就业，不仅面临自身能力的欠缺，还面临一定的年龄歧视、就业权益不能得到充分保障等困难，需要消除老年人再就业歧视、完善相关政策法规。

第九章　中国人口分布：形势、问题及对策[*]

从宏观角度来看，人口与经济发展呈现复杂的关系。在"马尔萨斯"时期，人口总量受到经济社会发展对人口的承载能力约束。随着工业化和城市化不断发展，技术进步提升了生产率，进而极大地强化了经济社会发展对人口增长的支撑作用，许多国家和地区跳出了"马尔萨斯陷阱"[①]，进入了"人口转变"时期。"人口转变"时期的人口增长率逐步下降，在人口达峰后人口的空间分布将更加影响地区经济发展。当前国内经济发展格局正发生新的变化，在大规模人口流动愈加频繁的同时，也伴随着人口向区域性中心城市集中和部分地区人口持续净外流、城镇化失速和农业转移人口落户意愿不高以及人口老龄化影响范围加大等问题，要应对这些现实问题，需要首先准确认识中国人口分布的典型特征、变化趋势。

一　中国人口分布变化总体趋势、典型特征

本章利用人口普查和城市层面数据测算中国人口空间集聚趋势，并在此基础上对人口自然增长和国内人口流动的空间特征进行总结。

---

[*] 本章作者为邓仲良。作者简介：邓仲良，中国社会科学院人口与劳动经济研究所副研究员。

[①] Chatterjee, S., and Vogl, T., "Escaping Malthus: Economic Growth and Fertility Change in the Developing World", *American Economic Review*, Vol. 108, No. 6, 2018, pp. 1440–1467.

| 第二部分　分论

（一）2000年后中国人口分布经历了先均衡后趋于集聚的变化过程

从中国人口空间分布来看，由于中国地理特征呈现"西高东低"，同时受河流、山脉等自然条件影响，中国人口空间分布呈现东南部密集，而西北部人口偏少，胡焕庸先生在1935年提出了著名的"胡焕庸线"①，至今这条影响中国人口空间分布的界线依然存在。地理条件等"第一自然"外部因素是影响人口分布的先决条件，通常海拔越低，其地势越平坦，可用于经济活动的土地就越多，那么人口规模也将越大，也就是说人口规模与海拔高度呈显著的负相关关系。其次，通常河流密度越高的地区或城市，其交通通达性也越高，人口则更容易聚集。

随着经济不断发展，以城市产业集聚等经济社会属性为代表的"第二自然"更加显著地影响人口分布。考虑计算便捷性和准确性，本章利用人口空间基尼系数②来分析人口空间集聚情况。一般地讲，人口空间基尼系数取值在0—1，当其越趋近于1时，其值越大，则人口空间分布越集中，当其越趋近于0时，其值越小，则人口分布越趋于均衡。2000年、2010年和2020年的全国人口分布空间基尼系数如图9-1所示，可知，随着经济发展和人口流动日益频繁，人口集聚趋

---

① 胡焕庸：《中国人口之分布——附统计表与密度图》，《地理学报》1935年第2期。
② 依据洛伦兹曲线（Lorence curve）的基本原理，首先，本章将各普查年份的各区县人口变量数据进行排序，并折算为全国相对比值 p_i，而后进行累加求得洛伦兹曲线；其次，依据梯形法则对洛伦兹曲线进行积分，便可求得洛伦兹曲线下面积 S_L，如式（9-1）所示。同时也可求得绝对平等线与洛伦兹曲线间面积 S_E，那么空间基尼系数 Spatial Gini = $S_E/(S_L + S_E)$；利用二者之和为直角三角形面积，即 $S_L + S_E = 1/2$，则空间基尼系数 Spatial Gini coefficient 可依据式（9-2）计算，其中，N_i 为不同年份中国人口普查中区县个数，p_i 则为依据顺序排序位序第 i 位对应的区县人口数，h_i 为洛伦兹曲线每个区格的高度。

$$S_L = \sum_{i=1}^{N_i-1} \left(\frac{p_i + p_{i+1}}{2h_i}\right), h_i = \frac{1}{N_i} \quad (9-1)$$

$$\text{Spatial Gini coefficient} = 1 - 2 \times S_L \quad (9-2)$$

为准确地测度人口空间分布的变化特征，首先要尽量的小尺度的空间范围来度量人口总量，本章利用2000年、2010年、2020年全国人口普查分县数据来计算人口空间基尼系数（Population Spatial Gini coefficient）。考虑行政区划尺度统一和民族地区行政区划名称差异，本章对人口空间分布的尺度取至区、县、旗（相当于区县层面），不包括地级市、盟、省会等地区行政单位。

势也在发生变化。在全国层面，中国人口分布自2000年后经历了先均衡后趋于集聚的变化过程，2000—2010年，人口空间基尼系数略有下降，由2000年的0.475下降至2010年的0.399，下降幅度为16%；在2010—2020年，人口空间基尼系数由2010年的0.399增加至2020年的0.490，增长幅度为22.81%，可见尽管2000—2010年中国人口空间分布略有均衡，但在2010—2020年，中国人口总体逐步转向呈现集聚趋势。从2020年"七普"数据揭示的中国人口分布格局来看，根据城市规模划分标准，中国已形成至少7个超大城市、14个特大城市、84个大城市，其中，21个超大和特大城市中城区人口占全国总人口近16.9%，这些超大、特大城市大多分布在东部地区。

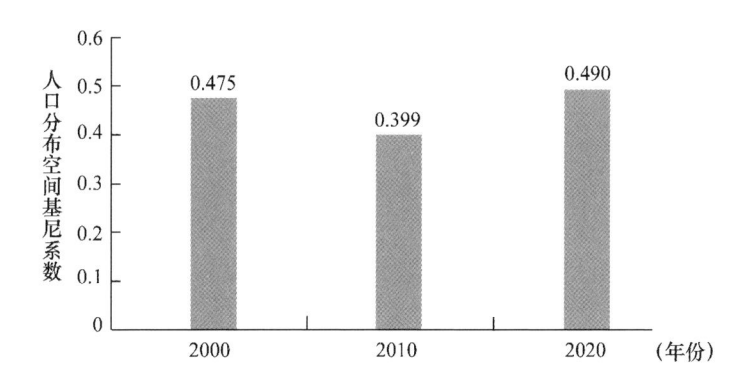

图9-1 2000—2020年中国人口的空间集聚趋势

注：基于数据原因，未包括中国香港、澳门和台湾地区。下同。

资料来源：笔者根据国家统计局公布的第五次、第六次和第七次中国人口普查分县数据计算。

（二）2010年后中国人口增长趋势呈现明显的空间分化

从全国人口自然增长率变化情况来看，中国人口自然增长率①逐步下降，已从2010年的4.49‰逐年降低至2021年的0.34‰。从空间分布来看，2010—2021年的人口自然增长趋势发生较大变化。2010年全国各省

---

① 人口自然增长率为（年内出生人数 – 年内死亡人数）/年平均人数×1000 = 人口出生率 – 人口死亡率，单位为‰。

| 第二部分　分论

份人口自然增长率大多都为正，而且中部地区和西部地区人口自然增长率高于全国平均水平，其中江西为 7.66‰、安徽为 6.75‰、湖南为 6.40‰、新疆为 10.56‰、西藏为 10.25‰、甘肃为 6.03‰、青海为 8.63‰、宁夏为 9.04‰，东部地区也较高，山东为 5.39‰、广东为 8.98‰、广西为 8.65‰、海南为 8.98‰。《中国统计年鉴 2022》数据显示，2021 年中国有 13 个省份的人口自然增长率为负，如天津、河北、东北三省、山西、内蒙古、上海、江苏、湖南、湖北、重庆、四川，18 个省份的人口自然增长率为正。除了部分省份的人口自然增长率较高，北京、安徽、山东的人口自然增长率偏低，分别为 0.96‰、0.05‰、0.02‰，仅广东、广西、海南、贵州、西藏、青海和宁夏较高，分别为 4.52‰、2.88‰、3.73‰、4.98‰、8.70‰、4.31‰、5.53‰，具体如图 9-2 所示。

　　从国际和国内的经验研究来看[1]，经济发展水平较高的城市化地区，其人口自然增长率较低。收入水平越高的国家和地区，其总和生育率越低，那么城镇化引起的收入水平增加也会导致家庭子女数量存在差异。2017 年 CMDS 和北京大学 CFPS 数据也进一步证实，农村户籍居民的家庭平均子女数大于城镇居民。本章利用省份层面人口自然增长率 population_growth、人均地区生产总值 p_gdp 和常住人口城镇化率 urban_ratio 的简单 OLS 回归可知，地区经济发展水平越高，其人口自然增长率显著较低，而城镇化率与人口自然生育率显著为负。进一步地，本章利用北京大学 2016—2018 年 CFPS 数据在匹配家庭成员和子女信息的基础上形成的混合 OLS 和家庭面板研究表明，无论是混合 OLS，还是采用家庭面板双向固定效应模型，家庭子女数 child_num 和家庭人均净收入 fincome1_per 呈现稳健的负相关关系，而农村户口（当家庭户籍为农村时，hukou_f 取 1，非农家庭户籍则 hukou_f 取 0）子女数则显著为正，这些基本的回归结果证实了随着经济水平提升和城镇化率提高，家庭生育数量会下降，这与国际经验相符合[2]。

---

[1] 也可利用世界银行 WDI 数据中总和生育率和国家收入水平对比。
[2] 限于篇幅，相关统计回归分析表格省略。

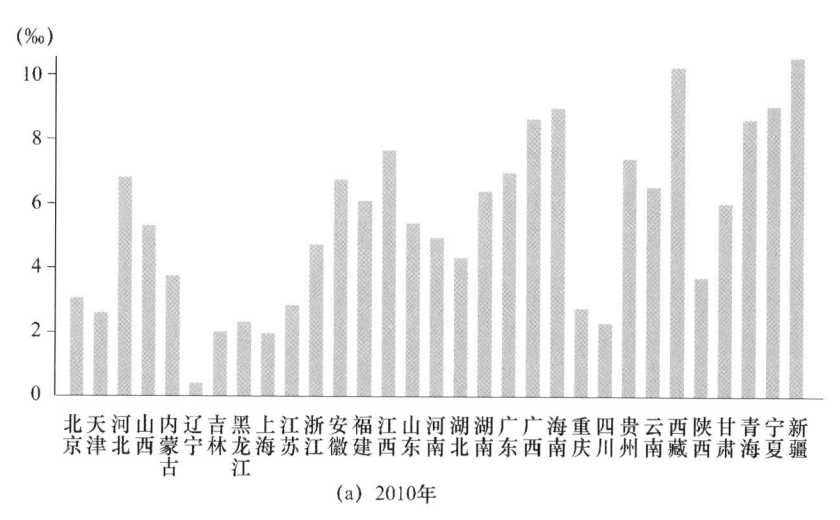

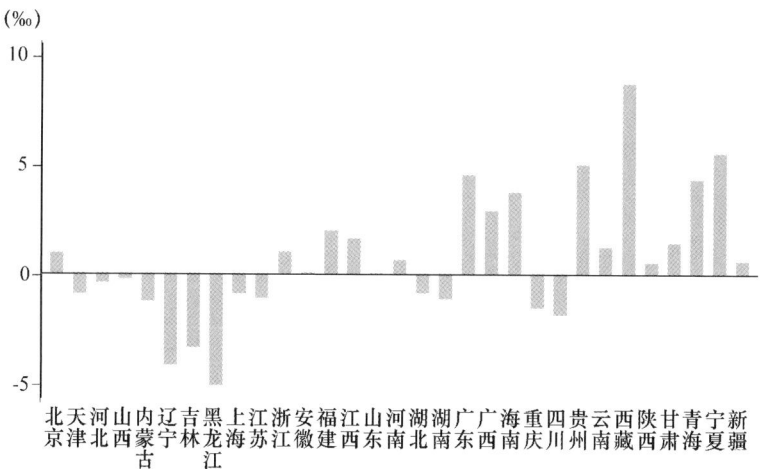

第九章　中国人口分布：形势、问题及对策

图9-2　2010年、2021年中国不同省份人口自然增长率

资料来源：笔者根据《中国统计年鉴2022》计算。

从城市层面来看，对比2010—2020年中国城市人口变化情况，本章根据第六次和第七次各省份的人口普查公报将地级市及以上城市的常住人口数进一步对比，将变化幅度正增长和负增长前十的城市列于表9-1，可知人口负增长的城市，大多在东北地区，其中负增长前十的城市中，吉林占5个城市，例如四平市2020年常住人口较之

第二部分 分论

2010年降幅近46.39%，白山市则为25.29%；黑龙江有齐齐哈尔市和黑河市2个城市，分别下降24.21%和23.15%；辽宁占1个，即本溪市，较之2010年下降22.43%；四川和安徽各占1个城市，分别为资阳市和六安市，这两个城市2020年常住人口较之2010年分别下降37.01%和21.70%。对人口正增长幅度排前十的城市而言，除了西藏，广东的深圳、广州、珠海和安徽的合肥、芜湖、马鞍山是增幅较大的，尤其是深圳，深圳市2020年常住人口较之2010年增加幅度为68.89%。海南三亚、四川成都、福建厦门2020年常住人口较2010年增幅分别为50.48%、49.05%、46.23%。

表9-1 相比2010年，2020年常住人口变化幅度最大前十城市

城市	人口负增长幅度前十地级市 2020年人口（人）	较之2010年变化（%）	所属省份	城市	人口正增长幅度前十地级市 2020年人口（人）	较之2010年变化（%）	所属省份
四平市	1814733	-46.39	吉林	深圳市	17494398	68.89	广东
资阳市	2308631	-37.01	四川	合肥市	9369881	64.31	安徽
白山市	968373	-25.29	吉林	芜湖市	3644420	61.03	安徽
齐齐哈尔市	4067489	-24.21	黑龙江	马鞍山市	2159930	58.09	安徽
白城市	1551378	-23.67	吉林	珠海市	2439585	56.13	广东
黑河市	1286401	-23.15	黑龙江	拉萨市	867891	55.14	西藏
本溪市	1326018	-22.43	辽宁	三亚市	1031396	50.48	海南
通化市	1812114	-22.04	吉林	成都市	20937757	49.05	四川
松原市	2252994	-21.77	吉林	广州市	18676605	47.04	广东
六安市*	4393699	-21.70	安徽	厦门市	5163970	46.23	福建

注：* 六安市2010年第六次人口普查数据参见http://tjj.ah.gov.cn/ssah/qwfbjd/tjgb/sjtjgb/113724571.html，第七次人口普查数据参见http://tjj.ah.gov.cn/ssah/qwfbjd/tjgb/sjtjgb/145782371.html，而2010年安徽省统计局公布的六安市常住人口与六安市统计局公布的不一致，六安市统计局公布常住人口数据参见https://tjj.luan.gov.cn/sjla/tjfx/4843901.html。本章以安徽省统计局公布数据为准。

资料来源：笔者根据各省市公布的第六次和第七次人口普查数据计算。

第九章　中国人口分布：形势、问题及对策

（三）经济发达地区吸纳较多的跨省流动人口，而经济欠发达地区多为本地流动

人口增减分化也是中国人口分布的典型特征，导致人口增减分化的根本原因在于人口流动的不均衡。第七次全国人口普查和《2022年农民工监测调查报告》[①]显示，2020年中国流动人口数量近3.76亿人，约占当年总人口的26.04%，与2010年流动人口相比，2020年流动人口增幅较之2010年增长69.73%，其中，跨省流动人口1.25亿人，占全国流动人口的33.22%，省内流动人口2.51亿人，占全国流动人口的66.78%。其中，中、西部地区的农民工跨省流动比重较高，分别占各地区总外出农民工的55.6%、47.5%，东部地区农民工主要为省内跨市流动，占比58.9%。东北地区省内流动比重更高，为68.6%。具有较高的就业收入回报和较高的公共服务供给以及可及性的城市或地区，其就可以吸纳更多地以工作、经商或定居为目的的流动人口，从而具有更高的经济活力。利用2020年城市经济数据和2020年"七普"人口分县数据初步分析表明，无论是控制外省的地理变量，还是控制城市产业结构，对具有集聚外省户籍流动人口优势的城市，其经济发展相对全国经济水平也具有比较优势。当经济发展水平滞后时，其不具有集聚外来人口的比较优势，由此陷入发展转型路径被锁定的状态。

利用"七普"数据匹配至城市层面进一步测算表明，将吸纳外省流动人口规模排名前十的城市和吸纳外省流动人口规模排名后十的城市列于表9-2。可知，北京、上海等经济发展水平较高的城市吸纳了大规模的外省流动人口，其中2020年上海、北京、深圳吸纳外省户籍人口就业规模分别为1047.97万、841.84万、822.12万人，外省流动人口分别占本地常住人口的42.14%、38.45%和46.99%。从吸纳外省流动人口规模最小的城市来看，主要分布在东北三省、河南、西藏、甘肃等省份，这些城市中外省户籍流动人

[①] 国家统计局公布的《2022年农民工监测调查报告》（2023年4月28日）和《第七次全国人口普查公报（第七号）——城乡人口和流动人口情况》（2021年5月11日）。

第二部分 分论

口占该市常住人口比重也较低。伊春市、鹤壁市、漯河市、商洛市不足1%。

表9-2 中国城市吸纳外省户籍流动人口情况

城市	集聚外省流动人口（万人）	城市内跨省流动人口占本地常住人口比重（%）	城市	集聚外省流动人口（万人）	城市内跨省流动人口占本地常住人口比重（%）
上海市	1047.97	42.14	伊春市	0.78	0.89
北京市	841.84	38.45	鹤壁市	1.05	0.67
深圳市	822.12	46.99	漯河市	1.24	0.53
东莞市	619.35	59.17	商洛市	1.60	0.78
广州市	493.50	26.42	那曲市	1.62	3.22
苏州市	392.99	30.83	七台河市	1.63	2.36
天津市	353.48	25.49	铜川市	1.64	2.35
杭州市	320.50	26.85	金昌市	1.67	3.81
宁波市	313.27	33.31	张掖市	1.82	1.61
佛山市	310.68	32.71	双鸭山市	2.06	1.70

资料来源：笔者根据2020年第七次人口普查分县数据计算。

从流动个体层面，本章利用2017年CMDS数据测算表明，安徽、河南、四川是流动人口的主要来源地，分别占当年流动人口样本的8.34%、7.98%、7.73%。其次外出流动人口还主要为河北、黑龙江、山东和湖南等省份，如图9-3所示。利用2011—2018年国家卫健委流动人口动态监测数据CMDS研究也进一步证实，超大城市中吸纳外省户籍流动人口比重较大，这与利用"七普"数据测算表9-2保持一致。2011—2018年超大城市中跨省流动人口比重总体呈现上升趋势，由2011年的65.69%上升至2018年的69.89%。特大城市从2011年后外省流动人口比重逐年降低，2018年略有回升。从中小城市进一步来看，跨省流动人口比重略有下降，如图9-4所示。考虑到农民工是流动个体的主要组成部分，本章还利用2017年CMDS对不同区域的农村户籍流动人口占比进行分析，农村户籍流动人口

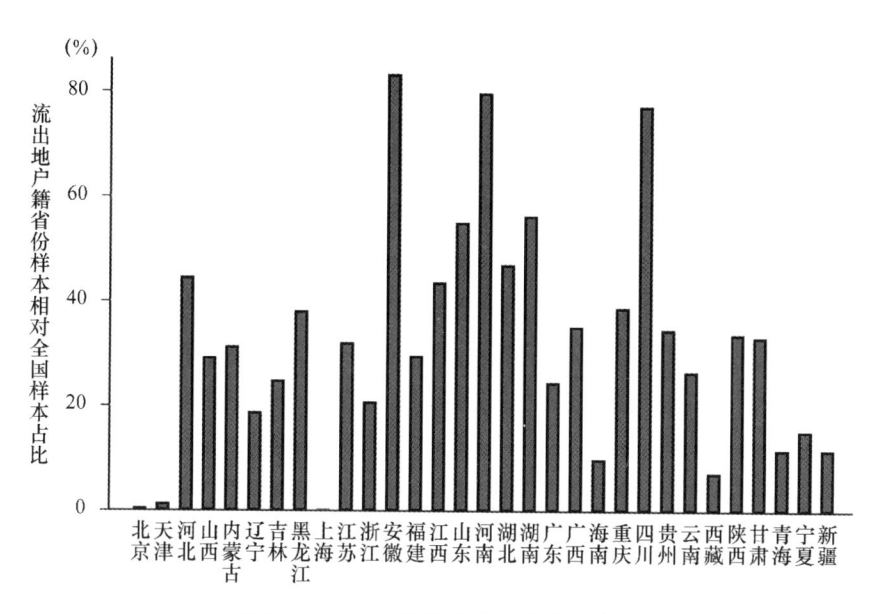

第九章 中国人口分布：形势、问题及对策

图9-3 2017年流动人口户籍地来源

资料来源：笔者根据2017年CMDS计算。

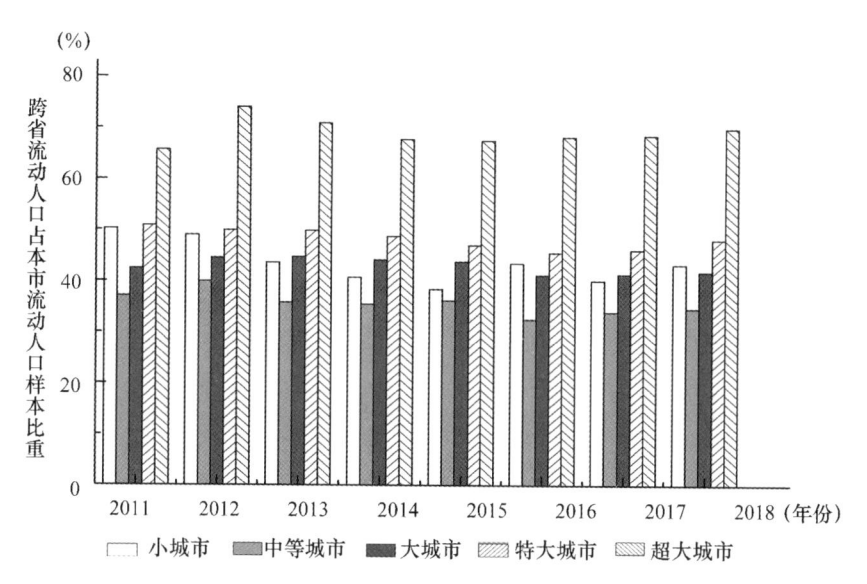

图9-4 2011—2018年中国不同规模城市流动人口样本中跨省流动比重

资料来源：笔者根据2017年CMDS数据计算。

第二部分 分论

仍然主要流入东部地区，东部地区近70%的农村户籍流动人口属于跨省流动，省内跨市流动仅20%左右。中部地区的农村户籍流动人口以省内跨市和市内跨县（区）流动为主，而西部地区与中部地区不同，西部地区仍然吸纳了近40%跨省流动的农村户籍流动人口，与省内跨市农村户籍流动人口比重基本持平。东北地区跨省流动农村户籍流动人口和省内跨市比重相差不大，如图9-5所示。

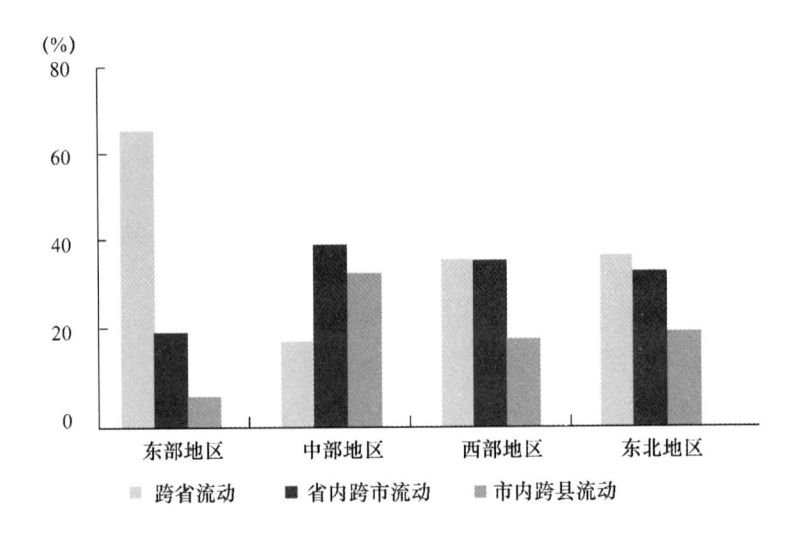

图9-5　2017年农村户籍流动人口流动模式的空间分布

资料来源：笔者根据2017年CMDS计算。

（四）城市群已成为集聚人口和经济活动的主要空间形态

城市群是由中心城市和周边城市逐步发展形成的，城市群的形成也是一个动态的发展过程，城市群形成取决于城市间经济联系、产业分工和人口流动，从发展阶段来看，分别经历了由"多中心、人口分散"向"多中心、人口集聚"的发展空间格局转变，如图9-6所示。这四个阶段分别对应了中心城市发展的起始阶段、发展初期、发展集聚期和发展成熟期。需要注意的是，这四个阶段并非单向发展的，由于不确定的因素影响（如经济衰退、行政区转移、产业转移、自然灾害等），城市发展过程也有可能发生逆转。在第Ⅰ阶段，城市内人口

第九章 中国人口分布：形势、问题及对策

空间分布呈现分散模式，各区域（县市或镇、村庄）人口规模相差不大，在这个阶段，各区域间经济联系也不高，劳动力在城市各个区域收入回报基本相同。在第Ⅱ阶段，城市中心区开始发展，人口集聚趋势开始高于周边县市，由于就业收入较高，人口开始持续向城市中心区流入。在第Ⅲ阶段，城市中心城区就业回报率显著高于周边区域，城市内人口进一步持续向中心城区流入，城市中心区不断壮大，中心区房价逐步上升，周边县市人口呈现净外流趋势。在第Ⅳ阶段，中心城市开始将制造业等产业疏解到周边区域，就业机会转移带动周边区域就业回报率增加，在中心城区周边的人口集聚规模逐步提升（见图9-6）。在新经济地理学 NEG 以及空间经济学理论中，随着城市经济和人口规模变化，不同规模城市也会形成一个具有规模层级法则的城市体系[1]。从理论发展的脉络上来看，这种客观现象和理论研究受克里斯塔勒（Christaller）"中心地理论"的影响。

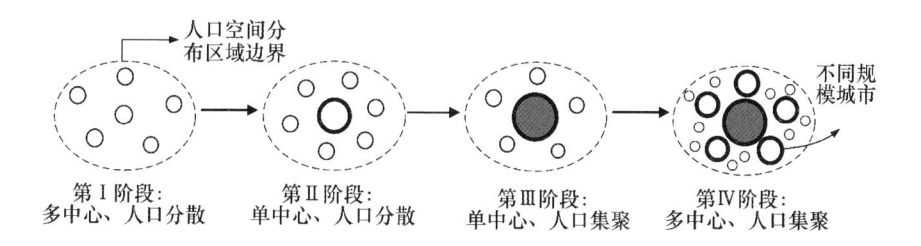

图9-6 人口流动和城市发展的阶段性

资料来源：笔者根据城市发展周期理论相关研究总结。

由于人员流动频繁和城市经济发展，都市圈、城市群逐步成为集聚人口和经济活动的空间形态。截至2020年，中国已形成10个城市群，呈现集聚和扩散并存的动态发展趋势[2]。相关利用中国数据的经验研究表明，由单个城市向多个城市的城市体系发展过程中，其城市空间外

---

[1] Fujita, M., Krugman, P., and Mori, T., "On the Evolution of Hierarchical Urban Systems", *European Economic Review*, Vol. 43, No. 2, 1999, pp. 209–251.

[2] 国家发改委地所课题组、肖金成：《我国城市群的发展阶段与十大城市群的功能定位》，《改革》2009年第9期。

| 第二部分　分论 |

部性逐步增强，其中跨城市的产业分工和产业关联、知识和技术外溢效应、市场一体化发展和多中心城市对拥挤效应的降低都促进了城市群发展的外部性[①]。从"七普"数据来看，城市群已集聚较大规模的人口，长三角城市群、中原城市群、京津冀城市群、珠三角城市群、成渝城市群、长江中游城市群、海西城市群的常住人口占全国人口比重分别为 11.04%、11.02%、6.21%、5.40%、7.12%、7.17%、6.49%，如表9-3所示。另外，由于一个地区的经济发展水平与夜间灯光亮度显著正相关[②]，同时夜间灯光数据的分布也能间接测度人口和经济活动的空间分布[③]，从2020年夜间灯光数据来看，如图9-7所示，珠三角城市群夜间灯光平均亮度最高，其平均灰度值为9.80，其次为长三角城市群，2020年长三角城市群夜间灯光平均灰度值为5.19，再次为海西城市群和成渝城市群，夜间灯光平均灰度值分别为3.47、3.30，京津冀城市群为2.76。

表9-3　　　　　　2020年中国部分城市群人口规模

城市群	城市常住人口（万人）	比重（%）	城市群	城市常住人口（万人）	比重（%）
京津冀城市群	8963.13	6.21	关中平原城市群	4368.07	3.03
长三角城市群	15936.80	11.04	海西城市群	9364.82	6.49
珠三角城市群	7794.87	5.40	呼包鄂榆城市群	1193.39	0.83
成渝城市群	10270.99	7.12	哈长城市群	4066.05	2.82
中原城市群	15907.51	11.02	兰西城市群	969.80	0.67
山东半岛城市群	4266.06	2.96	北部湾城市群	4241.44	2.94
长江中游城市群	10346.95	7.17	辽中南城市群	3054.49	2.12

资料来源：笔者根据第七次全国人口普查数据计算。

---

①　李培鑫、张学良：《城市群集聚空间外部性与劳动力工资溢价》，《管理世界》2021年第11期。

②　徐康宁、陈丰龙、刘修岩：《中国经济增长的真实性：基于全球夜间灯光数据的检验》，《经济研究》2015年第9期。

③　Henderson, J. V., Storeygard, A., and Weil, D. N., "Measuring Economic Growth from Outer Space", *American Economic Review*, Vol. 102, No. 2, 2012, pp. 994-1028.

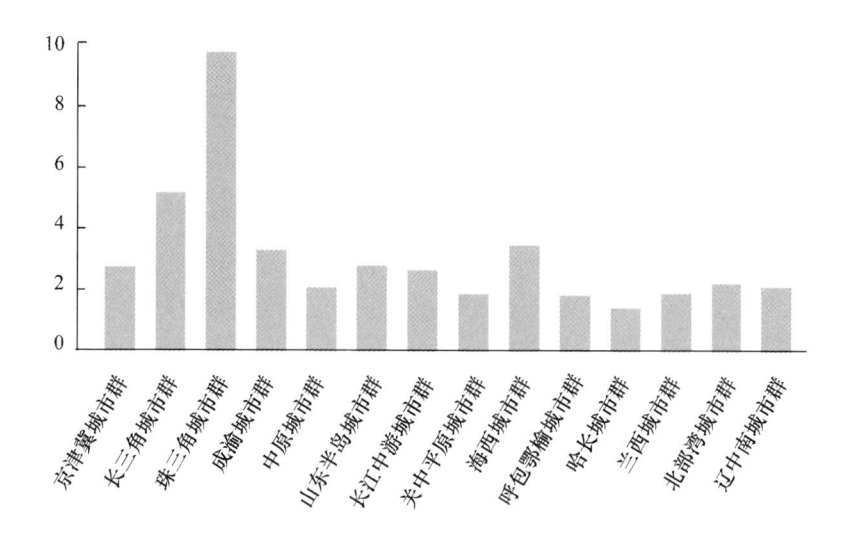

图 9-7 2020年中国部分城市群的平均灯光亮度

注：城市群根据各城市群规划中城市名称确定。

资料来源：笔者根据全球夜间灯光数据计算。

二 人口分布影响中国经济社会发展的关键问题

人口是经济发展的基本变量。无论是对人口集中流入或持续流出的地区，还是不同地区的城乡人口差异，人口分布不均衡势必影响地区经济增长的动力。

（一）准确认识城市发展和人口规模的关系

大城市具有集聚人口的外部性。首先，由于集聚和互补效应[1]，大城市通常具有较高名义工资，因而吸引外地人口不断流入[2]。外地人口流入还同时提升了本地劳动力市场的工资溢价，对中国城市而

---

[1] Eeckhout, J., Pinheiro, R., and Schmidheiny, K., "Spatial Sorting", *Journal of Political Economy*, Vol. 122, No. 3, 2014, pp. 554–620.

[2] 童玉芬、王莹莹：《中国流动人口的选择：为何北上广如此受青睐？——基于个体成本收益分析》，《人口研究》2015年第4期。

第二部分 分论

言,流动人口规模越高,其流入地就业工资水平也越高①,城市中流动人口占比每提高10%,本地劳动力月工资收入将增长3.19%②,尤其是对于具有较高人力资本的本地高技能劳动者③,而从Ⅱ型大城市流动到Ⅰ型大城市的工资溢价增幅最大(约15.4%)④。大城市还通过互补效应提高了低技能劳动力的工资及福利水平,但不同技能劳动力的工资溢价效应不同,其中低技能劳动力受益程度更高⑤。其次,城市公共服务和宜居程度影响城市居民的幸福程度⑥,也是吸引人口流入的重要因素⑦,其中不同类型的城市公共服务对流动人口的吸引力不同⑧。再者,劳动力也倾向于流入生态条件较好的城市⑨,空气污染对于流动人口的就业选址具有负向影响,尤其是对受教育程度较高的"城—城"流动人口⑩。另外,城市人力资本外部性能够长期影响劳动力流入。市场环境下劳动力总是流入人力资本水平更高的城市,尤其对高技能劳动力而言,而短期政策无法改变历史上的城市人力资本空间分布⑪。

---

① Combes, P. P., Démurger, S., and Li, S., "Migration Externalities in Chinese Cities", *European Economic Review*, 2015, 76: 152–167.
② 陈刚:《流动人口进入对本地劳动力市场的影响》,《经济学动态》2016年第12期。
③ Glaeser, E. L., and Lu, M., "Human-capital Externalities in China", NBER Working Paper, No. 24925, 2018.
④ 孟美侠、李培鑫、艾春荣等:《城市工资溢价:群聚、禀赋和集聚经济效应——基于近邻匹配法的估计》,《经济学(季刊)》2019年第1期。
⑤ 陆铭、高虹、佐藤宏:《城市规模与包容性就业》,《中国社会科学》2012年第10期。
⑥ 孙三百、黄薇、洪俊杰等:《城市规模、幸福感与移民空间优化》,《经济研究》2014年第1期。
⑦ Desmet, K., and Rossi-Hansberg, E., "Urban Accounting and Welfare", *American Economic Review*, Vol. 103, No. 6, 2013, pp. 2296–2327.
⑧ 侯慧丽:《城市公共服务的供给差异及其对人口流动的影响》,《中国人口科学》2016年第1期。
⑨ 张海峰、林细细、梁若冰等:《城市生态文明建设与新一代劳动力流动——劳动力资源竞争的新视角》,《中国工业经济》2019年第4期。
⑩ 孙伟增、张晓楠、郑思齐:《空气污染与劳动力的空间流动——基于流动人口就业选址行为的研究》,《经济研究》2019年第11期。
⑪ 夏怡然、陆铭:《跨越世纪的城市人力资本足迹——历史遗产、政策冲击和劳动力流动》,《经济研究》2019年第1期。

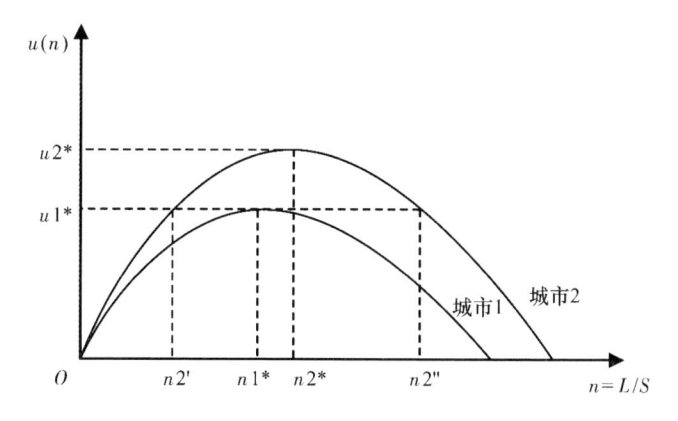

第九章 中国人口分布：形势、问题及对策

以城市效用 $u(n)$ 和人口密度 n 为例，城市人均密度 $n = L/S$，L 为人口规模，S 为城市面积，无论是城市人口规模 L 还是人口密度 n，由于人口规模的拥挤效应和外部性影响，城市效用与人口规模或人口密度呈现先上升后下降的倒"U"形关系[1]，尤其是当考虑不同人口规模的经济效用时[2]，存在一个相对最优的人口规模，如图 9-8 所示。对城市 1 和城市 2，二者分别存在最优人口密度 $n1^*$ 和 $n2^*$，且 $n2^* > n1^*$，城市 2 效用大于城市 1，$u(n2) > u(n1)$，城市效用 $u(n)$ 可理解城市经济发展水平，而当城市 2 的人口密度下降或增加时，其城市效用函数 $u(n2)$ 也会下降，当以城市 1 效用 $u(n1)$ 来看，其对应了城市 2 的较小人口密度 $n2'$ 或较大人口密度 $n2''$。利用 2020 年中国城市市辖区数据进一步验证如下，如图 9-9 所示，由于量纲差异，对变量取对数，可知市辖区人口密度（人口数/市辖区建成区面积）对数值与城市市辖区人均地区生产总值呈倒"U"形关系得到了验证。

图 9-8 城市效用和人口密度的关系

资料来源：笔者根据相关研究自行总结。

---

[1] Behrens, K., Duranton, G. and Robert-Nicoud, F., "Productive Cities: Sorting, Selection and Agglomeration", *Journal of Political Economy*, Vol. 122, No. 3, 2014, pp. 507–553.

[2] Albouy, D., Behrens, K., Robert-Nicoud, F. and Seegert, N., "The Optimal Distribution of Population across Cities", *Journal of Urban Economics*, Vol. 110, 2019, pp. 102–113.

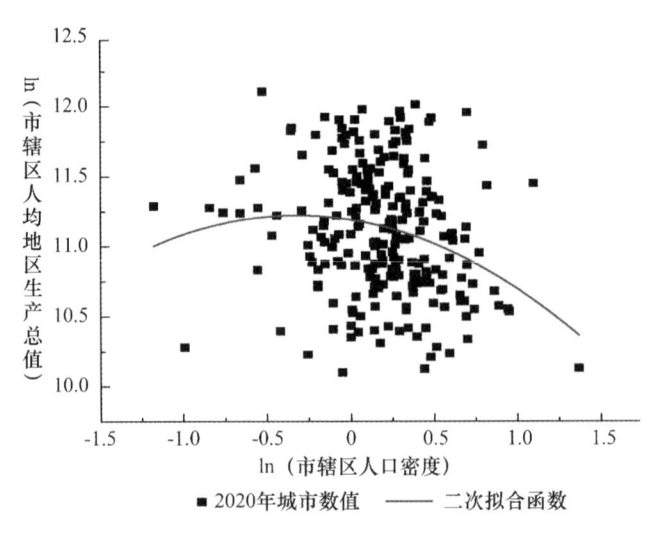

图 9-9 中国城市人口密度和人均地区生产总值关系（2020 年）

资料来源：笔者根据《中国城市统计年鉴 2021》计算。

（二）人口老龄化问题影响的空间范围逐步扩大

从人口结构变化来看，以人口老龄化为例，可见人口老龄化趋势明显，且部分省份增幅较大，如图 9-10 所示。如果将人口老龄化增幅超过 6% 作为一个标准，较 2010 年，2021 年人口老龄化增幅最明显的省份是天津、河北、山西、内蒙古、辽宁、吉林、黑龙江、上海、江苏、山东、湖北、重庆、四川，65 岁及以上人口比重分别增长 7.40%、6.67%、6.10%、6.28%、8.49%、8.33%、8.46%、7.33%、6.15%、6.08%、6.33%、6.20%、6.63%。进一步，在地级市层面，本章进一步利用 2020 年人口普查分县数据匹配至地级市及以上城市测算表明，部分城市人口老龄化趋势尤为显著，其中，65 岁及以上人口比重大于等于 20% 的地级市及以上城市有 9 个，分别为南通市、资阳市、泰州市、自贡市、乌兰察布市、南充市、德阳市、内江市、眉山市，这 9 个城市处于超老年化阶段。65 岁及以上人口比重在 14%—20% 的地级市及以上城市有 135 个，65 岁及以上人口比重在 10%—14% 的地级市有 123 个，65 岁及以上人口比重在 7%—10% 的地级市有 16 个，小于等于 7% 的有 14 个。除了西藏拉萨、林芝、那曲、日喀则、昌都市和海南三亚市、三沙市，65 岁及以上人口比重小于等于7%的城市还有广东的惠州、珠海、东莞、深圳和福建的厦门，其中，广东深圳是65岁及以上人口占比最小的地级市，仅为3.22%，如表9-4所示。

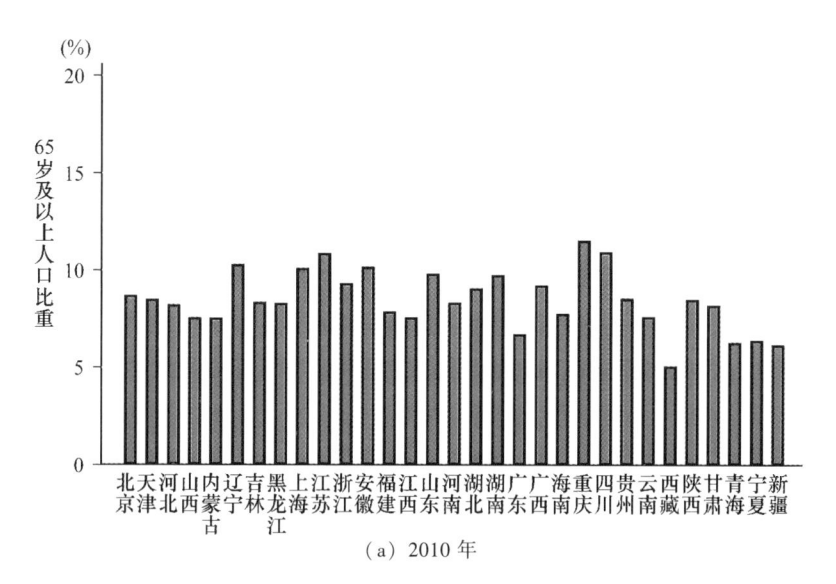

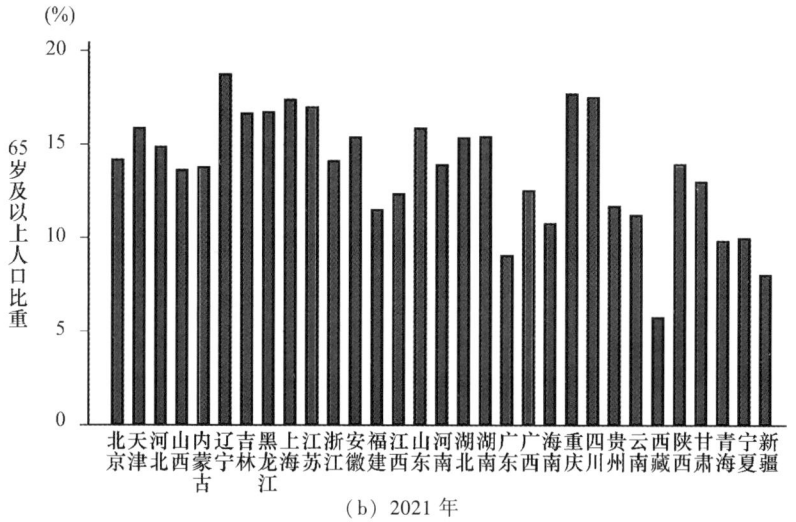

图9-10　2010年、2021年中国不同省份人口老龄化情况

资料来源：笔者根据不同年份的《中国统计年鉴》计算。

表9-4　　　　　　　　2020年地级市层面老龄化程度

	2020年297个地级市的65岁及以上人口比重（%）				
	≤7%	7%—10%	10%—14%	14%—20%	≥20%
不同老龄化率的地级市及以上城市个数（个）	14	16	123	135	9

资料来源：笔者根据2020年第七次全国人口普查分县数据计算。

从流动人口年龄来看，如表9-5所示，流动人口老龄化趋势也较为严峻，其中，中小城市和超大城市老龄化特征更加明显。2018年小城市、中等城市和超大城市的流动人口平均年龄分别为38.03岁、38.08岁和37.64岁，分别大于大城市和特大城市的流动人口平均年龄36.72岁、35.51岁，这表明大城市和特大城市的流动人口年龄结构较年轻。进一步，从流动人口平均年龄增幅来看，小城市的流动人口平均年龄由2011年的34.32岁逐步上升至2018年的38.03岁，较之2011年，2018年小城市的流动人口平均年龄增幅增长了10.82%，而2011—2018年中等城市和特大城市的流动人口平均年龄增幅较大，分别增长了12.11%、13.45%。

表9-5　　2011—2018年不同类型城市流动人口样本平均年龄　　　单位：岁

城市类型	2011年	2012年	2013年	2014年	2015年	2016年	2017年	2018年
小城市	34.32	34.32	34.94	34.72	36.04	36.78	37.33	38.03
中等城市	33.97	34.24	34.60	34.56	35.84	36.71	37.56	38.08
大城市	33.31	33.50	33.80	34.02	35.09	35.67	36.38	36.72
特大城市	31.30	31.43	32.10	32.48	33.75	34.59	35.35	35.51
超大城市	34.12	34.30	34.34	34.68	35.91	36.18	37.08	37.64

资料来源：笔者根据2011—2018年CMDS数据计算。

（三）人口流动持续失衡将导致经济发展动力的两极分化

从人口流动影响经济发展的角度来看，过度的人口流动空间失衡，则会导致城市规模体系极化。相关研究表明，通过劳动力再配置在

2001—2010 年可提高约 2.34% 年均增长率[1]。此外，通过降低人口流动成本和流入壁垒也能进一步提高城市经济效率，提高劳动力配置效率[2]，同时还会促进城市规模扩张，尤其提升中小城市的人口规模，进而实现城市体系趋于均衡化。对流入城市而言，人口流动在流入地也面临流动成本和居住成本。通过限制住房等供给还将导致流入地城市房价不断攀升，降低劳动力有效供给，并加剧劳动力错配效应[3]。流动成本不仅包括不同城市间迁移成本，还包括在流入地取得就业资格的部分隐性限制。对居住成本而言，刘修岩和李松林认为，高房价将抑制城市规模扩张[4]，但由于高房价的城市通常也具有较高的工资溢价和发展机遇，房价对劳动力流动会产生先吸引后抑制的倒"U"形影响[5]。对劳动力福利而言，降低流动成本（包括城市内通勤和城市间流动成本）也具有显著劳动力福利增进效应，通勤成本的降低可增加近 3.3% 的劳动力福利收益[6]。相关研究进一步表明，相对于外部贸易成本而言，降低国家内部商品流动成本和人口流动成本对提高国内经济体生产率更加重要[7]。

人口持续净外流地区会面临发展路径被锁定。相对于人口持续流入的地区，由于劳动力短缺、市场规模较小、城市产业单一，人口净流出地区发展路径被锁定[8]，由此始终无法形成人口稳定的集聚力，并进一步导致经济发展转型的内生动力不足。根据匹配至城市层面的 2020 年

---

[1] 潘士远、朱丹丹、徐恺：《中国城市过大抑或过小？——基于劳动力配置效率的视角》，《经济研究》2018 年第 9 期。

[2] 王丽莉、乔雪：《我国人口迁移成本、城市规模与生产率》，《经济学（季刊）》2020 年第 1 期。

[3] Hsieh, C. T., and Moretti, E., "Housing Constraints and Spatial Misallocation", *American Economic Journal: Macroeconomics*, Vol. 11, No. 2, 2019, pp. 1–39.

[4] 刘修岩、李松林：《房价、迁移摩擦与中国城市的规模分布——理论模型与结构式估计》，《经济研究》2017 年第 7 期。

[5] 张莉、何晶、马润泓：《房价如何影响劳动力流动?》，《经济研究》2017 年第 8 期。

[6] Monte, F., Redding, S. J., and Rossi-Hansberg, E., "Commuting, Migration and Local Employment Elasticities", *American Economic Review*, Vol. 108, No. 12, 2018, pp. 3855–3890.

[7] Tombe, T., and Zhu, X. D., "Trade, Migration and Productivity: A Quantitative Analysis of China", *American Economic Review*, Vol. 109, No. 5, 2019, pp. 1843–1872.

[8] 邓仲良、张可云：《"十四五"时期中国区域发展格局变化趋势及政策展望》，《中共中央党校（国家行政学院）学报》2021 年第 2 期。

第二部分 分论

"七普"数据,集聚外来人口较多的城市,可分为三类。一是北京、上海、广州这些超大城市,由于其常住人口规模较大和工资水平较高,城市发展呈现以现代服务业为主,以科学研究、物流、金融为代表的生产性服务业和批发、餐饮等消费性服务业都比较发达,而从事管理、维修等基础性服务业占服务业从业人口比重相对低于前两类服务业类型。二是以旅游业等服务业为主的一般大城市,如海口、三亚,这两个城市2020年的服务业与工业就业比值分别为3.99、5.56,这类城市的消费性服务业从业人数比重较高。三是以制造业就业为主的城市,如无锡、宁波等,2020年无锡和宁波服务业和制造业就业比值分别为0.75、0.79,服务业就业比重是显著低于制造业就业比重。对集聚较低外来流动人口的城市,对比集聚外来人口较多的城市,这类城市的产业分工并不明确,服务业和制造业从业比重相差不大,没有形成具有带动本地经济持续增长的主导产业。其次,集聚外来人口较少的城市人均国内生产总值大多都低于当年全国人均国内生产总值,经济发展落后于全国平均水平。

人力资本水平是实现地区经济转型的关键内生因素,但人力资本分布的不均衡也势必影响经济发展转型。初始人力资本较高的地区具有较高的新技术应用及其产业化的能力[1],人力资本累积水平较高的地区或城市同时还具有较高的经济增长潜力。当人力资本水平与技术进步存在不匹配,经济增长可持续性会受到影响[2],促进技术或产业转移的相关政策可能面临低效[3]。从全球经验来看,利用世界银行WDI数据表明(见图9-11),人力资本水平和经济发展呈现显著的正相关关系,具有高等学历水平的人口比重越高,则人均GDP水平也越高;对比2000年和2020年数据可知,较2000年,2020年人力资本对数值和人均GDP对数值的斜率值更大,这表明人力资本对经济增长影响越来越大。从2020年"七普"数据和省份层面人均GDP也可知,上述人力资本和经济增长的强相关性规律依然成立。在城市层面,利用"七普"数据和城市经济

---

[1] 邹薇、代谦:《技术模仿、人力资本积累与经济赶超》,《中国社会科学》2003年第5期。
[2] 张勇:《人力资本贡献与中国经济增长的可持续性》,《世界经济》2020年第4期。
[3] 蔡昉、都阳:《中国地区经济增长的趋同与差异——对西部开发战略的启示》,《经济研究》2000年第10期。

数据研究表明，由于教育是形成人力资本的重要渠道①，本章将大学专科、大学本科学历人数所占比重作为人力资本的替代变量，将人均地区生产总值作为被解释变量，可知无论是控制产业结构（indus = L3/L2，即服务业就业/工业就业），还是控制贸易等外部影响经济增长的变量，高学历人口占比越高，其所在地区或城市经济发展水平也越高。

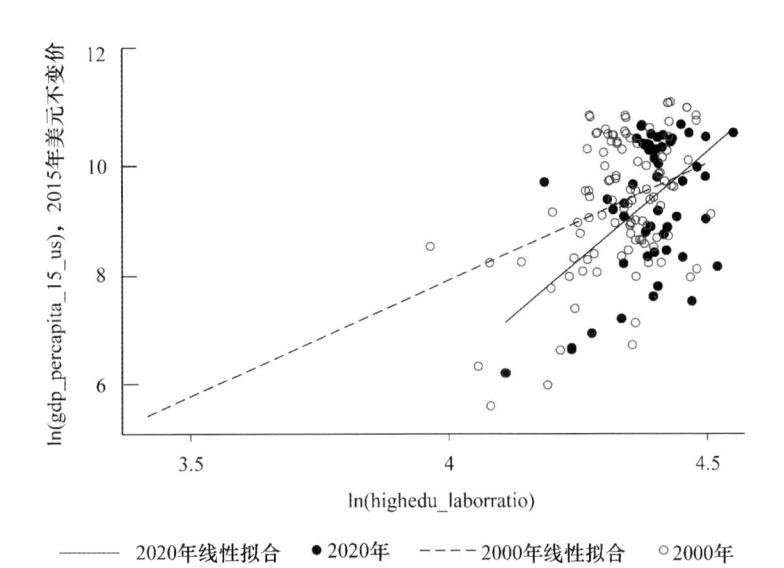

图 9-11 不同国家或地区劳动力人力资本水平和经济产出关系

注：WDI 数据中高等教育劳动力比重为受过高等教育的劳动力与劳动年龄人口的比例。
资料来源：世界银行 WDI，2023 年 2 月 5 日提取。

从流动人口的受教育水平②来看，利用 2011—2018 年 CMDS 数据测算表明，首先流动人口的受教育水平逐年提高，小城市中流动人口的平均受教育年限由 2011 年的 8.29 年增加至 2018 年的 8.86 年，超大城市中流动人口平均受教育年限则由 2011 年的 9.50 年增加至 2018

---

① Lucas, R. E. Jr., "On the Mechanics of Economic Development", *Journal of Monetary Economics*, Vol. 22, No. 1, 1988, pp. 3–42.
② 考虑不同地区或学科的学制年限存在差异，流动个体的平均受教育年限 edu 依据以下原则测算，小学为 6 年，初中为 9 年，高中或中专为 12 年，大学专科为 15 年，大学本科为 16 年，研究生及以上学历为 19 年。

年的10.57年；其次，具有较高受教育水平的流动人口倾向于流入人口规模较大的城市，特大、超大城市中流动人口样本的平均受教育水平显著高于其他规模类型城市，尤其是特大城市（见表9-6）。另外，由于城乡公共服务差异，本章将流动人口依据户籍进行划分并对其平均受教育水平进行测算，由表9-7可知，城镇户籍流动人口的平均受教育水平显著高于农村户籍流动人口，但城乡流动人口平均受教育差距呈现逐年缩小的趋势，2012年城乡流动个体的平均受教育年限差距最大，为3.71年，到2018年已缩小至2.86年。

表9-6　不同城市规模中流动人口样本的平均受教育年限　　单位：年

不同城市规模	2011年	2012年	2013年	2014年	2015年	2016年	2017年	2018年
小城市	8.29	8.50	9.13	8.92	8.95	8.82	8.63	8.86
中等城市	9.38	9.89	10.02	9.95	9.70	9.88	9.81	9.91
大城市	9.54	9.94	9.94	9.88	9.84	10.06	10.05	10.25
特大城市	9.99	10.39	10.56	10.30	10.33	10.68	10.58	10.62
超大城市	9.50	9.99	10.04	9.98	10.00	10.43	10.40	10.57

资料来源：笔者根据2011—2018年CMDS计算。

表9-7　不同户籍流动人口的平均受教育年限　　单位：年

不同户籍	2011年	2012年	2013年	2014年	2015年	2016年	2017年	2018年
城镇户籍流动人口	11.85	13.08	13.06	12.50	12.37	12.63	12.64	12.67
农村户籍流动人口	9.10	9.37	9.52	9.48	9.44	9.67	9.61	9.81

资料来源：笔者根据2011—2018年CMDS计算。

（四）农业转移人口是否稳定落户制约了国内大循环畅通

"城镇化是现代化的必由之路"，进入城市生活、定居和就业能够更加显著地加速人力资本累积进程[1]，因而推进城镇化不仅可以增强

---

[1] 魏东霞、陆铭：《早进城的回报：农村移民的城市经历和就业表现》，《经济研究》2021年第12期。

第九章 中国人口分布：形势、问题及对策

经济发展的持续动力，而且能够促进劳动力自身全面发展，进而从本质上拉动内需，实现以城乡区域经济循环进一步畅通国内大循环。从中国城镇化进程来看，改革开放后城镇化进程稳步推进，但城镇化增幅在1995年后逐步下降，仅在2008—2010年有小幅增加，而后逐步下行（见图9-12）。2014年《国务院关于进一步推进户籍制度改革的意见》（国发〔2014〕25号）发布以来，深化户籍制度改革逐步推进，城市落户限制已大幅度降低，阻碍城市和农村间融合发展的体制机制障碍逐步被消除。从外出农民工来看，劳动力向中西部回流特征逐步凸显，在中西部就业的农民工增速较快，增幅高于东北地区[①]。从常住城镇化和户籍城镇化率差距来看，大规模的外出农民工也表明农村流动人口并未有效融入城市户籍，呈现在流出地与流入地之间的周期性迁移，而且农村户籍流动人口的落户意愿显著低于城镇户籍流动人口，利用2017年CMDS数据测算表明，城镇户籍流动人口在流

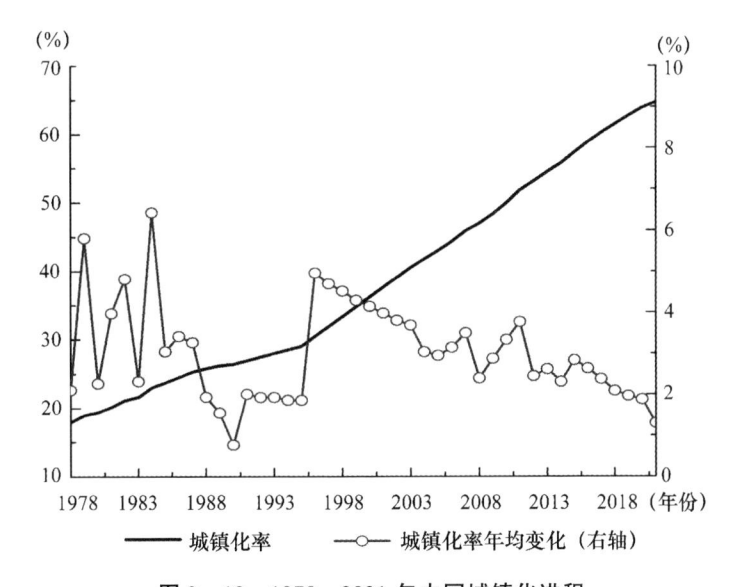

图9-12 1978—2021年中国城镇化进程

资料来源：笔者根据《中国统计年鉴2022》计算。

---

① 《2022年农民工监测调查报告》，2023年4月28日。

第二部分 分论

入地城市落户意愿为 56.35%，而农村户籍流动人口仅为 35.28%。

城镇户籍流动人口和农村户籍流动人口的本质区别在于是否具有农村土地权益[①]。本章利用 2017 年 CMDS 数据验证表明，从对比落户和留居来看，城镇户籍流动人口不具有农村土地权益，对是否留居而言，城镇户籍流动人口和农村户籍流动人口的留居意愿差距不大。但是否具有农村土地权益对农村户籍流动人口的落户意愿影响较大，具有农村土地权益的农村户籍流动人口的落户意愿显著低于不具有农村土地权益的农村户籍流动人口，如图 9-13 所示。这表明以农村土地权益为代表的城乡要素双向流动已经成为显著影响农业转移人口市民化的关键变量。对农村户籍流动人口而言，2017 年 CMDS 数据测算表明具有农村土地权益的农村户籍流动人口占 64.02%，远高于不具有农村土地权益的农村户籍流动人口的比重（35.98%）。从流出地户籍来看，东部、中部、西部和东北地区流出的农村户籍流动人口大多都具有农村土地权益，占比较高的省份是安徽、福建、山东、河南、云南、湖南、陕西、四川等，如图 9-14 所示。

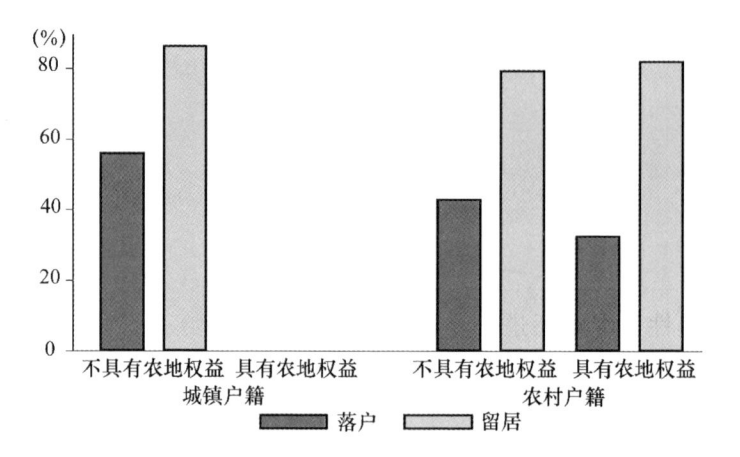

图 9-13　2017 年具有农村土地权益流动人口的落户或留居意愿

资料来源：笔者根据 2017 年 CMDS 计算。

---

① 本章农村土地权益指农村户籍流动人口所具有的土地承包权、宅基地使用权、集体收益分配权。

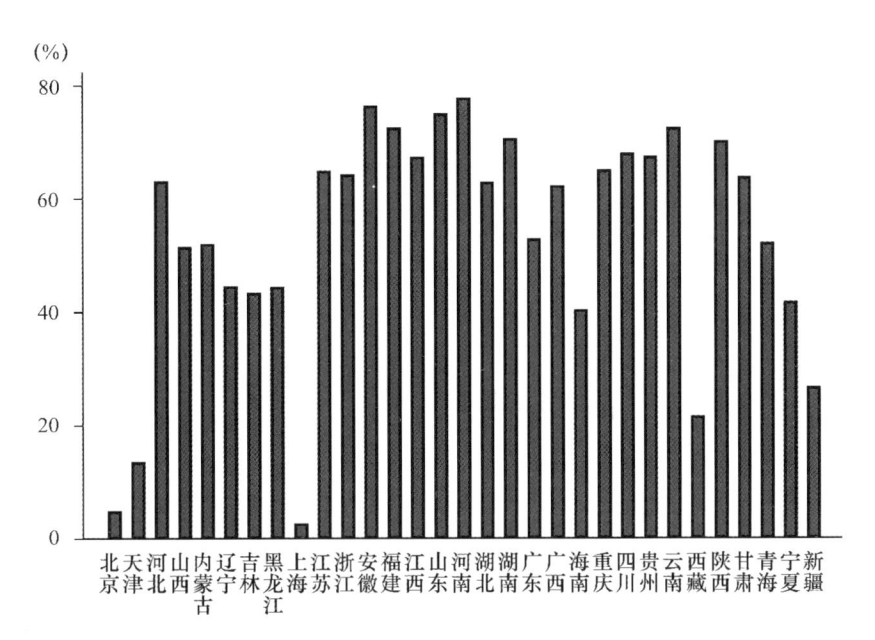

第九章 中国人口分布：形势、问题及对策

图 9-14　2017 年流出地具有农村土地权益的流动人口占比

资料来源：笔者根据 2017 年 CMDS 计算。

为进一步准确量化农村土地权益对流动人口的落户或留居意愿的影响，本章采用 Logit 方法，将流动个体的落户意愿和留居意愿分别作为被解释变量，同时将是否具有农村土地权益作为核心解释变量（0—1 变量），当流动个体具有承包地使用权或宅基地使用权或集体收益分配权其中一个农村土地权益时，则设定其为 1，当流动个体不具有农村土地权益时，则设定农村土地权益为 0。为保证研究基本结论的稳健性，本章还进一步控制了流动个体年龄、性别、受教育水平、随迁家庭规模等。由回归结果可知，农村土地权益显著地影响落户意愿，相对于不具有农村土地权益的农村户籍流动人口，拥有农村土地权益降低了 48.0% 农村户籍流动个体在流入地城市落户意愿。当控制流动个体的个体特征后，具有农村土地权益仍然显著降低了 32.5% 农村户籍流动人口的落户意愿。从控制变量来看，户口（农村 =1，非农 =0）也与落户意愿呈现显著负相关关系，即越趋向于农村户籍，其在流入地的落户意愿越低。年龄、受教育水平和随迁家庭

第二部分 分论

规模越高或越大，其农村户籍流动个体的落户意愿也越高，由于年龄增加和随迁家庭规模越大，其对流入地的教育、医疗等公共服务需求也越高，其落户意愿也越高，这与直觉是一致的。从性别（男1，女0）控制变量进一步来看，系数为负（似然比值小于1），这表明女性流动个体的落户意愿较之男性更高。

由上述分析可知，随着经济社会不断发展和户籍制度改革深入推进，农村土地权益已经成为影响农业转移人口市民化的关键因素，亟待在准确理解农村土地权益、农业转移人口到城市就业与农村户籍流动人口落户的关系的基础上总结理论机制和实践经验，进一步明确城乡要素一体化的具体改革路径。

三 促进人口均衡分布积极应对人口转变

随着中国人口转变特征日益显著和人口空间分布继续转向集聚趋势，畅通国内大循环的战略意义愈加显现，这要求进一步破除妨碍生产要素市场化配置的体制机制障碍，逐步优化国内经济循环体系，促进人口在区域、城乡以及产业部门间均衡分布，提升劳动力配置效率，进而形成扩大内需和发挥超大规模市场优势的微观基础[1]。

（一）促进人口合理流动，降低人口老龄化冲击

随着人口流动日益频繁，由农村向城市，由中小城市向大城市等优势区域流入的大规模人口流动现象逐步成为影响国内地区经济发展的重要因素之一。外出就业的农民工规模仍然较大，这表明目前精准落户政策储备不足，尚未有效激发农业转移人口落户意愿；同时承载大规模农村户籍流动人口的特大、超大城市的落户门槛反而呈现提升趋势[2]，进

---

[1] 习近平：《把握新发展阶段，贯彻新发展理念，构建新发展格局》，《求是》2021年第9期。

[2] 本章利用西南财经大学经济与管理研究院公共经济与行为研究平台和中国家庭金融调查与研究中心联合公布的中国城市落户门槛指数计算，对农村户籍流动人口的落户门槛，本章选取了以普通就业对应的落户门槛指数。

城农民工就业技能欠缺和城市产业发展需求还存在供需错位。更为重要的是，人口老龄化的空间范围正在扩大，大城市和中小城市的老龄化程度都较高，尤其是东部地区。

首先，应持续深化户籍制度改革，促进城乡要素一体化。目前城乡要素分割已经阻碍了农业转移人口市民化进程。从全国平均水平来看，与外出就业收入相比，承包地自营和转租流转的收益都较低，较低的农地收益无法激励农村居民放弃农村土地权益，这需要不断推进理论和实践探索，深化农村土地制度改革，加快突破城乡要素分割，稳步探索创新城乡要素平等交换、双向流动的制度性通道，在尊重和保护农村居民承包地和宅基地使用权的基础上，探索农村集体经营性建设用地发展乡村产业，促进农业规模经营，提高农村土地经济价值，以城乡统一的土地市场增加农村居民财产性收入，以城乡要素平等交换、双向流动来促进农村居民进城落户。其次，促进人口合理流动、留居和落户，积极应对人口老龄化。应正确认识城市劳动力的互补效应，逐步降低普通就业的落户门槛，积极吸纳青年劳动力落户，优化城市劳动力年龄结构，降低人口老龄化对本地劳动力市场的不利冲击，平抑企业用工成本。从人口老龄化的区域差异来看，对劳动年龄人口净外流区域应给予重点关注，增加医疗和养老资源供给，发展养老产业，开发低龄老年人力资源。吸纳社会力量参与公共服务提供制度，采用政府购买和监督相结合的方式，鼓励当地行业组织和私营企业参与教育辅助和养老照料等公共服务供给。对经济欠发达地区，应加大中央对养老、医疗等资源的一般公共预算支出比重，缓解养老财政负担对本地经济的不利影响。

另外，为进一步准确认识人口老龄化的空间变化趋势，应未雨绸缪建立中国人口老龄化的空间数据库，每年定期发布不同地区老龄化变化情况，依据准确数据及时评判养老资源供给、养老金的全国统筹及调剂缺口，从而为相关决策提供依据，积极应对不同地区的养老金失衡。

(二) 促进大城市创新人才集聚，放大城市人力资本外部性

城市具有显著的人力资本外部性，尤其是特大、超大城市。较之

| 第二部分　分论

小城市，大城市具有多样性的产业结构和面对面的人与人交流机会，这有利于新知识产生和交流创新，具有更加显著的学习效应，同时也集聚了更多的科研人员和教育资源。

"科技是第一生产力、人才是第一资源、创新是第一动力"，应顺应超大城市在创新方面的比较优势，加快推进区域性创新中心城市建设。提高大城市在基础研发等领域的创新首位度。科研机构、高新技术企业是科技创新的载体。相较于小城市，大城市更便于积聚大量高新技术企业和高校、研究机构。高校的教育资源和科研成果能为超大城市高新技术企业发展提供坚实的创新支撑，应深化要素市场化改革，破除阻碍大城市创新集聚的各类制度和市场因素，完善创新人力激励机制，构建更加体现知识和技术贡献的收益分配机制，同时进一步畅通从高校、科研院所到高科技企业从事技术创新的人才流动机制。深化不同类型大城市的创新分工机制。在高等院校等基础研究能力较强的超大城市更多地布局重大科学问题和关键核心技术攻关的创新方向；在制造业比重较高的大城市深入推进产学研用协同创新，支持高等院校、科研院所和头部企业构建创新联合体，通过科研项目合作、联合培养等形式加快前沿基础研究产业化，缩短从基础研究到产业化的创新周期。

"加快建设世界重要人才中心和创新高地，促进人才区域合理布局和协调发展。"[①] 超大城市通常也是国际性大都市，具有较高的开放性，对国际创新人才和企业具有更高的吸引力，同时，大城市会通过产业转移逐步形成以大城市为核心的城市产业分工体系，应在开放程度较高的超大城市打造集创新、开放、人才、资本于一体的创新生态系统。实行更加开放、包容的人才政策，优化创新的人才生态，扩大人才对外交流，完善海外人才引进方式。利用大城市集聚产业优势，用好大城市自贸区、国家高新技术开发区等区位优势，加大引进基础研发领域的国际高端人才，对接国内研发和配套制造等支撑体

---

① 习近平：《高举中国特色社会主义伟大旗帜　为全面建设社会主义现代化国家而团结奋斗》，《求是》2022年第21期。

系，推动产业链上下游一体化，与周边产业关联性较高的地区形成从研发到制造的分工体系，进而放大城市经济外部性。

(三) 推进城乡公共服务一体化，促进长期人力资本形成

城乡制度分割不仅影响农村居民落户城市，而且也不利于农村户籍居民长期人力资本形成。首先，"以人口高质量发展支撑中国式现代化"明确了人口素质要求，高质量人口本质就是高人力资本的劳动力，教育是形成人力资本的重要来源，为避免因教育供给失衡引发对人力资本的不利影响，推进教育等城乡公共服务一体化对促进中国经济长期稳定增长尤为重要。由于县城是连接城市和农村的关键节点城市，同时也是协调新型城镇化和乡村振兴的枢纽型城市，因而以县域为基础推进城乡教育和医疗资源一体化，逐步实现城乡医保标准统一、制度并轨，有利于更加有效地缩小县域内城镇居民和农村居民养老、医疗参保标准差距。考虑城镇化规律，根据农村受教育人群变化情况，应及时动态优化城乡公共资源均衡配置，引导农村居民子女进城上学，促进农村户籍流动人口长期人力资本形成。其次，推进城乡基础设施联通。推动县城的供水供气供热管网和道路向城郊乡村及人口规模较大的乡镇延伸。

在人口集中流入地，应积极提高常住地公共服务高质量教育和医疗资源对流动人口的覆盖面。农业转移人口市民化归根结底是其在城镇就业和居住，并获得与城市居民相同的社会保障等福利待遇的过程。目前流动人口通过居住证来实现常住地公共服务可及性，但在高质量教育和医疗资源方面和常住地城镇居民还有差距，应逐步完善居住证制度，保障流动人口和本地户籍人口在公共服务获得上的制度平等，依据流动人口在流入地的工作和缴纳社保时间，提高常住地优质教育资源对外来流动人口的覆盖范围。当前地方政府主要承担了教育、卫生等基本公共服务供给，对于财力相对薄弱的地区，应在满足其基本公共服务建设标准的基础上，提高中央财政一般性转移支付的比重，增强地方政府公共产品供给能力。

更为重要的是，目前中国人口已进入人口转变时期，家庭生育需

第二部分　分论

求将更偏重于子女素质。早期陪伴、良好早教和托育服务能够显著促进儿童非认知技能形成，进而有利于提高儿童长期人力资本。隔代照料和父母照料是我国目前主要养育子女形式，托育机构则占比不高，由于父母参与照料将降低家庭劳动参与率，同时受照料精力和时间限制，其再生育意愿也不高。隔代照料还取决于老人身体健康程度、照料主观意愿等，因此推进托育服务的普惠化和规范化是积极应对人口转变不利影响的重要措施。增加这种托育服务的普惠化需要扩大政府财政预算支出。但由于各地经济发展水平差异，需要正确认识家庭养育支持体系的本地经济效应，尽可能地将普惠托育服务支出纳入本地一般财政预算，同时考虑人口流动的空间效应，构建地区间托育领域财政的统筹机制，提高对财力不足地区的中央预算支付比重。

第十章　中国人口安全：形势、问题及对策[*]

2023年5月，习近平总书记在二十届中央财经委员会第一次会议上指出要完善新时代人口发展战略，以人口高质量发展支撑中国式现代化，同时也特别强调人口发展、人口安全是关系中华民族伟大复兴的大事。党的十八大以来，党中央顺应时代发展大势，创造性地提出总体国家安全观这一重大战略思想，而在总体国家安全观的理论体系中，人民、国土、民族等概念都与人口问题息息相关。国务院发布的《国家人口发展规划（2016—2030年）》明确指出："今后15年我国人口发展进入深度转型阶段，人口自身的安全以及人口与经济、社会等外部系统关系的平衡都将面临不可忽视的问题和挑战。"由此可见，国家安全的外延已经由政治安全和军事安全扩展到经济安全、信息安全、文化安全、人口安全等诸多领域[①]，人口安全概念进入国家政策决策层面，并上升到国家人口战略规划的高度，人口发展是国家安全的重要基础，国家安全是人口发展的主要保障。

1994年联合国开发计划署发布的《人类发展报告》最早提出人类安全（Human Security）的概念，核心要义是"以人为本"，强调生物学意义上个体的内在安全，将个人福祉置于首位。2003年举办的"人口、社会与SARS"研讨会，原国家人口计生委负责人首次提出

---

[*] 本章作者为陆杰华、夏晓琪。作者简介：陆杰华，北京大学社会学系教授，北京大学应对老龄化国家战略研究中心主任；夏晓琪，北京大学社会学系硕士研究生。

① 贺丹：《非传统安全视角下我国现阶段人口社会风险》，《中国党政干部论坛》2017年第3期。

第二部分 分论

人口安全（Population Security）的概念，强调了人口因素对国家发展和社会稳定的重要性，以及保障人口福祉和促进可持续发展的必要性。2007年《国家人口发展战略研究报告》正式发布，这是人口安全问题的概念或提法第一次出现在国家相关文件中。实际上，广义的人口安全问题指由于人口因素的变化而引发的对人口、资源、环境、经济、社会复合系统和谐运行的严重威胁；狭义的人口安全则指各人口要素之间的平衡与稳定，包括人口数量、结构、分布、流动等情况，且要求满足政治、经济、社会和资源环境可持续发展的需要。总的来说，人口安全在经济社会发展中具有基础性、长期性、战略性意义，是新兴安全领域的重要内容。

中国以较短的时间完成了从低出生、低死亡、低增长的人口模式向零增长和负增长阶段的转变。2022年联合国开发计划署发布的《人类发展报告》表示，中国已经稳定进入高人类发展水平行列。这也意味着中国的人口发展已经从一个低风险的发展时期逐渐转向高风险的新发展时期，面临的人口问题也不再是单纯的人口数量上的"小人口问题"，而是错综复杂的"大人口问题"[1]，且呈现动态发展的趋势。诸多风险因素相互交织、彼此渗透，给社会的全面发展带来巨大的挑战，有效应对好伴随中国式现代化进程的人口安全问题事关国家发展、社会进步与人民福祉。

本章基于这一背景，将从人口总量、人口结构、人口素质与人口流动四个方面描述新中国人口安全形势，进一步阐发现代化对人口安全的要求，并在要求基础上，展现中国人口安全目前所面临的困境，发掘新机遇，最后提出相应的对策与建议，获得本土化的启发和借鉴。

一 新时代中国人口安全形势总览

人口问题是关系全面协调可持续发展的重大问题。新时代中国在

---

[1] 穆光宗：《对人口安全大势的几点认识》，《北京工业大学学报》（社会科学版）2016年第4期。

实现深化改革的同时，人口态势也经历着重大的历史转折。本节将从人口数量、人口结构、人口素质及人口流动四个方面概述新时代人口安全形势。

（一）人口开启负增长时代，并呈现必然性与长期性

1. 人口负增长时代现状

国家统计局数据显示，2022年年末全国人口总计141175万人，比上年年末减少85万人；全年出生人口为956万人，出生率为6.8‰；死亡人口为1041万人，死亡率为7.4‰；自然增长率为-0.6‰，这也标志着中国正式步入人口负增长时代。根据人口转变理论，中国已经进入到"低出生、低死亡、低自然增长"的现代化阶段，基于人口转变规律，生育率和死亡率是封闭型人口变动趋势的直接决定性因素，也决定了人口数量和增长速度[1]。

中国的死亡率水平已经实现了稳定的低水平。如图10-1所示，从2010年至今，中国人口死亡率稳定在7‰的水平上。可见随着科学技术的发展，中国医疗卫生水平不断进步，死亡率水平和潜在模式均相对稳定，因此未来的人口变动将主要取决于生育率的走向。

中国的生育水平持续走低，人口负增长成为生育率转变的必然结果。"七普"数据显示，2020年，中国平均初婚年龄提高至28.67岁，比2010年推迟了近4岁。而国家卫健委组织的调查显示，2021年中国育龄妇女平均打算生育子女数为1.64个，低于2017年的1.76个和2019年的1.73个。如图10-1所示，近10年中国人口出生率在总体上呈现持续下滑趋势，且下降速率变快。值得注意的是，低生育率对人口负增长的影响具有时滞性和隐蔽性，是一个不断积聚、逐渐显化的长期过程[2]。

---

[1] 原新、范文清：《我国人口负增长和老龄社会的大趋势与新形势——基于"七普"数据再认识》，《晋阳学刊》2022年第1期。

[2] 张现苓、翟振武、陶涛：《中国人口负增长：现状、未来与特征》，《人口研究》2020年第3期。

第二部分　分论

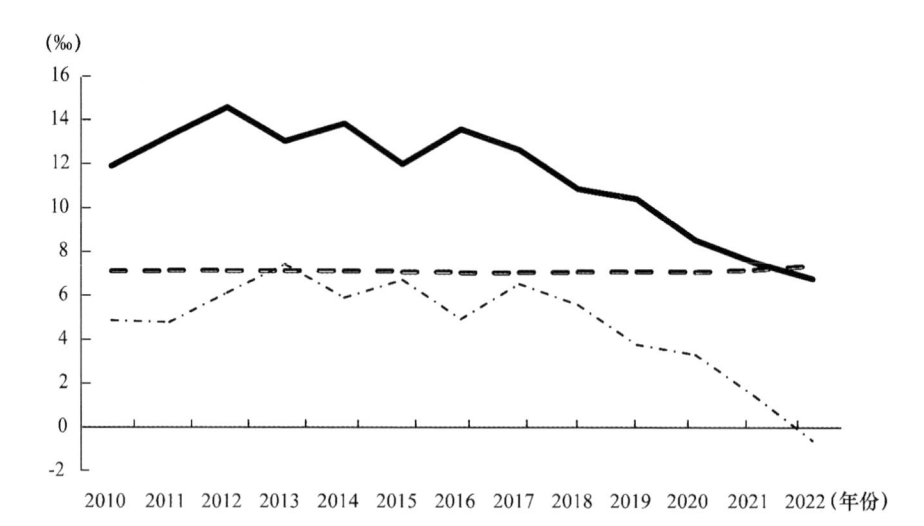

图 10-1　2010—2022 年出生率、死亡率和自然增长率变化

资料来源：历年《中国统计年鉴》。

2. 人口负增长的特征

第七次全国人口普查数据显示，2020 年中国大多数省份人口自然增长率为正，并且呈现西高东低、南高北低的分布特征（见表 10-1）。

表 10-1　　　　2020 年中国各省份人口自然增长率　　　单位：‰

地区	自然增长率	地区	自然增长率	地区	自然增长率	地区	自然增长率
西藏	8.70	江西	1.63	安徽	0.050	湖南	-1.15
宁夏	5.53	甘肃	1.42	山东	0.020	内蒙古	-1.28
贵州	4.98	云南	1.23	山西	-0.26	重庆	-1.55
广东	4.52	浙江	1.00	河北	-0.43	四川	-1.89
青海	4.31	北京	0.96	湖北	-0.88	吉林	-3.38
海南	3.73	河南	0.64	上海	-0.92	辽宁	-4.18
广西	2.88	新疆	0.56	天津	-0.93	黑龙江	-5.11
福建	1.98	陕西	0.51	江苏	-1.12		

资料来源：第七次全国人口普查数据。

总的来说，中国人口负增长的过程有三个突出特征：转折速度快、出门即低点、未发达先转负[1]。具体表现如下。首先，中国人口增长率自2017年至现在呈现迅速下滑并转负的趋势，短时间内发生显著变化而缺少过渡阶段。其次，中国人口负增长的趋势在总人口数量达到峰值后就开始出现，而不是经历了一个相对平稳的过渡阶段，此外中国人口的负增长是基于较低的总和生育率水平，人口正增长的动力会进一步受阻，尤其当总和生育率持续走低，且长期低于1.5时，更容易陷入低生育率陷阱[2]。最后，尽管中国已经创造出世界经济发展的奇迹，人民的生活水平不断提高，但仍然未跻身发达国家的行列。日本人口负增长元年的城镇化率为90.81%，而中国2022年的城镇化率为65.22%，从一个侧面表明中国在城镇化进程方面仍有较大的发展空间，与发达国家仍有着较大差距。

3. 人口负增长的必然性

中国现阶段的人口负增长是由人口学机制导致的内生性负增长，有历史发展的必然性，也有着更深远和复杂的影响。人口总量和自然增长率的变化无法反映人口发展的内在趋势，需要借助人口内在自然增长率的变动来描绘人口发展的真正趋势，即指一个封闭型人口长期维持现有的分年龄生育率和分年龄死亡率，经过一段时期发展在未来达到稳定人口状态时的人口增长率。当人口内在自然增长率小于零时，就会形成人口负增长惯性，取值越低，持续时间越长，形成的负增长惯性越大，即使总和生育率恢复到更替水平，人口惯性负增长仍将在很长一段时间内持续下去[3]。联合国《世界人口展望2022》显示，中国人口的内在自然增长率从20世纪90年代开始就已经由正转负，总和生育率在1992年便开始降至更替水平以下并长期维持在较

---

[1] 翟振武、金光照：《中国人口负增长：特征、挑战与应对》，《人口研究》2023年第2期。

[2] 陆杰华：《人口负增长时代：特征、风险及其应对策略》，《社会发展研究》2019年第1期。

[3] 王丰：《人口红利真的是取之不尽、用之不竭的吗?》，《人口研究》2007年第6期。

低水平。这意味着中国人口增长的内在趋势早已经发生方向性的改变，内在增长率由正转负，负增长势能逐渐积蓄。受到过去累积在人口年龄结构中的正增长惯性的影响，人口的死亡数并不会马上超过出生数，中国人口总量仍维持着一段时间的表面正增长。但是历史积累的正增长惯性会不断削弱，此消彼长之下，中国人口终将迈入负增长时代。

4. 人口负增长的长期性

因此，按照目前中国的死亡水平与生育水平，未来中国人口的快速缩减是不可避免的，且具备持续时间长、发展速度快、缩减规模大、回弹难度大等特征①。根据现有的统计数据预测，中国人口的负增长将至少持续到21世纪末。而在21世纪40年代之前，中国人口负增长速率较为缓慢，年增长率大于-0.25‰，人口年减少量在350万人以下；由于受到人口快速老龄化的影响，死亡率将不断上升，2040—2050年将是人口负增长不断加速的时期，来自过去积累的负增长惯性；自21世纪60年代起，人口负增长又在波动中趋于平缓并保持较高水平，年增长率在-1‰左右②。基于中国庞大的人口基数，中国人口总量将在2050年降至12.8亿人，21世纪末期降至7.7亿人。另外，不同于欧洲国家人口负增长偶有回弹的情况，中国的生育转变具有压缩、快速的特点，因此更难回到正增长域中。

（二）少子化老龄化趋势明显，性别失衡需要关注

1. 年龄结构

结构变化是人口发展的核心议题，也是经济发展的关键变量。目前中国人口少子化、老龄化趋势明显，面临着严峻的形势。如图10-2所示，0—14岁人口占比与65岁及以上人口占比间的差异逐

---

① 翟振武、金光照：《中国人口负增长：特征、挑战与应对》，《人口研究》2023年第2期。
② 陈卫：《中国人口负增长与老龄化趋势预测》，《社会科学辑刊》2022年第5期。

渐缩小，15—64岁劳动力人口占比总体呈现下降趋势。抚养比是衡量劳动年龄人口抚养负担的指标，表示为每100名劳动年龄人口（15—64岁人口）所要抚养的非劳动年龄人口数量（0—14岁和65岁及以上人口）。若总抚养比低于50%，表明进入人口机会窗口期，在经济社会政策的充分支持下，就能获得人口红利。2010年以来，中国总抚养比逐渐上升，2020年达到45.9%。而从2025年开始，中国的老年抚养比将超过少儿抚养比，中国从"抚幼"社会逐渐演变为"赡老"社会。

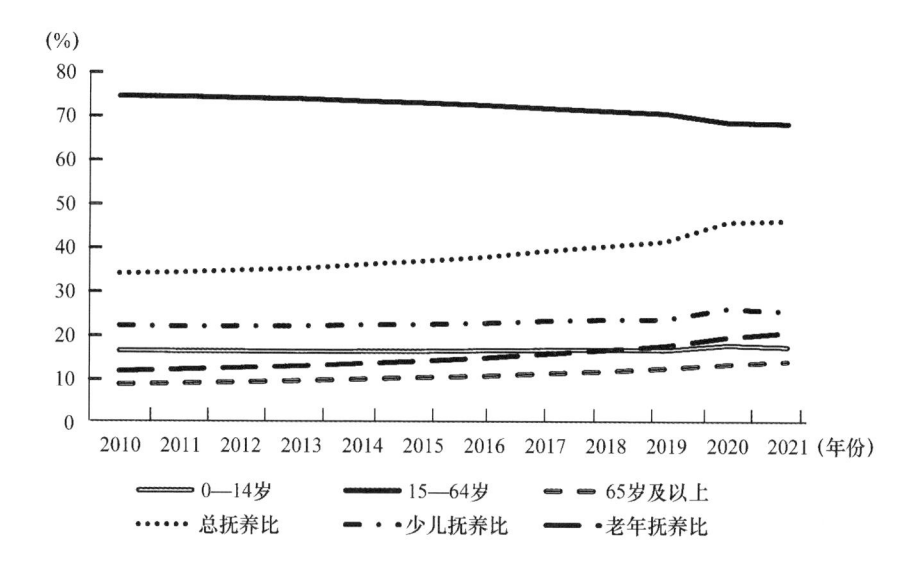

图10-2 2010—2021年人口年龄结构和抚养比变化

资料来源：历年《中国统计年鉴》。

出生人口数的快速下降是中国提前出现人口负增长的直接原因。2020年中国育龄妇女总和生育率为1.3，2022年中国的总和生育率只有1.08，严重低于更替水平，处于"超低生育率"边界，形势更为严峻，且未来中国育龄妇女总和生育率将继续维持在1.5以下。中国由于人口总量庞大，在较长时期内年出生人口数都在2000万人以上，即便在1998年后降到2000万人以下，随后的十几年间也基本保持在年 1600 万人左右的出生规模。然而，在 2016 年达到小高峰后，近些年的出生人口数呈现断崖式下降，2022 年跌破千万人口，只有 956 万人①。

与此同时，劳动力人口不足，人口数量红利消退。根据预测，中国的劳动年龄人口比总人口更早出现下降趋势，2028 年之前，下降趋势并不明显，劳动年龄人口基本维持在 9.7 亿人左右，此后将呈现与总人口相似的长期下降趋势②。

老龄化社会已经到来，发展面临困境。2022 年年末，全国 60 岁及以上人口为 28004 万人，占比为 19.8%，相比于 2021 年比重上升 0.9 个百分点；65 岁及以上人口为 20978 万人，占比为 14.9%，相比于 2021 年比重上升 0.7 个百分点。10 年间，中国由轻度老龄化社会步入中度老龄化社会，且速度正在加快，老龄社会新形态的格局已经形成且不可逆转③。就人口结构的未来变动趋势上看，60 岁及以上老年人口比例预期在 2035 年和 2050 年将分别达到 30% 和 38%，老年人口规模将分别达到 4.12 亿和 4.80 亿人，从现在起到 21 世纪中叶，都将是中国老年人口规模和比例持续攀升的阶段，老年人口占总人口的比例呈现波浪式上升的趋势④。人口老龄化已经成为中国社会发展和进步无法避免的重要议题。

2. 人口老龄化的城乡、区域差异

在中国城乡二元结构的宏观背景下，老龄化危机也出现了城镇与农村的分野。结合第六次、第七次全国人口普查数据（见表 10-2），2020 年中国农村 60 岁及以上人口比例为 23.77%，65 岁及以上人口比例为 17.68%，80 岁及以上人口比例为 3.20%，均明显高于城镇，并且在 2010—2020 年，人口老龄化的速度明显快于城镇地区，呈现

---

① 锁箭、范一迪、李先军：《少子老龄化背景下劳动力供给政策优化的国际经验及启示》，《改革》2022 年第 11 期。
② 陈卫：《中国人口负增长与老龄化趋势预测》，《社会科学辑刊》2022 年第 5 期。
③ 陆杰华、刘芹：《中国老龄社会新形态的特征、影响及其应对策略——基于"七普"数据的解读》，《人口与经济》2021 年第 5 期。
④ 杜鹏、韩文婷：《互联网与老年生活：挑战与机遇》，《人口研究》2021 年第 3 期。

更明显的老龄化趋势。农村的经济发展落后于城镇，而老龄化的速度和程度却高于城镇，这一现象被称为人口年龄结构的城乡倒置，具有普遍性和阶段性[①]，前者体现为世界上有近八成国家和地区存在着这一现象，后者表现为在不同的人口转型时期，城乡倒置的程度和趋势不同。

表 10-2　2010 年和 2020 年全国分城乡人口老龄化现状

地区	年龄	2010 年 人口数（万人）	2010 年 占总人口比例（%）	2020 年 人口数（万人）	2020 年 占总人口比例（%）
全国	60 岁及以上	17759	13.32	26382	18.71
全国	65 岁及以上	11893	8.92	19044	13.51
全国	80 岁及以上	2096	1.57	3560	2.50
城市	60 岁及以上	4631	11.47	8938	15.54
城市	65 岁及以上	3102	7.68	3835	10.77
城市	80 岁及以上	535	1.33	707	2.10
镇	60 岁及以上	3198	12.01	5328	16.40
镇	65 岁及以上	2124	7.98	3835	11.81
镇	80 岁及以上	368	1.38	707	2.20
乡村	60 岁及以上	9930	14.98	12116	23.77
乡村	65 岁及以上	6667	10.06	9015	17.68
乡村	80 岁及以上	1195	1.80	1647	3.20

资料来源：根据第六次、第七次全国人口普查数据整理计算。

此外，尽管整体上农村人口老龄化的趋势不断加深，但地区间仍然存在着不同程度的差异。分地区来看，以 65 岁及以上人口占比为标准，2020 年各省份中老龄化水平超过全国平均水平的有天津、山西、辽宁、吉林、上海、江苏、浙江、安徽、山东、湖北、湖南、重庆、四川。就老龄化的增长态势来看，2010—2020 年农村人口老龄

---

① 林宝：《人口老龄化城乡倒置：普遍性与阶段性》，《人口研究》2018 年第 3 期。

第二部分　分论

化发展较快的省份主要有辽宁、吉林、黑龙江、江苏、重庆，65岁及以上人口占比在10年间上升超过10个百分点；发展较慢的省份主要有广东、广西、海南、云南、西藏、青海、新疆，65岁及以上人口占比在10年间上升小于5个百分点。因此，东部沿海、中部、西部内陆省份在人口老龄化增长态势上有所差异，东部地区农村老龄化程度比西部地区更严重。

3. 性别结构

人口性别结构均衡是人口均衡发展的内在动力，事关人口长期发展及社会治理体系建设。基于人口出生的一般自然规律，男性出生人口往往多于女性，而在各个年龄周期男性死亡率则高于女性。通常用人口性别比来衡量人口性别结构，其中出生人口性别比指年度平均100名活产女婴对应的活产男婴数，出生人口性别比的正常范围为105±2，青壮年性别比在100左右，老年人口则会下降到100以下。

改革开放以来，中国出生人口性别比整体偏高，且变化呈现倒"V"形曲线，以2004年的121.2为峰值。国家统计局数据显示，1980—2020年中国累计出生人口7.79亿人，平均性别比为114.4，以出生人口性别比105为正常水平推算，累计男性"盈余"出生3347万人[①]。

"七普"数据显示，2020年中国总人口性别比为105.1，相比2010年提高0.2个比点，比2000年提高0.7个比点，但仍然高于世界总人口性别比平均水平（101.7）。尽管总人口性别比基本恢复到正常水平，但分年龄段和城乡的性别失衡仍然普遍存在。

分年龄段来看，出生人口性别比偏高、适婚人口性别比失衡且传递到老年期。2020年，中国出生人口性别比为111.3，相比于2010年的117.9有所降低，但仍然高于正常范围；如图10-3所示，20—40岁适婚人群，男性整体多于女性，适龄男女婚配问题凸显，这种失衡也导致婚姻挤压、失婚率升高等一系列社会问题；而低年龄组的

---

① 原新、吴京燕：《中国人口性别比失衡态势、问题与治理》，《人口与健康》2022年第4期。

性别比最终会传递到老年期，而大量失婚男性的存在会让社会养老保障体系面临着巨大挑战，根据预测，中国老年人口性别比在2050年前后开始加速攀升，在2088年达到102.4高点，此后缓慢下降，但世纪末仍在100以上①。

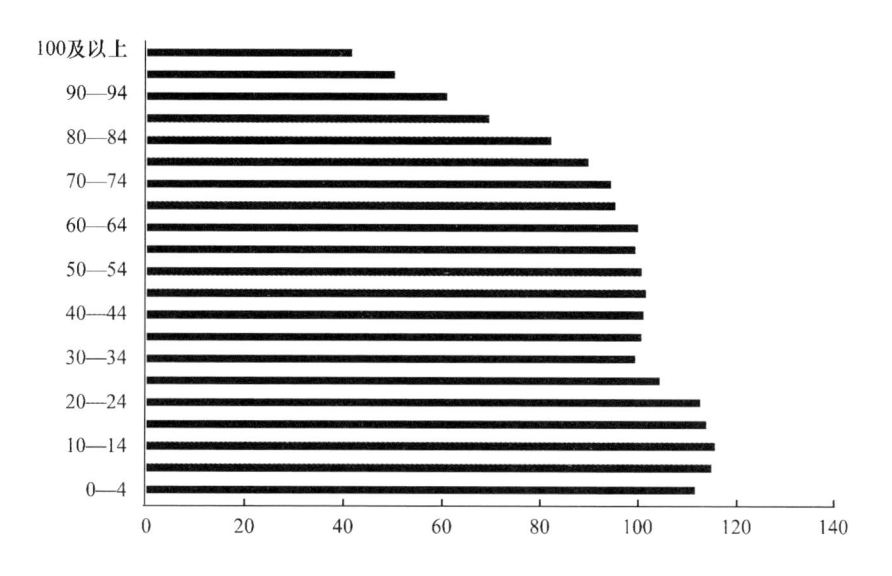

图10-3 2020年分年龄组人口性别比（女=100）

资料来源：第七次全国人口普查数据。

分城乡来看，农村人口性别严重失衡且遭遇双重挤压。2020年，中国城镇人口占比为63.84%，性别比为103.1，农村人口占比36.16%，性别比为107.9，农村面临着更严重的性别失衡，并且与不同年龄段的失衡互相交织，一方面农村出生人口的极高性别比意味着农村女性先天性的人口"赤字"，另一方面农村女性的人口转移率在城市化的发展过程中不断提高，双重挤压下农村未婚男性面临着婚配与经济等多重压力，甚至成为不稳定的社会问题。

总的来说，性别结构失衡已经成为贯穿人口全生命周期的长期性

---

① 原新、金牛：《世界人口负增长的趋势展望与影响应对》，《河北大学学报》（哲学社会科学版）2021年第1期。

问题，需要全社会全方位的高度重视，以及进行综合施治来共同应对这一难题。

（三）人口总体素质显著提升，质量型人口红利初见端倪

1. 身体素质

在健康方面，中国人口出生时平均预期寿命逐年提高，人口平均预期寿命的增速明显快于欧美国家在相同预期寿命条件下的增速，近20年来从71.4岁提高到2022年的78.0岁，已经达到发达国家水平（美国2019年预期寿命为78.5岁），20年间，男性预期寿命增加了5.07岁，女性预期寿命增加了7.55岁。65岁时和80岁时平均预期余寿也在上升，分别从1950年的9.1岁和4.3岁增加至2021年的17.7岁和7.8岁，意味着在总体寿命延长外高龄老年人有更长的平均余寿。

此外，婴儿死亡率是衡量人口死亡水平的重要指标，10年来，中国儿童死亡率呈现持续下降趋势，儿童健康水平显著提升，2020年全国新生儿死亡率为3.4‰，婴儿死亡率为5.4‰，其中5岁以下儿童死亡率为7.5‰。已公布的数据显示，2010年中国卫生事业总费用占GDP的4.2%，到2018年已经上升到5.4%，且人均卫生费用从187.7美元上涨到501.1美元，居民个人的卫生支出与在政府预算中所占比例均不断增加。

2. 科学文化素质

21世纪以来，中国在教育领域发展较快，人口科学文化素质显著提升。党的十八大以来，国家不断加大对教育事业的投入，1986年颁布《中华人民共和国义务教育法》，全国实施九年义务教育制度；1999年高校扩招，2019年高等教育毛入学率超过50%，进入高等教育普及化阶段。2022年，高等教育毛入学率达到59.6%，高等教育人口规模在20年间增加四倍，2022年达到2.4亿人，且保持着增长态势。

在基础教育和高等教育普及之外，其他教育发展指标也在不断进步。相比于2010年，2020年全国人口中15岁及以上人口的平均受教育年限由 9.08 年提高至 9.91 年，每 10 万人中拥有大学（大学专科及以上）文化程度的人口达到 15467 人。在 31 个省份中，平均受教育年限在 10 年以上的省份有 13 个，在 9—10 年的省份有 14 个，在 9 年以下的省份有 4 个。与 2010 年相比，中国文盲率（15 岁及以上人口中不识字人口比例）由 4.08% 下降为 2.67%，下降 1.41 个百分点，文盲人口减少 16906373 人。

人口文化素质结构的优化有助于提高劳动力质量。教育部统计数据显示，2022 年中国劳动年龄人口平均受教育年限和新增劳动力平均受教育年限分别为 10.9 年和 14.0 年。预计到 2035 年，25 岁及以上新增劳动力中大学专科及以上受教育程度的人口占比将达到 78%，中国的人口红利尚未完全消失，新的人才红利正在形成。

3. 思想道德素质

在治安管理方面，中国是刑事犯罪率最低的国家之一，每 10 万人刑事案件数为 339；也是命案发案率最低的国家之一，每 10 万人的杀人犯罪数仅为 0.56；也是枪爆犯罪案件最少的国家之一，2020 年中国涉枪犯罪实现 3 年连降，较 2017 年下降 54.3%，同时治安案件下降了 19.6%，命案数量下降 30.2%。国家统计局调查显示，近年来全国群众安全感逐年上升，2020 年达 98.4%，2021 年上半年达 98.56%。在全国居民对当前 15 个主要民生领域现状满意度调查中，社会治安满意度位列第一。

在社会保障方面，截至 2022 年，全国社会保障卡持卡人数 13.68 亿人，覆盖 96.8% 的人口，养老保险覆盖面进一步扩大，基金收支总体平衡；全国共有 683 万人享受城市最低生活保障，全年临时救助 1083 万人次；全国共有各类提供住宿的民政服务机构 4.3 万个，其中养老机构 4.0 万个，儿童福利和救助保护机构 899 个。

在志愿服务方面，《中国慈善发展报告（2021）》指出，2020 年中国志愿服务发展抵达新的里程碑，志愿者总量 2.31 亿人，占中国人口总数的 16.5%，比上年增长 2100 万人，提供志愿服务时间总计达 37.19 亿小时；志愿者从事有组织的正式志愿服务参与率为 5.99%，比上年增长了 0.87%。

第二部分　分论

（四）人口流动高迁徙性特征更加明显，但区域空间分布不平衡

保障人口流动安全是中国社会公共秩序安全的必然要求，1982—2020年，全国流动人口由657万人增至3.76亿人，流动人口已经占总人口的26.6%，人口流动参与度也由0.7%攀升至26.6%。"七普"数据显示，中国居住地与户口登记地所在的乡镇街道不一致且离开户口登记地半年以上的人口为4.93亿人，其中，居住地和户口登记地不在同一乡镇街道的人口为1.17亿人，流动人口为3.76亿人[①]，意味着每4个人当中就有1个流动人口。2010—2020年，中国流动人口总量增加了1.54亿人，当一个国家或地区迁移流动人口占总人口的比重相对稳定于10%以上则意味着进入流动时代，因此中国已经处于人口流动性时代。

1. 城乡流动

从城乡分布来看，城乡人口的不平衡趋势明显。2020年，中国城镇人口为9.02亿人，占总人口比重为63.89%；乡村人口为5.10亿人，占36.11%；户籍人口城镇化率为45.4%。与2010年第六次全国人口普查相比，城镇人口增加2.36亿人，乡村人口减少1.64亿人，城镇人口比重上升14.21个百分点。因此，中国城镇化正处于高速发展阶段，产生了大规模的流动人口，人口迁徙也更为活跃。

从城乡流动来看，目前人口的乡城流动仍然是主流方向，城镇对人口的吸引力较强。2020年，3.31亿流动人口流入城镇，占城镇地区常住人口的36.70%，比2000年提高了20.47个百分点，且乡城流动人口占75.22%，远大于城城流动人口24.78%的占比。目前中国的城镇化率超过60%，已经进入城镇化发展的中后期，城市发展必须进入从求量向加速提质并重，进而调整转型的高质量发展阶段[②]。但目前的流动趋势意味着城镇将面临超负荷的人口，农村则可能遭遇

---

① 朱宇、林李月、柯文前等：《中国人口流动变迁及其对城市更新策略的启示》，《人口与经济》2023年第4期。

② 朱宇、林李月、柯文前等：《中国人口流动变迁及其对城市更新策略的启示》，《人口与经济》2023年第4期。

空心化危机,乡村振兴也将缺乏人才支持和物质保障。

2. 跨省区域流动

从区域分布来看,东西地区的分布不平衡较为明显。中国东部地区人口为5.64亿人,占39.93%;中部地区人口为3.65亿人,占25.83%;西部地区人口为3.83亿人,占27.12%;东北地区人口为0.99亿人,占6.98%。与第六次全国人口普查相比,东部与西部地区人口所占比重继续上升,中部和东北地区人口所占比重有所下降,人口持续向东部流动并集聚,东部地区人口流动效应远高于中西部地区。

从流动特征来看,高迁徙性明显但分布趋于平衡。根据模型预测[1],省内流动人口的集中系数从2010年的25.98%下降到2020年的9.73%,空间分布趋于均衡;省外流动人口的集中系数由2010年的54.40%下降到2020年的44.91%,整体趋于分散。从流向上看,人口持续向沿江沿海地区以及内地城区聚焦。进一步分析得到,2020年全国7个主要人口净流入省份中,福建和天津的流入人口减少,浙江、上海、北京、江苏净流入人口增速近10年明显减缓,人口流入规模在缩小;中西部地区10个主要的人口净流出省份中,湖北、重庆、江西、湖南、四川5个省份的净流出人口减少,安徽、河北净流出人口增速也于近10年变缓,人口流出规模在缩小[2]。

3. 海外流动

2020年,中国国际移民数量已经达到了775万人,成为世界上第五大移民输出地[3]。在人口迁移研究中,国际迁移的水平可以通过移民存量来衡量,指某一特定时间点出现在某一国家内的曾经改变其通常居住国的国际移民总数。

从移民存量来看,1980—2020年,在整体上由下降态势转为上升趋势,并且呈现加速的态势,2010—2020年,中国国际移民的绝

---

[1] 段成荣、赵畅、吕利丹:《中国流动人口流入地分布变动特征(2000—2015)》,《人口与经济》2020年第1期。

[2] 朱宇、林李月、柯文前等:《中国人口流动变迁及其对城市更新策略的启示》,《人口与经济》2023年第4期。

[3] http://www.chinaql.org/n1/2023/0417/c420265-32666555.html。

| 第二部分　分论 |

对存量增长约 150 万人，增速较快；绝对存量从 318 万人增长至 775 万人，上升了 144%，增加了 457 万人。相较于全球国际移民，中国国际移民的增速较慢，在变动趋势上，中国国际移民存量占全球国际移民的存量在 1.5%—4.5% 的区间内波动，整体呈现"U"形。

根据中国国际移民变化的趋势判断，未来中国国际移民存量将继续上升，并且将与发达国家之间的差距进一步缩小，但增速可能会放缓。

二　中国式现代化与国家人口安全

（一）中国式现代化的内涵和要求

邓小平同志最早创造性地提出"中国式现代化"一词，标志着中国共产党对现代化的理解达到崭新的高度，也表明我们党正式开始探索中国式现代化道路。党的二十大报告指出，"改革开放以来长期探索和实践基础上，经过十八大以来在理论和实践上的创新突破，我们党成功推进和拓展了中国式现代化"。庆祝中国共产党成立 100 周年大会上，习近平总书记创造性地提出了"中国式现代化新道路"的重要论断，既"新"于完全不同于西方发达国家的现代化道路，又"新"在是世界上从未有过的超大人口规模的现代化。时隔 4 个月，党的十九届六中全会再次重申并深刻阐明了中国式现代化新道路的重大意义及时代价值。

中国式现代化道路的主要特征在于，既体现了历史规律的决定性和主体的选择性，又表达了现代化的普遍性与中国特殊性，还阐明了发展的系统性和实践的创新性，这些"点"统合起来，共同构成中国式现代化道路之"面"[1]。而核心内涵在于，中国式现代化是中国共产党领导的社会主义现代化，具有人口规模巨大、全体人民共同富裕、物质文明和精神文明相协调、人与自然和谐共生、走和平发展道路五个鲜明特色。其中"人口规模巨大的现代化"是中国式现代化

---

[1] 臧峰宇：《中国式现代化新道路的哲学内涵》，《中国人民大学学报》2021 年第 4 期。

五大核心特色之首，一方面巨大的人口规模意味着庞大的市场空间，为科技创新提供了巨大的潜力和机遇，有助于推动数字经济发展并构建以国内大循环为主体、国内国际双循环相互促进的发展新格局；另一方面人口总量的庞大也会对资源环境、社会管理和公共服务造成较大压力，尤其在面临人口老龄化的当下，对宏观政策调控效率的稳定性造成了较大的挑战。

2023年5月5日召开的二十届中央财经委员会第一次会议上，习近平总书记提出了以人口高质量发展支撑中国式现代化的重要论断和工作要求，这也为"中国式现代化新道路"提出了新的要求。以人口高质量发展来支撑中国式现代化意味着：通过提升高等教育质量，促进人力资本积累；改善人力资本配置效率，进一步提升人力资本对中国式现代化发展的推动作用；加快发展人工智能，对冲老龄化对经济增长带来的短期冲击；秉持宏观政策"三策合一"的新调控理念，将增长政策、结构政策与稳定政策有效协调，从而提升宏观政策调控效率[1]。总的来说，中国式现代化新道路推动了国家治理和社会生活的现代化，也促进了中国特色社会主义事业的全面发展，承载了中华民族伟大复兴的历史使命。对照"两个一百年"奋斗目标的战略步骤，在中国共产党领导下的中国特色人口现代化，正在为开创一种人类社会新文明形态提供可能。

(二) 人口现代化的意义与重要性

人口现代化既是中国式现代化的有机组成部分，也是与人口发展密切相关的理论体系。国内学界对人口现代化的探讨开始于20世纪90年代，著名人口学家刘铮首次提出人口现代化的概念，即包括人口再生产类型的现代化和人口素质的现代化，前者维持"低出生率、低死亡率和低人口自然增长率"的人口再生产模式，后者则指劳动力人口掌握一定的科学素养以此推动生产力的进步，既拓展了人口转变

---

[1] 张航空、刘哲希：《老龄化背景下的中国式现代化——第四届老龄经济学论坛会议综述》，《人口与经济》2023年第4期。

第二部分　分论

理论，也将教育与人口现代化相结合①。张开敏则以人口生育模式、人口构成（年龄、产业、城乡）和人口素质（身体、智力和社会）为标准衡量现代化人口水平②。邬沧萍在刘铮的基础上完善对于人口结构的界定，认为应包含人口年龄结构和人口就业结构③。于学军又进一步补充，人口现代化既是中国现代化百年征程的基础动因，也是中国特色社会主义建设的新国情、新发展与新变局④。人口现代化在某种程度上是其他层面现代化的人力基础，尤其在中国式现代化新进程开启之际，对人口现代化理论的再思考、实践的再启发，是实现中国式现代化、推进中华民族伟大复兴的重要之地。

没有理论的人口现代化实践是盲目的实践，人口现代化依托于中国式现代化框架，又在此以外不断延伸与发展，具有重要的理论意义。其主要内容是跳出围绕人口增长进行的发展理念，追求人口均衡发展，既要求人口系统内部各要素间的动态平衡，也要求人口系统与外部系统间的多动态均衡。中国式人口现代化理论在一定程度上扬弃了西方人口发展规律的"普世性""进化说""市场主导论"，而是坚持"一切发展为了人、发展的一切为了人"的概念内涵，构成世界知识体系中重要的中国经验。

没有实践的人口现代化理论是空洞的理论，人口现代化也具有重要的现实意义。对于国内发展来说，以中国式现代化全面推进人口发展战略，其实质是将现代化作为人的"能力"提升，而非单纯的"资本"积累的方式，这种人的现代化是国家现代化必不可少的因素，是现代化制度与经济赖以长期发展并取得成功的先决条件。中国式现代化推进人口发展战略的目标、理念和模式具有全球意义。作为一个拥有 14 亿人口的负责任大国，中国以人民为中心的思维方式和制度设计在人口发展方面开创了新的道路，这种新的道路强调民生责

---

① 刘铮：《人口现代化与优先发展教育》，《人口研究》1992 年第 2 期。
② 张开敏：《社会主义市场经济与人口现代化》，《社会科学》1994 年第 5 期。
③ 邬沧萍主编：《转变中的中国人口与发展总报告》，高等教育出版社 1996 年版，第 17—25 页。
④ 于学军：《中国人口转变与"战略机遇期"》，《中国人口科学》2003 年第 1 期。

任和现实使命，旨在推动中国在物质文明、政治文明、精神文明、社会文明和生态文明方面的协调发展。通过创造新的社会形态和人口格局，中国正在深刻改变现代化的全球版图。换句话说，中国式现代化推进人口发展战略的意义在于将人民的利益置于中心，以满足民生需求和实现现实使命为导向，这种战略将促进中国在各个方面的发展，并为全球现代化进程带来新的启示。中国将实现中华文明的新社会形态和人口格局，从而对全球现代化进程产生深远的影响。

基于此，人口现代化的重要性有以下四点。第一，人口规模巨大的现代化意味着劳动力资本的优势地位，有助于经济发展；第二，人口素质提升的现代化意味着科学技术的进步和社会文化氛围的提升，有助于构建社会主义和谐社会；第三，人口均衡发展的现代化意味着人口结构的优化和人力资本水平的提高，有助于提高国防安全体系防范风险的能力；第四，人口高质量发展的现代化为中华民族伟大复兴创造出良好的人口条件，发挥着基础性的作用。

（三）中国式现代化与国家人口安全的协同发展

中国式现代化与国家人口安全之间存在着密切的协同发展关系，中国式现代化是人口现代化的背景，人口现代化随着中国式现代化道路不断发展而逐步实现；人口现代化也是中国式现代化的一部分，人口发展既影响中国式现代化的总体进程，也关系着社会经济发展的方方面面。

中国式现代化道路下国家人口安全的新形势主要体现在以下四个方面[①]。第一，人口安全风险的发生场域由实体领域蔓延到虚拟空间：随着现代网络技术的不断发展，社会生活被重塑的同时，人口安全的发生场域也不断更新，由原本的实体空间中客观的人口问题延伸到网络虚拟空间中对于人口态势的主观感知，因此网络传播、舆论操纵也成为破坏人口安全的新危机。第二，人口安全风险的衡量指标隐性

---

① 贺丹、刘中一：《从人口安全视角完善中国人口发展战略的再思考》，《人口研究》2023年第2期。

第二部分 分论

化、多元化：在人口现代化理论建设初期，对人口安全测量标准体系的建立主要围绕着人口再生产类型、人口素质等人口学要素进行不断补充与完善，而在人口与社会协调发展的当下，人口发展指标以外的政治制度、社会政策、文化建设等维度也需要被考量，且不断细化、深化。第三，人口安全风险的滞后性、累积性即将显现：人口安全问题往往不是朝夕间形成的，而是经过长期的潜在积累，逐渐演变形成，然后由短期变动或其他因素触发而爆发出来，因此当问题显化时容易错过解决的最佳时机。第四，人口安全风险后果外溢速度加快、深度超乎预期：当人口基数越大，与外部要素的关联越多，人口安全风险传播的速度就越快，覆盖面也就越广，而这一规模效应，不仅表现在公共卫生突发事件上，其他灾害如地震、洪涝、战争的风险也会随人口规模扩大而非线性增加[1]，带来难以预估的影响。

2022年，中国已然站在了人口负增长和人口老龄化交会的十字路口，这一变化也意味着中国式现代化和人口现代化的协同发展道路面临新的危机，相应也需要推出新的举措。

在现实层面，基于以上国情和人口发展特征，2021年党中央作出"优化生育政策，促进人口长期均衡发展"的决定。党的二十大报告进一步指出："优化人口发展战略，建立生育支持政策体系，降低生育、养育、教育成本。"二十届中央财经委员会第一次会议提出，要以系统观念统筹谋划人口问题，努力保持适度生育水平和人口规模。因此人口高质量的发展成为中国式现代化建设大局中的重要举措，是以习近平同志为核心的党中央审时度势，统筹"两个大局"，立足国情的战略部署，也充分彰显了"以人民为中心"的发展思想，顺应新发展理念，顺应全面开启中国式现代化建设新征程的时代需求。

在学术研究层面，协调发展要求理论研究与实证研究相结合，通过建立资源数据库，发挥大数据技术优势对统计资料进行归纳与分析；要求国内外研究相结合，通过梳理和归纳国外人口学界的前沿动态，与中

---

[1] 潘家华：《走向人与自然和谐共生的现代化》，《中国党政干部论坛》2020年第12期。

国现代化道路进行全方位的对比分析，取长补短借鉴经验，推动中国式现代化新道路更好更全面的发展；要求人口学要素和其他发展要素相结合，通过树立全局观来统筹各个节点，充分保障国家人口安全。

三 中国人口安全的困境与机遇

（一）人口安全的困境

1. 人口负增长危及总量安全

人口负增长是由人口自身发展规律所引起的，是人口各要素之间相互作用和改变的结果。人口规模和增长速度的变化受到经济社会发展内生要素的影响，同时人口变动也反过来影响着经济社会系统。2022年中国开启了人口负增长时代，且在时间效应与代际效应叠加之下，未来较长一段时间将面临人口总量减少的趋势，这将对经济社会运行的基本面产生深远影响。

从供给侧来看，人口负增长导致劳动年龄人口减少，劳动力市场供给不足，从而劳动力成本可能上升；此外有效劳动力数量的下降会限制科技创新能力，导致生产力增长速率放缓。从需求侧来看，青壮年人口减少会导致消费市场萎缩、消费需求下降，影响零售业、房地产市场和其他消费相关行业的发展；长此以往还会引发消费需求结构变动，带来市场紊乱；对金融系统稳定性构成挑战，银行业面临的信贷风险增加。

2. 少子化、老龄化相互交织

改革开放以来，基于较低的抚养比和较高的劳动年龄人口占比，人口的"数量红利"为中国的经济快速增长奇迹创造了条件，新时期中国正处在人口结构变化的关键时期，少子化和老龄化问题逐渐凸显、相互交织。

就少子化问题，长期维持过低水平的生育率意味着新生儿数量减少，也就是潜在劳动力供给以及真实劳动力供给也随之减少，当供给和需求失衡，市场将面临劳动力短缺的危机，影响经济的生产力和竞争力。就老龄化问题，人口老龄化导致劳动参与率和储蓄率下降，不

第二部分　分论

利于经济增长和产业转型升级；年轻群体消费市场逐渐萎缩，导致经济运行成本上升、增长潜力下降，也会制约科技创新与企业发展。

二者相互交织之下，一方面劳动力供给不足，人口红利难以维系经济的快速增长要求，社会保障体系的收入来源减少；另一方面社会需要承担沉重的抚养压力，养老金、医疗保健等公共支出增加，带来财政压力。而随着老龄人口预期寿命延长，对储蓄造成影响，既会导致劳动收入份额减少增加经济生活的不确定性，引发劳资冲突；也会带来过高投资率，最终造成宏观供需结构失衡，不利于经济高质量发展和社会稳定繁荣。

3. 性别失衡引发社会问题

人口性别结构严重失衡会直接导致社会性别结构失衡，通过影响婚恋市场、社会治安等方面影响人口的再生产与社会经济的可持续发展，不利于人口繁衍与国家的宏观形势稳定[①]。

农村适婚男性是中国性别失衡后果的直接承担者。一方面，长期以来中国人口性别比高于正常水平，由于被规模庞大的总人口稀释，因此并不明显，但分年龄的适婚人群的性别失衡意味着大规模的男性"盈余"，提升了婚姻门槛，导致部分男性"失婚"。另一方面，在城乡二元结构之下，农村人口性别比要高于城市，但随着经济发展，更多农村适婚女性会流向城市"高地"，加剧不平衡现状。两相交织之下，农村适婚男性遭遇婚姻市场的年龄、城乡、地域挤压，择偶对象不得不从居住地逐级下移直至偏远落后农村，最终大量被迫单身的男性将集中沉积在农村山区，加剧社会排斥。

从长期来看，会引发一系列社会问题：大量失婚男性沉积在经济发展落后的农村地区，既增加了农村养老的难度，也提升了复杂性；这类人群缺乏家庭养老的基本条件，高度依赖社会养老保障制度和养老服务体系，给国家带来沉重负担；同时，长期独身并遭遇社会排斥，可能会造成心理问题，引发公共治安事件。

---

① 原新、范文清：《我国人口负增长和老龄社会的大趋势与新形势——基于"七普"数据再认识》，《晋阳学刊》2022年第1期。

4. 人口流动的城乡、区域失衡

随着改革的深化和经济的发展，中国的人口流动已经从低流动、被动流动的乡土中国转向高流动、全方位、多元化、主动流动的迁徙中国[①]，但也存在着城乡和区域间的不平衡问题。

城乡间的失衡主要体现在发展过程中面临的"城乡倒置"现象，源自根深蒂固的城乡二元经济和社会形态。造成的主要影响有：大量农村劳动力流入城市，农村地区面临人才流失和经济发展滞后，对农村建设、农业生产造成挑战；城乡基础设施和公共服务的供给不均衡，导致农村养老保障和养老服务的供给与需求矛盾日益尖锐，加剧社会不平等；城市化过程中对农村自然资源的过度开发和破坏也让农村生态系统的可持续发展面临危机。

区域间的失衡主要体现在部分地区人口流失严重。根据"七普"数据，2010—2020年东北三省地区人口流失尤为严重，人口总量净减少约1100万人。一方面，在整体趋势上育龄人口的生育意愿降低，而劳动力人口的大量外流进一步减少了育龄人口的数量，加剧了少子化现象，形成了生育率低下的恶性循环；另一方面，东北地区的经济收入和社会保障水平成为人口外流的决定性因素，人口外流既包括普通劳动力也有高素质人才，不仅减少了人力资源供给，也削弱了人力资本储备，抑制了高新技术产业的发展活力，老龄化进程不断加速，直接使东北地区成为全国老龄化程度最高的地区之一。在当前格局下，东部地区成为人口流动红利地区，而中西部、东北部人口流出规模较大，人口的流失会阻碍当地经济的发展，加剧中国区域间发展不平衡问题。

（二）人口安全的机遇

1. 人口总量创造回旋空间、超大规模市场引力

中国式现代化是人口规模巨大的现代化，因此在人口负增长和人

[①] 段成荣：《由"乡土中国"向"迁徙中国"形态转变业已形成》，《北京日报》2021年11月19日第14版。

| 第二部分　分论

口老龄化的初期，中国的人口总量优势依然存在。中国人口规模由1950年的5亿多人增加到目前的14亿人，占全世界人口比重则由1950年的22.02%下降到2020年的18.18%，中国人口在保持数量型优势的同时，质量型优势不断凸显，这也意味着中国在较长时间内仍能保持较大的国内市场需求和相对充足的劳动力供给，经济发展应充分利用好人口回旋空间。

此外，中国人口支撑的超大规模市场优势不断凸显，4亿以上中等收入群体构成的超大规模市场和内需潜力将充分释放，为世界创造更多需求、带来更多机遇。2021年，中国经济总量突破110万亿元，稳居世界第二，占全球经济的比重超过18%。因此新时代要把握好世界百年未有之大变局的趋势特征，充分发挥人口大国的基数优势和腾挪空间优势，不断深化和细化专业分工，推动产业多样化发展。

2. 人口老龄化累积人口长寿红利

随着中国老龄社会的快速发展以及低龄老人的快速增加，老年就业和老年人力资源获得关注。一方面，通过低龄老年人口的社会参与，能提供更多人力资源，推动社会发展和创新；另一方面，老龄人口总量的增加意味着庞大的老年消费市场，长寿人口对医疗、健康、养老服务等方面的需求增加，促进了相关产业的发展。因此，随着退休年龄的延迟和劳动形式的多样化，具备丰富知识技能和经验储备的年轻老年劳动力也将积极参与社会生产，充分发挥人力资本的优势。同时，随着老年人口健康水平的显著提高和平均寿命的普遍延长，大规模的老龄人口将创造出巨大的新消费市场，推动养老照料服务、适老化环境建设、医疗健康科技、养老金融服务和保险、多层次终身教育、心理咨询等老龄产业的蓬勃发展[①]。

3. 人口素质提升创造人才红利

近年来，中国的人口素质得到普遍提升，经济发展的人口优势从年龄结构和劳动力规模转向人力资本配置效率，也带来数量型人口红

---

① 陆杰华、林嘉琪：《长寿红利时代积极应对老龄化的战略视野及其行动框架》，《行政管理改革》2022年第1期。

利转向质量型人口红利的潜在机会。健康是人力资本的基础，人力资本是经济社会发展的保障，国民素质的不断提升为社会经济持续发展提供了坚实的人力资本基础。"人才红利"包括"人才"和"红利"两部分，前者指具有较高素质和能力的劳动者，后者指前者通过劳动产生的经济增长效益，"人才红利"被理解为与同等数量劳动力投入相比，人才能够为经济增长赢得的额外效应[1]。随着人口素质的全面提升，中国人才资本在人力资本总量中的占比呈现明显的上升趋势，对经济增长的贡献程度也在逐步提高，因此中国人才队伍持续壮大的同时，以人才为代表的高质量人力资本对经济增长的红利效应也正日益凸显。

4. 人口流动促进劳动力升级

人口流动对区域经济发展至关重要，是劳动力在空间上的再优化配置，也是生产要素的空间再分配过程，能够促进区域间物质、资本和信息的交换和流通。人口流动能够改变产业结构和劳动力市场，从而影响区域经济的增长。具体体现在制造业内部存在劳动密集型、资本密集型和技术密集型的不同梯度，在人口流动的态势下，劳动力从农业部门流向非农部门，或者在不同产业间进行流动，能提高资源配置效率。从总体上看，中国人口流动目前呈现加速态势，而日益开放的人口迁移流动政策也有助于促进人口流动与产业转型相结合，加快劳动参与率和劳动生产率的提高，在宏观层面实现劳动力资源的整合配置。

四 中国人口安全的对策与建议

（一）推动人口长期均衡发展

第一，主动调整生育以及相关政策。2021年中共中央、国务院作出《关于优化生育政策促进人口长期均衡发展的决定》，从法律上

---

[1] 戴翔、刘梦：《人才何以成为红利——源于价值链攀升的证据》，《中国工业经济》2018年第4期。

第二部分 分论

规定一对夫妻可以生育三个子女，此外各部门需要积极推动各类支持生育的配套政策。通过完善生育保险制度，保障生育和养育期女性有稳定的经济收入；通过制定生育、育儿津贴制度，为养育二孩、三孩的家庭提供经济支持；通过建设儿童医疗机构以及在社区卫生服务中心增设儿科门诊为育儿家庭提供更便利的服务与医疗保障。此外，通过延长产假、完善婴幼儿托育服务体系、取消社会抚养费等进一步优化生育政策。

第二，实施积极生育配套支持措施。低生育率是人口再生产类型转变的结果，但长期保持低生育水平将威胁国家人口安全。较重的养育负担会抑制家庭的生育意愿，积极推动党中央的政策落地，健全托育服务等家庭政策支持，有助于释放生育潜力，也要求构建与三孩生育政策相配套的一系列经济社会政策体系，完备社会服务管理，提高优生优育服务水平，释放家庭生育意愿，提升社会支撑，推动实现适度生育水平。此外，政府可以加大对婴幼儿和早期教育的财政投入，精准供给公共服务教育，通过政府补贴、购买服务等手段加大公共财政对非营利性民办义务教育学校的支持，降低家庭的教育成本、减少家庭资源的限制，推动生育意愿的释放。

第三，构建生育友好型社会环境。在生育支持配套措施尚未普及、职场竞争加剧的当下，中国女性仍然保持较高的劳动力以及传统的家庭内部分工模式，女性的劳动参与与育儿之间产生冲突。此外，随着社会的发展，生育观、生育行为均产生较大的改变，家庭模式也更加多元化、复杂化，适婚人群推迟婚姻、生育的行为更加普遍。因此，政府需要完善劳动市场保护，降低女性的生育风险，积极推出女性生育后再就业的相关法律法规；同时延长产假、育儿假，落实女性职工产假制度和各项权益，提供一定的补贴；完善社会公共服务，增设公共育儿场所，缓解照料难题；最终鼓励创造性别平等的社会环境，营造社会平等文化，在整体上提高女性生育水平和劳动参与水平。

（二）健全多层次养老保障体系

第一，优化养老资源配置，提升养老服务水平。目前养老服务发展不充分在一定程度上是受到了资源的制约。通过进行闲置房屋改造节约资金解决用地短缺；充分利用志愿者资源，助力居家养老服务的发展；启用智慧养老，利用互联网整合信息资源，精准匹配，高效评估，提升服务效能。国家层面也要建立养老服务机构和组织的认证制度，督促各地加强监管审查，净化行业环境，整治服务乱象。此外，养老服务的供给主体趋于多元化、复杂化，影响资源配置的效率，要求一方面完善政府服务购买流程、提高社会组织服务水平、强化社区资源匹配，另一方面在合作的过程中寻求模式创新，有机整合政府、企业、社区多主体，合理创建养老服务共同体；推动养老事业和产业协同发展，健全基本养老服务体系，培育养老新业态，构建居家社区机构相协调、医养康养相结合的养老服务体系。

第二，积极发展银发经济，激发长寿红利。随着老龄人口的不断增多，老年消费市场需求增长带动形成国民经济中的新产业集群，"银发经济"应运而生。推动银发经济全面发展，需要各主体的配合与投入。需要系统梳理完善相关法律以及政策规定，消除年龄和政策歧视，为银发经济健康发展创造良好的社会和市场环境；强化公共福利设施基础建设，完善相关扶持政策，搭建支持银发经济发展的公共服务平台；合理配置公共养老资源，发挥第三次分配的作用，引导民间资本的进入；以支持家庭能力发展为抓手，加快养老金和长期照护保险等涉老社会保障制度的改革与完善，释放老年人口的有效需求和消费能力；推动开发低龄老年人人才资源，出台渐进式延迟退休年龄或弹性退休政策，开展针对老年人的职业教育，提高适应信息化社会的素质与技能水平，鼓励其社会参与，有效破除年龄歧视。

第三，做大经济蛋糕，加大民生建设经济发展。经济发展是应对老龄社会的本质问题，即在共同富裕目标下，要让老年人口公平和可持续地分享发展成果。通过扩大总量、供给侧结构性改革、优化结构、提高效益，扩大内需，促进经济可持续高质量发展，增加财富储备，夯实应对老龄社会问题的物质基础，实现经济发展与老龄社会相适应；搭建科学化、合理化的中国特色老龄科技创新发展体系，面向全龄友好，以老龄科技研发与应用为优先布局方向，利用互联网技术升级改造传统养老经济结构，实现信息化运作和智能供给；通过完善国民收入分配体系，优化当前分配格局，促进共同富裕，不断满足人民日益增长的美好生活需要，不断促进社会公平正义，增强人们获得感、幸福感和安全感。

（三）完善高质量人口发展路径

第一，建立健全人才培养和引进模式，筑牢健康素质红利。对人才的培养、引进和管理等方式会在一定程度上影响人才充分释放推动经济社会发展的巨大潜能。因此，要在充分考虑经济社会需求的基础上创新人才培养培训体系，并在当前的人口规模和人口结构下，构建全生命周期照护体系，巩固和提升中国的人口"素质红利"，为中国经济社会发展奠定坚实的健康素质基础，并加大部门合作和社会参与。科技发展作为促进经济的发动机，未来要积极完善科技创新奖励支持体系，加快科技成果转化，积极引进国际人才，加强技能型人才培养，为中国产业结构转型和经济高质量发展提供人才保障。

第二，营造良好的人才发展环境。一方面实施渐进式延迟法定退休年龄政策，推进男女平等基本国策，开发老年人力资源，拓宽数量型人口红利；另一方面要不断强化学习型社会的建设，提升人才资本红利。人力资本是中国经济社会发展重要的战略资本，人力资本的开发与提升将极大地推动经济社会的发展。因此未来应继续加强学习型社会建设，增大教育投资，深化教育改革，全面营造全社会积极学习的氛围，为经济高效快速发展提供高素质的人力资本支持。此外，要大力打造有利于科技人才成长和发挥作用的良好科研生态环境，切实优化科技人才的生存和生活环境，为科技人才释放创新创业活力以及社会经济发展积极效能提供强有力的外部支撑。

第三，推进健康中国战略，开发和利用老年人才资源。教育和健康是人口高质量发展的两个重要维度，是推动人口红利向人才红利转变的关键。中国老年人口中低龄老年人比例较高，现在的老年人拥有比以往更高的受教育水平和更好的健康状况，人力资本水平较高。未来10年中国的老龄化程度将进一步加深，"十四五"将成为中国应对人口老龄化的重要窗口期，可以从全生命周期增强人口综合素质，深化健康人力资本和教育人力资本积累，挖掘质量型人口机会，释放质量型人口红利，将经济发展的人口优势从年龄结构和劳动力规模转向人力资本配置效率。

（四）坚持乡村振兴战略和新型城镇化战略

第一，完善人口迁移制度，强化公共服务治理体系。改革开放以来，中国流动人口的规模日益庞大，流动范围更广泛，流动程度更深入，但流动人口的合法权益难以得到根本性的保障，因此细化流动人口服务管理机制，统筹人口流动聚集态势、激活更新动力；落实流动人口的各项福利保障，推动高质量的城镇化进程；加强农村基础公共服务体系的建设，解决农村老龄人口的养老问题。目前中国正进入由人口迁移流动主导区域人口变动的人口发展转折期的节点上，需要掌握人口流动的规模和强度，把握中国流动人口结构的最新动态，制定城市更新规划和政策、实施城市更新行动、加快农业转移人口市民化转变、重塑人口红利开发的空间格局，在市场机制引领下推动配置型人口红利从劳动参与率提升为主向劳动生产率提升为主转型升级。

第二，加大人才回流激励机制，加强城乡交流。农村人口外流导致治理人才和技术人员严重稀缺，国家应统筹好人口流出和人才回流工作，出台鼓励人才回流的激励配套措施，合理地引流人才回乡创业、就业；还应鼓励农村集体经济组织吸纳人才加入，通过资源优势吸引人才、留住人才，夯实乡村人才基础，从而推动乡村振兴、提升治理水平；适当进行撤村合乡，合理利用农村闲置土地，利于集中治理；通过集中居住优化居住环境，建设配套设施，增加治理效率以减少"空心化"现象；重视在乡村人力资源上的投资，为乡村振兴战略更好地实施积极培养农村适用人才，不断优化人才配置；促进基本公共服务均等化，加快农业转移人口市民化转变。最终缩小城乡差距，加快形成流动人口空间协同承载体系。

第三，推进区域协调发展，缩小地区发展差距。细化人口流动的区域空间形式，破除阻碍人口流动的不合理空间结构壁垒；有效整合

| 第二部分　分论

空间资源，创新空间结构治理格局，提升前瞻性空间治理调控，畅通区域间空间结构治理的多渠道更新协调和调控机制；充分发挥各区域人口流动空间承载的比较优势，合理确定城市规模、人口密度、空间结构；注重促进产业的协同发展，通过产业转型升级和创新驱动，实现区域经济的协同增长，提高就业机会和经济活力；加强政策协调和合作机制，建立跨区域的合作平台，加强各地之间的交流与合作，实现资源共享和互利共赢。

民为邦本，本固邦宁，人口是国家生存和发展的必要条件，是国家经济发展和安全稳定的重要基础和保障，人口安全是国家安全的重要组成部分。国家安全重点领域中的政治安全、国土安全、经济安全、社会安全、文化安全、生态安全等领域的安全风险都会对人口安全造成不同程度的影响，因此人口与经济、社会、资源、环境的协调也将直接影响到国家安全全局，合理的人口数量、人口结构、人口素质和人口流动对维护国家长治久安以及推动社会经济持续健康发展至关重要。人口是无数个体的集合，是人民的数量化体现，人口发展不单纯是人口增长而应成为社会主义现代化征程中的主旋律，也要求审视人口外部均衡中人口与其他要素间的关系。

开启中国式现代化，中国在人口数量上面临低生育率下人口负增长的危机，需要做好长期应对的打算；在人口结构上少子化和老龄化相互交织，长期的性别失衡导致大量男性群体面临失婚，引发一系列社会问题；在人口素质上得到全面提升，挖掘从人口数量红利转向人口质量红利的路径；在人口流动上呈现高迁徙特性，但仍存在城乡、区域间的不平衡，亟须打破人口迁移流动壁垒，合理优化人口空间布局。

基于此，2020年，党的十九届五中全会把积极应对人口老龄化上升为国家战略，并纳入国家战略体系中以全面应对老龄社会。2021年7月发布的《中共中央国务院关于优化生育政策促进人口长期均衡发展的决定》中已有明确部署，需要大力推进中央政策落地见效，全方位构建有利于实现适度生育水平的制度体系和社会环境，促进实现人口长期均衡发展。《中华人民共和国国民经济和社会发展第十四个五年规划和 2035 年远景目标纲要》要求促进人口长期均衡发展，提出实施城市更新行动，并将其作为推进新型城镇化的一项重要内容。2022 年政府工作报告中再次强调了有序推进城市更新工作，城市更新的地位和作用也逐渐凸显，并上升为国家重要战略。这一系列的政策表明，中国正在积极应对人口危机，促进人口与经济社会协调可持续发展，从人口数量与经济社会发展相互协调转向人口结构、人口数量和人口素质与经济社会发展相互协调。

中国是一个人口规模巨大的发展中国家，人口与经济社会问题表现的程度和复杂性让中国比任何一个国家都面临更严峻的形势，对此要保持清醒的认识和高度的警觉。习近平主席指出，"当今世界正在经历百年未有之大变局。这场变局不限于一时一事、一国一域，而是深刻而宏阔的多时代之变"[1]。这要求我们深入了解人口危机的发生机制，全面认识发展特征，前瞻性预判新风险和新挑战，把握新机遇，及时制定应对挑战的战略和策略，并从国家人口安全视角审视百年变局，既把握"东升西降""南升北降"在人口领域的重要体现，也认识到中国人口数量型、质量型优势并举，汇聚起维护国际安全的强大力量，成为百年变局最大的动力源泉。这对于促进人口长期均衡发展、筑牢国家安全防线、建设社会主义现代化强国、实现中华民族伟大复兴具有十分重大的意义。

---

[1] 习近平：《坚定信心 勇毅前行 共创后疫情时代美好世界——在 2022 年世界经济论坛视频会议的演讲》，人民出版社 2022 年版，第 2 页。

第三部分　·政策文件概览·

积极应对人口老龄化相关政策文件概览

（2022年9月至2023年8月）*

  积极应对人口老龄化是新时代推动人口高质量发展的一个重要方面。党的二十大报告指出，实施积极应对人口老龄化国家战略，发展养老事业和养老产业，优化孤寡老人服务，推动实现全体老年人享有基本养老服务。这为新时代加强和改进老龄工作指明了方向。

  为深入贯彻落实党的二十大报告精神，建设老年友好型社会，让老年人共享改革发展成果、安享幸福晚年，中央和国家层面陆续出台了一系列制度政策文件，推动人口老龄化国家战略的有效实施。为了给读者呈现一份具有连续性和完整性的政策梳理篇章，便于读者跟踪政策发展趋势，更好地把握中央积极应对人口老龄化的有关精神，本部分接续去年报告的内容，总结了2022年9月至2023年8月中共中央、国务院及各部门发布的相关政策文件。政策文件仍然按照综合政策与规划、养老服务与养老环境、老年健康和医养结合、社会保障支持、经济转型和促进就业、教育与职业培训六个方面以清单的方式列出。每个文件包含出台时间、名称及与积极应对人口老龄化的相关内容。部分文件中虽然并未明确提出积极应对人口老龄化的相关表述，如经济转型和促进就业板块的一些文件，但实际上与应对人口老龄化、促进人口高质量发展都存在较为重要的关系。为此，本部分也将

---

* 本部分由张妍收集整理。作者简介：张妍，中国社会科学院人口与劳动经济研究所《中国人口年鉴》编辑部编辑。

第三部分 政策文件概览

其纳入进来,以便读者更全面地了解相关政策,更好地理解积极应对人口老龄化政策框架。各个部分的政策文件排序以发布时间为准。

一 综合政策与规划

1.2022年10月,国家中医药管理局印发《"十四五"中医药人才发展规划》(国中医药人教发〔2022〕7号),提出到2025年,符合中医药特点的中医药人才发展体制机制更加完善,培养、评价体系更加合理,人才规模快速增长,结构布局更趋合理,成长环境明显优化,培养和造就一支高素质中医药人才队伍,为中医药振兴发展提供更加坚强的人才支撑。《规划》还确定了六项重点工作任务:一是加强中医药高层次人才队伍建设,二是加强基层中医药人才队伍建设,三是推进中医药专业人才队伍建设,四是统筹加强其他重点领域中医药人才培养,五是加强高水平中医药人才发展平台建设,六是完善中医药人才培养体系。这是推动中国中医药人才高质量发展的重要文件。

2.2022年10月,第十三届全国人大常务委员会第三十七次会议审议通过了新修订的《中华人民共和国妇女权益保障法》,自2023年1月1日起施行。《妇女权益保障法》由修订前的共9章61条增至10章86条,是中国依法保障妇女权益的重大进展。其中,在第五章劳动和社会保障权益中,专门增加了第五十二条,规定各级人民政府和有关部门应当采取必要措施,加强贫困妇女、老龄妇女、残疾妇女等困难妇女的权益保障,按照有关规定为其提供生活帮扶、就业创业支持等关爱服务。

3.2022年11月,国家卫生健康委、国家中医药局、国家疾控局联合发布《"十四五"全民健康信息化规划》(国卫规划发〔2022〕30号)。《规划》明确提出了8个主要任务和8个优先行动。8个主要任务包括:集约建设信息化基础设施支撑体系、健全全民健康信息化标准体系、深化"互联网+医疗健康"服务体系、完善健康医疗大数据资源要素体系、推进数字健康融合创新发展体系、拓展基层信息化保障服务体系、强化卫生健康统计调查分析应用体系、夯实网络与数据安全保障体系。8个优先行动包括互通共享三年攻坚行动、健康中国建设（行动）支撑行动、智慧医院建设示范行动、重点人群智能服务行动、药品供应保障智慧监测应对行动、数字公卫能力提升行动、"互联网+中医药健康服务"行动、数据安全能力提升行动。这将为实施健康中国战略、积极应对人口老龄化战略、构建优质高效的医疗卫生服务体系提供强有力的支撑。

4. 2023年1月，人力资源社会保障部、国家发展改革委、教育部等9部门联合印发《关于开展县域农民工市民化质量提升行动的通知》（人社部发〔2023〕8号），明确提出了提高就业创业质量、提升技能水平、强化劳动权益保障、加强县域公共服务供给和提升基层服务农民工能力五项重点任务。这是促进人口高质量发展，提升县域农民工市民化质量，维护农民工合法权益的重要举措。

5. 2023年1月，国家卫生健康委、国家发展改革委等6部门联合印发《关于开展紧密型城市医疗集团建设试点工作的通知》（国卫医政函〔2023〕27号），紧密型城市医疗集团负责为网格内居民提供疾病预防、诊断、治疗、营养、康复、护理、健康管理等一体化、连续性医疗卫生服务。这为满足人民群众全生命周期卫生健康服务需要提供了基本保障，也为应对人口老龄化打下了坚实基础。

6. 2023年2月，国务院办公厅印发《中医药振兴发展重大工程实施方案的通知》（国办发〔2023〕3号），统筹部署了8项重点工程。其中，在中医药健康服务高质量发展工程中安排了"中医药老年健康服务能力建设项目"，包括两项建设任务：一是推动有条件的省份依托现有资源，开展老年中医药健康（治未病）中心试点，探索完善中医药老年健康服务模式，提升临床、康复、护理、慢性病管理、科学研究、健康管理能力；二是推动二级以上中医医院加强老年病科建设，增加老年病床数量，开展老年病及相关慢性病防治和康复护理。该项方案的实施，将充分发挥中医药在老年人慢性病、重大疑难疾病治疗和疾病康复中的重要作用和优势，增加中医药老年健康服务供给，为发展中医药老年健康服务创新服务模式。

7.2023年2月，中共中央、国务院印发《数字中国建设整体布局规划》。《规划》对数字中国建设作出了"2522"的整体框架布局，即夯实数字基础设施和数据资源体系"两大基础"，推进数字技术与经济、政治、文化、社会、生态文明建设"五位一体"深度融合，强化数字技术创新体系和数字安全屏障"两大能力"，优化数字化发展国内国际"两个环境"。这标志着数字中国建设进入到整体推进的新阶段。

8.2023年3月，中共中央办公厅、国务院办公厅印发《关于进一步完善医疗卫生服务体系的意见》，明确了医疗卫生服务体系改革发展的目标、方向和举措。《意见》总结新冠疫情防控经验，重点从5个方面提出了一系列完善措施。一是优化资源配置，加强人才队伍建设，推进能力现代化。二是加强分工合作，促进分级诊疗，推进体系整合化。三是提高服务质量，改善服务体验，推进服务优质化。四是加强科学管理，压实责任，推进管理精细化。五是深化体制机制改革，提升动力，推进治理科学化。这是立足新发展阶段，解决中国医疗卫生服务体系建设发展不平衡、不充分问题的一份重要文件。

9.2023年4月，国家卫生健康委、中央机构编制委员会办公室、教育部、财政部、人力资源社会保障部联合印发《关于实施大学生乡村医生专项计划的通知》（国卫基层发〔2023〕9号）。《通知》对医学专业高校毕业生免试申请乡村医生执业注册政策进行了丰富和完善，在范围对象、保障机制、组织实施等方面作出了明确要求。实施专项计划将有利于优化乡村医生队伍结构，提高村级医疗卫生服务水平，也是积极应对农村人口老龄化的重要抓手。

10.2023年6月，国家卫生健康委、国家中医药局联合印发《进一步改善护理服务行动计划（2023—2025年）》（国卫医政发〔2023〕16号），提出了4个方面19项具体任务。其中，在拓展护理领域方面，明确要求增加老年护理服务供给，支持社会力量举办基于社区的集团化、连锁化的护理中心、护理站等医疗机构，鼓励医疗资源丰富地区的一级、二级医疗机构转型为护理院，有条件的社区卫生服务中心通过签约服务、巡诊等方式积极提供老年护理服务，切实增加社区和居家老年护理服务供给，精准对接老年人多元化、差异化的护理服务需求。行动计划的实施，将推动中国老年护理服务的快速发展，增强老年群体的获得感和安全感。

11. 2023年7月，国家卫生健康委、国家发展改革委等6部门联合印发《深化医药卫生体制改革2023年下半年重点工作任务的通知》（国卫体改发〔2023〕23号），提出6个方面20条具体任务。其中，在加强紧缺专业人才培养中，特别强调要加强老年医学科规范化建设；支持职业院校增设老年健康服务、养老服务相关专业；加强精神、重症、老年医学、儿科、麻醉、公共卫生等专业人才和防治结合复合型人才培养；指导各地加强老年护理专业护士和养老护理员、医疗护理员队伍建设，组织对基层医疗卫生机构护士开展老年人常见病、多发病和心理护理等专业培训。这将为中国老年健康和医养结合的发展做好人才储备。

12. 2023年7月，国家发展改革委、教育部等10部门联合印发《国家基本公共服务标准（2023年版）》（发改社会〔2023〕1072号）。这是自2021年国家基本公共服务标准发布实施以来的首次调整。与2021年的版本相比，此次调整新增了1个服务项目（增补叶酸预防神经管缺陷服务），提高了3个服务项目的服务标准（义务教育阶段免除学杂费、农村义务教育学生营养膳食补助、计划生育家庭特别扶助），扩大了2个服务项目的服务对象范围（农村危房改造、特殊群体集中供养）。同时，此次标准还完善规范了孕产妇健康服务、生育保险等41个服务项目的服务内容、服务标准、支出责任的表述。此次标准的出台，意味着人民将享受到更高的福利水平，更全面的权益保障。

二 养老服务与养老环境

1. 2022年9月，民政部办公厅和财政部办公厅联合印发《关于做好2022年居家和社区基本养老服务提升行动项目组织实施工作的通知》（民办函〔2022〕60号），通过中央专项彩票公益金支持，面

第三部分 政策文件概览

向 60 周岁及以上经济困难的失能、部分失能老年人建设 10 万张家庭养老床位、提供 20 万人次居家养老上门服务。建设家庭养老床位是指对老年人居家环境关键区域或部位进行适老化、智能化改造，安装网络连接、紧急呼叫、活动监测等智能化设备，并视情配备助行、助餐、助穿、如厕、助浴、感知类老年用品。居家养老上门服务内容包括但不限于出行、清洁、起居、卧床、饮食等生活照护以及基础照护、健康管理、康复辅助、心理支持、委托代办等服务。这是对居家社区养老服务有效模式和高质量发展机制的积极探索。

2. 2022 年 9 月，民政部、中央政法委、中央文明办、全国老龄办等 10 部门联合印发《关于开展特殊困难老年人探访关爱服务的指导意见》（民发〔2022〕73 号），明确提出：到 2023 年年底前，基本建立特殊困难老年人探访关爱服务机制；到 2024 年年底，探访关爱服务普遍有效开展；到 2025 年年底，特殊困难老年人月探访率达到 100%，失能老年人能够得到有效帮扶，探访关爱服务机制更加健全。重点开展建立探访关爱服务机制、丰富探访关爱服务内容、充实探访关爱服务力量、提升探访关爱服务质量效率、做好探访关爱服务应急处置 5 项任务。这是推进中国基本养老服务体系建设的重要举措。

3. 2022 年 10 月，住房和城乡建设部办公厅、民政部办公厅联合印发《关于开展完整社区建设试点工作的通知》（建办科〔2022〕48 号），提出用 2 年的时间重点围绕完善社区服务设施、打造宜居生活环境、推进智能化服务、健全社区治理机制四个方面探索可复制、可推广经验。为满足老年群体的日常生活需求和对美好环境的需要，《通知》要求各地区统筹若干个完整社区构建活力街区，配建养老院、社区医院等设施，与 15 分钟生活圈相衔接，为居民提供更加完善的公共服务；推进社区适老化、适儿化改造，营造全龄友好、安全健康的生活环境。

4. 2022 年 10 月，民政部印发《养老机构行政检查办法》（民发〔2022〕86 号）及配套文书，对加强和规范养老机构行政检查工作作出专门规定。《办法》共分 5 章 41 条，聚焦行政检查源头、过程、结果三个关键环节，重点细化了检查类型，明确了检查各环节要求，强化了对检查行为的监督管理等。配套文书式样共12个附件,覆盖了从通知检查、现场记录、结果告知、问题移送、复查检查等行政检查全流程。《办法》及配套文书的出台弥补了行政检查程序性规定的缺失,实现了行政检查规范化、标准化、程序化,提升了养老服务领域行政执法能力和水平,助力了养老服务高质量发展。

5. 2022年11月,市场监管总局和中国残联联合印发《无障碍环境认证实施方案》(国市监认证发〔2022〕94号),从组织保障、制度建设、认证实施、推广应用、监督管理五个方面对无障碍环境认证的推广与实施工作作出明确规定。这是一项惠及残疾人、老年人的民心工程,也是全面实施无障碍环境建设高质量发展的一项重要举措。

6. 2022年11月,民政部、公安部、市场监管总局、中国银保监会联合印发《关于加强养老机构非法集资防范化解工作的意见》(民发〔2022〕89号),从加强风险摸排、加强源头治理、依法分类处置3个方面提出了9项具体要求,进一步明确了民政部门、公安机关、市场监管部门与处置非法集资牵头部门在防范化解养老机构非法集资工作中的职责,形成了协同配合监管、信息及时共享、各方联动的工作机制。《意见》的出台是建立健全养老服务综合监管制度落地生根的重要成果,是养老服务高质量发展的有力保障。

7. 2022年11月,国家发展改革委、商务部、教育部等11部门联合印发《关于推动家政进社区的指导意见》(发改社会〔2022〕1786号),明确提出:到2023年年底,促进家政服务业提质扩容"领跑者"行动重点推进城市的社区家政网点服务能力覆盖率达到90%以上,全国家政服务网点服务能力进一步提升;到2025年,全国基本实现社区家政服务能力全覆盖,推动家政行业从业人员进一步增加,消费规模进一步扩大,服务品质进一步提升。《指导意见》确定了建设家政社区服务网点、推动家政培训进社区、挖掘家政社区就业潜力、创新社区家政服务供给、创新家政进社区的供应链5项推动家政进社区重点任务。

8. 2022年12月,国家标准化管理委员会、民政部、商务部联合印发《养老和家政服务标准化专项行动方案》。这是《国家标准化发展纲要》提出的5个专项行动之一。《行动方案》围绕有效满足老年人多样化、多层次养老服务需求，促进家政服务业提质扩容，提出了到2025年养老和家政服务标准化工作的总体目标，以及4大方面、10项重点任务。在标准体系建设方面，提出优化养老和家政服务标准供给结构，从支撑行业管理、提升服务质量、引领产业转型升级3个方面提出重点标准制修订项目。在标准实施与监督方面，进一步强化标准实施与行业发展规划、改革任务、专项行动等的协同推进，提出向消费者明示服务标准、完善标准实施信息反馈机制、分批部署150个标准化试点示范项目等任务。在标准化能力建设方面，提出推动将标准化知识纳入养老、家政从业人员技能培训，建立以标准为支撑、覆盖从业人员和服务机构的评价机制。在标准国际化方面，提出促进养老和家政服务领域国内国际标准衔接、强化国际标准化人才培养，支撑构建高标准服务业开放制度体系。

9.2022年12月，国家市场监督管理总局、国家标准化管理委员会发布《老年人能力评估规范》（GB/T 42195—2022），该标准是在总结2013年版民政行业标准前期实践经验，广泛借鉴相关领域做法的基础上，适应养老服务行业发展需要编制而成的。该标准内容共分6个部分，主要包括"评估指标与评分""组织实施""评估结果"，以及《老年人能力评估基本信息表》《老年人能力评估表》《老年人能力评估报告》3个规范性附录。标准中主要评估指标包括一级指标和二级指标。一级指标包括自理能力、基础运动能力、精神状态、感知觉与社会参与4个方面；二级指标包括进食、穿脱衣物、平地行走、上下楼梯、记忆、理解能力、视力、听力、社会交往能力等26个方面。条目加和计分，得分越高，说明能力水平越好。评估规范的发布实施，将为科学划分老年人能力等级，推进基本养老服务体系建设，优化养老服务供给，规范养老服务机构运营等提供基本依据。

10.2023年2月，国家卫生健康委、全国老龄办联合印发《关于开展2023年全国示范性老年友好型社区创建工作的通知》（国卫老龄函〔2023〕35号），要求在2022年创建工作的基础上，继续创建1000个全国示范性老年友好型社区。老年友好型社区的创建，明显改善了老年人居住环境，有效提升了为老服务水平，增进了老年人在社区生活的获得感、幸福感和安全感。

11. 2023年2月，国家发展改革委、中央文明办等8部门联合印发《关于全面巩固疫情防控重大成果 推动城乡医疗卫生和环境保护工作补短板强弱项的通知》（发改环资〔2023〕224号），明确提出要加强"一老一小"等重点人群健康服务，抓好养老机构、医疗机构、学校等重点机构和商场、超市、农贸市场等大型场所人员的健康监测设施和能力建设。创新包保联系服务方式，优化防控措施，积极推进偏远山区、牧区、林区、海岛防疫能力提升。根据病毒变异和疫苗保护情况，科学谋划和完善疫苗接种工作机制，促进老年人接种率持续提升。这将助力城乡医疗卫生和环境保护工作的推进，加快建设健康中国和美丽中国。

12. 2023年4月，交通运输部办公厅印发《2023年持续提升适老化无障碍交通出行服务等5件更贴近民生实事工作方案》（交运办函〔2023〕480号），明确提出：扩大出租汽车电召和网约车"一键叫车"服务覆盖面，新打造敬老爱老城市公共汽电车线路1000条，推动城市客运无障碍设施设备更新改造，加快低地板及低入口城市公共汽电车推广应用。开展城市轨道交通"爱心预约"乘车服务，通过微信公众号、小程序等渠道为老年人、残疾人等乘客提供预约服务。《工作方案》的实施，将为广大老年人提供安全、便捷、舒适、温馨的无障碍出行服务。

13. 2023年5月，中共中央办公厅、国务院办公厅印发《关于推进基本养老服务体系建设的意见》，这是在中央文件中首次确定了推进基本养老服务体系的内涵和主要任务。基本养老服务是指由国家直接提供或者通过一定方式支持相关主体向老年人提供的，旨在实现老有所养、老有所依必需的基础性、普惠性、兜底性服务，包括物质帮助、照护服务、关爱服务等内容。"十四五"时期将重点聚焦老年人面临家庭和个人难以应对的失能、残疾、无人照顾等困难时的基本养老服务需求。《意见》提出了5项重点任务，包括制定落实基本养老服务清单、建立精准服务主动响应机制、完善基本养老服务保障机制、提高基本养老服务供给能力和提升基本养老服务便利化可及化水平。同时，《国家基本养老服务清单》列出了物质帮助、照护服务、关爱服务三大类 16 个服务项目，并分别明确了每个项目的服务对象和内容。这是根据中国国情作出的一项创新性政策举措。

14. 2023 年 5 月，国家卫生健康委办公厅印发《关于开展老年痴呆防治促进行动（2023—2025 年）的通知》（国卫办老龄函〔2023〕190 号），明确提出包括宣传老年痴呆防治科普知识、开展老年人认知功能筛查及早期干预、进行专项培训辅导、建立老年痴呆防治服务网络 4 个方面的行动内容。这是促进健康老龄化，切实增强老年人的健康获得感的重要行动。

15. 2023 年 6 月，民政部印发《关于养老服务领域非法集资的风险提示》，提出假借养老服务机构之名非法集资、以提供"养老服务"为名非法集资、以投资"养老项目"为名非法集资、以销售"老年产品"为名非法集资、以享受"旅居养老"为名非法集资五种表现形式，提醒老年人识别非法集资骗局套路，维护老年人合法权益。

16. 2023 年 6 月，民政部和国家消防救援局联合印发《养老机构消防安全管理规定》（民发〔2023〕37 号），从落实消防安全主体责任、规范场所安全设置、确保设施正常运行、严格消防安全日常管理、做好安全隐患自查自改、提升应急处置能力、加强消防安全教育培训 7 个方面提出 24 条具体措施，对进一步加强新形势下养老机构消防安全管理工作作出部署。《规定》自 2023 年 8 月 1 日起施行，有效期 5 年。这为推动养老服务业高质量发展提供了有力支撑。

17. 2023 年 7 月，民政部社会福利中心和全国社会福利服务标准化技术委员会联合发布《〈养老机构等级划分与评定〉国家标准实施指南（2023 版）》，供地方开展养老机构等级评定工作时参考使用。《实施指南》包括环境、设施设备、运营管理、服务四类内容，与 2020 年发布的《〈养老机构等级划分与评定〉国家标准实施指南（试行）》的框架、体例整体保持一致，重点作出将个别一票否决项降级为普通评分项、按照最新政策标准修改有关表述及要求、放宽对农村特困人员供养服务机构（敬老院等）的基础条件等调整，具有更强的协调性、适用性和可操作性。

18.2023年7月，商务部办公厅、国家发展改革委办公厅等13部门办公厅（室）联合印发《全面推进城市一刻钟便民生活圈建设三年行动计划（2023—2025）》，提出到2025年，在全国有条件的地级以上城市全面推开，推动多种类型的一刻钟便民生活圈建设。其中，明确提出服务"一老一小"。鼓励按照适老化标准建设改造社区养老服务设施，支持养老机构利用配套设施提供社区养老服务。探索发展社区食堂，建立老年人助餐服务网络。鼓励建立社区护理站，为行动不便的失能、残疾、高龄、长期患病老年人提供上门医疗护理服务。鼓励家政、护理人员进社区，拓展生活照料、健康管理、康复护理、精神慰藉等居家养老服务。各类消费场所应保留现金、银行卡等传统支付方式和面对面人工服务，引导设立老年人、母婴专柜和体验店。一刻钟便民生活圈的打造，是保障和改善民生、提升居民生活品质的重要载体。

19.2023年7月，国家发展改革委、工业和信息化部等7部门联合印发《关于促进电子产品消费的若干措施》（发改就业〔2023〕1019号），要求加快推动电子产品升级换代，着力消除中老年居民电子产品使用障碍。加大科研领域对方言、特定口音的语音识别技术投入，优化"声控＋语义识别"功能，扩大语音识别技术覆盖面、便利度，降低农村居民、中老年居民使用门槛。落实好互联网应用适老化及无障碍改造专项行动方案有关举措，确保装机量较大的软件及时推出适老化版本。

三 老年健康和医养结合

1.2022年9月，健康中国行动推进办、国家卫生健康委办公厅、国家中医药局办公室联合印发《关于开展健康中国行动中医药健康促进专项活动的通知》（国健推委办发〔2022〕5号），明确提出要开

第三部分 政策文件概览

展老年人中医药健康促进活动,发挥中医药在老年人健康维护、疾病预防和治疗康复中的重要作用。二级以上中医医院均与养老机构开展不同形式的合作协作,支持有条件的中医医院托管或举办养老机构,鼓励创建具有中医药特色的医养结合示范机构。开展省级老年人中医药健康中心建设试点,探索完善老年人中医药健康服务模式。加强基本公共卫生服务老年人中医药健康管理,到 2025 年,65 岁及以上老年人中医药健康管理率达到 75%。这是促进实现健康老龄化的具体举措。

2. 2022 年 9 月,国家卫生健康委发布《中国健康老年人标准》和《居家、社区老年医疗护理员服务标准》2 项推荐性卫生行业标准,自 2023 年 3 月 1 日起施行。《中国健康老年人标准》规定了中国健康老年人标准、评估实施和评估标准,此标准适用于医疗卫生机构、养老服务机构人员等对 60 周岁及以上中国老年人健康状态的评估。《居家、社区老年医疗护理员服务标准》首次明确了居家、社区老年医疗护理员主要为 60 周岁及以上的老年人提供生活照护、基础照护、安全与急救、康复照护、心理照护和临终照护 6 项护理服务,服务流程为服务接洽、服务准备、服务实施、服务操作和服务结束 5 个步骤。这将进一步促进中国居家和社区养老服务的标准化、规范化、社会化建设。

3. 2022 年 10 月,全国老龄工作委员会办公室印发《关于开展老年营养改善行动的通知》(全国老龄办函〔2022〕18 号),决定 2022—2025 年在全国组织开展老年营养改善行动,包括宣传老年营养健康知识、加强老年人群营养干预、提升老年营养健康服务能力、开展老年营养健康公益活动 4 项内容。同时,全国老龄办还发布了《老年人膳食指南核心推荐》。这是贯彻落实健康中国战略和积极应对人口老龄化国家战略的具体行动。

4. 2023 年 1 月,国务院联防联控机制医疗救治组印发《关于进一步加强对口协同做好养老机构和社会福利机构老年人医疗服务工作的通知》,要求各地要制定养老机构、社会福利机构的医疗救治应急预案,按照分区包片原则,明确对口接收养老机构、社会福利机构内急危重症老年患者的三级医院，确保养老机构、社会福利机构全覆盖。三级医院应当建立明确的接诊流程和绿色通道，确定专人负责转运衔接，最大限度保障老年患者得到及时救治。

5.2023年2月，中共中央办公厅、国务院办公厅印发《关于进一步深化改革促进乡村医疗卫生体系健康发展的意见》，推进医疗、医保、医药、医教改革协同联动，创新完善乡村医疗卫生管理体制和运行机制。《意见》明确提出：到2025年，乡村医疗卫生体系改革发展取得明显进展。乡村医疗卫生机构功能布局更加均衡合理，基础设施条件明显改善，智能化、数字化应用逐步普及，中医药特色优势进一步发挥，防病治病和健康管理能力显著提升，乡村重大疫情和突发公共卫生事件应对处置能力不断增强。乡村医疗卫生人才队伍发展壮大，人员素质和结构明显优化，待遇水平得到提高，养老等社会保障问题有效解决。乡村医疗卫生体系运行机制进一步完善，投入机制基本健全，基层首诊、双向转诊、急慢分治、上下联动的分级诊疗格局初步形成。

6.2023年3月，国家卫生健康委办公厅和民政部办公厅联合印发《关于推广医养结合试点工作典型经验的通知》（国卫办老龄发〔2023〕3号），从强化组织领导，推动政策协同；健全投入机制，加强服务保障；探索多元模式，增加服务供给；加强引才育才，壮大服务队伍4个方面对试点工作典型经验进行了总结，推动医养结合工作再上新台阶。推进医养结合是积极应对人口老龄化、增强老年人获得感和满意度的重要举措。

7.2023年4月，国家卫生健康委办公厅印发《关于开展第三批安宁疗护试点工作的通知》（国卫办老龄函〔2023〕128号），确定北京市、浙江省、湖南省为第三批国家安宁疗护试点省（市），天津市南开区等61个市（区）为第三批国家安宁疗护试点市（区）。《通知》要求到2025年，在每个国家安宁疗护试点市（区），每个县（市、区）至少设立1个安宁疗护病区，在有条件的社区卫生服务中心和乡镇卫生院设立安宁疗护病床，建立覆盖试点地区全域、城乡兼顾的安宁疗护服务体系。这为提高疾病终末期患者的生命质量提供了基本保障。

8.2023 年 5 月，国家卫生健康委、国家中医药局联合印发《关于开展全面提升医疗质量行动（2023—2025 年）的通知》（国卫医政发〔2023〕12 号），从基础质量安全管理、关键环节和行为管理、质量安全管理体系建设等维度提出了 28 项具体措施。同时，《通知》设立了手术质量安全提升行动、"破壁"行动、病历内涵质量提升行动、患者安全专项行动、"织网"行动 5 个专项行动，就手术质量安全管理、建立"以疾病为链条"的诊疗模式、病历内涵质量、患者安全管理、质控组织体系建设 5 个方面的工作提出了具体要求和目标。这对维护人民群众健康权益发挥了重要作用。

9.2023 年 7 月，国家卫生健康委、财政部、国家中医药局、国家疾控局联合印发《关于做好 2023 年基本公共卫生服务工作的通知》（国卫基层发〔2023〕20 号）。在开展老年人健康管理方面，《通知》要求各地要进一步摸清辖区 65 岁及以上常住老年人底数，建立并动态更新台账，广泛开展老年人健康管理服务宣传。要做实老年人健康体检，根据体检结果做好健康评估和分类指导，加强后续有针对性的健康指导、健康咨询、健康管理等服务。同时，鼓励有条件的地方继续开展老年人认知功能初筛服务。

10.2023 年 8 月，国家卫生健康委办公厅印发《基层卫生健康便民惠民服务举措的通知》（国卫办基层发〔2023〕7 号），围绕方便居民就医、优化服务提供、简化就医流程、改善服务体验、做好慢性病管理、提升签约感受 6 个方面，提出 10 条具体措施。其中，特别提出要深化老年人健康管理服务，要求基层医疗卫生机构建立并及时更新辖区 65 岁及以上重点人群健康服务台账，加强主动联系和动态服务，根据健康需求及时做好转诊转介；社区卫生服务中心、乡镇卫生院设置老年人友好服务岗位或窗口，为老年人提供便利就医咨询、导诊以及自助信息设备、手机终端等协助办理服务。这将切实提升老年人在基层医疗卫生机构获得基本医疗和卫生健康服务的便利度和服务质量。

四　社会保障

1. 2022年9月,人力资源社会保障部办公厅、国家发展改革委办公厅、财政部办公厅、国家税务总局办公厅联合印发《关于进一步做好阶段性缓缴社会保险费政策实施工作有关问题的通知》（人社厅发〔2022〕50号），规定从2022年9月起，进一步扩大缓缴政策实施范围，覆盖本地区所有受疫情影响较大、生产经营困难的中小微企业，以单位方式参保的个体工商户，参加企业职工基本养老保险的事业单位及各类社会组织。同时，阶段性缓缴社会保险费政策到期后，可允许企业在2023年年底前采取分期或逐月等方式补缴缓缴的社会保险费，补缴期间免收滞纳金。这一政策惠及了更多市场主体，助力企业发展。

2. 2022年10月，人力资源社会保障部、财政部、国家税务总局、银保监会、证监会联合印发《个人养老金实施办法》（人社部发〔2022〕70号），共计52条，对个人养老金参加流程、资金账户管理、机构与产品管理、信息披露、监督管理等方面作出具体规定。个人养老金是政府政策支持、个人自愿参加、市场化运营的补充养老保险制度，是完善中国养老保障体系的重要举措。

3. 2022年11月，人力资源社会保障部办公厅、财政部办公厅、国家税务总局办公厅联合印发《关于公布个人养老金先行城市（地区）的通知》（人社厅函〔2022〕169号），公布了36个先行城市（地区）名单，规定自通知印发之日起，在先行城市（地区）所在地参加职工基本养老保险或城乡居民基本养老保险的劳动者，可参加个人养老金。按照个人养老金制度规定，参加人需要开立个人养老金账户和个人养老金资金账户，根据个人意愿购买相关金融产品。

4. 2022年11月，中国银保监会印发《关于保险公司开展个人养老金业务有关事项的通知》（银保监规〔2022〕17号），共15条，主要包含五方面内容：一是明确保险公司开展个人养老金业务的基本要求，主要选择资本实力较强、经营较为规范的公司参与；二是明确保险公司可向个人养老金制度参加人提供符合要求的年金保险和两全保险等;三是规范个人养老金业务的资金管理、合同管理、销售管理、客户服务等;四是明确对保险公司业务经营的监管要求;五是对银保信公司建设维护银保行业信息平台等提出要求。这将助力个人养老金制度的健康发展。

5.2023年3月,人力资源社会保障部办公厅、国家卫生健康委员会办公厅、最高人民检察院办公厅、全国总工会办公厅、中国企业联合会/中国企业家协会办公室、全国工商联办公厅关于印发《〈工作场所女职工特殊劳动保护制度(参考文本)〉和〈消除工作场所性骚扰制度(参考文本)〉的通知》(人社厅发〔2023〕8号)。《工作场所女职工特殊劳动保护制度(参考文本)》共7章26条,对工作场所女职工劳动就业保护、工资福利保护、生育保护、职业安全健康保护等核心内容进行了一一列举。同时,为保障工作场所的正常生产秩序,对履行程序给出规范指引。《消除工作场所性骚扰制度(参考文本)》共7章20条,分别对性骚扰定义及主要表现行为、公开承诺、宣传培训、职工举报投诉、调查处置、工会参与监督等主要内容予以明确。两个参考文本,是将"条文中的法"落实转化为"现实中的法"的重要载体和有效途径,也是推动《妇女权益保障法》在工作场所落实落地的重要保障。

6.2023年3月,人力资源社会保障部、财政部、国家税务总局联合印发《关于阶段性降低失业保险、工伤保险费率有关问题的通知》(人社部发〔2023〕19号),规定自2023年5月1日起,继续实施阶段性降低失业保险费率至1%的政策,实施期限延长至2024年年底。在省(区、市)行政区域内,单位及个人的费率应当统一,个人费率不得超过单位费率。这将进一步减轻企业负担,增强企业活力,促进就业稳定。

7.2023年5月,人力资源社会保障部和财政部联合印发《关于2023年调整退休人员基本养老金的通知》(人社部发〔2023〕28号),明确规定从2023年1月1日起,继续采取定额调整、挂钩调整与适当倾斜相结合的办法,为2022年12月31日前已按规定办理退休手续并按月领取基本养老金的企业和机关事业单位退休人员调整基本养老金。全国调整比例按照2022年退休人员月人均基本养老金的3.8%确定。各省以全国调整比例为高限确定本省调整比例和水平。这将为老年人安享晚年提供更加可靠的经济保障。

8.2023年6月,人力资源社会保障部、教育部、财政部联合印发《关于延续实施一次性扩岗补助政策有关工作的通知》,明确提出对招用2023届及离校两年内未就业普通高校毕业生、登记失业的16—24岁青年,签订劳动合同并为其缴纳失业、工伤、职工养老保险费1个月以上的企业,可按每招用1人不超过1500元的标准发放一次性扩岗补助。政策执行至2023年12月底。这对发挥失业保险助企扩岗功能,鼓励企业吸纳大学生等青年就业起到了积极促进作用。

9.2023年6月,国家税务总局发布《支持高校毕业生等青年就业创业税收优惠政策指引》,按照享受主体、优惠内容、享受条件、办理方式、政策依据的编写体例,从鼓励高校毕业生等青年自主创业、鼓励社会支持高校毕业生等青年创业就业两个方面,形成了涵盖14项支持高校毕业生等青年就业创业税费优惠的政策指引,便利高校毕业生等青年和广大经营主体及时了解适用税费优惠政策。

10.2023年7月,国家医保局、财政部、国家税务总局联合印发《关于做好2023年城乡居民基本医疗保障工作的通知》(医保发〔2023〕24号),在合理确定筹资标准、健全待遇保障机制、扎实推进参保扩面、推动医保助力乡村振兴、完善医保支付管理、抓好医药集中采购和价格管理工作、加强医保基金监督管理、提升经办管理服务水平、深化医保信息平台和数据应用、切实抓好组织实施10个方面作出了具体规定。这将增强参保群体的医疗保障能力,促进医保高质量发展。

11.2023年8月,国务院总理李强签署中华人民共和国国务院令第765号,宣布《社会保险经办条例》已经2023年7月21日国务院第11次常务会议通过,自2023年12月1日起施行。《条例》共7章63条,重点对灵活就业人员社保缴纳、简化社保办理流程、补齐短板优化社保服务、维护社保基金安全等内容作了具体规定。这是中国社会保险经办服务领域首部行政法规，标志着中国社会保险经办工作的法治化、规范化、精细化迈上新台阶。

12. 2023年8月，国务院印发《关于提高个人所得税有关专项附加扣除标准的通知》（国发〔2023〕13号），决定提高3岁以下婴幼儿照护、子女教育、赡养老人三项个人所得税专项附加扣除标准，自2023年1月1日起实施。这将进一步减轻家庭生育养育和赡养老人的支出负担，更好地保障和改善民生，也有利于提高居民消费意愿和能力。

13. 2023年8月，国家金融监督管理总局印发《关于个人税收递延型商业养老保险试点与个人养老金衔接有关事项的通知》（金规〔2023〕4号）。《通知》共16条，主要对个税递延型养老保险试点业务与个人养老金衔接过程中的工作要求、业务调整、产品管理、保单转移等进行了明确规定。这对保护试点客户的权益及个人养老金制度的健康有序发展都具有重要意义。

五　经济转型和促进就业

1. 2022年9月，国务院办公厅印发《关于进一步优化营商环境降低市场主体制度性交易成本的意见》（国办发〔2022〕30号），部署了五个方面的重点任务：一是进一步破除隐性门槛，推动降低市场主体准入成本；二是进一步规范涉企收费，推动减轻市场主体经营负担；三是进一步优化涉企服务，推动降低市场主体办事成本；四是进一步加强公正监管，切实保护市场主体合法权益；五是进一步规范行政权力，切实稳定市场主体政策预期。这是减轻市场主体负担、激发市场活力、巩固经济恢复发展基础的重要举措。

2. 2022年9月，人力资源社会保障部正式发布《中华人民共和国职业分类大典（2022年版）》。这是贯彻落实《劳动法》《就业促进法》和《职业教育法》等法律法规的重要举措，对优化人力资源开发管理、促进就业创业、推动国民经济结构调整和产业转型升级，都具有十分重要的意义。这次修订中围绕制造强国、数字中国、绿色经济、依法治国、乡村振兴等国家重点战略，净增了158个新的职业，工业机器人系统操作员、工业机器人系统运维员、农业数字化技术员、农业经理人、碳排放管理员等都纳入大典中。同时，大典中首次增加了对数字职业的标识，共标注了97个数字职业，占职业总数的6%。

3.2022年10月，国务院总理李克强签署《促进个体工商户发展条例》（中华人民共和国国务院令第755号），自2022年11月1日起施行。《条例》共计39条具体内容，对个体工商户立法进行了重新定位，并从财税、金融、社保、就业、转型升级、信息服务、表彰奖励、困难救助、监测分析等各个方面，对促进个体工商户发展作出制度安排，有效保护个体工商户合法权益。该条例的颁布实施对稳增长、促就业、惠民生等方面发挥了重要作用。

4.2022年10月，人力资源社会保障部、中央政法委、最高人民法院等9部门联合印发《关于进一步加强劳动人事争议协商调解工作的意见》（人社部发〔2022〕71号），对加强劳动人事争议源头治理、协商和解、多元调解等工作作出具体部署。《意见》提出将持续加强协商调解制度机制和能力建设，努力通过调解来化解劳动人事争议，节约仲裁资源和诉讼成本。这是中国在劳动人事争议方面发布的又一个重要规范性文件。

5.2022年10月，国家发展改革委印发《关于进一步完善政策环境加大力度支持民间投资发展的意见》（发改投资〔2022〕1652号），提出了新时代鼓励民间投资的21条具体措施。《意见》明确提出支持民间投资参与"十四五"规划102项重大工程、国家重大战略等重点建设任务。其中，特别强调引导民间投资积极参与乡村振兴，支持民营企业投资农村新产业新业态，促进农业与文化体育、健康养老等业态融合。这将为农村养老产业的发展提供财政补充。

6.2022年11月，人力资源社会保障部、国家发展改革委、财政部、农业农村部、国家乡村振兴局联合印发《关于进一步支持农民工就业创业的实施意见》（人社部发〔2022〕76号），从支持稳定农民工就业岗位、引导农民工有序外出务工、促进农民工就近就业创业、强化农民工就业服务保障4个方面，提出16条具体措施。支持农民工及脱贫人口就业创业，是保持就业大局稳定的重要支撑，是巩固拓展脱贫攻坚成果同乡村振兴有效衔接的关键举措。

7. 2022年11月，教育部印发《关于做好2023届全国普通高校毕业生就业创业工作的通知》（教学〔2022〕5号），决定实施"2023届全国普通高校毕业生就业创业促进行动"，千方百计促进高校毕业生多渠道就业创业。《通知》提出更大力度开拓市场化社会化就业渠道、充分发挥政策性岗位吸纳作用、建设高质量就业指导服务体系、精准开展重点群体就业帮扶、简化优化求职就业手续、完善就业与招生培养联动机制、加强高校毕业生就业工作组织领导7个方面21条具体措施。这为促进高校毕业生高质量充分就业提供了有效保障。

8. 2022年12月，人力资源社会保障部印发《关于实施人力资源服务业创新发展行动计划（2023—2025年）的通知》（人社部发〔2022〕83号），从培育壮大市场主体、强化服务发展作用、建强集聚发展平台、增强创新发展动能、提升开放发展水平、夯实行业发展基础、营造良好发展环境7个方面提出18条具体措施。这为各地深化人力资源服务供给侧结构性改革指明了方向。

9. 2022年12月，中共中央、国务院印发《扩大内需战略规划纲要（2022—2035年）》，涵盖了11个部分38条具体内容，这是促进中国长远发展和长治久安的战略决策。《纲要》部署了加快培育完整内需体系、促进形成强大国内市场、支撑畅通国内经济循环三大重点任务，细化了全面促进消费、优化投资结构、推动城乡区域协调发展、提高供给质量、健全现代市场和流通体系、深化改革开放、扎实推动共同富裕、提升安全保障能力8个方面的具体任务。为适应人口老龄化进程，《纲要》提出要增加养老服务消费，推动养老事业和养老产业协同发展，加快健全居家社区机构相协调、医养康养相结合的养老服务体系；发展银发经济，推动公共设施适老化改造，开发适老化技术和产品。

10. 2022年12月，最高人民法院印发《关于为稳定就业提供司法服务和保障的意见》（法发〔2022〕36号），从4个方面提出14条具体措施，为推动落实就业优先政策，妥善处理劳动争议案件提供司法保障。其中，特别强调要支持脱贫人口和高校毕业生就业，加强新业态劳动者的合法权益保障。

11. 2023年3月，财政部印发《关于延续实施残疾人就业保障金优惠政策的公告》（财政部公告2023年第8号），规定用人单位安排残疾人就业比例达到1%（含）以上，但未达到所在地省、自治区、直辖市人民政府规定比例的，按规定应缴费额的50%缴纳残疾人就业保障金；用人单位安排残疾人就业比例在1%以下的，按规定应缴费额的90%缴纳残疾人就业保障金。在职职工人数在30人（含）以下的企业，继续免征残疾人就业保障金。对符合该公告规定减免条件但缴费人已缴费的，可按规定办理退费。这将进一步减轻小微企业的用人负担，促进小微企业发展。

12. 2023年4月，国务院办公厅印发《关于优化调整稳就业政策措施全力促发展惠民生的通知》（国办发〔2023〕11号），从激发活力扩大就业容量、拓宽渠道促进高校毕业生等青年就业创业、强化帮扶兜牢民生底线和加强组织实施4个方面提出15条具体措施。这是根据国情深入实施就业优先战略的重要举措。

13. 2023年5月，民政部、教育部、财政部、人力资源社会保障部联合印发《关于做好2023年普通高校毕业生到城乡社区就业工作的通知》（民发〔2023〕30号），明确提出加强社区工作者队伍建设、发展城乡社区服务业、开发就业见习岗位、创新工作联动机制、加强高校毕业生教育引导5个方面就业创业渠道，以充分发挥高校毕业生在城乡社会治理和服务中的积极作用。

14. 2023年6月，人力资源社会保障部办公厅、财政部办公厅联合印发《关于做好2023年高校毕业生"三支一扶"计划实施工作的通知》（人社厅发〔2023〕18号），明确提出2023年中央财政支持招募"三支一扶"人员3.4万名。同时，在优化选拔招募结构、加强培养使用、健全服务保障机制、强化期满服务、组织开展中期评估和做好宣传引导6个方面作出详细规定，引导和鼓励高校毕业生到基层

第三部分 政策文件概览

工作。这是中国全面推进乡村振兴工作的重要抓手。

15. 2023 年 6 月，人力资源社会保障部、全国总工会、中国企业联合会/中国企业家协会、全国工商联联合印发《关于开展劳动用工"查风险 强协商 保支付 促和谐"专项行动的通知》（人社部函〔2023〕57 号），明确提出目标任务：坚持预防为先，化解为主，充分发挥协调劳动关系三方机制作用，加强劳动关系风险动态监测，集中指导开展集体协商要约，分类推动企业开展工资集体协商，及时督促企业妥善化解基层欠薪矛盾隐患，守住不发生系统性、区域性劳动关系风险的安全底线，保持劳动关系和谐稳定。这是积极应对当前经济形势对劳动关系影响，加强劳动关系协调工作的具体措施。

16. 2023 年 7 月，商务部、国家发展改革委、教育部等 16 部门联合印发《2023 年家政兴农行动工作方案》，从拓宽就业渠道、提升就业质量、加强跟踪服务、完善配套政策 4 个方面提出 16 项具体措施。其中，方案特别提出吸纳大学生就业创业。鼓励运作规范、信誉良好的家政企业、家政培训机构开展校园招聘，为年轻人才提供更多就业选择。鼓励高校毕业生创办家政企业，符合条件的按规定给予一次性创业补贴、社保补贴。鼓励龙头家政企业积极吸纳青年实习见习，符合条件的按规定给予就业见习补贴。脱贫家庭新成长劳动力接受家政服务职业教育，按规定享受资助政策。《工作方案》的实施将更好地发挥家政服务业促消费、惠民生、稳就业作用。

17. 2023 年 7 月，中共中央、国务院印发《关于促进民营经济发展壮大的意见》，从持续优化民营经济发展环境、加大对民营经济政策支持力度、强化民营经济发展法治保障、着力推动民营经济实现高质量发展、促进民营经济人士健康成长、持续营造关心促进民营经济发展壮大社会氛围、加强组织实施 7 个方面提出 31 条具体措施。这是促进民营经济做强做优做大的重大举措。

18. 2023 年 7 月，国务院办公厅转发国家发展改革委《关于恢复和扩大消费措施的通知》（国办函〔2023〕70 号），在稳定大宗消费、扩大服务消费、促进农村消费、拓展新型消费、完善消费设施、优化消费环境 6 个方面提出 20 条政策举措，形成了促进消费的一揽子政策体系。在老年服务消费方面，提出要开发面向老年人的健康管理、生活照护、康养疗养等服务和产品，支持各类机构举办老年大学、参与老年教育。同时，加强社区便民服务，合理布局养老、托育、餐饮、家政、零售、快递、健身、美发、维修、废旧物品回收等便民生活服务业态。这是有力推动扩大内需战略的落地实施。

19. 2023 年 8 月，人力资源社会保障部办公厅和财政部办公厅联合印发《关于进一步加强就业政策落实有关工作的通知》（人社厅发〔2023〕30 号），提出了 5 个方面的明确要求，包括集中开展就业政策分类宣传、盘点核查就业政策落实进度、大力推广"直补快办"经办模式、突出支持民营企业和中小微企业、持续整治群众身边腐败和作风问题。这将促进就业扶持政策的精准有效落实，也是稳就业惠民生的重要保障。

六　教育与职业培训

1. 2022 年 9 月，中共中央办公厅、国务院办公厅印发《关于新时代进一步加强科学技术普及工作的意见》，坚持把科学普及放在与科技创新同等重要的位置，深化"两翼理论"的认识，促进科学普及与科技创新协同发展，推动形成新时代科学普及与科技创新两翼齐飞、协同发展的良好局面。《意见》明确提出要强化老龄工作中的科普，依托老年大学（学校、学习点）、社区学院（学校、学习点）、养老服务机构等，在老年人群中广泛普及卫生健康、网络通信、智能技术、安全应急等老年人关心、需要又相对缺乏的知识技能，提升老年人信息获取、识别、应用等能力。

2. 2022 年 9 月，人力资源社会保障部和财政部联合印发《国家级高技能人才培训基地和技能大师工作室建设项目实施方案》（人社部发〔2022〕62 号），明确提出：2022—2025 年，国家重点支持建设 400 个以上国家级高技能人才培训基地（含新建和已建）和 500 个以上国家级技能大师工作室，引领带动各地、有关行业企业建设各级各类高技能人才培训基地和技能大师工作室。同时，特别提出要优先

第三部分 政策文件概览

支持建设先进制造业、战略性新兴产业及托育、护理、康养、家政等民生重点领域国家级高技能人才培训基地，加强相关领域急需紧缺职业工种高技能人才培养力度。

3. 2022年9月，教育部办公厅、工业和信息化部办公厅等5个部门联合印发《关于实施职业教育现场工程师专项培养计划的通知》（教职成厅〔2022〕2号），将面向重点领域数字化、智能化职业场景下人才紧缺技术岗位，遴选发布生产企业岗位需求，对接匹配职业教育资源，以中国特色学徒制为主要培养形式，在实践中探索形成现场工程师培养标准，建设一批现场工程师学院，培养一大批具备工匠精神、精操作、懂工艺、会管理、善协作、能创新的现场工程师。到2025年，累计不少于500所职业院校、1000家企业参加项目实施，累计培养不少于20万名现场工程师。这将推动中国技术技能人才和应用技术人才的培养，为新一轮的科技革命、产业变革和经济结构调整提供人才支撑。

4. 2022年10月，中共中央办公厅、国务院办公厅印发《关于加强新时代高技能人才队伍建设的意见》，标志着中国对于技术工人的培养、使用、奖励等的基本制度框架和政策框架已经形成。《意见》明确提出：到"十四五"时期末，高技能人才制度政策更加健全、培养体系更加完善、岗位使用更加合理、评价机制更加科学、激励保障更加有力，尊重技能尊重劳动的社会氛围更加浓厚，技能人才规模不断壮大、素质稳步提升、结构持续优化、收入稳定增加，技能人才占就业人员的比例达到30%以上，高技能人才占技能人才的比例达到1/3，东部省份高技能人才占技能人才的比例达到35%。力争到2035年，技能人才规模持续壮大、素质大幅提高，高技能人才数量、结构与基本实现社会主义现代化的要求相适应。

5. 2022年12月，中共中央办公厅、国务院办公厅印发《关于深化现代职业教育体系建设改革的意见》，提出了三项战略任务和五项重点工作。三项战略任务包括探索省域现代职业教育体系建设新模式、打造市域产教联合体、打造行业产教融合共同体。五项重点工作包括提升职业学校关键办学能力、加强"双师型"教师队伍建设、建设开放型区域产教融合实践中心、拓宽学生成长成才通道、创新国际交流与合作机制。《意见》着力破解职业教育改革发展中面临的突出矛盾和问题,提出了一系列新理念、新观点、新判断,为培养更多高素质技术技能人才、能工巧匠、大国工匠,为加快建设教育强国、科技强国、人才强国奠定了坚实基础。

6. 2023年6月,国家发展改革委、教育部等8部门联合印发《职业教育产教融合赋能提升行动实施方案(2023—2025年)》(发改社会〔2023〕699号),明确到2025年,国家产教融合试点城市达到50个左右。同时,围绕"赋能"和"提升",《实施方案》提出5方面19条政策措施。一是推动形成产教融合头雁效应;二是夯实职业院校发展基础;三是建设产教融合实训基地;四是深化产教融合校企合作;五是健全激励扶持组合举措。这是促进职业教育发展提质培优、增值赋能的战略性、指导性、支持性文件,构建了职业教育与产业体系集聚融合、优势互补的新格局。

7. 2023年6月,中共中央办公厅、国务院办公厅印发《关于构建优质均衡的基本公共教育服务体系的意见》,明确提出了促进区域协调发展、推动城乡整体发展、加快校际均衡发展、保障群体公平发展、加快民族地区教育发展、提高财政保障水平、确保家庭经济困难学生资助全覆盖、提升学生资助精准化水平、加强学生卫生健康服务、丰富公共文化体育服务、做好毕业生就业创业服务11条重要举措。《意见》从义务教育优质均衡发展入手,通过人力资源培育解决当前发展不平衡不充分的问题,让社会各阶层人员合理流动形成人力资源的生态结构,这是建设中国式现代化的基础工程。

8. 2023年7月,教育部办公厅印发《关于加快推进现代职业教育体系建设改革重点任务的通知》(教职成厅函〔2023〕20号),明确提出11项建设改革重点任务,包括打造市域产教联合体、打造行业产教融合共同体、建设开放型区域产教融合实践中心、持续建设职业教育专业教学资源库、建设职业教育信息化标杆学校、建设职业教育示范性虚拟仿真实训基地、开展职业教育一流核心课程建设、开展职业教育优质教材建设、开展职业教育校企合作典型生产实践项目建设、开展具有国际影响的职业教育标准以及资源和装备建设、建设具有较高国际化水平的职业学校。这将加快中国构建高素质技术技能人才培养体系，为实现中国式现代化储备人才。

9. 教育部、科学技术部等10部门联合印发《国家银龄教师行动计划》（教师〔2023〕6号），明确提出经过三年左右时间，全国银龄教师队伍总量达12万人左右的目标。《行动计划》主要涵盖普通高等教育、职业教育、基础教育、终身教育和民办教育五大领域，将各级各类学校及老年教育、社区教育、开放教育机构纳入实施范围。该项计划与积极应对人口老龄化战略紧密结合，既激发了银龄教师的智慧红利，又面向老年教育领域开展活动，实现了双向推动全民终身学习。

10. 2023年7月，教育部、国家发展改革委、财政部联合印发《关于实施新时代基础教育扩优提质行动计划的意见》（教基〔2023〕4号），明确提出了八项行动：学前教育普惠保障行动、义务教育强校提质行动、普通高中内涵建设行动、特殊教育学生关爱行动、素质教育提升行动、高素质教师队伍建设行动、数字化战略行动、综合改革攻坚行动。这是促进全体人民共同富裕、加快建设基础教育强国的重大战略行动。